ポリュビオス
歴史 2

西洋古典叢書

凡例

一、本訳書の底本は、Th. Büttner-Wobst, *Polybii Historiae*, 5 vols (vol. I, ed. 2), Bibliotheca Teubneriana, Leipzig, 1889-1905. である。

二、本訳書は四冊の分冊からなる。第2分冊には原典全四〇巻のうち第四巻から第八巻までを収める。

三、訳文中、ゴシック体の漢数字は章番号、上部欄外のアラビア数字は節番号を表わす。いずれも著者によるものではないが、底本を始め多くの刊本で採用されている。

四、訳文中の（　）内は原語のカタカナ表記、ダッシュは構文理解のために訳者が適宜加えたもの、［　］内は訳者による補足である。段落分けは訳者による。

五、第六巻以降は断片の集成になるので、出典を付記する。本文中のゴシック体の見出しは底本校訂者による。

六、固有名詞のカタカナ表記にあたっては

(1) イタリア以西の地名と人名については、アフリカ側も含めて、原則としてラテン語式に改めて表記する（例、シキリア島、タレントゥム、カルタゴ、ハンニバル）。例外として一部にギリシア語式表記を用いる場合がある（例、イベリア、ヒエロニュモス）。

(2) ギリシア語の φ, θ, χ と π, τ, κ を区別しない（例、ピリッポス）。

(3) ギリシア語、ラテン語の長母音を表わすための音引きは原則として用いない。

七、索引は第4分冊にまとめて掲載する。

目次

内容目次

第四巻

一―二　第二巻のギリシア史の要約。本書の出発点について。

同盟戦争（三―三七）

三―五　ドリマコスの狼藉と開戦策動（前二二〇年）。
六　アイトリア軍のメッセニア侵攻。
七　アカイア連邦がメッセニアへの援軍派遣を決定。
八　アラトスの人物評価。
九―一三　退却するアイトリア軍との戦いでアラトスが犯した失策。
一四―一五　アカイア連邦議会とアイトリア連邦議会の決定。
一六　アカイア連邦使節の派遣。スケルディライダスらの来寇。
一七―一九　キュナイタ市民間の抗争。アイトリア軍による市内劫略。
二〇―二一　アルカディア人の美風。キュナイタ市民の不幸の由来。
二二　ピリッポスがペロポンネソスに到着。スパルタの政変。

ピリッポスがスパルタ政変にかんして下した決定。 二三―二四
同盟会議が対アイトリア開戦を決議。 二五―二六
アイトリア連邦議会。ピリッポスが帰国。 二七
時期照合。叙述の進め方について。 二八
ピリッポスがスケルディライダスと会談（前二二〇／一九年冬）。 二九
アカルナニアとエペイロスの開戦決議への反応。 三〇
メッセニアが参戦拒否。メッセニア人への忠告。 三一―三三
スパルタで親アイトリア派のクーデター発生。アイトリアとの同盟締結とアカイアへの宣戦布告。 三四―三六
時期照合（前二一九年春）。 三七

黒海方面とクレタ島（三八―五六）

ビュザンティオンとロドスの戦争（前二二〇年）。 三八―五二
貿易都市ビュザンティオンの重要性。 三八
黒海の自然。 三九―四二
海路から見たビュザンティオンの立地条件の良さ。 四三―四四
ビュザンティオンの経済的苦境。 四五―四六
通行税賦課とロドスの開戦決議。 四七

四八－四九　アカイオスとプルシアスがそれぞれに支援を約束。
五〇－五一　戦争の経過。
五二　講和条約締結。
五三－五五　クレタ島内の分裂と抗争。同盟戦争との連係。
五六　シノペがミトリダテスの侵攻に備える。

同盟戦争（五七－八七）

五七－五八　ピリッポスが遠征に出発。ドリマコス麾下のアイトリア軍がアイゲイラを奇襲（前二一九年）。
五九－六〇　デュメ、パライ、トリタイアのアカイア連邦への不信。
六一　ピリッポスがエペイロスに入る。アンブラコス包囲。
六二　スコパスが聖都ディオンを破壊。
六三－六五　ピリッポスがアカルナニアからアケロオス河畔へ。
六六　ピリッポスが急遽帰国。時期照合。
六七　ドリマコスがドドネを破壊。ピリッポスがコリントスに移動（前二一九／一八年冬）。
六八－六九　ピリッポスがステュンパロス近郊でエリス軍に遭遇。
七〇－七二　プソピスがピリッポス軍の攻撃を受け陥落。
七三－七五　ピリッポスがエリスに侵攻。エリス地方の豊饒。タラマイ降伏。

七六　アペレスの反アカイア策動。
七七―八〇　ピリッポスがトリピュリア地方を制圧。
八一　スパルタ市内の抗争。
八二　アペレスがアラトス父子追い落としのため連邦選挙に介入。
八三　ピリッポスがデュメ領の砦を奪回。
八四―八六　アペレスのアラトス父子への中傷。
八七　アペレスの宮廷内陰謀。

第五巻

同盟戦争（一―三〇）

一　時期照合。アカイア連邦議会（前二一八年）。
二　マケドニアが艦隊準備。アペレスたちの謀略。
三―四　ピリッポスがケパレニア島のパレ攻略に失敗。
五―六　ピリッポスがアンブラキア湾からアイトリアに侵攻。
七―九　テルモスの占領と略奪と破壊。
一〇―一二　ピリッポスの過ち。王は大度によって敵を帰順させるべきこと。

一三―一四　ピリッポスがアンブラキア湾岸へ帰着。
一五―一六　宮廷内反アラトス派の誤算。
一七―一九　ピリッポスがコリントス湾を経てラコニアへ進軍。
二〇　メッセニア軍の失態。
二一―二三　スパルタ近郊の戦い。
二四　ピリッポスがコリントスへ帰還。
二五　マケドニア軽盾兵がおこした騒動。
二六―二八　謀臣たちの末路。アイトリアからの講和の申し出。
二九　講和不成立。マケドニア軍が越冬のため帰国。時期照合。
三〇　アカイア連邦の窮状。アラトスの司令長官就任（前二一七年春）。

プトレマイオスとアンティオコス（三一―八七）

三一―三三　叙述の進め方について。全世界の歴史を書くということ。
三四―三五　新王プトレマイオス四世の放逸。クレオメネスの請願（前二二一年）。
三六―三八　宰相ソシビオスがクレオメネスにしかけた罠。
三九　クレオメネスの最期。
四〇　アンティオコス三世の王位継承（前二二三年）。
四一―四二　モロンの反乱と王の御前会議（前二二二年）。

四三　アンティオコスの婚礼。反乱の拡大。
四四　メディア地誌。
四五　アンティオコスがコイレ・シリア遠征に出発（前二二一年）。アンティオコスは遠征を中止。
四六—四八　モロンがクセノイタスの征討軍を破りさらに勢力拡大。
四九—五〇　アンティオコスがモロン征討に出発。ヘルメイアスの謀略。
五一—五四　アンティオコスがアポロニア近郊で反乱軍を破り、上方諸州を平定（前二二〇年）。
五五　アルタバザネスと協定締結。
五六　ヘルメイアスの暗殺。
五七　アンティオコスが帰還。アカイオスの王位僭称とアンティオコスの警告。
五八—六〇　アンティオコスがセレウケイアを攻略（前二一九年）。
六一—六二　アンティオコスが敵将テオドトスの内通を得てコイレ・シリアに進撃。
六三—六五　プトレマイオス側の戦争準備と軍隊編成。
六六—六七　使節の往来と双方の主張。
六八—六九　ポルピュレオン近郊の戦い（前二一八年）。
七〇—七一　アンティオコスがティベリアス湖の南へ進撃。ラッバタマナを占領。
七二—七八　小アジアの情勢。
七二—七三　ペドネリッソスを包囲したセルゲ軍とアカイオスによる救援軍の戦い。

七四－七六　セルゲが一市民の背信により陥った危機。
七七－七八　ペルガモン王アッタロスの遠征。
七九　アンティオコスとプトレマイオスが決戦へ出発。アンティオコス側の軍隊編成（前二一七年）。
八〇－八五　ラピア近郊の戦い。両軍の布陣。プトレマイオスの勝利。
八六－八七　コイレ・シリアがプトレマイオスに帰順。休戦条約締結。
八八－九〇　ロドス人が地震後に見せた外交手腕（前二二七年頃以後）。

同盟戦争（九一－一〇五）

九一－九六　アラトスの積極的な戦略によりアカイア連邦が活力を回復（前二一七年）。
九七－九八　ピリッポスがテッサリアに進軍。メリテイアでの失敗。
九九－一〇〇　ピリッポスがテバイを占領。仲介者による和平調停。
一〇一－一〇二　ピリッポスがイタリア情勢の報告を受け、講和に傾く。
一〇三－一〇四　ナウパクトスでの講和交渉。アゲラオスの和平勧告演説。
一〇五　講和成立。世界の歴史がつながるとき。
一〇六－一〇七　講和後の各地の動向。
一〇八　ピリッポスがイリュリア方面へ遠征。
一〇九－一一〇　ピリッポスが艦隊を建造しイオニア海へ進出（前二一六年）。

一一一　プルシアスがガリア人集団を殲滅。

第六巻

二　序文
国制論（三―一〇）
三―四　国制の種類と変遷。
五―九　国制の循環。
一〇　混合制としてのリュクルゴス体制。
ローマの政治制度（一一a―一八）
一一a　ローマ古代史。
一一―一四　ローマ国制を構成する三部分の機能。
一五―一八　三部分相互の抑制と均衡。
ローマの軍事制度（一九―四二）
一九―二一　ローマ市民の兵役。軍団の編成。
二二―二三　軍団歩兵の武装具。
二四　軍団の構成。百人隊長。

結語（五七―五八）
五七　国家の衰退の必然性。
五八　盛期ローマの国力を示す好事例。
五九　地理断片。

第七巻

一　カプアがローマから離反（前二一六年）。
二―五　シュラクサエの新王ヒエロニュモスの無分別とローマへの敵対（前二一五年）。
六―八　ヒエロニュモス暗殺（前二一四年）。歴史家の誤謬。名君ヒエロンとの比較。
九　ハンニバルとピリッポスの協定（前二一五年）。
一〇―一二　メッセネにおいてピリッポスがとった行動。ピリッポス王の評価（前二一五年または二一四年）。
一三―一四　ピリッポスの決定に対するアラトスとデメトリオスの責任。
一四b　シュラクサエ史（前二一四年または二一三年）。
一四c―一四d　地理断片。
一五―一八　アカイオスの立てこもるサルデイス本市が陥落（前二一四年）。

第八巻

一―二　序文（？）。世界全体の歴史の必要。
三a―七　シュラクサエ攻防戦。双方の新兵器とアルキメデスの知略（前二一三年）。
八　メッセニアにおけるピリッポスの行動を詳述する理由。歴史家たちの過誤。
九―一一　テオポンポス批判。
一二　アラトスの死。
一三―一四b　ピリッポスのイリュリア遠征。リッソス攻略（前二一三年または二一二年）。
一五―二一　アカイオスが奸計にはまりサルデイスの城山を出る。捕縛と処刑（前二一三年）。
二二　カウアロスのガリア人王国の滅亡（前二一二年？）。
二三　アンティオコスがアルモサタで示した度量。
二四―三四　ハンニバルのタレントゥム占領（前二一三／一二年）。
二四―二五　タレントゥム市民からの内通。
二六―三一　ハンニバル軍が協力者の手引きで市内に侵入し制圧に成功。
三二―三四　城山に立てこもるローマ軍を包囲。
三五―三六　ティベリウス・グラックスが落ちた罠（前二一二年）。防ぎえない失敗について。
三七　ローマ軍がシュラクサエのエピポラエを占領。

歴史 2

城江良和 訳

第四巻

一　前巻ではローマ人とカルタゴ人の間に起こった二度目の戦争の原因について、そしてハンニバルのイ
2 タリア侵攻について述べたのち、両軍の戦いの経過をカンナエ近郊のアウフィドゥス河畔で行なわれた会戦
3 にいたるまで書き記した。そこで今度は、それらの出来事と同じ第一四〇オリュンピア期にギリシアで生じ
4 た諸事件について語る番であるが、その前に第二巻でギリシア方面の前史として述べたことのあらましをた
どっておこう。とりわけ読者に思い起こしてもらいたいのはアカイア連邦の歴史であり、その体制が前代に
5 おいてもまた現代においても実に驚くべき発展を遂げたことである。私はオレステスの息子のひとりティサ
メネスから話を始めて、[1]世襲の王による統治がオギュゴスの時代にいたるまで続いたこと、その後民主的連
邦体制というすばらしい政治原理を採用したものの、マケドニアの王たちの手で引き裂かれ、各地の都市と
6 村落がばらばらになってしまったことを述べた。そしてそのような経過を経たのち、いつどのようにして再
7 び協和の気運が生まれたか、そして最初に連帯したのはどの都市であったかに叙述を進めた。さらにその後
それらの都市がどんな方法とどんな政策を用いて周囲の諸都市を仲間に加えながら、ついにはペロポンネソ
ス全域の人々をひとつの名称とひとつの政治体制のもとに統合しようと企図するにいたったかを説明した。
8 そしてそのような企図についてその大略を示したあとは、時間が途切れないように個々の出来事を拾ってい
9 きながら、最後はラケダイモン王クレオメネスの亡命まで行き着いた。[2]こうして序の部分の歴史をアンティ

ゴノスとセレウコスとプトレマイオスの死の時期まで通観したのち——この三人は時を同じくして世を去っ
たのである[3]——、それに続く出来事をこの歴史書本体の出発点にするつもりだと言明した。
二　本書のもっともふさわしい出発点としてこの時期を選択した理由はいくつかあるが、その第一は、私
がギリシアの歴史を記すにあたって、その先行史書として選んだアラトスの著作がこの時点で巻を閉じてい
2 ることであり[4]、第二にそこから後の時代を本書の主題として取り上げれば、それはちょうど私の世代や私の
父の世代が生きた時代にあたり、それゆえ私自身が事件の現場に居合わせたり、事件を目撃した人から直接
3 話を聞いたりできたという事情による。遠い時代にまでさかのぼり、伝聞のうえに伝聞を重ねた事柄を書き
記すようなやり方では、事実の判定にせよ、そこから引き出す判断にせよ不確かなものにならざるをえない
4 というのが私の考えである。しかしこの時代を起点として叙述を始めた最大の理由は、なんといっても運命
5 が世界全体の様相をいわば一新してしまったのがまさにこの時代だったということだ。というのもこの時代
は、デメトリオスの実子であるピリッポスが、いまだ少年の身でありながらマケドニアの王権を継承してま
6 だ日の浅い頃だった[5]。またアカイオスはタウロス山脈のこちら側に君臨し続け、名目だけでなく実権におい

(1) 第二巻四一-四。
(2) 第二巻六九-一一。
(3) 第二巻七一-三-四参照。
(4) 第一巻三-二参照。
(5) 第二巻七〇-八参照。ピリッポスは一七歳で王位に就いた。

7 ても王としてふるまっていた(1)。大王と付称されるアンティオコスはなお若年ではあったが、その少し前に兄
8 であるセレウコスの死を受けて、シリアの王位を受け継いでいた(2)。同じ頃、アリアラテスがカッパドキアの
9 王権を継承した(3)。プトレマイオス・ピロパトルも、同じ時期にエジプトの支配者の地位に就いた。リュクル
ゴスがラケダイモンの王位に就いたのもこのわずかに後のことである(4)。カルタゴではすでに述べたように、
10 この少し前にハンニバルが遠征軍の司令官に選ばれていた。このように当時の大国すべてにおいて新たな権
力者が登場した以上、事件の進展に新たな動きが始まるのは当然であった。それが自然の流れであり、世の
11 習いであって、それがこのときにも起こったのである。すなわちローマとカルタゴがすでに述べたように戦
争を始め、それと時を同じくしてアンティオコスとプトレマイオスがコイレ・シリアをめぐる戦いに突入し
た。そしてアカイアとピリッポスがアイトリアとラケダイモンを相手に戦端を開いたのもこの時期である。
その開戦の原因をこれから説明しよう。

三　アイトリア人は平和が続いていることにずっと以前から不満をもっていて、ことに自前の財産で生活
せねばならないことに我慢がならなかった。それは彼らが隣人の財産を自らの糧とする生き方に慣れ親しん
でいたのに加え、生来の虚栄心の強さゆえに多額の出費を強いられていたためでもあるが、とにかくアイト
リア人というのはそのような性情の奴隷となって、味方などいない、すべてが敵だという信念のもと、強欲
2 にまみれた獣のような日々を送る連中なのである(5)。しかしそんなアイトリア人もアンティゴノスの存命中は、
3 マケドニアへの恐怖心から行動を控えていた。だがアンティゴノスが世を去り、幼いピリッポスが後に残さ
れたとき、アイトリア人はこの新王を侮って、ペロポンネソス情勢に介入するための口実と機会をうかがい

始めた。この地域からの略奪という昔の習慣にもどろうとしたわけだが、それと同時に、いまや［アンティゴノスという］後ろ盾を失ったアカイア人は、アイトリア人から見てけっして太刀打ちできない相手ではない
4 と算段したからでもあった。このような計画を立てていたアイトリア人の前に、ほどなくしてそれを手助けするような偶然の出来事が現われ、彼らは幸便にそれをつかんで、願望実現のための口実とした。その出来事とはこういうことである。

5 トリコニオン市民(6)にドリマコスという男がいた。これはパンボイオティア競技祭(7)のときに休戦協定を破ったニコストラトスの息子で、まだ若く、アイトリア人特有の貪欲と野心でふくれあがったような男だったが、
6 このドリマコスが公務を託されてピガレイア市(8)に派遣された。この都市はペロポンネソス域内にあって、メ
7 ッセニアの国境付近に位置するのだが、当時はアイトリア連邦と連合していた。派遣の目的は、ピガレイア

(1) アカイオスはアンティオコス三世につかえる将軍だったが、前二二〇年にタウロス山脈（小アジア南東部）の北西側を支配して自ら王と称した。第四巻四八-二―一三参照。
(2) 第二巻七一-四参照。アンティオコス三世は前二二三年に即位したとき、一八歳か一九歳だった。
(3) 前二二〇年、アリアラテス四世（付称エウセベス）が父アリアラテス三世の後を継いでカッパドキア王位に就いた。
(4) リュクルゴスの就位は前二二〇／一九年の冬のこと。第四巻三五-一四参照。
(5) 「アイトリア人の貪欲と無法」はポリュビオスの確信である。第二巻四三-九、四五-一、第四巻六七-四参照。
(6) アイトリア連邦の主要都市。
(7) ボイオティア地方のコロネイア近郊のアテナ・イトニア神殿前で開催される。第四巻二五-二参照。
(8) メッセニア地方の北の境界付近、ネダ川の北岸に位置する都市。

の都市と領地を守るためだと称していたけれども、実際にはペロポンネソスの内情を偵察するためだった。
8 ドリマコスがピガレイアに着くと、彼のもとにさっそく盗賊たちが寄り集まってきたが、そのときはまだアンティゴノスの打ち立てた平和(1)がギリシア全域で維持されていたため、いま略奪行為を許可することは法の
9 侵犯にほかならなかった。このためドリマコスはためらったけれども、結局盗賊たちのために、味方であり
10 盟友であるメッセニア人の家畜を奪い取ることを認めた。それでも初めのうちは国境付近にいる家畜の群れに標的を限っていたが、やがて凶暴の度を増し、夜間に不意を襲って農園に散在する家屋に押し入るようなことまでし始めた。

11 　メッセニアの人々はこの横暴に怒りをつのらせ、ドリマコスのもとにたびたび使いを送って抗議した。ドリマコスの方は配下の仲間たちに儲けさせたかったし、自身も強盗団に加わって儲けを得たいと考えていた
12 から、初めのうちはそれを聞き流していた。しかしいつまでもやまない犯罪行為のために使節の来訪がますます頻繁になってきたので、とうとうアイトリア人を告発する者たちに対して弁明するため自らメッセネに
13 行こうと答えた。だがメッセネに到着すると、集まってきた被害者たちに向かって、嘲りの言葉を投げつけて侮辱したり、激しい怒りをぶつけたり、罵倒して怖がらせたりした。

四　しかもドリマコスがまだメッセネ市内に滞在していたとき、例の盗賊たちが夜間に市に近づくと、梯子をかけてキュロンの所有とされる農家に押し入り、抵抗する者たちを殺害し、残りの召使たちを縛りあげ
2 て、家畜といっしょにさらっていくという事件が起こった。これまでの一連の出来事に加え、市内滞在中のドリマコスの傲岸ぶりにも業を煮やしていたメッセネの監督官たちは、この事件を新たな侮辱行為と受け止

3 め、ドリマコスを評議の場に呼び出した。このときメッセネ監督官のひとりにスキュロンという人物がいて、
その生き方から市民たちの尊敬を集めていたのだが、この人物が意見を述べ、ドリマコスが今回メッセニア
人に加えた損害をすべて賠償し、殺人の実行犯を法廷に引き渡さないかぎり、ドリマコスを市内から退出さ
4 せてはならないと提案した。他の監督官たちもスキュロンの意見の正当性を認める発言をしたので、ドリマ
コスは激高して声を荒げ、もしおまえたちが泥をかけている相手がドリマコス個人であって、アイトリア連
邦全体ではないと思っているのなら、おまえたちはよほどの馬鹿者だと罵った。そしてこのような侮辱を見
過ごすわけにはいかないと感じたドリマコスは、監督官全員が懲罰を受けることになるだろう、それが当然
5 の報いだと言い放った。ところで当時メッセネにひとりの賤人がいて、名をバビュルタスといい、男として
の性質をあらゆる面で奪い取られた人間だったが、もしこれにドリマコスの帽子とマントを着せたなら、と
6 ても見分けがつかないだろうと思われた。それほどこの二人は声といい身体の各部といい似通っていて、ド
7 リマコス自身もそれに気づいていた。そこで評議の場でドリマコスが威圧し脅かすようにしてメッセネ市民
を怒鳴りつけたとき、スキュロンは怒りにまかせてこう言った。「するとおまえは、われわれがおまえやお
8 まえの脅しを怖がるとでも思っているのか、バビュルタス」。それを言われるとドリマコスもやむなくその
9 場は引き下がり、メッセニア人がこうむった損失をすべて補償することに同意した。しかしアイトリアに帰
国してからは、その一言への恨みと憎しみを忘れられず、ほかに正当な理由はなにひとつなかったにもかか

(1) アンティゴノス三世がクレオメネスとの戦争に勝ったあと実現した平和（第二巻七〇）。

わらず、その一事だけでメッセニア人との戦争に火をつけたのである。
五　当時のアイトリア連邦司令長官はアリストンだったが、[1]ある種の身体の虚弱のため自ら戦場に出るこ
とは不可能だった。そして血縁にドリマコスとスコパスがいたので、スコパスに司令長官の権力の一部を委
2 譲していた。ドリマコスの方はアイトリア人をメッセニアとの戦争に引きずり込みたくても、理にかなった
開戦理由が見つからなかったし、戦争への熱意が自身の犯罪行為とそのために受けた嘲弄に由来することは
3 だれもが知っていたので、公の場で開戦を呼びかけるのにはためらいがあった。そこでその方法はあきらめ
てスコパス個人に狙いをつけ、メッセニア侵攻のもくろみについて自分の考えを吹き込むことにした。まず
マケドニアの脅威については、その指導者の年齢からして——当時ピリッポスはまだわずかに一七歳だった
4 ——恐れるに足りないと指摘したのち、メッセニア人に対するラケダイモン人の敵意の強さを引き合いに出
し、さらにエリス人がアイトリア人の友人であり同盟者であることにも注意を促して、それらの状況を勘案
5 すればメッセニア侵攻にはなんの危険もないと説明した。そしてメッセニア人の土地がペロポンネソス中で
クレオメネス戦争期にも被害を受けなかった唯一の地域であり、今も侵攻をまったく予想していないことか
らすれば、そこから得られる利益はきわめて大きなものになるだろうと示唆して、どんなときもアイトリア
6 人を動かす原動力となる事柄を、相手の目の前にはっきりと示してみせた。そして最後に、侵攻の結果アイ
7 トリアの民衆から寄せられるはずの感謝について付け加えることも忘れなかった。アカイア人については、
もし静観していてくれるなら、われわれの計画の妨げにはならないし、仮に侵攻軍の通過を阻止しようとし
8 ても、われわれが戦いに応じる構えを見せれば、それ以上に咎めてくることはなかろう。メッセニア人に対

する開戦の口実にも困ることはない。メッセニア人は久しい以前からアカイアやマケドニアに同盟参加の約
束をしているのだから、それだけでわれわれへの敵対行為をしていることになる。
9 このように語ったドリマコスは、ほかにもこれに類した論拠をいくつも並べてスコパスとその仲間たちを
熱心な開戦論者にしたてあげることに成功した。こうして彼らはアイトリア連邦の議会開催を待たず、また
10 委員会に諮ることもなく[2]、それどころかこの種の必要な手続きをいっさい経ないままに、ただ自分たちの衝
動と判断だけを拠り所として、メッセニア、エペイロス、アカイア、アカルナニア、マケドニアに対して同
時に戦争をしかけたのである。

六 アイトリアから海上に向けてただちに海賊の船団が送り出された。船団はマケドニアを出た王所有の
船にキュテラ島[3]付近で遭遇すると、その船を乗組員ともどもアイトリアに連行し、到着後に士官と水夫の区
2 別なく、船体といっしょに売り払った。続いてエペイロス地方に向かうと、ケパレニア島の船団をもこの犯
罪の仲間に加えながら、沿岸地域で略奪を繰り返した。さらにはアカルナニア地方のテュリオン[4]を占領しよ
3 うと攻め寄せた。それと同時に少数の兵士をひそかにペロポンネソスに送り込んで、メガロポリス領内の真

(1) アイトリア連邦司令長官は毎年秋に選出される（第二巻二-八、第四巻三七-二）。アリストンは前二二一／二二〇年の司令長官。

(2) 総会には年二回の定例議会のほか臨時議会があった。委員会は三〇人程度から成り、連邦加盟都市が人口比に応じて代表を送った。

(3) ラコニアの南方。

(4) テュレイオンとも呼ばれる。アンブラキア湾の南岸から八キロメートルほど離れたところにある都市。

ん中にあるクラリオンという砦を占拠し、そこを拠点として略奪遠征に出かけては、その地で盗品を売りさ
4 ばいた。この砦は結局アカイア連邦司令長官ティモクセノスがタウリオンの協力を得ながら、数日間の包囲
の末に奪い返したのだが、このタウリオンというのはアンティゴノスがペロポンネソス域内におけるマケド
5 ニア王の権益を守るために引き続き駐屯させていた将軍だった。というのもアンティゴノス王はクレオメネ
スとの戦争の期間中、アカイアとの協定に従ってコリントスを占領し続けたほか、さらにはオルコメノスを
攻め取ったあともこの都市をアカイア人に返還することはせず、自分の手から離そうとしなかったのである(1)。
6 その狙いは、私の見るところでは、ペロポンネソスへの入り口を掌握しておくだけでなく、オルコメノスに
駐留する軍隊の力によってペロポンネソスの内陸部にも睨みをきかせようとしたのであろう。
7 　ドリマコスとスコパスは好機をつかまえようと、ティモクセノスの司令長官としての残りの任期がわずか
になり、しかも翌年の長官としてアカイア連邦から指名されたアラトスがまだ任務に就いていないときを待
8 って(2)、アイトリア全軍をリオン(3)に集結させた。そして自前の渡し舟のほかケパレニアの船も借りて兵士をペ
9 ロポンネソス側に渡し終えると、メッセニア地方への進軍を開始した。パトライとパライとトリタイア(4)の領
10 地を通過するときには、アカイア人にはいっさい危害を加えるつもりはないと口では言っていたが、実際に
は兵士たちが富への欲望をこらえきれずに周辺の領地に走り出し、強奪と破壊を重ねながらの行軍となって、
11 それがピガレイア到着まで続いた。そしてそこからはなんらはばかることなく、メッセニア人の領地に向け
て勢いよく飛び出したのは、古くから交わしてきたメッセニア人との友好と同盟にも、人類の間に等しく定
12 められた正義にも(5)、わずかの配慮さえ見せない蛮行であった。自らの欲望をなによりも重んじ、慎みのかけ

らも見せずに略奪を繰り広げるアイトリア人を目の前にして、メッセニア人は一歩も向かっていく勇気がなかった。

七 そのころアカイアでは、規約に定められた連邦の定例議会の時期がめぐってきたので(6)、人々がアイギ
2 オンに集った。総会が開催されると、パトライとパライの市民はアイトリア人の通過中に自分たちの領地に
加えられた危害について訴え、メッセニア人も使節を送り込んで、掟破りの暴虐行為の犠牲となった自分た
3 ちを援助してくれるよう要請した。集まった人々はこれらの訴えを聞き終えると、パトライ人やパライ人と
4 憤りをともにし、メッセニア人の災禍をわがことのように受け止めたが、しかしアカイア人をなによりも怒
らせたのは、アイトリア人がだれからも通過の許可を得ず、それどころか許可を求めようとさえしないまま、
5 条約(7)に違反してアカイア領内に軍隊を進めたという事実であった。これらの状況に押されて、議会はメッセ
ニアへの援軍派遣を決議し、そのために連邦司令長官がアカイアから兵士を徴集し軍隊を編成すること、そ

(1) 第二巻五四-一、一〇-一一参照。
(2) アカイア連邦司令長官は毎年五月下旬に就任するが、選挙の時期は一定していなかったらしい。ティモクセノスは前二二一年五月から二二〇年五月までが任期。
(3) アイトリア地方南岸の岬にある港。コリントス湾を挟んで対岸のアカイア地方にある岬もリオンと呼ばれるので、アイトリア地方のリオンはアンティリオン（対岸のリオン）とも呼ばれる。リオンとアンティリオンの間は約一九〇〇メートル。コリントス湾はここでもっとも狭くなる。
(4) いずれもアカイア連邦の原加盟都市（第二巻四一-一二）。
(5) 宣戦布告しないまま戦争を始めたから（第四巻一六-四）。
(6) 前二二〇年五月。
(7) アンティゴノス・ゴナタスの死後、前二三九年にアカイアとアイトリアの間に結ばれた条約（第二巻四四-一）。

してその後は兵士たちの合議による決定を連邦の決定と見なすことを可決した。
6 ところがティモクセノスは、そのときなお司令長官の任にあったものの、すでに任期が終わりかけていた
のに加え、アカイア人がここしばらくのあいだ軍事訓練を怠っていたために兵士の能力にも疑問をもってい
7 たことから、出征に尻込みしたばかりか、軍隊の徴集さえも引き受けようとしなかった。実際スパルタ王ク
レオメネスの失墜以後、ペロポンネソスの人々はそれまでの戦争の連続に倦み疲れ、現在の平穏に信頼を置
8 いて、だれもが戦争の備えに力を入れていなかったのである。しかしアラトスは久しい以前からアイトリア
人に対する嫌悪を持ち続けていたので、今回彼らが見せた横暴への憤りと憎しみはだれよりも強く、今回の
9 事態への対応もそれだけ熱をおびていた。そのためアラトスは瞬時の間もおかずアカイア軍兵士の徴集に取
10 りかかろうとし、今にも軍勢を率いてアイトリア人に攻めかかろうとするかのようであった。そしてとうと
うティモクセノスから規定の引き継ぎ日よりも五日早く公印を受け取ると、連邦諸都市に書簡を送り、兵役
11 適齢者は武器持参のうえメガロポリスに集合するよう命令を発した。ところでこのアラトスという人物は実
に特異な性質を備えているので、その人となりについて、ここであらかじめ簡単な説明をしておくのがよか
ろうと思う。

2 八　アラトスは公の活動にかんしてはただ一点を除いて、なにひとつ欠けるところのない男であった。弁
舌と判断にすぐれていたのはもちろんのこと、決心したことを口外しないでいられたし、さらには対立党派
の者にも穏やかに接したり、味方をつなぎとめたり、同盟者を獲得したりすることにかけて、この男の右に
3 出る者はいなかった。また敵に奇襲をかけ、偽計や策略をめぐらすこと、そしてそれを果敢にしかも粘り強

4 く遂行して目標を達成することに、比類ない能力をもっていた。それを証明する出来事は数多くあるが、彼の事績を詳細に調べてみたとき、とりわけ輝きを放つものとしてシキュオンとマンティネイアの奪取(1)、そしてペレネからのアイトリア人の追放(2)があり、さらにそれを上回る最大の功績としてアクロコリントスの占領(3)

5 がある。ところがその同じ人物が、いったん広い土地で敵陣と相対して戦う場面になると、作戦を立てるのに暗愚で、攻撃を決行するのに臆病、いやそれどころか、危険を目にすればたちまち逃げ出してしまうとい

6 うありさまだった。この結果アラトスは、ペロポンネソス中を自分に向けられた［敵方の］戦勝碑で満たし、敵にとってはまことに歓迎すべき将軍となったのである。

7 人間というのは身体の面でさまざまな姿形を見せるだけでなく、むしろそれ以上に心の面でさまざまな性質をもっているものだから、同じ人が異なった種類の活動をするとき、ある活動には有能で、別の活動には無能でありうるのはもちろんのこと、同じ種類の活動においても、同じ人がだれよりも聡明であると同時に

8 だれよりも愚鈍であったり、またこのうえなく勇敢であると同時にこのうえなく臆病であったりするのも珍しいことではない。これは少しも不思議なことではなく、観察の目を怠らない者にとっては、むしろありふ

9 れた周知の事実である。例えば狩猟に出かけて野獣と遭遇したときにはとても勇敢なのに、武器をもった敵

（1）第二巻四三-三、五七-二参照。

（2）前二四一年、アラトスはアカイア地方のペレネを占領したアイトリア軍が油断しているところを急襲し、逃走させた（プルタルコス『アラトス伝』三二-三）。

（3）第二巻四三-四参照。

と相対するとまるで意気地なしになってしまう人もいるし、同じ戦争にかんすることでも、一対一で敵と向
き合ったときは冷静沈着ですばらしい動きを見せておきながら、隊列を組んで集団の一員として戦う場面に
10 なると稚拙な動きしかできない人もいる。実例をあげると、テッサリア人の騎兵は部隊単位で仲間といっし
ょに戦えば、負け知らずの猛者であるが、時と場所の都合で隊列を離れ、単騎の戦いを強いられると、不器
11 用で鈍重な一兵士に様変わりする。アイトリア兵はその逆である。またクレタ兵は陸上であれ海上であれ、
待ち伏せ、略奪、窃盗、夜襲など、およそ詐術を要する細かな作戦には抜群の手腕を発揮するけれども、
正々堂々と顔を向け合い、隊列を組んでぶつかり合う戦いになると、怯えてばかりの腰抜けになる。アカイ
12 ア兵とマケドニア兵はその逆である。以上のことを述べたのは、この先も同じ人物による同じ種類の活動
について私が正反対の説明をしても、それを目にした読者が私の言葉に不信感をもたないようにしてもらう
ためである。

九　さて話をもとに戻して、兵役適齢者がアカイア連邦の決定に従って武器持参でメガロポリスに集合を
2 完了したときのことだが、このときメッセニア人があらためてアカイア人の集会に現われて、これほど明白
な協定違反の犠牲になっている自分たちを見捨てないでほしいと懇願したのに加えて、多国間同盟[1]への参加
3 を希望し、自分たちも条約締結国の一員として名を連ねたいと申し出た。しかしアカイアの指導者たちは同
盟参加については、ピリッポスと他の加盟国との承認なしに新たな国を受け入れる権限はないのだと説明し
4 て、応じなかった。この同盟というのは、クレオメネス戦争中にアンティゴノスの主導によって、アカイア、
エペイロス、ポキス、マケドニア、ボイオティア、アカルナニア、テッサリアの間で成立したものであって、

5 その条約がいぜんとして全加盟国に対して効力を保っていたのである。一方援軍派遣については承諾したも
のの、ただしその条件として、アカイアの同意がないかぎりアイトリアと講和しないと約束すること、そし
てその保証として、今ここにいるメッセニア人たちが自分の息子をラケダイモン市内に人質として預けるこ
6 とを要求した。ラケダイモンからも同盟条約に従って軍隊が出動し、メガロポリスとの国境付近に駐留して
いて、そこで同盟軍というよりはむしろ予備軍あるいは監視軍のような役割を務めていたのである。
7 　アラトスはメッセニア人との交渉を以上のように決着させると、さっそくアイトリア軍のもとに使節を送
って、今回の決定を通告するとともに、メッセニア人の領地から撤退すること、そしてアカイアの地には足
8 を踏み入れないことを要求し、もし従わない場合、違反者を敵と見なすであろうと言い渡した。スコパスと
ドリマコスは使節の口上を聞いて、アカイア軍が集結を完了したことを知ると、この場は要求に従っておく
9 のが得策だと判断した。そこでただちにキュレネ[2]に滞在中のアイトリア連邦司令長官アリストンに伝令を送
10 り、エリス地方のペイアスという島[3]に至急渡し舟を送り出してくれるよう要請した。そして二日後に略奪物
を満載して陣営を引き払うと、エリス地方に向かう道をたどり始めた。エリス地方はアイトリア人にとって、
ペロポンネソスに強奪と略取の手を伸ばすときの中継点であり、そのためにこの地方の人々と良好な関係を

---

(1) マケドニア王を盟主として前二二四年に成立した、いわゆるヘラス同盟。第二巻五四-四参照。

(2) エリス地方西海岸の突端に位置する港町。

(3) キュレネよりも南のイクテュス岬（現カタコロ岬）の付け根に港があり、その沖合に島がある。通常はその港がペイアスと呼ばれる。

保てるようたえず配慮していたのである。
一〇　アラトスは二日間の様子見のあと、アイトリア軍が回答どおり実際に撤退するものと無邪気にも信
2 じ込み、アカイア軍の多数とラケダイモン全軍を帰国の途に就かせると、残りの歩兵三〇〇〇人と騎兵三〇
〇人[1]のほか、タウリオン[2]のもとにいた兵士たちを率いてパトライに向かった。撤退するアイトリア軍の側面
3 に付こうとしたのである。ドリマコスたちはアラトスの軍勢が側面に付いて離れる気配がないのを見ると、
乗船中に防衛まで手が回らないところを襲われるのではないかと危惧したのに加え、戦争突入も望むところ
4 だったので、まず略奪物を［ペイアスの港に停泊中の］船に運び込むとともに、その輸送に必要で十分な数の
兵士をそれに付き添わせ、自分たちはリオンから乗船するからそこへあらためて迎えにくるようにと指示を
5 与えた。ドリマコスたちは略奪物が運び込まれるとき、それを警護するためにしばらくの間その周辺で待機
6 していたが、やがて向きを転じてオリュンピアへの道を進んでいった。しかしタウリオンたちがさきほど述
べた軍勢とともにクレイトル領の近辺にいるという情報を得ると[3]、この状況でリオンから船に乗るのは危険
7 であり、強行すればまちがいなく戦闘になるだろうと予想して、自分たちの有利になる方法は、アラトスが
こちらの意図に気づいていなくて、手元に少数の兵力しかもっていないうちに、少しでも早く戦いをしかけ
8 ることだと判断した。そしてもしアラトスたちを打ち破ることができれば、アカイア軍が再集合の準備にか
9 かっているあいだに、付近の土地に略奪を加えておいて、リオンから安全に船を出せるだろうし、また仮に
アラトスたちが恐れをなして戦闘を回避し、逃げ出してしまえば、いつでも都合のよい時を選んで、悠然と
10 退去すればよい。そのような期待を胸に秘めてドリマコスたちは進軍を続け、メガロポリス領内のメテュド

リオン[4]付近に陣営を置いた。
一一　ところがアイトリア軍の接近を知ったとき、これに対処するためにアカイア軍の指揮官たちがとっ
2 た作戦は実に拙劣で、これ以上はないほどのうかつなものだった。指揮官たちはまずクレイトル領から引き
3 返してカピュアイ[5]付近に陣営を置いたのだが、その後アイトリア軍がメテュドリオンからオルコメノス市の
そばを通過しようとするのを見て、軍を陣営から出し、カピュアイの盆地を流れる川を前面の防御に利用し
4 ながらそこに布陣した。アイトリア軍は両軍の間に障害物が多く――川の前にはたくさんの溝もあって接近
を阻んでいた――、しかもアカイア軍が戦闘に向けて準備万端整っているのが見て取れたから、当初の計画
5 どおり[6]敵との交戦は避けることにした。そして隊列を崩さないようにしながら、もしこのまだれからも攻

---

(1) アカイアには通常の徴兵軍とは別に、この人数から成る精鋭部隊があったらしい（第二巻六五-三、第五巻九一-六）。

(2) 第四巻六-四参照。

(3) オリュンピア付近を通り、北上してリオンへ向かおうとすると、アカイア地方の都市クレイトル付近を通らなければならない。

(4) メガロポリス市の約二七キロメートル北、メガロポリスとクレイトルのほぼ中間に位置する。

(5) クレイトルの南東約二五キロメートル。オルコメノス市の北に開けた盆地の北西端に位置する。アイトリア軍はこの盆地に南から入った。

(6) 戦闘を避けてリオンから乗船するのがドリマコスの当初の予定だったが、クレイトル近辺に敵がいるという情報を聞いて、むしろ急戦に出ることに方針を変更していた（前章六）。ドリマコスはここからコリントス地峡を通って、アイトリアに帰国しようとしている。

6 撃を受けず、戦いを強いられることがなければ幸いなのだがと念じつつ、オリュギュルトス山[1]のそばの丘陵
をめざして行進を続けた。しかしアイトリア軍の先頭がすでに丘陵を目の前にし、後尾では騎兵隊が盆地を
横切ってプロプスという山麓に近づいていたとき、アラトスは騎兵と軽装歩兵をアカルナニア人エピストラ
7 トスの指揮に託し、敵の後尾に接近して交戦を試みよという指令とともに送り出した。だがもし戦端を開く
べきであったとすれば、敵がすでに平坦な土地を通り過ぎてから、行列の後尾に襲いかかるのではなく、敵
8 が盆地に入ったとき間をおかずにその先頭に攻めかかるべきだった。そうすれば戦場は盆地内の平坦な区域
に限定されていただろうから、両軍の装備と戦術の違い[2]から、アイトリア軍は最小限の力しか出せず、逆に
9 アカイア軍は最大限の力と技を発揮できたはずなのだ。ところがアカイア軍は自分たちに有利な時と場所を
見送って、敵の得意とする領域に踏み込んでしまった。それゆえ戦いは、作戦の拙さにふさわしい結果に終
わったのである。

一一　アカイア軍の軽装歩兵に捕まりかけたとき、アイトリア軍の騎兵は早くその場を逃れて味方の歩兵
2 隊と合流しようと、隊列を保ったまま山麓の方へ急いだ。ところがアラトスたちは現在の状況を的確に把握
することも、またこの後に起こる事態を正しく予測することもできず、騎兵隊の退却を目にするやいなや、
3 敵が逃げ出したのだと思い込んだ。そこでまず両翼にいた胸甲兵[3]に、軽装兵に合流して加勢せよと命令して
送り出したのち、自らも残りの兵士を横に向かせて［隊形を縦列に組み直させて］から、駆け足ですばやく率い
4 ていった。アイトリア騎兵隊の方は平坦部を過ぎて歩兵隊との合流を完了すると、山麓のかげに身を寄せて
5 動きを止め、歩兵たちに呼びかけて両側面に集まるよう指令を発した。先を行進していた歩兵たちは号令に

6 すばやく反応し、引き返して次々に救援に駆けつけた。そして戦いに十分な人数に達したと判断したところ
で、緊密な隊列に組み上げると、アカイア軍の前衛の騎兵と軽装兵に襲いかかった。アイトリア軍は人数で
まさり、しかも高い位置からの攻撃だったので、戦闘に長時間を費やしたものの、結局向き合う敵兵を敗走
7 にいたらせた。こうして前衛部隊が方向転換して逃げもどってきたところへ胸甲兵が応援に現われたが、こ
ちらも進軍しているあいだに隊列が乱れ連携も失っていたから、何がどうなっているのか分からない者もあ
れば、逃げ帰ってくる友軍と衝突する者もあり、あげくに自分たちも同じように背を向けて逃げもどるしか
8 なくなった。この結果、交戦中に倒れた兵士は五〇〇人足らず、逃げ帰った兵士は二〇〇〇人以上にのぼっ
9 た。アイトリア軍の方は状況がおのずとなすべきことを教えてくれたから、勢いに乗って四囲を圧するほど
10 の喚声を上げながら敵を追撃した。アカイア兵は自陣の重装歩兵陣のもとに逃げ込もうとしたが、それはこ
の歩兵部隊が戦前の隊列の位置を変えず、有利な場所にとどまっているものと思っていたからであり、だか
11 らこそ退却中も安心して秩序を保っていられた。ところがしばらくして、重装兵部隊までもが有利な場所を
離れ、構えを緩めたまま遠くまで進んできたのを見つけると、ある者はたちまち隊形を解き、算を乱して付
12 近の都市へ逃走をはかり、ある者は進んでくる味方の重装兵部隊と正面衝突して、敵の攻撃を待つまでもな

(1) 盆地の北東にそびえる山（標高一九三五メートル）。
(2) アカイア軍は重装兵による密集戦を、アイトリア軍は軽装兵の戦いを得意とした（第四巻一四-六）。だから平地での戦いならアカイア軍が有利だった。
(3) 鎧として胸甲だけを付けた兵士。重装兵に比べれば装備は簡略。

13 く、味方どうしで驚かせあったあげくに一目散に逃げるしかなくなった。付近にはオルコメノスとカピュア
イがあり、ここが逃げ込み先となってくれたおかげで多数の兵士が救われた。もしこの二都市がなければ、
14 アカイア軍は予想もしなかったような全軍壊滅をこうむっていたであろう。カピュアイ近郊で起こった戦闘
は以上のような結果に終わった。

一三　メガロポリス人はアイトリア軍がメテュドリオン近郊に陣営を置いたと聞いたとき、ラッパの合図
2 で全軍を招集し防衛に駆けつけたけれども、到着したのは戦闘の翌日だった。このため肩を並べてともに敵
に立ち向かうはずだった兵士たちは、すでに敵の手にかかって地に倒れ伏し、その遺体を埋葬することしか
3 メガロポリス人には残されていなかった。人々はカピュアイ盆地に溝を掘って、そのなかに遺体を並べ、不
運な死を遂げた者たちのためにおごそかな礼を尽くして別れを告げた。

4 一方騎兵と軽装兵だけで予想外の勝利を収めたアイトリア軍は、その後はもはや危険に遭遇することもな
5 くペロポンネソスの真ん中を通過していった。行軍の途中、ペレネを攻略しようと試みたり、シキュオンの
領地に略奪を加えたりしながら、最後はコリントス地峡を通って引き上げた。

6/7 以上が同盟戦争の原因と理由であり、発端(1)はこのあとに全同盟国によってなされた決議である。この決議
というのは、同盟国の代表がコリントス市内に集まり、ピリッポス王を議長とする会議の結果決定したもの
である(2)。

一四　数日後、アカイア連邦の定例議会が開催されたとき(3)、だれもがアラトスをこのたびの敗戦の責任者
2 と見なし、全体の会合のときも個人として向き合ったときも容赦ない批判を浴びせた。そして反対党派の者

たちがアラトスを糾弾し、異論の余地のない罪状を突きつけたとき、人々の怒りはそれまで以上にあおり立
3 てられ、いっそう激しく燃え上がった。人々の見るところでは、アラトスの犯した明白な過ちは、第一に、
まだ職権引き継ぎの期日が来ていないときに前任者の任期を掠め取り、これまでにも失敗を繰り返してきた
4 と自分でも承知している領域の事柄に手を出したこと。そしていっそう重大な第二の過ちは、アイトリア軍
がまだペロポンネソスの真ん中に腰をすえているとき、しかもスコパスとドリマコスが既存の秩序の混乱と
戦争の惹起をたくらんでいるのはあらかじめ分かっていたはずなのに、そんなときにアカイア軍を解散して
5 しまったこと。第三はなんら必要に迫られていたわけでもないのに、あのような少数の手勢だけで攻撃を敢
行したことであり、あのときは近隣の都市にいったん退却して安全を確保し、そこでアカイア軍の再集結を
6 終えてから、もしそれがどう見ても得策だと判断したなら、そのとき初めて攻撃に移ればよかったのだ。そ
して最後にして最大の過ちは、攻撃を決意したあとの戦いの進め方であり、つまり平坦部で重装兵を用いる
戦術を放棄し、代わりに山麓を戦場にして軽装兵だけによる戦いを選択したのは、相手がこの種の戦い方を
もっとも重視しもっとも得意としているアイトリア軍である以上、きわめて無計画で無鉄砲な作戦であった
と人々は考えた。
7 　そこでアラトスは進み出て、これまでに自分が成し遂げた政治上そして軍事上の成果を数え上げ、現在の

（1）原因と理由と発端の違いについては、第三巻六に説明がある。

（2）第四巻二五参照。

（3）前二二〇年の七月か八月。

告発についても、事態の責任は自分にはないと弁明を行なったうえで、それでももし今回の戦闘について自
分になんらかの落ち度があったのなら、どうか寛恕をお願いする、物事を見るときに必要なのは冷酷ではな
8 く寛容なのだから、と語りかけた。すると人々はたちまち考えを改めて、おうような態度に一変し、逆に束
になってアラトスを攻め立てた反対党派の者たちに強い反感を抱いたばかりか、今後の方針についてもすべ
てアラトスの勧告どおりにすることを決定した。
9 以上がひとつ前のオリュンピア期の出来事であり、ここからは第一四〇オリュンピア期に入る[1]。

一五　このときのアカイア連邦の決定事項は以下のとおりである。エペイロスとボイオティアとポキスと
2 アカルナニア、それにピリッポス王のもとにそれぞれ使節を派遣し、アイトリア人が武器携行のうえで、す
でに二度[2]もアカイアに侵入した経緯を報告するとともに、協定に従ってアカイア防衛に参集するよう、そし
3 てメッセニアを同盟に迎え入れるよう[3]要請すること。司令長官はアカイア人の歩兵五〇〇〇人と騎兵五〇〇
人を徴集し、アイトリア人のメッセニア侵攻が起きたときには、その防衛に駆けつけること。司令長官はさ
4 らにラケダイモンおよびメッセニアと協議して、この両国がアカイアとの共同作戦のために提供するべき騎
兵と歩兵の数を割り当てること。
5 以上の決定を終えると、アカイア人は先の戦いの結果にも挫けることなく、メッセニア人のことも自分た
6 ちの計画も次々と実行に移した。同盟国に派遣された使者たちは定められた任務を果たし、司令長官は決議
にしたがってアカイアから兵士を徴集したのに加え、ラケダイモンとメッセニアのそれぞれに対して歩兵二
7 五〇〇人と騎兵二五〇人を割り当てので、合計すれば歩兵一万人と騎兵一〇〇〇人が今回の作戦に動員され

ることになった。
8 一方アイトリアでも定例議会[4]の時期が来たので各都市から人々が参集し、ラケダイモンとメッセニアを始
めとする［アカイアを除く］あらゆる国との間で平和を維持することを決定したが、それは実は陰険な策謀で
9 あり、真の目的はアカイアと同盟を約する国々を腐敗させ衰弱死させることにあった。そして当のアカイア
に対しては、もしメッセニアと同盟を結ぶのを中止するなら、アイトリアはアカイアに対し平和を維持する
10 こと、だがもし同盟締結に踏み切るなら、開戦することを可決した。理不尽きわまりない決定であった。な
ぜならアイトリア人自身がアカイアとメッセニアの双方と同盟を結んでおきながら、その二国民が相互に友
好と同盟を結べば、アカイアに宣戦布告する、逆にアカイアがメッセニアと敵対関係に入ることを選べば、
11 アカイアと個別の平和協定を結ぶというのだから。このようなアイトリア人の決定はあまりに常識をはずれ
ていて、その無法ぶりは言葉に表わせないほどである。

一六　エペイロス人とピリッポス王はアカイアの使節から話を聞くと、メッセニアの同盟参加を承認する

（1）次章にかけて議会の記述が続いているのに、その途中でオリュンピア期の更新について注記するのは不自然である。この一文は後代の補筆であろう。

（2）クラリオン占領（第四巻六‐三）とパトライ、パライ、トリタイアの各領略奪（第四巻六‐九）を指す。第四巻二五‐四参照。

（3）第四巻九‐一参照。

（4）ポリュビオスは「定例議会」と断っているが、司令長官選出のための秋の定例議会の直前であるから（第四巻二七‐一）、これはおそらく臨時議会であろう。ポリュビオスの思い違いか。

2 一方、アイトリア人の行動に対しては、初めのうちは憤慨したものの、それがアイトリア人の習性であり、
3 予想外の事をしたわけではないので、それ以上に驚きはしなかった。このため怒りもさほど大きくならず、
結局アイトリアとの平和を維持する決定を下した。このように習いとなった悪行というのは、意外な人の意
4 外な悪事よりも容赦されやすいものだ。実際アイトリア人というのは、こういうやり方で常にギリシア中で
強奪をはたらき、あちこちで宣戦布告なしに戦争をしかけ、抗議してくる相手に対して弁明の必要も認めず、
それどころか過去の行為についても、さらには、なんと、未来の行為についても、調停を提案してくる相手に
嘲笑を浴びせていたのである。

5 ラケダイモン人はというと、つい最近アカイア人の高邁な精神とアンティゴノスのおかげで自由を回復し
たにもかかわらず(1)、それゆえマケドニア人とピリッポスに仇をなすようなことはできるはずがなかったにも
かかわらず、アイトリアに密使を送り、秘密裏に友好と同盟を約した。

6 ところがアカイアで若者の徴兵が完了し、ラケダイモンとメッセニアが割り当てられた援軍の派遣を約し
たのと同じ頃、スケルディライダスとパロス人デメトリオスが九〇隻の小型船を率いてイリュリアを出航す
7 ると、ローマと締結した条約に違反しリッソスを越えて船を進めてきた(2)。船団はまずピュロス(3)に接岸して攻
8 略を試みたが、撃退された。その後デメトリオスは小型船団のうちの五〇隻を率いてキュクラデス諸島海域
9 に向かい、島々を巡りながら各地で資金を供出させたり強奪したりした。スケルディライダスの方は残りの
四〇隻とともに帰航の途次、アタマネス人(4)の王で自分とは姻戚関係にあるアミュナスの要請を受けてナウパ
10 クトス(5)に寄港すると、アゲラオスを仲介者としてアイトリア人との間に略奪物の分配にかんする取り決めを

定める一方、アカイア侵攻のさいにはアイトリアに協力することを約束した。
11 アゲラオスとドリマコスとスコパスはスケルディライダスとの間で以上の協定を結び、そのなかでキュナ
イタ市(6)をめぐる裏切りの手はずについても定めたのち、アイトリア全軍を集め、それにイリュリア軍も加え
て、アカイア侵攻を開始した。
一七　もっともアイトリア連邦司令長官アリストンは、現実に起きていることなど素知らぬ顔で故国にと
どまったきり、アカイアと戦争などしていない、なお平和を維持しているとうそぶいていたが、これはまっ
2 たく子供じみた間抜けな言い草である。なぜなら自らの所業の明白な証拠があるにもかかわらず、それを言
葉で覆い隠せると思うような男は、だれが見ても間抜けの痴れ者でしかなかろう。
3/4 ドリマコスたちはアカイア地方を通過して、突如キュナイタの前に姿を現わした。キュナイタの市民はア
ルカディア人なのだが、久しい以前から激しい内乱が市を揺るがして止むことがなく、市民相互が殺戮と国

(1) セラシアの戦いのあと、改革を進めようとしたクレオメネスが亡命し、スパルタの伝統的国制が復活したことを指す（第二巻七〇-一）。

(2) スケルディライダスはイリュリアの将軍（第二巻五-六）。イリュリアのテウタとローマの間に交わされた条約については第二巻一二-三参照。このときのデメトリオスの条約違反の行動については第三巻一六-三にすでに言及されている。

(3) メッセニア地方の西海岸の港町。

(4) アンブラキア湾の北東、アケロオス川の上流地域に住む部族。

(5) コリントス湾北岸のアイトリア連邦主要都市。

(6) アルカディア地方の北辺、ブライコス川の上流、現カラヴリタ市付近に位置する。

5 外追放を繰り返し、さらには財産の強奪や土地の再分配までが行なわれた。しかし最後はアカイアとの親交
を重んじる党派が勝ちを占めて市内を掌握し、城壁の守備兵と市内の軍司令官をアカイアから受け入れた(1)。
6 それが当時のキュナイタの情勢であったが、アイトリア軍の到来の少し前に、亡命していた市民たちが市内
7 の人々に使者を送り、和解実現と自分たちの祖国復帰をかなえてくれるよう懇請したところ、市を掌握して
いた党派もこれを承諾し、アカイア連邦に使節を派遣して、連邦の同意を得たうえで和解を実現しようとし
8 た。アカイア人はこころよくこれを承認したが、それはこうすることによって両方の党派から好感を得られ
るだろう、つまり現在市を掌握している人々はアカイア人にすべての希望を託するだろうし、帰還する人々
9 は安全を保障してくれたアカイア人に感謝するだろう、と考えたからである。こうしてキュナイタ市民は市
内にいた守備隊も軍司令官も送り返したのち、亡命者たちを帰国させて和解を果たした。亡命者の数はおよ
10 そ三〇〇人、人間の世界に定められたなかでもっとも厳粛な誓約を交わしたうえでの帰還であった。ところ
が帰国者たちは、新たな紛争が勃発したと思わせるような原因や理由がなにひとつ発生していないにもかか
11 わらず、それどころか市内に入ったあと瞬時の間もおかずに、祖国と恩人を裏切るための謀議を始めた。私
が思うに、供犠を執り行ないながら誓約と信義を交わしたその時点で、すでに神への敬虔と人への信義を冒
12 瀆する段取りについて思いをめぐらせていたに違いない。なぜならこの男たちは、国政への関与を許される
やいなや、アイトリア人を市内に引き入れ、市をその手に売り渡すための行動に移ったのであり、己の命を
救ってくれた人と養ってくれた祖国とを、ともども破滅の淵に突き落とそうとたくらんでいたのである。

2 **一八**　その謀略はおよそ次のような大胆不敵な手口で実行された。まず復帰した者たちのうちの数人が警

備班長に就任していた。警備班長というのは、城門を閉鎖してその鍵を翌朝まで保管し、昼間も門衛所に詰
3 めておくのが任務である。アイトリア兵は梯子を用意して出撃準備を整え、時が来るのを待ち構えていた。
4/5 警備班長のうちの帰国者たちが、門衛所で同僚たちを殺害したのち門を開け放った。するとアイトリア兵の
6 一部は門から侵入し、一部は梯子をかけて城壁に登るとその一帯を占拠した。市内にいた人々はだれもが事のなりゆきにただ驚くばかりで、この事態を止めることもどうすることもできなかった。門から侵入してきた兵士たちの方へまっすぐに防戦に駆けつけることは、城壁を占拠した兵士たちに妨げられてできず、かと
7 いって城壁の防衛に向かうことも、門から乱入してきた兵士たちに妨げられて不可能だった。そういうわけでアイトリア兵はたちまち市を制圧してしまったのだが、彼らの犯した数多くの暴虐行為のうちに、ひとつだけきわめて道義にかなった行為がある。それはアイトリア兵を市内に引き入れ、祖国を裏切った者たちを
8 まっさきに処刑し、その財産を奪ったことである。その後それ以外の市民についてもすべて同様の処置をとった。そして最後に市民の家を宿舎にして、財産を巻き上げたばかりか、貨幣であれ調度であれ、とにかく価値のある物を隠し持っていると目を付けたキュナイタ市民を次々に拷問にかけた。

(1) 内乱の背景には、スパルタでクレオメネス王が実施したような土地再分配を核とする改革を望み、クレオメネスに期待する民衆と、それを抑えようとする大土地所有者の抗争があった。クレオメネスの失墜後、親アカイアの地主階層が政権を掌握していたのであろう。国内の階級対立に外部勢力が介入して抗争を激化させた点では、マンティネイアの場合と同じである（第二巻五七―五八）。

9 アイトリア軍はこうしてキュナイタ市民を痛めつけてから、城壁の守備兵だけを残して宿営を引き払い、
10 ルソイ(1)に向かった。そしてクレイトルとキュナイタの間に位置するアルテミス神殿に着くと、ギリシア人か
ら不可侵の聖所として崇拝されているこの神殿に目を付け、ルソイの人々を脅して、女神の家畜ほか神殿の
11 所有する物品を奪い取ろうとした。しかしルソイ人たちは賢明にも女神の調度の一部だけを差し出して、ア
12 イトリア人に冒瀆行為を思いとどまらせ、取り返しのつかない損害は受けずにすんだ。アイトリア人は差し
出されたものを受け取ると、すぐにそこを出発して、クレイトル市の前に布陣した。

一九　その頃アカイア連邦司令長官アラトスは、ピリッポスのもとに使者を送って援軍派遣を要請したほか、兵士の徴集と編成を実行に移し、さらにラケダイモンとメッセニアにも約束どおり所定の兵員を提供するよう催促していた。

2 さてアイトリア軍はまず初めにクレイトル市民に呼びかけ、アカイア連邦からの離脱とアイトリア連邦へ
3 の参加を促したが、クレイトル市民がそれに耳を貸そうともしなかったので攻撃に移り、城壁に梯子をかけ
4 てこの都市の攻略を試みた。しかし市内からの勇猛果敢な抵抗にあったため、攻略をあきらめて陣を解き、
5 キュナイタ方面への道を引き返すと、思い直して女神の家畜を略奪したのちキュナイタに戻った。アイトリ
ア軍は当初キュナイタをエリス人に譲り渡すつもりだったが、エリス人が受け取りを望まなかったので、自
6 分たちの手で直接管理することに決め、エウリピダスをこの市の司令官に据えた。ところがその後マケドニ
アからの援軍到来の情報を得ると、恐怖にかられて市に火を放ったうえで退散してしまった。そしてリオン
から渡し舟に乗ろうと、そちらへ向けて進んでいった。

7 タウリオン[2]はアイトリア軍の侵攻とキュナイタの被害について報告を受ける一方、パロス人デメトリオスが［キュクラデス］諸島方面からケンクレアイにまで船を進めたのを知ると、デメトリオスにアカイアへの応援を呼びかけ、船を［コリントス］地峡越え[3]させて、アイトリア軍が渡航するところを攻めかかってほしいと
8 要請した。デメトリオスの方は、諸島方面からの移動がロドス艦船[4]に追いかけられた結果であり、それゆえ利を守ることはできても体面を汚される出来事であったのに加え、また船の地峡越えに必要な費用はタウリ
9 オンが提供すると約束してくれたこともあって、喜んで要請に応じた。だがこうして地峡を越えはしたものの、アイトリア軍の渡航には二日遅れてしまい、やむなく近辺のアイトリア沿岸地方に少しばかり略奪を加えただけで、コリントスに帰航した。
10 ラケダイモンはといえば、協約どおりに援軍を派遣する義務を怠り、体裁をつくろうために騎兵と歩兵を
11 ほんのわずか送り出しただけだった。一方アカイア兵を手元に集めたあとのアラトスの決定は、現状に対処
12 するにあたって戦略的判断よりもむしろ政治的思惑に左右されていた。というのも先の敗戦の記憶から抜け出せなかったアラトスは、スコパスとドリマコスが谷間の細道を通り、ラッパの一声さえあれば容易に襲い

---

(1) キュナイタから南へ約三キロメートルの都市。アルテミス神殿はそのすぐ近くにある。
(2) ペロポンネソスに駐留するマケドニア軍の司令官（第四巻六-四、一〇-六）。
(3) コリントス地峡には石敷きの舗道が渡してあり、船を台車に乗せてその上を引っ張った。地峡の幅はおよそ六キロメートル。ケンクレアイは地峡の東側の港。
(4) エーゲ海東南端の島国。東地中海貿易の拠点として繁栄し、強力な海軍力によってこの海域の治安維持を主導していた。

かかれるような場所を進んでいたにもかかわらず、その間の時を無為に過ごしてしまい、その結果アイトリ
ア軍はすべて自分たちの望みどおりになし終えたのち、無事故国に帰り着いたのである。
13 こうしてキュナイタ人はアイトリア人のせいで大きな不幸と大きな災禍のなかに突き落とされたわけだが、
それにもかかわらず彼らのこうむったその不幸は、どんな人間の運命よりも正当なものだったというのが世
上の評定であった。
二〇　本来アルカディア人というのは美しい特性を備えた民族だというのがギリシア人一般の評判であっ
て、そのことはこの民族の風俗習慣としてだれもが認める客人への歓待ぶりと隣人への情の深さ、そしてな
2 によりも神に対する敬虔の深さによく表われている。だからこの時代のキュナイタ人の残虐性について、こ
の人々がまぎれもないアルカディア人でありながら、どうして他のギリシア人をはるかに上回るほどの冷酷
と無法に染まってしまったのか、その理由を述べるために少しばかり寄り道をしてみるのも無駄ではある
まい。
3 私の見るところ、その理由とは、往古のアルカディア人が珠玉の知恵をもって生み出し、その後この地に
住む人々が生来の遺産として守り続けてきたものを、アルカディア民族のなかで最初にそして唯一捨て去っ
4 たのが、キュナイタ人だったということである。つまり音楽——といっても真の意味での音楽[1]のことだが
——の練習というのは、あらゆる人間にとって有益であるが、しかしアルカディア人にとっては有益どころ
5 か必要不可欠のいとなみなのだ。エポロス[2]は著作全体の序説のなかで、音楽というのは人を迷わせ幻惑する
ためにこの世に持ち込まれたと書いているが、これはこの史家には似合わぬ空言であり、大きな誤りだと言

6 わねばならない。いにしえのクレタ人やラケダイモン人がラッパの代わりに笛に合わせて動く習慣を戦場に
7 持ち込んだのはけっして故のないことではないし、(3) また昔のアルカディア人がきわめて質素な生活を送って
いたにもかかわらず、音楽にだけは国制の全般にわたって重要な役割を与え、幼年期だけでなく青年期に入
っても、三〇歳になるまでは音楽を伴侶とすることを義務付けたことも、理にかなった判断だった。
8 実際だれもがよく知っているように、あのような習慣をもっている民族はアルカディア人以外にはほとん
ど例がない。つまりアルカディアでは、子供はごく幼い頃から調子正しく讃歌と感謝歌を唱することを習慣
9 付けられていて、そのときには全員が父祖の伝統に従って祖国の英雄と神々を称える。そして成長してから
はピロクセノスやティモテオス(4)の調べを学び、毎年劇場で専門奏者が奏でる笛の音に合わせて、少年は少年
10 の部で、青年は成人の部で歌舞の技を競い合うのである。このような慣行は生活全般に行きわたっていて、
アルカディア人は宴席の娯楽のときも、歌手を招くよりも自分たちで歌うのを好み、順番を定めて交代に歌

(1) 音楽と訳したムーシケーという語は通常詩を含むので、「真の意味の音楽」とは詩を除いたものを指す。

(2) キュメ(小アジアのアイオリス地方)出身の歴史家(前四世紀)。主著の『歴史』全三〇巻は、世界全体の歴史を主題に取り上げた最初の史書であり(第五巻三三-二)、ヘラクレスの後裔の帰還からピリッポス二世によるペリントス包囲(前三四一/四〇年)までを記述した。

(3) ラッパは戦場で合図を発するのに使われるが、行進の伴奏には使われない。

(4) ピロクセノス(前四三五-三八〇年)はキュテラ(ラコニア地方南方の島国)出身、ティモテオス(前四五〇頃-三六〇年頃)はミレトス(小アジアのイオニア地方)出身の詩人・音楽家。ともにディテュランボス(合唱歌の形式の一種)の作者として知られる。

11 い継ぐのを習いとする。ほかの教養であれば、それについて自分は知らないと認めても少しも恥ずかしいこ
とと思わないのに、歌唱にかんするかぎりは、全員が習得を義務付けられている以上、無学を主張すること
はできないし、また歌えると認めておきながら実際に歌うのを断るのは、アルカディアにおいては恥ずべき
12 行為と見なされているからこれも不可能である。ほかにも若者は笛に合わせて隊列行進する練習もするし、
さらに国家による監督と費用負担のもとで舞踊の修練を積み、毎年劇場で同胞市民の見守るなか、成果を披
露する。

二　私が思うに、古人がこのような習慣を取り入れたのは、けっして贅沢や華美のためではない。むし
ろこの地方ではだれもが己の労働だけを頼りとし、人々の生活が苦しく厳しいのを古人は熟知していたから
であり、またこの地方の多くが寒冷で陰鬱な気候にあるため、そこの住民も例外なくその気候にやむなく同
2 化させられてしまい、その結果住民の気風が粗野になっているのを看取していたからなのだ。人間は民族の
違いや居住地の隔たりによって、気風や体形や肌の色さらには生活様式までが大きく異なるものだが、その
3 原因はほかならぬこの点にある[1]。アルカディア人は自然環境に起因するこの狷介で陰鬱な性格を緩め和らげ
ようとして、いま述べたような制度を設けたのであり、さらには男女を問わずだれもが参加できる集会と数
4 多くの供犠祭式を制定し、そのうえ少年と少女が共同する歌舞団まで設立したのである。要するにアルカデ
ィア人は、これらの習慣がこわばった心を柔らかくそして滑らかにしてくれることを願い、そのためにあら
ゆる知恵をしぼったのである。
5 ところがキュナイタ人は、それらの習慣を打ち捨ててしまった。キュナイタという所は、アルカディアの

なかでもとりわけ厳しい気候と地勢にさらされていて、それゆえそれらの習慣の助けをどこよりも必要とす
る都市であるにもかかわらず、それを一顧だにしなくなった。そしてもっぱら市民どうしの抗争とせめぎ合
6 いに精力をつぎ込み、そのあげくに獣のようなふるまいにおよんで、ギリシア中の他のいかなる都市にも例
7 を見ないほどの激しく絶え間のない瀆神行為に染まってしまったのである。この点にかんしてキュナイタ人
を襲った悲惨の大きさ、そして他のアルカディア人がキュナイタ人の行為に対して抱いた嫌悪の深さを示す
8 証拠をあげよう。キュナイタ人が大虐殺を行なったのち、ラケダイモンに使節を送ったときのこと、[2]途中使
9 節がアルカディア各地の都市に入ると、いずれの都市も使節に即刻退去するよう通告した。なかでもマンテ
イネイアは使節の退散したあと、清めの儀式を執り行ない、そのための犠牲獣とともに都市と領域全体を一
周したのである。
10 以上のことを述べたのは何のためかというと、ただひとつの都市のためにアルカディア民族全体が誹謗を
受けないように、またアルカディアの住民たちのなかに、音楽の練習に精を出すのは余計なことだと考えて、
11 それをおろそかにする者が現われないようにするためであるが、同時にまたキュナイタ人自身のためでもあ
る。つまり将来、神がキュナイタ人に恵みを授けて下さる日が来るなら、そのときは彼らも教育を重んじ、

(1) 気候などの自然環境が住民の気風に決定的な影響を与えるという理論は、前五世紀のヒッポクラテス『大気と水と場所について』以来多くの著作家に受け継がれてきた。

(2) 前二二〇年以前の内乱が繰り返されていた時代に、親ラケダイモン派が敵対勢力を大量殺戮して実権を握ったときのことであろう（第四巻一七-四）。

12 とくに音楽には最大の力を注いで、心を和らげることを学んでほしいのだ。そうすることが、この時代に自らの体内に宿った残虐性から逃れられる唯一の方法であろう。さてこれでキュナイタ人にかかわる出来事については語り終えたから、話の本筋に戻ることにしよう。

二三　アイトリア軍はペロポンネソスで以上の戦果をあげると、被害を受けることもなく故国に帰還した。
2 その後ピリッポスがアカイア勢のために援軍を率いてコリントスに到着したけれども、すでに敵が退去したあとだったので、全同盟国に向けて書簡を送り、同盟全体の戦略について協議するため、それぞれ自国の代
3 表をただちにコリントスに派遣するよう呼びかけた。ところがそのときラケダイモンで内乱が勃発し、市民どうしの殺戮が起こったという報告が入ったので、ピリッポスはコリントスを立ってテゲア方面へ軍を進め
4 た。というのもラケダイモン人はアンティゴノスのおかげでつい最近自由を手に入れたとはいえ、長らく王制の下にあって、何であれ指導者の意志に服従することを習性としていた国民であったから、王が存在しないという状況に置かれたとき、だれもが平等に国政に関与する権利をもつのだと考えて、市民間の抗争を始めたのである(1)。
5 　当初［五人の］監督官のうち二人は意見を明確にしなかったが、他の三人はピリッポスがまだ若年であることから、この王にはペロポンネソスの情勢を掌握するだけの力はないだろうと思い込んで、アイトリアと行
6 動を共にしようとした。ところが三人の予想に反して、アイトリア軍が早々にペロポンネソスから撤退し、
7 逆にピリッポスが思いがけない迅速さでマケドニアから姿を現わしたために、三人は不安にかられ、他の監督官のひとりアデイマントスに猜疑の目を向けた。アデイマントスは三人の計画をすべて知っていたし、そ

れが進行しつつあることをこころよく思っていなかったから、ピリッポス王が来援したこの機に、計画のい
8 っさいを王に通報してしまうのではないかと、三人の監督官は危惧したのである。そこで彼らは数人の青年
たちと謀って布告を発し、マケドニア軍が市に接近しているから、兵役期間中の者は武具持参のうえ「青銅
9 の社のアテナ」の神域に集合するよう命じた。この突然の命令に応じてさっそく集合が完了したとき、この
行動を容認できなかったアデイマントスは、集まった人々の前に進み出ると、次のように呼びかけて説得を
10 試みた――このような布告の発令と武装兵士の招集が必要だったのは、もう少し早く、仇敵アイトリア軍が
わが国の国境に向かっているという報告を受けたときであり、今この時、恩恵と救済の主マケドニア軍が王
11 とともに接近中という知らせを得たときではない、と。しかしアデイマントスがそのあとの言葉を続けよう
としたとき、あらかじめ指示を受けていた青年の一団が彼に襲いかかって刃を突き刺し、さらにはステネラ
12 オス、アルカメネス、テュエステス、ビオニダスほか多くの市民を殺害した。ポリュポンタスとその仲間た
ちは、賢明にもこのような事態を予期していたので、市を退去してピリッポスのもとへ向かった。

二三　この事件のあと、全権を掌握した監督官たちはただちにピリッポスへの使者派遣を決めると、今回殺害された市民たちへの非難中傷とともに、王にはラケダイモン国内が混乱から立ち直って平穏を回復する

---

(1) クレオメネスの進めた国内改革を支持する党派と、クレオメネス亡命後にマケドニア王アンティゴノスが改革を解消したことを支持する党派が争っていたらしい。アンティゴノスはクレオメネスが廃止していた監督官を復活させる一方で、王位を廃止していた。第二巻七〇-一参照。

まで、来訪を延期するよう要請すること、また今後もマケドニアへの義務と友好を守る方針にいささかも変
2 わりはないと伝えることを命じて使者を送り出した。ピリッポスがすでにパルテニオン山[1]近辺まで来たとこ
3 ろで、使者たちは王に出会い、指令どおりの伝言を申し述べた。王はそれを聞き終えると、使者たちにすぐ
さま故国へ取って返し、監督官たちにこう伝えるよう命じた——自分はこのまま進軍を続け、テゲアに陣営
を置くつもりである、監督官たちは現状について協議するための相応の要人をできるだけ早く送ってよこす
4 ように、と。帰国した使者たちが王の意向を伝えると、それを聞いたラケダイモンの指導者たちは一〇人の
5 市民をピリッポスのもとへ送り出した。オミアスを代表者とするその一行はテゲアに到着して、王の御前会
6 議[2]の場に現われると、アデイマントスたちを今回の混乱の首謀者として誹謗した。そしてわれわれはピリッ
ポスのために、同盟条約に定められた事柄をすべて履行するつもりだと確約したうえ、ピリッポスへの友誼
にかけては、王が真の友人と認める者たちのうちにも、われわれに勝る者はだれひとりいないだろうと請け
7 合った。ラケダイモン人たちは他にもこれに類したことを説き聞かせたのち、その場を離れた。その後御前
8 会議の出席者ひとりひとりが発言したが、意見は分かれた。ある者たちはスパルタ人の性向の下劣さを思い
起こし、アデイマントスたちはマケドニアとの親交を唱えたがゆえに殺されたこと、そしてラケダイモン人
はアイトリアと行動を共にしようという腹づもりに違いないことを確信していたので、ピリッポスに忠告し
て、ラケダイモンを他国への見せしめにするべきである、アレクサンドロスが王位を受け継いだ直後にテバ
9 イに対して行なったのと同じことを[3]、ラケダイモンに対して行なうべきだと主張した。しかし長老たちのな
かにはそれに異議を唱える者もあり、そのような懲罰は実際の罪科に比べて重すぎる、責任者を処罰すれば

それで十分であり、彼らを追い出して、代わりに王の友人たちに国政指導の権限をゆだねればよいと提案した。

二四　全員が発言し終えたところで、王が意見を述べた。ただしこのときの意見が王自身のものだとすれ
ばの話であるが。というのも一七歳の若者がこのような重大事について、正しい判断を下せるとは想像しに
2 くいからだ。われわれ歴史家は、なんらかの結論が会議から生まれたなら、それを会議の主宰者の意見とし
て記すのが当然の務めであるが、しかし読者の方は自分で推論をはたらかせ、それらの見解や判断が主宰者
3 のそばに仕える者、なかでも特に親密な関係にある者の意見ではないかと疑ってみる必要がある。このとき
4 王が述べた意見について言えば、これをアラトスに帰するのがもっとも蓋然性の高い推測であろう。ピリッ
ポスはこう述べたのだ――同盟内のある国が自国の市民に加えた不正にかんしては、口頭なり書簡なりでこ
5 れを譴責し矯正するにとどめるべきである。全加盟国が共同で制裁を加え矯正することが必要な場合もある
6 が、それは同盟全体にかかわる事件が起こった場合に限られる。今回ラケダイモン人は同盟全体に対してな

(1) テゲアの東方およそ一〇キロメートルにある。標高一一二五メートル。

(2) 王の諮問に応えて助言する役割をもつが、決定権はない。会議の構成員は「廷友」と呼ばれた（次章八）。

(3) マケドニアのアレクサンドロス大王が即位した翌年の前三三五年、アレクサンドロス戦死の誤報が流れたのをきっかけに、テバイで反マケドニア蜂起が起こった。テバイに急行したアレクサンドロスはこの古都を攻略すると、徹底的に破壊し、市民たちを容赦なく殺戮し婦女子を奴隷にした。ギリシア諸国に残っていた反マケドニアの気運を押さえ込むための見せしめにしようという意図があった。

にか明白な罪を犯したわけではなく、しかもマケドニアに対する義務はすべて履行すると伝えてきた以上、
7 そのラケダイモン人に生命にかかわる裁決を下すのはふさわしいこととは言えない。なぜならラケダイモン
が敵であったときにも、父王(1)はその軍隊を打ち破ったにもかかわらず、冷酷な仕打ちを控えたというのに、
その国民に対して私がこのような些細な罪から極刑を裁決するなら、これは理に反する所業である、と。
8 この意見が認められ、今回の事件は不問に付すという決定がなされたので、王はさっそく廷友(2)のひとりペ
トライオスをオミアスたちとともに送り出し、その任務として、ラケダイモンの一般市民にマケドニアと王
9 自身への友誼を守り続けるよう呼びかけること、そして同盟のための誓約を取り交わすことを指示した。そ
の後ピリッポスは軍隊とともに陣営を立ち、コリントスへの道を引き返した。ラケダイモンについてのこの
度の決定は、新王の治世方針を同盟諸国に周知させるための格好の実例となった。

二五　王がコリントスに着いたとき、そこにはすでに同盟諸国から代表たちが集っていたので、王は彼ら
2 を呼んで会議を開き、アイトリアに対してどんな行動をどんなふうにとるべきか相談を始めた。そこではア
イトリア人のこれまでの行動について、まずボイオティア人からは平和時に彼らがアテナ・イトニアの神殿(3)
を劫略したこと、ポキス人からはアンブリュソスとダウリオン(4)に向けて軍隊を進め、これらの都市を占領し
3 ようと企てたこと、そしてエペイロス人からは彼らに祖国の土地を荒らされたことについて告発する声があ
がった。またアカルナニア人はアイトリア軍がテュリオンで政権転覆を画策し、夜陰にまぎれてこの都市を
4 攻め取ろうとした経緯を説明した。さらにアカイア人も訴え出て、アイトリア軍がメガロポリス領内のクラ
リオンを占領し、進軍中にパトライとパライの領地を荒らし、キュナイタを劫略し、ルソイにあるアルテミ

スの神殿に略奪を加え、クレイトルを包囲し、海上からはピュロスに、そして陸上からは再建が始まったばかりのメガロポリスに攻め寄せ、イリュリア人と共謀してこの都市を抹殺しようとたくらんだと報告した(5)。

5 同盟国会議の代表者たちはこれらの訴えの一部始終に耳を傾けたのち、全会一致でアイトリアとの戦争開始

6 を決定した。そして決議文では以上の事実を開戦理由として列記したのに続けて、このときの決定事項として、同盟国のなかにピリッポスの実父デメトリオスの死後、アイトリアによって土地や都市を占領された国

(1) ピリッポスの義父アンティゴノス三世（ドソン）。ピリッポスの実父デメトリオス二世が死んだのち、ピリッポスの母プティアはアンティゴノス三世と結婚した。アンティゴノス王はセラシアの戦いでスパルタ軍を破ったあと、スパルタ市民に寛容な態度でのぞんだ（第二巻七〇-一）。

(2) 廷友（ピロイ）とはヘレニズム期の王たちに仕える相談役。王の主宰する御前会議に出席して意見を述べるほか、王の手足となって行動し、戦争のさいには部隊の指揮をとる。

(3) この近郊でパンボイオティア競技祭が開催された。そのときのアイトリア人の行動については、第四巻三-五参照。

(4) どちらもポキス地方のパルナッソス山の東麓に位置する都市。ダウリオンはむしろダウリスの名で知られる。

(5) 以上のアイトリア軍の行動については、第四巻六-一一–一三、九–一〇、一六-七、一八、一九-二–四参照。最後のメガロポリスへの攻勢についてはこれまで言及がないが、キュナイタの場合と同じような市民間抗争があって、それにアイトリア軍が介入したのかもしれない。

7 があれば(1)、それを奪い返すために共同で援助すると宣言した。同じように、周囲の状況に迫られてやむなく
アイトリア連邦に加盟した国についても、すべて祖先伝来の国制に復帰させること、すなわち自国の土地と
都市を保有したまま、駐留軍受け入れや貢租納入の義務のない独立国として、祖先伝来の法と政体のもとで
8 生活できるよう取り計らうことを言明した。またアンピクテュオン連盟(2)への支援についても明記し、アイト
リア人が自らその主になろうとして横領したままになっている神殿の管轄権の奪還、そして法の回復に協力
することを宣言した。

二六　この決議が可決されたのが第一四〇オリュンピア期の第一年であり、このときをもって同盟戦争と
呼ばれる戦争が始まったのであるが、この開戦はこれまでに犯された数々の不正行為からすれば当然であり、
2 正当な決断であった。同盟会議の参加者たちはさっそく加盟各国に使節を派遣したが、これは各国の民会に
よる開戦決議の承認を経たうえで、全加盟国が総力をあげてアイトリアとの戦争遂行にあたるよう促すため
であった。

3 一方でピリッポスはアイトリアにも書簡を送り、告発された内容にかんしてなにか正当な弁明があるなら、
4 今からでもよいから会議にやって来て説明するよう求めた(3)。そしてさらに続けて、もしアイトリアによる劫
略と破壊はすべて開戦決議の布告のないままに行なわれたのだから、不正をこうむった側が反撃に出ること
はないだろう、仮に反撃に出れば、開戦の責めは反撃した側に帰せられるだろうと考えているなら、君たち
5 アイトリア人はこの世にまたとないほどのうかつ者だと書き送った。この書簡を受け取ったアイトリアの指
導者たちは、ピリッポスが実際に来ることはないだろうと予想したうえで、リオンでの会談を申し出、その

6 日付を定めた。ところがその日になって実際にピリッポスが現われたのを知ると、使者に書簡を持たせて送り出し、アイトリア連邦議会(4)が始まるまで自分たちには連邦全体にかかわる事柄を決定する権限はいっさいないのだと告げた。

7 一方アカイアでは定例の連邦議会が招集され、先の同盟開戦決議を全会一致で承認するとともに、アイト

8 リアへの略奪を許可する旨を公告した。またピリッポスもアイギオンで開かれた［アカイア連邦］評議会に出

---

(1) 前二二九年のデメトリオス二世の死後アイトリアに攻略され、そのままになっていた都市として、エペイロス地方のアンブラキアとアンピロキア、アカイア・プティオティス地方のメリテイアとテバイがある。テッサリアはデメトリオスの死後、アイトリアの支援を受けてマケドニアから離反したが、アンティゴノスが即位後すぐに奪回した。しかしアカイア・プティオティスはアイトリアの勢力下にとどまったままだった。アカイア・プティオティスからアイトリア勢力を排除することはマケドニア自体の利益になるから、この戦争目的には、開戦に消極的なピリッポス（次章三参照）を戦争に引き込もうとするアラトスの戦略がうかがえる。ピリッポスはこれらの都市のうち、アンブラキアの要塞とテバイの奪取に成功するが（第四巻六三-二、第五巻一〇〇）、メリテイアには攻略を試みて失敗する（第五巻九七-六）。

(2) ギリシア中部の諸民族からなる古来の地域連盟。聖地デルポイを中心のひとつとするが、前三世紀初めからアイトリア人がこの地の神殿を独占的に管理していた。アカイア連邦はデルポイ解放を目標に掲げることによって、戦争に宗教的大義を与えようとした。しかしデルポイは結局この戦争後もアイトリア人の掌中から離れることはなかった。

(3) ピリッポスはアイトリアとの戦争を望んでいなかったか、あるいは少なくとも開戦を翌年春まで遅らせようとしたらしい。

(4) 前二二〇年秋の定例議会。次章一参照。

席して存分に発言し、それを聞いたアカイア人は満足して、過去の諸王の代から引き継いだ友好関係[1]をピリ
ッポスとの間でもあらためて確認した。

二七　同じ頃アイトリアでも選挙の時期が来て、連邦司令長官が選出されたのだが、このとき選ばれたの
2 は、これまで述べてきた不正行為すべての首謀者であるスコパスだった。このことについて私には語るべき
言葉も見つからない。決議による布告のないまま戦争を開始し、全軍あげて遠征に出て隣国を蹂躙し略奪す
る、そしてその首謀者のだれひとり懲罰するでもなく、それどころかその悪行の先頭に立った男を連邦司令
3 長官に選出して名誉にあずからせる、これでは邪悪の山盛りとしか言いようがなかろう。この犯罪に対して
ほかにどんな名称が付けられるというのか。私の言っていることは、次の例を見れば明らかである[2]。
4 　まずポイビダスが内通によってカドメイアを占拠したとき、ラケダイモン人はポイビダスには罰金刑を科
したものの、監視軍をカドメイアから引き上げることはしなかった[3]。これはまるで行為者が罰せられたこと
によって、不正そのものが解消されたかのようなやり方であり、テバイ人の利益を図るなら、これとは反対
5 の処置をするべきだった。さらにアンタルキダスの和約が成立したとき、ラケダイモンは諸都市に自由と独
6 立を保証すると宣言しておきながら、それらの都市から駐留軍を引き上げることはなかった[4]。またマンティ
ネイアと友好と同盟を約していたにもかかわらず、ラケダイモンはその住民を立ち退かせ、しかも自分たち
は住民をひとつの都市から多くの都市へと分散させただけなのだから、正義に反する行動などとっていない
7 と言い張った[5]。こうして悪行に加えて愚行を演じることになったわけだが、そんなことをした理由は明らか
8 であり、つまり彼らは自分が目を閉じれば、他人も目が見えなくなると思っているのだ。しかし結局この両

者［アイトリアとラケダイモン］にとって、これらの政治的野心はとてつもなく大きな禍の原因になった。だから個人にせよ国家にせよ、正しく指針を定めようとするなら、この種のふるまいだけはどんなことがあってもけっして見習ってはならない。

9 さてピリッポス王はアカイア人との協議を終えると、戦争に必要な準備を整えるため、軍隊とともに出発
10 してマケドニアへの帰路についた。こうしてピリッポスは先の決議により、同盟国ばかりかギリシア全土の

---

(1)「諸王」というが、実際にはマケドニアとアカイアの友好関係は、前王のアンティゴノス三世のときにアラトスの指導によって始まった近年の政策である（第二巻五〇）。

(2) 以下の前四世紀初めのスパルタ史から引いた例は、いま問題にしているアイトリア人の行動についての非難とは直接関係がない。第四巻三二―三三のスパルタ批判と同じく、ポリュビオスがあとから追加挿入した部分かもしれない。

(3) 前三八二年スパルタの将軍ポイビダスは、遠征に向かう途中、テバイの親スパルタ派の司令官からの誘いに乗って、テバイの要塞カドメイアを占拠することに成功した。ポイビダスの行動が本国の指示を受けたものではなかったという理由で、スパルタ人はポイビダスに罰金刑を科したが、軍隊の駐留は続けた。これはその四年前に締結されたアンタルキダスの和約に違反する行為だった。クセノポン『ギリシア史』第五巻二―二五―三六、プルタルコス『ペロピダス伝』五参照。

(4) 前三九五年にペルシアの資金援助を受けて結成されたコリントス、テバイ、アテナイ、アルゴスなどの同盟軍は、団結してスパルタに対抗した。劣勢に立たされたスパルタは、使者アンタルキダスをペルシア王のもとに派遣し、前三八七／八六年に平和条約を締結した。「王の和約」とも呼ばれる。和約では小アジアの都市がペルシア王に帰属すること、他のギリシア都市はすべて自治と独立を保つことが定められた。

(5) アンタルキダスの和約が成立した翌年、スパルタ軍はアルカディア地方のマンティネイアに攻め寄せると、この都市を流れる川の水をせきとめて洪水を起こさせ、市民を降伏させた。その後市民を旧の四つの村に移住させ、親スパルタの寡頭政権を立てた。クセノポン『ギリシア史』第五巻二―一―七参照。

人々の心に、王にふさわしい剛毅と慈愛を期待させる確かな証拠を残したのである。
二八　以上のことはすべて、ハンニバルがイベル川以南の全域の征服を完了して、サグントゥム攻囲(1)を開
2 始しようとしていたのと同じ時期の出来事である。だからもしハンニバルの進軍開始とギリシアの諸事件が
そもそもの初めからからみ合って展開していたなら、私としても当然のことながら前巻のなかにギリシアの
歴史を取り込み、それをイベリアの歴史と並行させるかたちで、その二つの間を行き来しつつ、時の経過に
3 沿って叙述を進めていくべきだったであろう。しかし実際にはイタリアとギリシアとアジアのそれぞれの地
域で起こった戦争は、結末ではひとつになったとはいえ、当初は別々に始まったのだから、それらについて
の叙述も、これら三地域の出来事がからみ合い、合流してただひとつの結末へといたる道筋に入るその時が
4 来るまで、別々に進めるのがよいと判断した。その方が各地域の出来事の初めの部分についての説明がわか
りやすいし、からみ合いについても——それについては初めのところで、それがいつ、どのようにして、な
ぜ起こったかを示して予告しておいた(2)——明瞭に見て取ることができるだろう。そしてその後は、すべての
5 地域の出来事を一本の歴史叙述にまとめて語ることになる。それらの諸事件のからみ合いが起こったのは、
同盟戦争の終わり頃、第一四〇オリュンピア期の第三年(3)である。したがってそれ以降の出来事は時の経過に
6 沿ってすべていっしょに叙述するが、それ以前のことはさきほど述べたように別々に語るつもりだ。だから
[からみ合い以前の歴史にかんしては]同じ時期の出来事であっても、前巻にすでに記述した事柄については、
それを指摘して思い起こしてもらうだけにとどめる。そのほうが読者としても叙述について行きやすいのは
もちろん、そこからいっそう強い感銘を得られるはずである。

二九　さてピリッポスはマケドニアで冬を越しているあいだ、来るべき戦いに備えて兵力の徴集を熱心に
2 進めたほか、マケドニアと領域を接する蛮族に対する防衛強化に努めた。それに続いてスケルディライダス(4)
3 のもとに赴くと、大胆にも相手の手中に飛び込み、友好と同盟について協議を申し入れた。そしてイリュリ
ア制圧に力を貸すことを約束するとともに、アイトリア人を非難する言葉――彼らを非難するのは実にたや
4 すいことだった――を聞かせると、なんなく相手を説き伏せて承諾を得ることに成功した。個人の悪行と国
家の悪行は、そこから生じる結果の大きさと広がりが違うだけで、それ以外はなんら異なるところはない。

個人の場合でも、盗賊や泥棒の集団がつまずく最大の原因は、仲間どうしの信義を守らないこと、総じて言
5 えば集団内の不誠実である。まさにそのことが、このときのアイトリア人にも起こったのである。つまりス
6 ケルディライダスに、アカイア侵略の軍勢に加わってくれるなら略奪物の一部を取らせようと約束し、スケ
ルディライダスの方もそれに同意して、そのとおりに実行したにもかかわらず、アイトリア人はキュナイタ
劫略によって手に入れた大量の奴隷と家畜のうち、ほんのわずかの分け前もスケルディライダスに与えよう
7 としなかったのである。それ以来スケルディライダスの心中にはアイトリア人への憤懣がたまっていたので、

(1) ポリュビオスはここでもサグントゥムがイベル川の北に位置するという前提で話を進めているらしい。第三巻三〇-三参照。

(2) 第一巻三-二参照。

(3) 前二一八年夏から前二一七年夏まで。第五巻一〇五-三-八参照。

(4) 第四巻一六-六-一一参照。

ピリッポスからその点を軽くつつかれただけで、彼はそくざに要請を受諾し、同盟への全的参加を約束した。
こうして一年につき二〇タラントンを受け取るかわりに、小型船三〇隻を動員してアイトリア軍に海上から
攻めかかるという協約が成立した。
三〇　ピリッポスがこのようにして冬を過ごしている頃、同盟各国へ向けて送り出した使節がまずアカル
2 ナニアにやって来て、その地の人々と会談に入った。アカルナニア人は気高い精神をもって開戦決議を承認
し、母国からアイトリアへの攻撃を引き受けた。仮にアイトリアとの開戦をためらい延期を望んでも、つま
り戦争に恐怖を覚えても、それはやむをえないことだと容認できる民族がもしあるとすれば、それはアイト
3 リアに隣接して居住するアカルナニア人であった。その理由は、まず彼らがアイトリアと国境を接して相対
するという事実、そしていっそう重要なのはもしアイトリアと単独で戦えばとうてい勝ち目はないという事
実であるが、しかしなんといっても最大の理由は、アイトリアに対する敵愾心が原因となってつい最近苛酷
4 きわまりない体験[1]をしたということである。しかし思うに、気高い人間というのは、国家的活動であれ個人
的活動であれ、義務というものをなににもまして重んじるものだ。そのことを幾度にもわたり身をもって証
し立ててくれたのがアカルナニア人であり、彼らはわずかの戦力しかもたないにもかかわらず、その点で他
5 のいかなるギリシア人にも劣らないことを世に示したのである。だから危機にさいしてはアカルナニア人と
命運をともにするのをためらうべきではなく、むしろギリシア人のうちでも真っ先に手を結ぶべきである。

彼らは個人としても国家としても、強固な意志と自由への渇望を捨てない民族なのだから。
6 ところがエペイロス人はというと、使節から話を聞いたあと、同じように決議の承認はしたものの、自ら

の参戦にかんしては、ピリッポス王の出陣を実際に確かめてから自分たちも軍隊を出すという決定を下した。
7 そしてその一方で、アイトリアから遣わされてきた使節には、自分たちはアイトリアとの平和を維持すると
8 いう決定をしたと返答した。変幻自在の卑劣なやり方である。(2) ほかに同盟からはプトレマイオス王(3)のもとにも使節が派遣され、アイトリアに資金を提供しないように、またピリッポスと同盟軍の利益を損なういかなる援助もしないように申し入れた。

三一　メッセニア人は今回の戦争勃発を招いた当事者であるが、彼らが使節の来訪を受けたとき答えて言うには、メッセニアの国境付近にあるピガレイアが現在アイトリアの勢力下に置かれている以上(4)、この都市
2 をアイトリア人の手から奪い返さないかぎり、開戦に踏み切ることはできないというのである。この返答は民衆の同意を得ないままに、監督官のオイニスとニキッポスほか数名の寡頭派市民の独断で決定されたもの
3 であった。思慮に欠け、正道を外れた決定であったと思う。なぜなら戦争が恐ろしいものであることは私も認めるが、しかし戦争を避けるためならどんなことでも甘受せねばならないというほどに恐ろしいものでは

---

(1) アイトリアとエペイロスに領地を侵食されたことや(第二巻四五―一)、域内のメディオン市をアイトリア軍に攻囲されたこと(第二巻二―五―七)を指す。
(2) 強敵との争いを避けて、したたかに生き残ろうとするエペイロス人の方針と、それに対するポリュビオスの批判については、第二巻六―九―一一も参照。
(3) 前二二一年に即位したプトレマイオス四世(ピロパトル)。前王のプトレマイオス三世は、マケドニアの勢力伸張を牽制しつつ、状況に応じてアカイアあるいはスパルタに資金を援助していた(第二巻五一―二、六三―一)。クレオメネスはプトレマイオス宮廷に亡命している(第二巻六九―一一)。
(4) 第四巻三―五―六参照。

4 ない。私たちはだれもが平等と自由そして独立という言葉を誇らしく語るけれども、もしこの世に平和より
5 も大事なものはないというなら、その誇りもいったい何になろう。かつてペルシア軍侵攻のとき、テバイ人
は戦争への恐怖から、危機のさなかのギリシアを見捨ててペルシアの味方に付いたが[1]、だからといって私た
ちはテバイ人を賞賛しないし、またピンダロスが次のような詩を書いて、テバイ人の平和主義に声を合わせ
たことを称えるわけにはいかない[2]。

6 市民みな晴朗なる光のなかに国を築き
雄々しき平和の輝きを探し求めよ。

7 この忠告もその場では正当なものと映ったかもしれないが、しかしまもなくして最大の恥辱と破滅の源とな
8 ったことが明らかになった[3]。平和というのは正義と名誉をともなうときには、なににもまして美しくそして
有益な財産だが、逆に卑劣と怯惰をともなうときには、このうえないほどの恥辱と破滅をもたらすのである。

三二　メッセニアで政権を握っていた寡頭派市民たちは、現在だけに目を向け、そこから私益をはかるこ
2 とを最大の目標にしていたので、どんなときも必要以上に平和に執着する傾向があった。だから困難や危機
に遭遇することはたびたびあったにもかかわらず、多くの場合戦争の試練からはすり抜けてきた。しかしそ
の方針を続けていると、しだいにその付けがたまってきて、ついには祖国を取り返しのつかない破局に追い
3 込むことになった。メッセニア人のこの特徴の原因は何か、私の考えを述べよう。メッセニアの隣にはペロ
ポンネソスでも最大の民族、というより全ギリシアで最大の民族が二つ、つまりアルカディア人とラコニア
4 人が住んでいる。このうちラコニア人は現在の土地を領するようになって以来、メッセニア人に対していつ

のときも不倶戴天の仇敵であり、逆にアルカディア人は親切な友人であった。しかしメッセニア人は〔ラコ
5 ニアの〕ラケダイモン人の敵意にもアルカディア人の友情にも、真剣に応えることをしなかった。その結果、
この両方の隣人たちが相互の間であるいは他の国と戦争をしてそちらに気を取られているときは、メッセニ
ア人にとって都合良く事が運んだ。その間メッセニア人は混乱の外にいて静穏を享受し、平和な生活を続け
6 られたからである。ところがいったんラケダイモン人が気を取られるものがなくなって手持ち無沙汰になる
7 と、彼らはメッセニア人への迫害に力を振り向けた。こうなるとメッセニア人は自分たちだけでラケダイモ
ン人の重圧を支えきることはできなかったし、かといって困ったときにはいつでも力を貸してあげようとす
る人々を、あらかじめ友人として持っているわけでもなかったから、結局ラケダイモン人の下積みとなって

(1) 前四八〇年クセルクセス王の率いるペルシア軍がギリシアに攻め込んできたとき、テバイは王に帰順してペルシア軍との戦いを避けた。

(2) ピンダロスはボイオティア出身の合唱詩人(前五一八―四三八年)。引用の詩句(スネル・メーラー編『ピンダロス詩集』断片番号一〇九)をポリュビオスはペルシア戦争時のテバイの親ペルシア政策に関連付けているが、しかし後続詩行を読めば、これがテバイ市民間の抗争を戒め、市民融和を説く詩であることがわかる。ポリュビオスは一部の抜粋だけを目にしていたらしい。

(3) 前四八〇年、テバイ軍はテルモピュライの戦いの最中にペルシア方に投降したが、ペルシア王の命令により額に奴隷の烙印を押された。また前四七九年、プラタイア近郊で行なわれた戦いがギリシア方の勝利に終わったあと、テバイはギリシア軍に包囲され、市内にいた親ペルシア派の要人は包囲軍に引き渡され処刑された(ヘロドトス『歴史』第七巻二三三、第九巻八六―八八)。

8/9 奴隷の境遇に甘んじるか、あるいは奴隷生活を厭うなら、国を捨て子供と妻を連れて亡命の道を選ぶしかな
かった。このような運命はメッセニア人の歴史のなかで、わずかの間にくりかえし起こったことである[1]。願
わくば現在のペロポンネソスの平穏[2]がこのまま根付き、これから私が述べることも無用の贅言になってほし
10 い。だがもし将来この地域に混乱と変動が起こるとすれば、そのときメッセニア人と[アルカディアの]メガ
ロポリス人が現領土をこの先も保持し続けられるために、私がこの両国民に願うことはただひとつ、それは
かつてエパミノンダス[3]が忠告したように、いかなる時もいかなる場合も、両国民が心を合わせ誠実に協力し
あう道を選ぶことである。

2 三三　この忠告の正しさは、かつて実際に起こったことを書けばおそらく信用してもらえるだろう。その
ような事実は数多くあるが、そのなかからカリステネス[4]も言及しているあのことをあげよう。メッセニア人
はアリストメネスの時代にゼウス・リュカイオスの祭壇のそばに一本の石柱を建立し、次のような銘文を刻
み込んだ[5]。

3 時は過つことなく、不正義の王に正義の裁きを下し
メッセネはゼウスの助けを得て、やすやすと裏切り者を見つけ出した。
誓いを違える者が神の目を逃れることは難しい。
栄えあれ、王なるゼウスよ、そしてアルカディアを救いたまえ。

4 メッセニア人は自分たちの祖国を奪われたあと、おそらくアルカディアを第二の祖国のように思っていたか
らこそ、神々がアルカディアを救って下さるよう祈りながら、この銘文を捧げたのだ。彼らがそのような行

[5] 動をとったのは当然だった。なぜならアリストメネス戦争によって祖国を追われたメッセニア人を、アルカディア人は厚くもてなし、炉を共にする市民として迎え入れたばかりか、適齢期のメッセニア人に自分たち[6] の娘を嫁がせることを決議した。そのうえいわゆる地溝の戦いにおけるアリストクラテス王の裏切りが判明

(1) メッセニア人は前八世紀末にスパルタに征服され、多くの住民がスパルタの国有農奴にされた。前七世紀半ばには反乱を起こして鎮圧され（第二次メッセニア戦争）、反徒は再び奴隷にされたが、一伝によればラコニアを去ってシキリア島へ入植した者もあった（パウサニアス『ギリシア案内記』第四巻二三）。前四六四年にも地震をきっかけに国有農奴が反乱を起こして砦に立てこもったが（第三次メッセニア戦争）、数年後にアテナイの支援を受けてコリントス湾北岸のナウパクトスに移住した（トゥキュディデス『歴史』第一巻一〇一―一〇三）。

(2) 「現在の平穏」とは、前一四八年にスパルタがアカイア連邦から脱退し、二年後のアカイアとローマの戦争に発展する前のことである。第四巻三二―三三の記述には第四巻二七―四―八と同じく、スパルタに対する敵意と警戒心が強く出ている。そのことから考えて、この部分はスパルタが連邦脱退を画策していた時期に、ポリュビオスがスパルタのそのような動きへの警戒と反スパルタの団結を呼びかけるために、後から補筆したものかもしれない。

(3) テバイの名将（？―前三六二年）。スパルタの覇権を排して、メッセニアとアルカディアの独立を達成することをめざした。エパミノンダスの協力を得て、メッセニア人は前三六九年にスパルタ支配から解放され、新都市メッセネを建設した。

(4) ギリシア北部のオリュントス出身の歴史家（前三七〇頃―三二七年）。哲学者アリストテレスの甥。前三八七年から前三五七年までを扱う『ギリシア史』を著わしたほか、アレクサンドロス大王の遠征に随行して、王の事績を記録した。

(5) アルカディア地方南西部のリュカイオン山（標高一四二一メートル）にゼウスの神域があり、山頂には祭壇と石柱が建てられていた（パウサニアス『ギリシア案内記』第八巻三八―七）。以下の銘文は、ほぼ同じものがパウサニアスにも記録されている（同書第四巻二二―七）。

すると、王を処刑し、その一族全員を抹殺した(1)。
7 しかしそのような遠い過去に遡らなくても、メガロポリスとメッセネの建設後に起きた最近の出来事を見
8 るだけでも、私の言うことを信用してもらえるはずだ。マンティネイア近郊のギリシア人の戦いが、エパミ
ノンダスの死によっていずれの勝利とも決しかねる結果に終わったとき、ラケダイモン人はまだメッセニア
9 の併合をあきらめていなかったので、メッセニア人が休戦条約に参加するのを阻もうとした。そのときメガ
ロポリス人やメガロポリスと同盟を組んでいるアルカディア諸国の人々が団結して力を尽くした結果、メッ
セニアは同盟に加入して平和条約と誓約に参加できたし、逆にラケダイモンはギリシア中でただ一国だけ平
10 和条約から除外されたのである(2)。これらの事実を心に留めるなら、さきほどの私の忠告が間違っていないこ
とは、将来においてもだれもが認めるのではないだろうか。
11 つまりアルカディア人とメッセニア人のために私が言いたいのは、両民族ともに祖国がラケダイモン人の
12 ためにどれほどの惨事に巻き込まれてきたかを忘れず、相互の信頼と友誼をしっかりと守るように、そして
戦争の恐怖に立ちすくんだり平和に執着したりするあまりに、重大な危機のなかに相手を置き去りにしない
ように、それを言いたかったのである。

三四 さて話を本筋に戻すと、このときもラケダイモン人はいつもどおりの行動をとった。つまり同盟か
ら遣わされた使節になんの返答も与えないまま、結局追い返したのである。彼らにこれほどの決断力の欠如
2 をもたらしたのは、持ち前の愚鈍で邪悪な性格である。過ぎたる勇気は狂気にいたり、ひとつの実りも生み
3 出さぬ、というあの格言はやはり正しかったようだ。ところがその後、新たな監督官が就任すると(3)、先頃の

事変[4]を引き起こし、前述の殺戮の首謀者となった人物たちは、アイトリアに伝令を送って、ラケダイモンに
4 使節を寄越してほしいと伝えた。アイトリア人は大喜びでこれを承諾し、ほどなくしてマカタスが使節とし
5 てラケダイモンに姿を現わした。マカタスはさっそく監督官たちとの会談にのぞんだ。…………[5]マカタスに民会への出席を許可するべきだという意見をもち、祖先のしきたりにしたがって王を立てるべきだ、ヘラク

（1）第二次メッセニア戦争のとき、反乱軍は英雄アリストメネスの指揮のもとでスパルタ軍を苦しめた。メッセニア軍はアルカディア軍の応援を得て、大地溝と呼ばれる所で決戦にのぞんだが、アルカディア軍を指揮していたアリストクラテス王がスパルタから賄賂をもらって味方を裏切り、戦いが始まると同時に自軍を撤退させた。このため戦場で孤立したメッセニア軍は、スパルタ軍の攻撃をまともに受けて壊滅状態に陥った。しかしアリストメネスは敗残兵を集めると、近傍のエイラ山中の砦に立てこもり、その後一一年間にわたって抵抗を続けた。砦が占領されたあとの最後の決戦の直前、アリストクラテスは再びスパルタと内通したが、発覚してアルカディア人の手で処刑された（パウサニアス『ギリシア案内記』第四巻一四－二四）。

（2）前三六二年エパミノンダスの率いるテバイ軍は、アルカディア地方のマンティネイア近郊の戦いでスパルタとその同盟軍を破ったが、エパミノンダスは戦死した。戦後、メッセニア人のスパルタからの独立を認める条約が結ばれ、スパルタの同盟諸国もそれに同意したが、スパルタは承服せず条約を拒否した。

（3）親マケドニア派の人物が新たに就任した。監督官の就任は毎年秋分後の新月の日に行なわれる。

（4）第四巻二二－一一参照。

（5）原典欠損が推定される。欠損部分には「意見をもち」「考えていた」の主語として、事変の首謀者たちあるいはその同志でクレオメネスの断行した国内改革を支持する者たちが記されていたのであろう。王位の廃止については、第四巻二二－四参照。

6 レスの末裔[1]の王家が中断された現在の違法状態をこれ以上放置してはならないと考えていた。監督官たちは
この動向をこころよく思っていなかったけれども、勢いに正面から立ち向かうだけの力はなかったし、例の
青年たちの一団[2]への恐れもあったので、王位復活の問題については後日あらためて審議すると答え、マカタ
7 スには民会出席を許可した。市民たちの集会が開かれると、マカタスは進み出て、アイトリアとの同盟を選
択するよう言葉を尽くして呼びかけ、そのためにマケドニアへの不当で下品な中傷と、アイトリアへの嘘と
8 偽りだらけの賛辞をまくし立てた。マカタスの退出後、人々の意見は対立し、激しい論争が交わされた。あ
9 る者はアイトリア人の側に立って、アイトリアとの同盟締結を主張し、ある者はそれに反対を表明した。し
かし数人の長老たちが市民たちに語りかけ、これまでにアンティゴノスとマケドニア人から受けた恩義と、
逆にカリクセノスとティマイオスから受けた災禍——それはアイトリアが全軍あげて攻め込んできて、ラケ
ダイモン人の領地を壊乱し、周辺の村々を襲って住民を奴隷にしたばかりか、さらには計略と武力を使って
亡命者を復帰させ、スパルタ市を占領しようとしたときのことである[3]——を思い起こさせたとき、その場の
10/11 雰囲気は一変した。そしてとうとうピリッポスとマケドニア人との同盟を維持するという決定を下した。こ
の結果、マカタスは目的を果たせないまま故国への帰途に着いた。

三五　しかし事変の首謀者たちはこのまま引き下がるわけにいかず、青年たち数人を徒党に引きずりこん
2 で、不敬きわまりない凶行を企てた。というのもスパルタに古くから伝わるある供犠式では、兵役年齢にあ
る者は武具を着用したうえで「青銅の社のアテナ」の神殿に向けて行進し、その間監督官は神域内に留まっ
3 て供犠の執行役を務めるしきたりになっていた。その機を利用して、武具着用で行進に参加していた青年た

ちのうちの数人が、供犠を執行中の監督官たちに突如襲いかかり殺害したのである。神域というのは、そこ
に逃げ込んだ者には、たとえそれが死刑判決を受けた犯罪者であっても、例外なく安全を保障するのが決ま
4 りである。ところがそのとき野蛮な情熱にとりつかれた青年たちは、この戒律を踏みにじり、女神の祭壇と
5 聖台のそばで監督官全員を殺害するという暴挙をなしたのだ。そしてそれに続いてかねての計画どおり、長
老たちのうちからギュリダスたちを抹殺し、反アイトリア演説をした者を国外に追放し、自分たちのなかか
6 ら監督官を選び出し、アイトリアとの同盟を締結した。彼らがこのような凶行に走った理由、そしてアカイ
アへの敵対とマケドニアへの忘恩、ひいては全世界に対する不義に手を染めた理由は何かといえば、なによ
りもクレオメネスのため、つまりこの人物への敬愛のためであった。この先王の帰国と復帰を変わることな
7 く待ち望み、請い願っていたのである。このように、周囲の人々と巧みに接する術を心得ている人物という
のは、いっしょにいるときだけでなく、遠く離れていても、自分に対する敬愛の火を人々の心のなかに燃や
8 し続けるものだ。このときクレオメネス亡命からすでに三年ほど経っていたにもかかわらず、ラケダイモン
人はその間ともかくも祖先の法に従って国政を運営し、新しいスパルタ王を立てようなどという考えは一度
たりとも彼らの脳裏に浮かばなかった。

（1）スパルタ人を含むドリス系ギリシア人は、英雄ヘラクレスの子孫だという伝承があった。

（2）殺戮の実行者たち（第四巻二二・一一）。

（3）前二四一年のスパルタのアギス王の死後、カリクセノスとティマイオスの率いるアイトリア軍がラコニア地方に侵攻した。

9 しかしクレオメネス死亡(1)のうわさが届くと、すぐさま一般市民も監督官団も王の擁立に向けて走り出した。
10 そして反乱の首謀者と志を同じくする監督官たち、つまり右に述べたアイトリアとの同盟を締結した者たち
は、［二つの王位のうち］ひとつにはアゲシポリスを据えたのだが、こちらの方は法に則った適切な選出だっ
た。アゲシポリスは年齢的に幼いとはいえ、クレオンブロトスの子であるアゲシポリスの［父子同名の］子で
11 あり、そしてクレオンブロトスはレオニダスが王位を追われたとき、そちらの王家のなかで血統上第一位に
12 あったのでその王位を受け継いだ人物だからである。(2)幼い王の後見役として、クレオンブロトスの子でアゲ
13 シポリスの兄にあたるクレオメネスが選ばれた。ところがもう一方の王家には、エウダミダスの子アルキダ
モス(3)がヒッポメドンの娘との間にもうけた子が二人いたにもかかわらず――ヒッポメドンの父はエウダミダ
スの子アゲシラオスである――、そしてそのほかにも、この二人よりは血統が遠ざかるとはいえ、王家の生
14 まれであることには違いのない人物が何人もいたにもかかわらず、これらの人々を差し置いて、監督官たち
は祖先のうちのだれひとりとして王の称号を与えられた者のいないリュクルゴスを王に擁立した。リュクル
ゴスは監督官のひとりひとりに一タラントンを渡して、ヘラクレスの末裔にしてスパルタの王となりおおせ
15 たのである。このように立派なものはどこでも安く買えるものだ。そして結局この愚行の代価を支払わされ
たのは、当人たちの子供の子供ではなく、王位を売った当人たちだったのである。(4)

三六　マカタスはラケダイモンで起こった今回の事変について知らせを受けると、踵を返してスパルタに
2 戻った。そして監督官と王に語りかけて、アカイアに戦争をしかけるよう説きつけた。あらゆる手段を使っ
てアイトリアとの同盟を断ち切ろうとするラケダイモン人と、それと呼応してラケダイモンから離れようと

するアイトリア人とに、その願望実現を思いとどまらせるためには、それが唯一の方法なのだと言い聞かせ
3 たのである。そして監督官と王を説き伏せると、交渉相手の浅慮のおかげで首尾よく目的を果たして帰国の
4 途に着いた。リュクルゴスの方は傭兵軍に市民兵の一部を加えてアルゴス領内に侵攻すると、最近の平穏な
5 情勢にすっかり油断していたアルゴス人をあわてさせた。そしてポリクナ、プラシアイ、レウカイ、キュパンタに奇襲攻撃をかけて占領に成功したが、グリュンペイスとザラクスには攻め寄せたものの撃退された。[5]
6 リュクルゴスのこの遠征終了後、ラケダイモンはアカイアへの略奪宣言を発した。[6] マカタスたちはエリス人にも、ラケダイモン人に言ったのと同様のことを言って、アカイアに戦争をしかけることを承認させた。

---

(1) クレオメネスはスパルタへの復帰を熱望しながら、プトレマイオス王への謀反を疑われて自刃した。第五巻三五―三九参照。

(2) スパルタでは二つの王家がそれぞれひとりの王を出し、二人の王が並立する。前二四二年、レオニダス王はアギス王の推進する国内改革を阻止しようとしたが廃位され、代わってクレオンブロトスが王位に就いた。だがレオニダスは翌年復位し、クレオンブロトスは退位した。レオニダスの子で、前二三五年にその王位を継いだのが、エジプトで客死したクレオメネスである。

(3) 改革を進めようとして前二四一年に処刑されたアギス王の弟。兄の死後メッセニアに逃亡していたが、クレオメネスの意向で前二二七年に帰国した。そしてその直後に殺害された。第五巻三七―一―五参照。

(4) このとき王位を逃したケイロンの手で、監督官たちは全員殺害される（第四巻八一―一―五）。

(5) いずれもスパルタの東を南北に走るパルノン山地の東にある村。スパルタとアルゴスが領有をめぐって争いを続けていた地域だった。

(6) 宣戦布告を意味する。アカイアはアイトリアに対してすでに同様の宣言をしている（第四巻二六―七）。

7 こうして事態はアイトリア人にとって予想していた以上に好ましい展開を見せたため、アイトリア人が勇
8 躍して戦争に足を踏み入れようとしていたのと比べて、アカイア人の方はまったくその逆だった。というの
もアカイア人がだれよりも期待していたピリッポスはまだ遠征準備の段階だったし、エペイロス人は開戦を
9 先に延ばし、メッセニア人は静観を保ったままだった。そしてアイトリア人はエリス人とラケダイモン人の
浅慮を味方に付けて、アカイア人を四方から取り囲み、戦いの的をしぼっていた。

三七 ちょうどその頃[1]、アカイアではアラトスが権力の座を離れ、代わって彼の息子のアラトス[2]がアカイ
2 ア人から後任に選ばれて、連邦司令長官職を引き継ごうとしていた。アイトリアではスコパスが連邦司令長
官を務めていたが[3]、その任期はすでに半分以上が過ぎていた。アイトリアの官職選挙は秋分の日の直後に実
3 施されるが、アカイアでは当時プレアデスの昇る時期[4]に行なわれていたのである。夏が始まり、息子の方の
アラトスが司令長官職に就いたこの時期、あらゆる場所で時を同じくして、新たな事件が幕を開けようとし
4 ていた。すなわちハンニバルがサグントゥム攻囲に着手し[5]、またローマからはルキウス・アエミリウスがパ
ロスのデメトリオス討伐のため、軍隊を率いてイリュリア遠征に出発したのがちょうどこの頃であり[6]、それ
5 については前の巻に書き記したとおりである。そしてアンティオコスは、テオドトスからプトレマイスとテ
ュロスを譲り受けたあと[7]、コイレ・シリア方面に手を伸ばそうと計画を練っていた。プトレマイオスの方も、
6 アンティオコスとの戦争に備えて余念がなかった。リュクルゴスは遠征をクレオメネスと同じ場所から始め
たいという思いから、メガロポリス領内のアテナ神殿の前面に布陣して、この神域の包囲に取りかかった[8]。
7 アカイア人も周囲から迫ってくる戦争に備えて、騎兵と歩兵を傭い入れる作業にかかっていた。ピリッポス

はようやくマケドニアを出るところで、率いていた軍勢の総数はマケドニア人の重装歩兵一万人、軽盾兵五〇〇〇人、それに騎兵八〇〇人であった。

このように各地で準備が進められ、事態が動き始めていたのと同じ頃、ロドスがビュザンティオンに戦争[8]をしかけた。その原因は次のとおりである。

三八　ビュザンティオンの位置は、海との関係では、都市の防衛と経済の繁栄の両面において全世界のど[2]こよりも恵まれた場所にあるが、一方陸との関係でいうとその両面でどこよりも不適な場所にある。まず海との関係でいえば、この都市はポントス海〔黒海〕への入り口に立ちふさがるような好位置にあるので、貿易船はこの都市の許可を得ないかぎり、ポントス海方面へ向かうこともそちらから戻ることもいっさいでき[3]ない。ポントス海沿岸地域は人々の生活をうるおす品々を大量に産み出すのだが、その産品のすべてがビュ[4]ザンティオンの統制のもとにある。まず生活必需品としては、家畜と奴隷を私たちにふんだんに提供し、その量の豊富さと質の優秀さにおいてポントス海周辺域は異論の余地のない第一等の地であり、また贅沢品で

---

(1) 前二一九年春。
(2) 六年前にマケドニアへの使節を務めた、父と同名のアラトス（第二巻五一-五）。
(3) 前二二〇年秋に就任した（第四巻二七-一）。
(4) プレアデス星団（すばる）が日の出直前の東の空に昇るのは、五月二二日頃から。
(5) 第三巻一七参照。
(6) 第三巻一六-七参照。
(7) 第五巻六一-三―六二-二参照。
(8) 九年前のクレオメネスによる同所の占領については、第二巻四六-五参照。

5 は蜂蜜、蜜蝋、干し魚を産出して尽きることがない。逆に私たちの地域に余っていて、そこから［ポントス
海周辺域が］受け取る物品もあり、オリーブ油や各種のぶどう酒がそれにあたる。穀物については出入りが
6 あり、豊作に恵まれれば輸出するし、そうでないときは輸入する。したがってもしビュザンティオンがギリ
シア人に危害を加えようと意図して、［近辺に住む］ガリア人あるいはむしろトラキア人と手を結んだりすれ
ば、あるいはもしビュザンティオンという都市自体がこの地から消えてしまえば、ギリシア人はこの方面の
交易から完全に締め出されるであろうし、仮に交易を続けられたとしてもそこから利益を上げることは困難
7 であろう。なぜならもしそのような事態になれば、そこの海峡の狭さ、そして沿岸に居住する夷狄の多さか
8 ら考えて、私たちの船がポントス海へ航行することはどうにも不可能だからである。このような立地の特異
性から最大の恩恵を受けているのはほかならぬビュザンティオン人自身であり、彼らの生活がそれによって
9 おおいにうるおっているのは間違いない。余った物があればいつでも輸出できるし、足りない物があれば必
要なだけ輸入できる。しかもその交易は彼らにとって常に有利な条件で行なわれ、損害や危険をともなうこ
10 とはけっしてない。しかしそこから利益を得ているのはビュザンティオン人だけではなく、すでに述べたよ
うに、他国の人々もやはりビュザンティオンのおかげで大きな利得にあずかっているのである。それゆえビ
ュザンティオン人はいわばギリシア全体の恩恵者として、全ギリシア人から感謝されるのはもちろんのこと、
もし夷狄からの脅威にさらされたときには、全ギリシア人が一致してこの都市の救援に向かうのが当然であ
ろう。
11 ところでこの地方はおおかたのギリシア人から見て、世界のなかでも往来の頻繁な区域からは少しばかり

12 外れた所に位置するために、その特性や自然条件を知る人も少ないのだが、しかし私たちはだれでもその種のことを知りたいと思うものであり、とくになにか普通とは異なった点のある地方については、ぜひともそれを自分の目で確かめたい、もしそれが不可能なら、せめて想像と思念の上でもよいから少しでも真実に近
13 いものを心中に捕らえたいと願うものである。そこで私はまずこの地で何が起こっているか、またこの都市をこれほどの繁栄に導いたものは何かということを、以下に述べようと思う。

三九　ポントスと呼ばれるこの海は、周囲の長さが約二万二〇〇〇スタディオン[1]、入り口は二つあって海の両端で互いに向き合っており、ひとつはプロポンティス海［マルマラ海］、もうひとつはマイオティス湖
2 ［アゾフ海］に通じる。マイオティス湖自体は周囲八〇〇〇スタディオン[2]である。この水域に向かってアジアから大きな川が数多く流れ込んでくるし、ヨーロッパからはさらに大きな川がもっとたくさん注ぎ込むので、マイオティス湖はそれらの川の水で満杯になり、出口を通ってポントス海にあふれ出し、さらにポントス海
3 はプロポンティス海に流れ出す。マイオティス湖の出口はキンメリア・ボスポロスと呼ばれ、幅は約三〇ス
4 タディオン[3]、長さは約六〇スタディオンあり、水深はどこも浅い。ポントス海からの出口は類似の名称でト

---

(1) 一スタディオンが約一七七メートルだから、約三九〇〇キロメートル。現在の計測では黒海の面積は約四二万平方キロメートル、最大幅は南北が約五三〇キロメートル、東西が約一〇〇〇キロメートル。

(2) 約一四〇〇キロメートル。

(3) 約五三〇〇メートル。しかしキンメリア・ボスポロスすなわち現ケルチ海峡の幅は狭い所では約一二〇〇メートル。キンメリア・ボスポロスの名はヘロドトス『歴史』第四巻一二に見える。

5 ラキア・ボスポロスと呼ばれ、長さは一二〇スタディオン[1]、幅は場所によって違いがある。つまりこの水路
にプロポンティス海の側から入れば、まずカルケドンとビュザンティオンを隔てる部分を通るが、その間の
6 距離は一四スタディオン、逆にポントス海の側から近づいたとき、最初に見えるのが聖所（ヒエロン）という
名の神殿であり、そこはイアソンがコルキスからの帰途、十二神に初めて供犠したと伝えられる場所である[2]。
聖所はアジア側にあり、ヨーロッパ側でその真向かいに位置するトラキア地方のサラピス神殿[3]とは、一二ス
タディオン離れている。
7 　マイオティス湖とポントス海から絶えず水が流れ出ているのには二つの原因があるのだが、そのうちのひ
とつはだれにでもわかる自明の事柄である[4]。すなわち多数の河川が容量の限られた器のなかに注ぎ込んでい
8 るのだから、中の水はしだいに増えていき、仮にそこからの流出がなければ、当然水位は上がる一方になり、
溜まった水はその領域をどんどん周辺に拡大することになる。しかし実際には流出口があるので、次々に集
9 まってくる水がその量を増しても、その場に留まることなく、絶えず出口を通って外に運ばれていく。二つ
めの原因は、豪雨になると川がさまざまな物を大量に運んできて湖底に積み重ねていくことにある。水はこ
の堆積物の圧力を受け、上へ上へと押し出されていくから、すると先と同じ理屈で出口を通って流れ出すと
10 いうわけである。そして河川の流入と堆積の作用は一時の休みもなく不断に続いているから、出口からの流
出もまた一時の休みもなく不断に続くのは理の当然である[5]。
11 　以上がポントス海から水が絶えず流れ出る現象の真の原因である。この説明は貿易商人のおしゃべりを信
用したものではなく、自然についての理論から導き出したものであり、したがってこれを上回る確実性をも

った説明を見つけるのは容易ではなかろう。

四〇　さて記述がこの問題に及んだ以上、ただ目先の説明をしただけで事足れりとし、それ以上のことには触れることなくその場を立ち去るようなことはするべきではなく――これが大多数の歴史家のやり方だが
2 ――、読者の探究心にひとつひとつていねいに応えるために、ここで証拠にもとづいたひとつの解説を加えるべきであろう。現代というのはそれをするにふさわしい時代だからである。なぜならいまや全世界が海路や陸路で交通可能になったのだから、未知の事柄については詩人や神話作家を証人として引き合いに出すと

(1) 約二一キロメートル。ボスポロス（ボスポラス）海峡の水路の長さは三一キロメートル。幅は黒海側の入り口付近がもっとも広く三七〇〇メートル、もっとも狭い所では七五〇メートル。

(2) イアソンはテッサリア地方のイオルコスの伝説上の王子。金羊皮を手に入れるため、ボスポロス海峡を通って黒海東岸のコルキスに赴いたと伝えられる。イアソンの十二神への供犠は、アポロニオス・ロディオス『アルゴナウティカ』第二巻五三二に歌われている。ヒエロンという神殿は海岸から七キロメートルほど離れた所にあった。

(3) サラピス（またはセラピス）は東方起源で、ヘレニズム期以降に信仰の広がった神。

(4) 以下、第四巻四二までの黒海の水流にかんする解説は、テオプラストスを継いで第三代のペリパトス学派の学頭（前二八七―二六九年）を務めたストラトンの著作に由来するらしい。

(5) 二つの理由のうち第一の理由はアリストテレス『気象論』第二巻三五四aに、第二の理由はストラトン（ストラボン『地誌』第一巻三-四に引用）に言及がある。しかし実際の原因は黒海とマルマラ海の塩分濃度の違いにあるらしい。黒海の水は表層では河川の流入により比較的塩分が少ないため、水の流れは黒海からマルマラ海へ向かうが、水深四〇メートルくらいから下の層では、逆に塩分濃度の高い海水がマルマラ海から黒海へ流れ込んでいる。

3 いう、前代の人々がやったようなやり方、つまりヘラクレイトス[1]の言葉を借りれば、係争事に信用の置けな
い保証人を立てるようなやり方はもはや適切とは言いかねるのであって、むしろ歴史の方法だけを頼りとし
て、そこから十分に信頼できる説明を読者に提示するべきであろう。
4 私の見るところでは、ポントス海では今も昔も泥土の流入が続いていて、もし今後も地形の条件に変化が
なく、堆積作用の起こる原因が消えなければ、最終的にはポントス海もマイオティス湖も全面が埋まってし
5 まうであろう[2]。時間には限りがないのに、器は四方を閉ざされているのだから、たとえ一時の流入量が取る
6 に足りないものであっても、長い時間がたてばやがて満杯になるのは明白である。自然の原理に従えば、限
られた量が無限の時間にわたって常に増え続けたり、減り続けたりするとき、たとえその変化が少しずつで
あっても——いま仮にそのように想定するとして——、いずれその過程が完結にいたるのは避けられないこ
7 とである[3]。だが実際には流入する泥土は微量どころか、相当な大量にのぼるのだから、先述の結果が起こる
8 のは遠い将来のことではなく、かなり早い時期のことだというのははっきりしている。その過程は実際にい
ま見ることができる。まずマイオティス湖について言えば、そこでは現在すでに堆積が進んでいて、その大
部分は水深七から五オルギュイア[4]にすぎず、そのため大きな船は水先案内人の助けを借りないと航行できな
9 いほどになっている。ここも昔はポントス海とつながった海であったことは、古人の一致して伝えるところ
であるが、それが今では真水の湖になってしまった[5]。海水が堆積物に押し出される一方、それを上回る河川
の流入が続いた結果である。ポントス海の場合もいずれ同様の現象が起こるだろうし、その兆候はすでに現
10 われている。器が巨大なために多くの人は気づいていないけれども、少しばかり注意して観察してみれば、

今でもその過程は明瞭に見て取れる。

四一　つまりイストロス川［ドナウ川］がヨーロッパからポントス海へ注ぎ込む河口はいくつかあるのだが、
そこには河口から吐き出される泥土によって形成された沖積地が、岸から一日航程の沖合いに、およそ一〇
2 〇〇スタディオンにわたって続いている。[6] このためポントス海を航海する者は、まだ沖合いを進んでいるつ
もりでも、夜のうちに知らずにこの陸地に乗り上げてしまうことがある。船乗りたちはここを「乳房」と呼
3 んでいる。[7] 沖積地がなぜ岸のそばに形成されず、はるか沖合いにまで押し出されるのか、その原因について
4 は次のように考えるべきであろう。川の流れが海に入ってもまだ勢いを保ち、海水を押しのけて進んでいる
あいだは、土など流れに運ばれていく物も当然のことながらすべて先へ先へと押し出されて、止まることも
5 留まることもいっさいできない。しかしやがて海の水量と深さが十分になって、川の流れが力を失うと、よ

（1）エペソス出身で、前五〇〇年前後に活動した哲学者。

（2）アリストテレス『気象論』第一巻三五三ａとストラトン（ストラボン『地誌』第一巻三-四に引用）に同様の議論が展開されている。

（3）このあたりの議論もペリパトス学派の理論を借りてきたものらしい。

（4）一オルギュイアは約一・七七メートルだから、およそ九から一二メートル。アゾフ海の水深は平均で八メートル、最深部で一四メートルだから、ポリュビオスの記述はほぼ正しい。

（5）アゾフ海は黒海よりも塩分濃度が低いが、真水ではない。第四巻四二-三参照。

（6）写本には「現在すでに形成されている」という文が付け加えられているが、底本に従って本文から削除する。

（7）ストラボン『地誌』第一巻三-四も、ストラトンを引用して、この名をもつ沖積地の存在を伝えている。

6 うやく泥土は自然の則に従って沈下し、そこで初めて留まることができて堆積を始める。だから川が大きく
て流れも急な場合は、沖積地は河口から遠い所に形成され、岸近くでは逆に水深が深くなるけれども、比較
7 的小さな川で流れも緩やかな場合は、堆積は河口のすぐそばで起こる。このことがはっきりと分かるのは、
なによりも豪雨の降ったときである。そういうときにはありふれた規模の川でも、河口付近では海の波より
も川の流れの方が力が強いから、泥土を沖合いへ押し出していき、その結果沖積地までの距離は、流れ込む
8 水の勢いの大きさに比例することになる。このようにして形成された沖積地の広さ、そして一般的に言えば
河川によって運ばれてくる石、樹木、土の量の巨大さについて信用しない人がいるなら、それは大きな誤解
9 であり思い違いである。そのことはほんのちっぽけな川でもよいからよく観察すれば分かることであって、
それが冬期に増水して[1]、わずかの間に激流となってほとばしり、土地を削り取っていくのがまれではないこ
と、そして樹木、土、石などあらゆる種類の物を奪ってきてうず高く積み上げ、ときにはもはや同じ場所だ
と気づかないくらいに、しかも寸時の間にその景観を変えてしまうことを思い起こせばよい。

四二　ましてポントス海の場合、これほどに大きくしかも流れの絶えることのない川が注ぎ込んでいる以
上、これが前述のような結果を引き起こし、ついにはポントス海を埋め尽くしてしまうとしても、なんら驚
2 くにはあたらない。正しく論理を働かせるなら、そのような結果が生じる蓋然性が高いというよりも、必然
3 的にそうなるのである。その兆候はすでに見えている。現在マイオティス湖の水はポントス海の水に比べて
塩分が少ないのだが、確かめてみれば分かるとおり、それと同じ程度の差がポントス海の水と私たちの海
4 ［地中海］の水の間に明らかに存在するのだ。そのことから推しても明らかなように、これまでにマイオティ

ス湖を埋め尽くすのに要した時間を、マイオティス湖の容積をポントス海の容積と比べたときと同じ倍率で
乗じた時間が経過すれば、ポントス海もまた将来マイオティス湖と同様の浅くて真水をたたえた湖になるは
5 ずである。そしてポントス海に注ぎ込む河川の方がいっそう大きく数も多いことを考えれば、その日の到来
はこの計算以上に早いと予測しても間違いではなかろう。
6 さて私が何のために以上のことを書き記したかといえば、ポントス海で現在海底への堆積が進行しつつあ
り、将来もその作用は続くだろうということ、そしてそうなればこれほどの広さをもつ海でも、いずれ湖か
7 潟のようなものになるだろうということ、そのことを信じようとしない人がいるからである。(2) だがそれ以上
に重要なのは、旅の商人の作り話や怪異談への注意を促したいということであり、つまり知識がないために
まるで子供のように、語られることをなんでも鵜呑みにしてしまうことのないように、そして真実の残像を
多少とも心中に保ち、それを見ながら人の話の真実であるか否かを判定できるように、そういう意図で以上
のことを記したのである。
8 ではもとに戻って、ビュザンティオンの立地条件のすばらしさについて話を続けよう。

四三　ポントス海とプロポンティス海をつなぐ水路は、すでに述べたように長さが一二〇スタディオンあ

(1) ギリシアの川の多くは夏には干上がり、雨期の冬になると水かさを増す。次章一の「大きくて流れの絶えない川」と対照されている。

(2) 現在黒海は平均水深が一三〇〇メートル。黒海がいずれ浅い潟のようになるというポリュビオスの予想はもちろんはずれている。

り、その端を画するのはポントス海の側では聖所、プロポンティス海の側ではビュザンティオン前方に開い
2 た入り口である。[1] その二点の中ほど、ヨーロッパ側の岸が水路に突き出て岬のようになっている所にヘルメ
ス神殿があるのだが、ここはアジア側の岸までおよそ五スタディオンの距離しかなく、水路全体でもっとも
狭い箇所にあたる。ダレイオスがスキュタイ人への遠征のおりに橋を渡して道を作ったのはこのあたりだと
3 伝えられる。[2] ポントス海からこの箇所へいたるまでは、両岸が水路の入り口と同じ距離をへだてたまま続い
4 ているので、水の流れも一定している。ところがヨーロッパ側にヘルメス神殿のあるこの箇所まで来ると、
ここはいま述べたようにもっとも幅の狭い所なので、ポントス海から流れてきた水は行き場を失って岬に激
5 突したかと思うと、そこで打ち返されたかのように今度は対面するアジア側の岸に襲いかかる。そして再び
6 方向を転じると、「炉」という名をもつヨーロッパ側の岬に向かってお返しの突進を浴びせる。するとまた
そこから今度はアジア側の「牝牛」という地点に水が押し寄せる。ここは物語の世界でイオが海峡を渡った
7 あと初めて足を着けたと伝えられる場所である。[3] そして最後に水は「牝牛」からビュザンティオンに向けて
流れを速めたあと、この都市の手前で二手に分かれる。そして一部の支流は「角」と呼ばれる湾内[4]へ入りこ
8 んで陸を二分するが、大部分の流れはここでも岸にはね返される。ただしもはやはね返されても対岸の、カ
9 ルケドンの位置する場所までたどり着くだけの勢いはない。なぜならこれまでに両岸の間の往復を何度とな
く繰り返してきたし、しかもこの付近ではすでに水路の幅も十分に広くなっているため、流れも緩慢になっ
ていて、そのため鋭角にはね返って真っ直ぐに対岸へ進むのではなく、鈍角に流れることしかできないから
10 である。こうして水流はカルケドン市には触れないまま、海峡を出て行くことになる。

四四　そしてこの海流の動きこそが、実はビュザンティオンとカルケドンが一見したところ同じように有
利な立地環境にあるように見えても、現実にはビュザンティオンがこれ以上ないほどの絶好の環境を享受し、
2 逆にカルケドンはそのいっさいを奪われている、その違いの原因にほかならない。つまりたったいま説明し
たように、カルケドンへは船を着けようとしても容易に近づけないのに、ビュザンティオンへは船を着けよ
3 うと思わなくても、水の流れが自然とそこへ運んでくれるのである。その証拠をひとつあげよう。カルケド
ンからビュザンティオンへ渡ろうとする者は、その間の水の流れに妨げられて、真っ直ぐに船を進めること
4 ができず、「牝牛」またはクリュソポリスという村までまず遡行し——この村はかつてアテナイ人がアルキ
ビアデスの助言に従って占領し、ポントス海へ向かう船へ初めて課税したときの拠点となった所である(5)——、
そこで流れに乗って、そのあとは自然とビュザンティオンまで運ばれていくにまかせるのである。
5 また反対方向［プロポンティス海方面］との往来についても、ビュザンティオンは同じように有利な条件に

（1）第四巻三九-六を受ける。
（2）前五一四年頃ペルシア王ダレイオスはスキュティア遠征に向かうとき、ボスポロス海峡に船をつないだ橋を作って渡った（ヘロドトス『歴史』第四巻八五-八七）。
（3）ゼウスはアルゴスの女イオを愛したが、ヘラの嫉妬を逃れるためイオを牝牛の姿に変えた。イオはその姿のままヘラに追われてボスポロス海峡を渡り、世界中を逃げ回った。ボス（牝牛）ポロス（渡し）の名はこの神話に由来する。
（4）現在の金角湾。イスタンブール市内に細長く切れ込む。
（5）ペロポンネソス戦争中の前四一〇年、アルキビアデスはここを黒海への貿易船から一〇パーセントの通行税を徴収するための拠点とした。クセノポン『ギリシア史』第一巻一-二二参照。

6 ある。すなわちヘレスポントス方面から南風を受けて航行するときも、逆にポントス海からのエテシア風[1]を
受けてヘレスポントス方面へ向かうときも、いずれの場合もビュザンティオンを発着点として［プロポンティ
ス海の］ヨーロッパ側の岸［北岸］沿いに船を進める方が、航路が真っ直ぐで操船も容易であり、したがって
プロポンティス海が狭くなる所［ヘレスポントス海峡］にあるアビュドスとセストスの方面へ向かうにせよ、
7 そこから逆にビュザンティオンへ戻るにせよ、船はこちらの航路を利用するのである。一方カルケドンを発
着点としてアジア側の岸［南岸］沿いに進もうとすれば、湾の奥まで迂回しなければならず、そのうえキュ
8 ジコス領[2]が長く突き出ていて、ヨーロッパ側とは正反対の条件がそろっている。このためヘレスポントス方
面からカルケドンへ向かう船は、まずヨーロッパ側の沿岸を進んでビュザンティオン近海に至り、そこから
舳先を転じてカルケドンをめざすことになるのだが、これは海流など先に述べた理由によりたいへん難しい
9 航路である。その点は逆方向でも同様で、カルケドンを出港して真っ直ぐにトラキア方面へ船を走らせるこ
とは、その間の海流などに妨げられてまったく不可能である。しかもどちらの方向に進むにせよ、前から吹
10 きつける風が船の前進を阻む。つまり南風はポントス海へ船を運ぼうとし、北風はポントス海から遠ざけよ
うとするから、どちら向きの船であっても、必ずどちらかの風にさからって進まねばならないのである[3]。
11 以上がビュザンティオンを海との関係で有利な条件に立たせている要因である。では次に陸との関係で見
たとき、この都市がどんな不利な条件にあるかを説明しよう。

四五　ビュザンティオンは一方の海辺からもう一方の海辺にいたるまで、隙間なくトラキア人の土地に取
2 り囲まれているために、この民族との苛酷な戦争からいっときも解放されることがない。この民族は民衆に

せよ首領にせよ数がとても多いので、たとえこちらが十分な戦力をそろえて勝利を収めても、それで一気に
3 戦争を断ち切ることはできないのである。仮にひとりの首領を打ち負かしても、そのあいだに三人のもっと
4 手ごわい首領が現われて国境に攻め寄せてくる。かといって和を結んで貢納金の支払いを承諾してみても、
結局のところなんの役にも立たない。ひとりの敵に譲歩すれば、それがかえって五人のあらたな敵を呼び込
5 むことになるからだ。こういうわけでビュザンティオン人は苛酷な戦争に絶えず脅かされながら暮らしてい
るのである。なぜといって、隣接する夷狄との戦争にもまして危険に満ちたものがあるだろうか。またそれ
以上に脅威を与えるものがあるだろうか。
6 実際のところビュザンティオン人が陸地方面で格闘しなければならない禍は尽きることがなく、戦争にと

---

(1) 夏期に黒海方面から吹く北風。
(2) マルマラ海の南岸に突き出た現カプダーイ半島。南岸にはほかに深い湾もあるため、海岸線が比較的真っ直ぐな北岸よりも不利になる。
(3) カルケドンとビュザンティオンはともにメガラ（コリントス地峡の東）市民の植民都市であり、カルケドンは前六八五年、ビュザンティオンはその後の前六六八年の創設と伝えられる。ヘロドトス『歴史』第四巻一四四が伝える逸話によれば、あるペルシア高官は、先にここを訪れた植民者がビュザンティオンではなくカルケドンの地を選んで都市を建てたことを聞き、地の利を見抜けなかったその植民者は盲目だったのだろうと語ったという。

もなう災禍のほかにも、かの詩人が言うところのタンタロスの罰[1]のようなものにも耐えねばならないのだ。
7 というのもこの都市の近郊はきわめて豊潤な土地に恵まれているのだが、しかし人々が苦労をいとわず農作
に励み、土地が質量ともに申し分のない実りをもたらしてくれたそのとき、夷狄が突如姿を現わし、実りの
8 一部を滅し去り、残りを運び集めて持ち去ってしまうのである。破壊の通り過ぎた跡を見わたすとき、人々
はこれまでに要した労力と費用ばかりか、失われた収穫物のすばらしさをも思い浮かべながら、憤りと悲し
みに耐え続けるのである。

9 　こうしてトラキア人との戦争に日々追われながらも、ビュザンティオン人は古くから続いていたギリシア
10 人との義理に背くことは一度もなかった。ところがコモントリオスの率いるガリア人の攻勢にさらされたと
き、この都市は未曾有の危機にみまわれた。

四六　このガリア人の一団はブレンノス麾下の一団とともに故地を出たあと、デルポイでの敗戦をまぬか
れ、その後ヘレスポントス地方にまで達したものの、アジア側に渡ることはせず、ビュザンティオン近郊の
2 土地が気に入ってそこに足を止めた[2]。そしてトラキア人を制圧してテュリスを王の居所と定めると[3]、ビュザ
3 ンティオン人を生死の危機のなかに引きずり込んだ。当初、彼らが初代の王コモントリオスに率いられて攻
め寄せてくると、そのたびにビュザンティオン人は国土保全のための償金として、金三〇〇〇または五〇〇
4 〇、ときには一万［スタテル］を献上した。しかし最後には毎年［銀］八〇タラントン[4]の貢納金を納めるよう
強いられるまでになり、それがカウアロス王の時代まで続いたのだが、この王の時代にトラキア人の逆襲を
5 受けて王権は滅亡し、率いられていたガリア人集団も全滅した[5]。しかしこの時代、重い年貢を背負ったビュ

6 ザンティオンは、まずギリシア諸都市に使節を送り出して援助を要請し、現在の窮状を脱するために手を貸してくれるよう求めた。しかしほとんどの都市からすげなく断られたため、やむをえずポントス行きの船から税を徴収するという手段に訴えた。

四七　ビュザンティオンがポントス海からの貿易船に税を課し始めたことは、広い範囲に多大の損失と不利益を引き起こした。そこでこの事態を放置できなくなった商人たちは一致して、海上のことでは卓越した
2 力をもつとだれもが認めるロドス人に仲裁を頼みこんだ。これが本書がこれから語ろうとする戦争の起源である。
3 ロドス人は自国がこうむった損害のほか、周辺各国の貿易減退にも憂慮を覚え、まず同盟各国にも呼びか
4 けたうえでビュザンティオンに使節を派遣し、通行税の廃止を要求した。しかしビュザンティオン人は訴え

（1）ホメロス『オデュッセイア』第十一歌五八二－五九二に語られる、冥界でタンタロスが科せられた罰。足元の水を飲もうと口を近づけるとそのたびに水は引き、頭上の果実を食べようと手を伸ばすとそのたびに果実は空に消える。こうしてタンタロスは永遠の渇きと飢えに苦しめられる。

（2）ドナウ川中流域を出たガリア人の一団が、前二七九年ブレンノスに率いられてギリシアに侵攻し、デルポイの財宝をねらって攻め寄せたが、ギリシア軍に撃退された。この頃ガリア人はいくつかの集団に分かれて、ギリシア中部およびトラキア方面に移動してきた。小アジアに渡ってそこに定着した集団もある。

（3）王国は現ブルガリア東部の黒海に近い地域だが、テュリスの位置は確定できない。

（4）銀一タラントンは金三〇〇スタテルに相当するので、年貢は金スタテルに置き換えれば二万四〇〇〇になる。

（5）カウアロスの王権の崩壊は前二一二年頃。第八巻二二参照。

に耳を貸そうともせず、それどころかヘカトドロスとオリュンピオドロスがロドスからの使節を相手に行な
5 った討論の結果――当時ビュザンティオンの国政を指導していたのがこの二人である――、自分たちの主張
の正しさが証明されたと確信して譲歩を拒んだため、ロドス使節たちはなんの成果も得られないままその場
6 を立ち去った。使節の帰国を受けて、ロドスではいま述べたような原因からただちにビュザンティオンとの
7 開戦が決議された。そしてさっそくプルシアス(1)のもとに使者を送り出し、戦争への参加を呼びかけたのは、
プルシアスがいくつかの理由でビュザンティオンと摩擦を起こしていたのを知っていたからである。

四八　一方ビュザンティオンも同様の行動を開始した。アッタロス(2)とアカイオス(3)のもとに使者を派遣し、
2 支援を要請したのである。アッタロスは支援に積極的ではあったが、当時はアカイオスに追われて父祖伝来
3 の領域に封じ込められていたので、行使できる影響力には限りがあった。一方アカイオスはすでにタウロス
山脈のこちら側(4)の地域を掌握し、しかも王位就任を宣言したばかりの頃であったから、この人物が応援を約
4 束したことによって、ビュザンティオン人には明るい希望を与え、逆にロドス人とプルシアスには落胆を深
めさせた。

5 　アカイオスは、シリア王位を継承したアンティオコス(5)の親族なのだが、このアカイオスがこの地方の覇権
6 を手に入れた経緯はおよそ次のようなものであった。アンティオコスの父であるセレウコスの没後、その息
子たちのうちの最年長者にあたるセレウコス(6)が王位を受け継いだのだが、その後新王のタウロス山脈越えの
さい、アカイオスは王の縁者としてその遠征に同行した。ここでいま語っている事件の二年ほど前のことで
7 ある。息子のセレウコスは王位を受け継ぐやいなや、アッタロスがタウロス山脈のこちら側の地方全域を勢

[8] 力下に収めたと知り、国土防衛のために勢いよく飛び出したのである。ところがセレウコスは大軍勢を率いてタウロス山脈を越えたところで、ガリア人のアパトゥリオスとニカノルの罠にはまって暗殺されてしまった。[9] アカイオスは死者の縁戚につらなる者として、すぐさま仇を討つべくニカノルとアパトゥリオスを殺害し、[10] 軍隊と国政全般を賢慮と勇気をもって指導した。このとき好機は手の届くところにあったし、兵士たちの熱意もアカイオスの戴冠に向けられていたけれども、アカイオスにはそれを実行するつもりはなく、先王[11] [セレウコス二世]の息子のうちで次の年長者にあたるアンティオコスに王位を譲り、自らは行軍を続けながらタウロス山脈のこちら側の全域を奪い返していった。しかし遠征が予想以上にうまく運んで、アッタロスを本拠のペルガモンに封じ込め、それ以外の地域をことごとく制圧するにいたったとき、アカイオスは自ら

---

(1) 小アジア北西部のビテュニアの王プルシアス一世（在位、前二二九頃－一八二年頃）。

(2) ペルガモンのアッタロス一世（付称ソテル。在位、前二四一－一九七年）。小アジアのガリア人を征討し、小アジアにあるセレウコス朝の領土を制圧したが（前二二七年頃）、その後アカイオスにその領土を取り返された（前二二三／二二二年）。

(3) ポリュビオスによればアンティオコス三世の母方の従兄弟（第四巻五一-四）。アンティオコス王に将軍として仕えていたが、前二二〇年アンティオコスが東方へ遠征に出ているあいだに謀反を起こし、小アジアで自ら王を名乗った。前二一三年に姦計にはまってアンティオコスの前に引き出され、処刑された（第八巻一五－二一）。

(4) 小アジア南東部を東西に走るタウロス山脈の北西の側。

(5) アンティオコス三世（大王。在位、前二二三－一八七年）。セレウコス二世（カリニコス。在位、前二四七－二二五年）の次男。

(6) セレウコス三世（ソテル。在位、前二二五－二二三年）。セレウコス二世の長男。

12 の成功に有頂天になり、一転して常軌を逸してしまった。そして王環（ディアデマ）を着け、自らを王と宣言
したアカイオスは、その頃にはタウロス山脈のこちら側を領する王や諸侯のうちでも最大の威信と実力を備
13 えた人物になっていた。そのときビュザンティオンがロドスとプルシアスとの戦争を始めるにあたってだれ
よりも頼りにしたのが、このアカイオスだったのである。
四九　プルシアスは以前からビュザンティオン人に不満をもっていて、それはビュザンティオン人がプル
シアスのために彫像の建立を決議しておきながらそれを実行せず、忘れられ捨て置かれるにまかせていたこ
2 とが原因だった。さらにビュザンティオン人がアカイオスとアッタロスの対立を解き、戦争を終わらせるこ
とに全精力を傾けたという事実も、この両者の和睦が自らの勢力拡大のためには多くの点で不利にはたらく
3 と考えていたプルシアスにとって、不快なことであった。そのほかビュザンティオン人がアッタロスのもと
には、アテナ(1)の祭礼の犠牲式に参加するための使節を送り出す決定をしておきながら、プルシアスのところ
の救世主の祭典（ソテリア）にはだれひとり送ってよこさなかったことも、プルシアスの機嫌を損ねていた。
4 こういった事情からプルシアスはビュザンティオンへの恨みを胸中につのらせていたので、ロドスからの申
し出に一も二もなく飛びついた。そして使者たちに提案して、ロドス軍は海上での戦争遂行にあたること、
一方プルシアス自身は陸上でそれに劣らぬ痛撃を敵に加えることを約束した。
5 以上がロドスとビュザンティオンの戦争の原因であり、その発端である。
五〇　開戦当初はビュザンティオン軍の奮闘が目立った(2)。アカイオスが応援に来てくれると確信していた
のに加え、マケドニアから呼び寄せたティボイテスがプルシアスを四囲から威嚇し圧倒するはずだったから

である。
2 しかしプルシアスはいま述べたような意気込みで戦争に突入すると、海峡沿いにある聖所(3)という地点をビ
3 ユザンティオン軍から奪い取った。ここはビュザンティオン人がその位置の重要さに留意してその少し前に
大金を投じて購入した場所であり、それというのももしこの地点が敵の手に入れば、ポントス海へ向かう貿
4 易船を襲うときの拠点にもなり、奴隷貿易や海上での漁業にも支障が生じるからであった。さらにプルシア
5 スはアジア側にあって、ビュザンティオンが久しい以前から領有していたミュシア(4)の地も奪い取った。ロド
スも軍船六隻に乗員を満たし、それに同盟各国から提供された四隻を加えてクセノパントスを艦隊司令官に
6 任命すると、一〇隻からなる艦隊をヘレスポントス方面へ送り出した。艦隊のほとんどがセストス(5)付近に錨
を降ろして、ポントス海へ向かう船を阻止する作戦に従事する一方、司令官の乗り組む一隻だけはさらに先
へ進んでいったのは、もしやビュザンティオン人が早くも恐怖にかられ、戦争を始めたことを後悔している

---

(1) アテナはペルガモン王国の守護神。

(2) ビテュニアの王ニコメデス一世（在位、前二七九頃―二五五年頃）の子がジアエラス（在位、前二五五頃―二三〇年頃）とティボイテス。ジアエラスの子がプルシアス一世。ニコメデス一世はティボイテスをそのひとりとする後妻の子に王位を継がせることを望み、ビュザンティオン市民にその後見役を依頼していたが、ニコメデスの死後、先妻の子ジアエラスが武力を頼んで王に即位した。それと同時にティボイテスはマケドニアに亡命した。

(3) 第四巻三九・六参照。

(4) マルマラ海東部のイズミット湾とゲムリック湾の間にある半島部。

(5) ヘレスポントス海峡のヨーロッパ側の岸にある都市。

7 のではないか、そんな予想をもって敵を試そうとしたのである。しかしビュザンティオンの側からはなんの
反応もなかったので、クセノパントスは船首を返し、他の船も引き連れて全艦でロドスへ帰還した。
8 ビュザンティオンはといえば、アカイオスに援軍派遣を要請する使者を送り続ける一方、ティボイテスの
9 もとにも使いを発して、彼をマケドニアから呼び寄せようとした。ティボイテスはプルシアスから見れば父
の弟にあたるから、ビテュニアの王権継承にあたってプルシアスがティボイテスに優先する理由はなかった
10 のである。ロドス人はビュザンティオン人の決意の固いのを見ると、政治的手段で目的を達することにねら
いを定めた。

五一　ロドス人の見るところ、ビュザンティオンが戦争から手を引こうとしないのは、ひとえにアカイオ
スへの期待に支えられていたからだが、しかしそれと同時にアカイオスの父がアレクサンドレイアに抑留さ
れていて、アカイオスは父の解放をなによりも願っていることも、ロドス人の十分に承知しているところだ
ったから、ロドス人はプトレマイオス[1]のもとに使者を送り、［アカイオスの父］アンドロマコスの返還を要求
2 することにした。この試みにはそれ以前にも軽く手を出したことがあったのだが、今回は力を入れて真剣に
努めた。そうしてアカイオスに恩義を売っておけば、アカイオスの方もなにか要求されたときにそれを断る
3 わけにはいかないはずだからである。しかし使者から要請を聞かされたときも、プトレマイオスはアンドロ
マコスを手元に置いておく方法はないものかと思案した。アンティオコスとの衝突はまだ決着のつかないま
ま続いていたし、しかもアカイオスは先頃自らを王と宣言して、いくつかの重要な事柄に力を発揮できると
期待できたので、プトレマイオスとしてもいずれアンドロマコスを利用する機会が訪れるだろうと予想して

4 いたのである。(2) アンドロマコスはアカイオスの父であると同時に、セレウコスの妻ラオディケの兄弟だった。(3)
5 とはいえプトレマイオスはロドス側に肩入れすることを大枠の方針としていて、どんなときもロドス人の好
意をつなぎ止めることに心を砕いていたので、結局譲歩して、アンドロマコスを息子のもとへ連れ帰ること
を容認した。
6 ロドス人が首尾よく企図を果たし、アカイオスに思いがけない贈り物を授けてやったことは、ビュザンテ
7 ィオンにとって最大の希望を奪われることを意味した。そのうえもうひとつビュザンティオンにとって痛手
となる出来事が起こった。ティボイテスがマケドニアからの帰還途中に命を落とし、それによってビュザン
8 ティオンの思惑は根底から崩れてしまったのである。この結果ビュザンティオン人は失意の底に突き落とさ
れたが、逆にプルシアスは勝利の見通しに意を強くして、アジア側の地域での戦いに精力を傾ける一方、ヨ

---

(1) プトレマイオス四世（ピロパトル。在位、前二二一－二〇三年）。

(2) プトレマイオスはアンティオコス三世に対抗するため、アカイオスに反乱をそそのかしていたらしい（第五巻四二－七、第八巻一五－一〇）。したがってアンドロマコスを手元に確保しておくことは、その息子アカイオスへの影響力を保つために都合がよかった。アンドロマコスがエジプトに抑留されるにいたった経緯は不明。

(3) これはおそらくポリュビオスの間違いで、セレウコス二世（カリニコス。在位、前二四六－二二五年）の妻ラオディケの兄弟はアンドロマコスではなくアカイオス本人である。だとするとアカイオスはアンティオコス三世（セレウコス二世とラオディケの子）の母方のおじにあたる。しかしポリュビオスの言うとおりなら、アカイオスはアンティオコス三世の従兄弟にあたる。第四巻四八－一、第八巻二〇－一一参照。

ーロッパ側では雇い入れたトラキア兵を使って、ビュザンティオン兵が城門の外へ出るのを許さなかった。
9 こうして頼みの綱を断ち切られ、どちらを向いても戦いに望みのもてなくなったビュザンティオンは、名誉
を汚さずにこの状況を脱するための方途を模索し始めた。

五二　それゆえガリア人の王カウアロス[1]がビュザンティオンに現われ、戦争を終わらせるために敵対する
2 両者の間に割って入ったとき、プルシアスもビュザンティオンも仲裁の受け入れに同意した。しかしロドス
人はカウアロスが仲裁を試み、プルシアスもそれに耳を傾けているという知らせを受けると、当初の戦争目
的[2]を間違いなく果たすために、アリディケスを使節に選んでビュザンティオンに派遣する一方、ポレモクレ
3 スに三隻の三段櫂船を付けていっしょに送り出した。ことわざに言うように、槍と儀杖[3]を同時にビュザンテ
4 ィオンに送り込もうというねらいだった。そして彼らの到着後に講和が成立したが、これはビュザンティオ
5 ンでカリゲイトンの子コトンが神祇官を務めていた年のことである。ロドスとの取り決めは簡単なもので、
ビュザンティオンはポントス海へ向かう船に通行税をいっさい課さないこと、そしてそれが実現したならロ
ドスとその同盟国はビュザンティオンとの間に平和を保つこと、というものだった。

6 一方プルシアスとの協定はおよそ次のようなものである。プルシアスとビュザンティオンは永遠に平和と
友好を維持し、ビュザンティオンがプルシアスに、あるいはプルシアスがビュザンティオンに、いかなる方
7 法によっても軍を進めてはならない。プルシアスはビュザンティオンに土地と砦と人民[4]と戦争捕虜を代償な
しに返還すること。加えて開戦時に拿捕した船舶、砦のなかで押収した槍、聖所から奪った木材と石材と瓦
8 ――プルシアスはティボイテスの帰還を警戒して、各地の要塞のうちで少しでも役に立ちそうなものは残ら

9 ず取り壊していたのである――、これらについても同じように返還すること。プルシアスはビュザンティオン人の所有に定められていたミュシアの土地のうち、ビテュニア人が没収した分をすべて［ビュザンティオンの］農民に返還するよう、ビテュニア人に命令すること(5)。
10 以上がロドスとプルシアスがビュザンティオンを相手に戦った戦争の開始と結末である。

五三　ちょうどその頃クノッソスはロドスに使者を送り、ポレモクレスの率いる船団に無甲板船三隻を追
2 加してクノッソスへ派遣してほしいと要請した。そして要請が受諾され船団がクレタ島に到着したとき、エレウテルナ(6)の人々はポレモクレスたちがクノッソス人の意を迎えるためにエレウテルナ市民のティマルコス
3 を殺害したのではないかと疑いをかけ、ロドスに対してまず補償を要求し、その後宣戦布告した。その少し前にはリュットス(7)を二度と立ち直れないほどの惨禍に陥れた事件もあった。そこで当時のクレタ島について、その全般的な情勢を述べておこう。

（1）第四巻四六-四参照。
（2）すなわちビュザンティオンが課した通行税の廃止。
（3）戦争の象徴である槍と、平和の象徴である使節の持つ杖。
（4）土地に付属する農奴。
（5）以上の条約の成立はおそらく前二二〇年秋。ロドスは通行税廃止によって開戦の目的を達したけれども、プルシアスは戦争によって獲得したものをすべて返還して、結局得るところなく終わったことになる。プルシアスがなぜこのような割りに合わない条約を認めたのか不明。
（6）クレタ島中部、イダ山の北西の都市。このロドスとの衝突は、エレウテルナが反クノッソス側に転じたあとの事件である（第四巻五五-四）。
（7）クノッソスの東約二二キロメートルの都市。次章のクノッソス軍によるリュットス破壊は前二二〇年春頃のこと。

4 クノッソスはゴルテュン[1]と提携を結んでクレタ島全域を勢力下に収めたのだが、ただリュットス市だけは
服属を拒んだため、クノッソスはこの都市に戦争をしかけようとたくらんだ。ここを最後の一棟まで破壊し
5 尽くし、それによって他のクレタ人に恐怖と教訓を与えようとしたのである。初めのうちクレタ人は全島民
がリュットスを相手に戦った。ところがクレタ人にはよくあることだが、ささいなことから友軍への嫉妬が
6 生まれ、仲間どうしで争いを始めた。そしてポリュレニアとケレアとラッパ、さらにはオリオイ人にアルカ
デス人まで加わって、[2]いっせいにクノッソスとの連合から離脱すると、リュットスの側に立って戦うことを
7 決定した。ゴルテュンでも分裂が生じ、長老たちはクノッソスに、若者たちはリュットスに味方して、市民
8 間の抗争に発展した。同盟諸国に発生したこの予想外の動揺に驚いたクノッソスは、アイトリアとの同盟を
9 頼んでこの地から一〇〇〇人の兵士を呼び寄せた。この兵士たちの到着後ただちにゴルテュンでは長老たち
が城砦を占領して、クノッソス兵とアイトリア兵を市内に導き入れると、若者たちの一派を国外に追放した
り殺害したりする一方、市をクノッソス兵の手中にゆだねた。

五四　同じ頃リュットス軍は全兵士を動員して敵地へ遠征に出た。クノッソス軍はその情報を得るとリュ
2 ットス市に攻め寄せ、守備隊のいなくなったこの市を奪取した。そして子供と婦人をクノッソスへ送致する
3 とともに、市街に火を放ち、すべてをたたき壊し、乱暴狼藉の限りを尽くしてから立ち去った。遠征から帰
国したリュットス人はこのありさまを目にすると、あまりの悲しみに胸を押しひしがれ、だれひとり故郷の
4 市内に足を踏み入れるだけの勇気のある者はなかった。だれもが祖国と自身の悲運を嘆き、嗚咽を繰り返し
5 ながら市の周りをひと回りすると、背を向けてラッパ市の方へ歩いて行った。ラッパ市民は心からの慈しみ

をもって暖かく彼らを迎え入れた。彼らは一日にして国民から国なき流浪の民になったわけだが、その後も
6 同盟国の兵士と力を合わせてクノッソスと戦い続けた。ラケダイモンと同族の植民市であり、クレタ島内で
最古の都市(3)、そしていつの時代もクレタ中でもっとも優秀な兵士を生み出したとだれもが認めるこの都市リュットスは、こうして突如として跡形もなく消えたのである。

五五　ポリュレニアやラッパのほかそれらと同盟を結ぶ諸都市は、クノッソスがアイトリアとの同盟に支えられていること、そしてそのアイトリアがピリッポス王やアカイアと敵対していることを知ると、王とア
2 カイア人に援軍派遣と同盟を求めるための使節を送った。アカイア人とピリッポスは彼らを大同盟に迎え入れ、イリュリア兵四〇〇人とその指揮官プラトル、アカイア兵二〇〇人、ポキス兵一〇〇人からなる援軍を
3/4 派遣した。援軍の来援はポリュレニアとその同盟国にとって大きな追い風になった。援軍は短期間のうちにエレウテルナとキュドニアに加えアプテラ(4)でも市民たちを城壁のなかに封じ込めた末に、これらの都市にク
5 ノッソスとの同盟を破棄し、代わってポリュレニア側と希望を共有することを認めさせたのである。このような状況のもと、ポリュレニアとその同盟各市はピリッポスとアカイア人のもとにクレタ兵五〇〇人を派遣

(1) クノッソスの南約三五キロメートル。クノッソスと並ぶ島内最大の都市。後述のゴルテュン市内の抗争が示すように、ゴルテュンはむしろクノッソスに対抗するのを伝統的な政策としていた。

(2) 以上いずれも島の西部から中部の都市および種族。

(3) リュットスはリュクトスの名でホメロス『イリアス』第二歌六四七に現われ、ヘシオドス『神統記』四七七ではゼウス誕生の地と歌われる。クノッソス出土の線文字Bの粘土板上にもその名がある。

(4) キュドニアとアプテラは島の西部の北岸の都市。

し[1]、クノッソスもそれに先んじてアイトリアに一〇〇〇人の兵士を送り込んだ[2]。送られた両軍は現在進行中
の戦争［同盟戦争］に参加して戦いあった。
6 ゴルテュンからの亡命者たちはパイストス[3]の港を占領したのに加え、ゴルテュン本市の港も支配下に収め
ると、そこを拠点として市内の勢力に戦いを挑み続けた。
五六 以上がクレタ島の情勢である。その頃ミトリダテス[4]もシノペ[5]に戦争をしかけた。これはシノペ市民
2 の災難[6]をもって終わる一連の事件の発端とその理由とも言うべきものである。この戦争のためにシノペがロ
ドスに使者を送って援軍を依頼したところ、ロドスは三人の委員を任命して彼らに一四万ドラクマを託し、
3 それを使ってシノペ市民の必要を満たすための物資を用意させることを決議した。そこで委員たちが用意し
たのは瓶のぶどう酒一万本、加工済みの毛髪三〇〇タラントン、加工済みの腱一〇〇タラントン[7]、武装具一
4 式一〇〇〇人分、金貨三〇〇〇［スタテル］、それに投石機四台とその操作員であった。シノペから来た使者
たちはそれらを受け取って帰国した。シノペ市民はミトリダテスに陸と海の両面から都市を包囲されるので
5 はないかという心配をぬぐえず、それでその事態に備えてあらゆる対抗策を準備していたのである。シノペ
はポントス海をパシス[8]方面へ航行する船から見て右手に位置し、海に突き出た半島の上にある。半島をアジ
ア側の陸地につないでいる頸部は幅が二スタディオンに足りず、そこに建てられたシノペ市がその幅を完全
6 にふさいでいる。半島のそこから先の部分は、平坦な土地で市への接近も容易だが、沖に面したその先端だ
7 けは切り立った岸壁に囲まれて船の停泊は難しく、上陸可能な地点はごくわずかに限られる。だからシノペ
市民の懸念は、市のアジア側の側面にミトリダテスが攻城機を据え付ける一方、反対側にも同じように海上

8 から上陸を敢行して、市を見下ろす台地に乗り込んでくるのではないかということだった。そこで市民たちは半島の海に囲まれた部分の要塞化を計画し、海からの接近を阻止するための柵と杭をめぐらせるとともに、
9 兵士と投弾を要所に配備した。半島は全体でもさほど大きなものではないから、防御を固めるにはわずかの備えで足りるのである。

五七　シノペは以上のような情勢にあった。一方ピリッポス王は軍隊を率いてマケドニアを出発すると——先ほどこの行動を記したところで、同盟戦争についての記述を中断したわけだから(9)——、テッサリアからエペイロスを経てアイトリアへ侵攻するつもりで、この方面へ向けて歩みを速めた。

---

(1) 第四巻六一-二、六七-六、六八-三、七一-一一参照。
(2) 第五巻三-一、一四-一参照。
(3) ゴルテュンの西約一一キロメートル。パイストスの外港マタラは市から約八キロメートル西に離れている。ゴルテュンの外港レベナは市から南に約二〇キロメートル。亡命者たちについては、第四巻五三-九参照。
(4) 黒海南岸のポントス王国の王ミトリダテス二世（在位、前二五〇頃−二二〇年頃）。セレウコス二世の姉妹ラオディケと結婚し、前二二二年に娘のラオディケをアンティオコス三世に嫁がせた（第五巻四三-一−四）。前二二七年にロドス島を大地震が襲ったときは、救援物資を贈った（第五巻九〇-一）。
(5) 前七世紀にイオニア地方南部の都市ミレトスによって黒海南岸に建設された植民市。良港をもち黒海貿易で栄えた。
(6) 前一八三年シノペがポントス王パルナケス一世によって占領されたことを指す（第二十三巻九-二）。
(7) 女性の毛髪と動物の腱は投石機のねじりばねの材料になる。一タラントンは約二六キログラム。
(8) 黒海の東端に流れ込むパシス川（現リオン川）の河口付近にギリシア人植民市パシスがある。
(9) 第四巻三七-七を受ける。以下のアイゲイラ奪取の試みは前二一九年春のこと。

2 その頃アレクサンドロスとドリマコスはアイゲイラ市を急襲する計画を立て、アイトリア兵一二〇〇人ほ
どを、アイゲイラの対岸にあるアイトリアの都市オイアンテイア[1]に集結させた。そして渡し舟をいつでも出
3 航できる状態にしておいたうえで、対岸に渡って急襲をかける好機をうかがっていた。というのもアイトリ
ア軍から脱走した兵士のひとりがアイゲイラにしばらく滞在していたとき、この都市のアイギオンに通じる
4 城門の守備兵が酒に酔って見張りをおろそかにしているのに気づいたのである。この兵士は幾度か危険を犯
して対岸のドリマコスたちのもとに渡り、この種の奇襲を得意とするドリマコス[2]に向かって実行をけしかけ
5 た。アイゲイラ市はペロポンネソスのコリントス湾沿いにあって、アイギオンとシキュオンの間に位置する
都市で、登攀の困難な険しい山の上に建てられている。湾をへだてて対岸にはパルナッソス山とその周辺を
6 望み、海岸からは約七スタディオンの距離がある。ドリマコスたちは船出の好機がめぐってきたところで船
7 に乗り込み、夜のうちにアイゲイラ市のそばを流れる川の河口付近に錨を降ろした。アレクサンドロスとド
リマコス、それにパンタレオンの子アルキダモスは、アイトリア兵の一団を従えながら、アイギオンから来
8 る道を通って市の方へ近づいていった。例の脱走兵はというと精鋭兵二〇人を引き連れ、土地の心得を生か
して他の兵士たちよりも一足早く坂を登り終えると、ある水道を通って市内に潜入し、城門の守備兵たちが
9 まだ眠っているところに襲いかかった。そして寝床から起き上がる間も与えずに斬殺を完了すると、続いて
10 斧でかんぬきをたたき割って門を開け、アイトリア兵を導き入れた。ところが勇ましく市内に乱入した兵士
たちのその後の行動はおよそ慎重さに欠けていて、それが結局アイゲイラ市民にとって救いの源となり、ア
11 イトリア軍にとって滅びの因となった。城門のなかに入ればそれで敵都市の奪取は完了したものと思いこん

で、攻撃側は次のような行動をとってしまったのである。

五八　アイトリア兵たちはほんのわずかのあいだ、集団のまま中央広場の周辺に留まっていたけれども、すぐに略奪への欲望に負けて散り散りになり、空が明るくなり始めた頃には家々に押し入って資財の持ち出
2 しにとりかかった。アイゲイラの人々にとってこれはまったく予想もしていなかった突然の事態だった。自宅が敵兵の襲撃の的になった市民は驚愕と恐怖に圧倒され、市内はすでに完全に敵の手に落ちたものと思っ
3 て、ひとり残らず市外へ逃げ出した。しかしまだ襲われていない家にいて、遠くの叫び声を耳にした市民は、
4 応戦に駆け出すと全員が城山の上に集まってきた。その人数はしだいにふくれ上がり、それとともに市民たちの勇気も増していった。それとは逆にアイトリア兵の集団は略奪目当ての隊列離脱のためにしだいに人数
5 が減り、統制もとれなくなってきた。味方の兵士たちが危険な状況に追い込まれたのに気づいたドリマコスたちは、それでも勇を鼓して猛猪の一撃を加えれば、防戦のために集まった市民たちを震え上がらせ追い散らすことなど造作もないことだと考え、隊伍を組みなおすと、城山を領する一団めがけて突進していった。
6 しかしアイゲイラ市民は抵抗をあきらめるつもりはまるでなく、互いに奮起を促す声をかけあうと、アイト
7 リア兵の隊列に向かって果敢に切り込んでいった。城山には防壁がなかったため、戦闘は一人と一人が腕と

---

(1) デルポイ南方の現イテア湾西岸の南端近くにある。コリントス湾をへだてて対岸のアカイア連邦加盟都市アイゲイラまではおよそ二三キロメートル。

(2) ドリマコスは前年にもキュナイタ市に奇襲をかけた経験がある（第四巻一七-三）。

腕を交えて切り結ぶ戦いになった。そして一方が祖国と子供を守ろうと死力を尽くせば、他方は自身の無事
生還をかけて奮戦したから、戦いもそれにふさわしい激闘で始まったのだが、結局侵入してきたアイトリア
8 兵が背を向けて逃げ出す結果になった。アイゲイラ市民は敵が敗走に転じたことに勢いを得て、追撃に入っ
ても力を緩めるようなことはなかったから、アイトリア兵の大半は城門まで逃げてきたところで恐慌のあま
9 りに味方どうし折り重なり踏みつけあう状態になった。アレクサンドロスは戦いのさなかに敵刃に倒れ、ア
10 ルキダモスは城門近くの将棋倒しの重圧のなかで息絶えた。城門での圧死をまぬかれた者も、退路を見つけ
11 られず断崖から降りようとして墜落し砕けた。望外の生還をかなえたのは、武器を投げ捨てかろうじて渡し
12 舟までたどり着いた一部の兵士だけで、生き恥をさらしながらの帰航となった。こうしてアイゲイラ市民は
油断からいったん祖国を失いながらも、勇気と覇気によって思いがけず奪回に成功したのである。

五九　同じ頃、アイトリアからエリス地方に将軍として派遣されていたエウリピダス[1]は、デュメとパライ
2 さらにはトリタイア[2]の領地までも蹂躙し、存分に略奪して回ったのち、エリス地方への帰途に着いた。とこ
ろがそのときアカイア連邦の司令長官補佐[3]を務めていたデュメ人ミッコスが、デュメとパライに加えてトリ
3 タイアの各国軍の総兵力を引き連れて反撃に駆けつけ、退去途中のアイトリア軍に襲いかかった。しかし逃
げようとする敵軍を倒そうと気負うあまりに、待ち伏せの罠にはまってしまい、多数の兵士を失った。歩兵
4 四〇人が命を落とし、二〇〇人ほどが捕虜になったのである。この戦いで好結果を得たことに自信を深めた
エウリピダスは、その数日後またしても攻勢に出て、アラクソス岬[4]に近い要所に位置し、城壁（テイコス）と
5 呼ばれるデュメ軍の砦を奪取した。伝説によるとこの砦は、昔ヘラクレスがエリス人との争いのおりに[5]、戦

いの拠点とするために建設したものだという。

六〇　デュメ、パライ、トリタイアの三国はこうして防衛に失敗したうえ、続く砦の喪失によって今後も危機の継続を予想せざるをえなくなった。そこでとりあえず伝令をアカイア連邦司令長官のもとに送り、今回の被害についての報告と援軍派遣の要望を伝えてから、続いて正式に使節を派遣して同様の要請を申し入
2 れた。しかしアラトス(6)には傭兵軍を編成することは不可能だった。というのもクレオメネス戦争のときにアカイアが傭兵への給与支払いを一部怠ったのに加え、アラトス自身も戦略構築を始め軍事全般にわたって大
3 胆さと機敏さに欠けていたからである。だからこそリュクルゴスはメガロポリスのアテナ神殿奪取に成功し
4 たのだし、(7)エウリピダスもあのあとさらにテルプサ領内のゴルテュナ(8)まで占領できたのだ。だからデュメと

---

(1) 第四巻一九-五参照。
(2) 以上三都市はいずれもアカイア西部にあって、エリス地方に近接する。
(3) この官職は第五巻九四-一、第三十八巻一八-二にも言及されるが詳細不明。
(4) ペロポンネソスの北西端、アカイア地方とエリス地方の境界付近に位置する岬。
(5) 伝説の英雄ヘラクレスは、課せられた十二難行のひとつとして、エリス王アウゲイアスの牛舎の大量の糞を一日で掃除するという難題を果たしたが、王が約束の報酬を支払わなかったので、エリスに戦いをしかけた。
(6) 前二一九年春に連邦司令長官に就任した息子の方のアラトス（第四巻三七-一）。
(7) 第四巻三七-六参照。
(8) 「ゴルテュナ」は底本の採用する写本訂正だが不確か。アルカディア地方のテルプサから約三〇キロメートル南方にゴルテュナ（ゴルテュス）という都市がある。

パライとトリタイアの市民たちは司令長官からの援軍に期待するのはやめて、代わりに三国間で相談してア
5 カイア連邦への納付金支払いを停止するとともに、自分たちだけで歩兵三〇〇人と騎兵五〇人からなる傭兵
6 隊を編成すること、そしてこの傭兵隊によって国土の安全を確保することを決定した。これは当の三国にと
っては状況が許すかぎりの最善の決定だが、連邦全体としてはまさにその正反対だったというのが多くの
人々の評価である。なぜなら連邦からの離脱を望む国にそのための口実を与え、連邦への謀略に道を開く先
7 導者になってしまったからだというのである。しかし実際のところこの事件の最大の原因は、人々の要求に
8 真摯に耳を傾けず、いつまでも遅延と無為を続けた連邦司令長官にあると言っても間違いではなかろう。危
機に直面した人はだれでも、身内や同盟者からの援助に少しでも希望をもっているあいだは、その希望を支
えにして耐えられるけれども、災禍の中に突入して援助をあきらめてしまったときには、もはや己の力を頼
9 りに自身を守るしか手立てはないのだから。だからトリタイアとパライとデュメがアカイア連邦の指導者の
優柔不断を目の当たりにして、独力で傭兵隊を編成したとしても、そのことについてこの三国を批判するこ
10 とはできない。だが連邦への納付金支払いを拒否したことについては、非難を受けるだけの理由がある。自
国の利益を閑却してはならないのは当然だが、しかしこの三国のように財力に恵まれ資金に余裕のある国が、
連邦全体への義務を怠るのはけっして許されることではない。しかも連邦の規定によれば各国の納付金は払
い戻しが可能なのだし、それになんと言ってもこの三国はアカイア連邦創設時の主導国なのだから[1]。

六一　以上がペロポンネソスの情勢である。一方ピリッポス王はテッサリア地方を通過してエペイロス地
2 方に入った。そこでエペイロスの総兵力をマケドニアの軍勢に加え、さらにアカイアから合流した投石兵三

〇〇人のほか、ポリュレニアから派遣されたクレタ兵五〇〇人(2)も指揮下に入れてから行軍を再開すると、エ
3 ペイロスを通り抜けてアンブラキア市の領地に到着した。もしこのあとも王が歩みを止めることなく、巨大
戦力を引き連れたままただちにアイトリアの中心部に入り、敵の意表を突いて速攻をしかけていれば、きっ
4 と戦争全体を終局に導くことができたであろう。ところが王はエペイロス人の懇請に応じて先にアンブラコ
ス(3)攻囲に着手したために、アイトリア人に身構える余裕を与え、今後の展開を予想してそれに備える暇を許
5 してしまった。アンブラコスを勢力下に置きたいという願望を捨てられなかったエペイロス人は、同盟共通
の利益よりも自分たちの利益を優先し、そのためにピリッポスにまずこの要塞の攻囲と占領に取りかかるよ
6 う働きかけたのである。エペイロス人にとってアンブラキア市をアイトリア人から奪い返すことは最大の目
標であり、そしてそれを実現するための唯一の方法として彼らが考えていたのは、まずこの要塞を占領して、
7 それからアンブラキア市の包囲にかかることだった。実際アンブラコスというのは張り出しと壁に守られて、
攻略のきわめて難しい要塞である。潟の中にあり、陸地とは一本の狭い砂洲でつながっていて、アンブラキ
8 アの城市と郊外領地をにらむ絶好の位置にあった。こうしてピリッポスはエペイロス人の説得に負けてアン

(1) 第二巻四一-八、一二参照。
(2) 写本では「三〇〇人」だが、底本校訂者は第四巻五五-五の記述に合わせるための訂正「五〇〇人」を採用している。しかし第四巻六七-六を見れば、写本の誤記と断定はできない。
(3) アンブラキア湾の北岸の砂洲上にある要塞。その北にアンブラキア市（現アルタ）がある。

ブラコスの近傍に陣営を置くと、包囲のための準備に着手した。[1]
六二　その頃スコパス[2]はアイトリアの総兵力を動員すると、テッサリアを通過してマケドニアに侵攻した。
2 そしてピエリア地方[3]を行軍しながら付近一帯の穀物を壊滅し、大量の略奪物を手中に収めたのち、引き返し
てディオン[4]をめざした。ディオンの住民はすでに市を立ち退いていたので、スコパスは市内に入るとそこの
城壁も家屋も体育場もすべて打ち壊した。そればかりか神域をめぐる回廊に火を放ち、さらに神殿の壮麗さ
を高めたり祭典の参加者が使用したりするための奉納物をことごとく破壊したうえ[5]、諸王の彫像をひとつ残
3 らず引き倒した。こうしてこの男は戦争開始直後の最初の行動において、人間だけでなく神々にも戦いを宣
4 言したのち、帰途に着いた。そしてアイトリアに帰国後は、神に対する犯罪人ではなく連邦の利益に貢献し
5 た英雄として尊敬と賞賛を集め、アイトリア人の心を空ろな希望と虚妄の大志でふくらませた。というのも
今回の遠征の結果アイトリア人の胸中にひとつの自信が生まれ、今後アイトリアには接近を試みる者さえ現
われないだろうし、逆に自分たちは思う存分に劫略をはたらき、しかもその標的をこれまでも格好の餌食に
していたペロポンネソスからテッサリアやマケドニアにまで広げられるだろうと確信したのである。
六三　ピリッポスはマケドニア本国の被害について知らせを聞き、さっそくエペイロス人の愚かな利己主
2 義の報いを受けたわけだが、それでもアンブラコス包囲の方針を変えようとしなかった。そして盛り土を始
めさまざまな攻城手段を駆使してたちまち守備隊を震え上がらせると、合計四〇日間でこの要塞の奪取に成
3 功した。五〇〇人ほどのアイトリア兵からなる守備隊には協定のもとに退去を許したのち、アンブラコスを
エペイロス人の手にゆだねたピリッポスは、こうして彼らの欲望を満足させてやった。

4 その後軍勢とともに出発してカラドラの傍らを過ぎ、アクティオン[6]というアカルナニア人の神域のそばへ来たのは、アンブラキア湾がもっとも狭くなっているこの地点で湾を渡ろうとしたのである。アンブラキア
5 湾というのはシキリア海がエペイロスとアカルナニアの間に割り込んでできた湾で、その入口はたいへん狭く、五スタディオンに足りない。しかし内陸の方へ進んで行くと幅が約一〇〇スタディオンに広がり、海か
6 ら[湾奥まで]の全長が三〇〇スタディオンに達する。[7]エペイロスを北に、アカルナニアを南に見て、この両

---

(1) ピリッポスのアンブラコス包囲の動機をエペイロス人固有の利益に帰するポリュビオスの批評はおそらく当を得ていない。ピリッポスが今回東回りではなく西回りの経路をとって南下したのは、エペイロスからアカルナニアへかけてのギリシア西部地域でマケドニアの影響力を強め、この方面からアカイアへ達する経路を確保するねらいがあったと思われる。したがってアンブラコス攻略は遠征の当初からピリッポスの戦略のうちに入っていたであろう。

(2) 第四巻三七-二参照。

(3) マケドニア南部、オリュンポス山とハリアクモン川の間の沿海地方。

(4) オリュンポス山の北東麓にあるマケドニア人の聖都。前三三五年にはアレクサンドロス大王が東方遠征に先立つ出陣式典をここで挙行した。マケドニアとテッサリアを結ぶ交通の要衝でもあった。

(5) 市内にはゼウスの神殿があり、前五世紀末にマケドニアのアルケラオス王がオリュンピア祭を範として創設した演劇と運動競技の祭典が行なわれた。市はアイトリア軍による破壊のあと再建された。

(6) アンブラキア湾の入り口で南から伸びる砂洲の上に位置し、アポロンの神殿があった。前三一年にこの沖でオクタウィアヌスがアントニウスを破った海戦で有名。カラドラは湾の北岸。

(7) 三〇〇スタディオンは約五三キロメートルだが、実際にはアンブラキア湾の東西の長さは約三五キロメートル。ポリュビオスはイタリア半島の南方、ギリシア西方の海域をシキリア海と呼んでいる(第一巻一四-四)。

7 地方の境界を画する湾である。ピリッポスは湾口で軍勢を渡し、アカルナニアで歩兵二〇〇〇人と騎兵二〇
〇人のアカルナニア軍を配下に加えてからこの地方を後にすると、アイトリアのポイティアイ[1]という都市に
8 やって来た。そしてこの都市の前に布陣すると、二日間にわたって息をもつかせぬ激しい攻撃を加えた末に、
9 和議を受け入れて市を占領した。市内にいたアイトリア兵には協定のもとに退去を許した。ところが夜にな
って別のアイトリア兵五〇〇人が、市がまだ陥落していないものと思って応援に現われた。王はこの軍勢の
到着を事前に察知すると、待ち伏せに好適の場所を選んでそこで敵を待ち受け、現われた敵の大半を討ち取
り、残りの兵もごく一部を除いて捕虜にした。
10 その後敵から収奪した穀物の分配にとりかかり、兵士たちに三〇日分の穀物を支給したのち――ポイティ
11 アイで大量の穀物が集積されているのを見つけたので――、ストラトス[2]の領地をめざして進軍を続けた。そ
して市から一〇スタディオンほど距離をおいてアケロオス川のほとりに陣営を構えると、そこを拠点にして
付近の土地を思う存分に荒らしまわったが、その間敵は怖がっていっさい出撃してこなかった。

六四 その頃アカイア陣営は戦争の重圧に苦しめられていたので[3]、王がすぐそばまで来ているという知ら
2 せを受けると、援軍派遣を要請するため使節を送った。使節たちはまだストラトス近郊にいたピリッポスに
会見し、指示された事項を王に伝えたほか、敵の領地から掠め取れるはずの収益の大きさをほのめかしな
3 がら、リオン海峡を渡ってエリス地方に侵攻するよう説得を試みた。それを聞いた王は、要請については検
討しようとだけ答えて使節を手元に留めおいたまま陣営を引き払い、メトロポリスとコノペへ向かって行軍
4 を再開した[4]。アイトリア軍はメトロポリスの城山に立てこもり、それ以外の市街は放棄していたので、ピリ

ッポスは市街に火を放ったのち、続けてコノペへ向けて軍を進めた。
5 ところがこのとき［アケロオス川の東岸で］集結を完了したアイトリアの騎兵隊が、コノペ市の二〇スタデ
ィオン手前にある渡河地点に殺到し、そこで王の軍隊を迎え撃つ態勢に入った。こうすればマケドニア軍の
渡河を阻止できるだろう、少なくとも渡河中の軍勢に大きな損害を与えられるはずだと信じていたのである。
6 しかし王はアイトリア軍の作戦に気づくと、まず軽盾兵[5]が川に入り、部隊ごとに盾をすり寄せた隊形で一団
7 になって岸に上がるよう命じた。命令が実行に移され、軽盾兵の第一部隊が渡りきろうとした瞬間、その部
隊に向けてアイトリア騎兵隊は少しばかり攻撃を試みた。しかし部隊が作る盾の壁はびくともせず、しかも
その後ろからは第二、第三の部隊が盾をしっかり重ね合わせて渡ってくるのを見ると、アイトリア軍ももは

（1）アンブラキア湾の南岸から二〇キロメートルほど南にあるアカルナニア人の都市。後出のストラトスと同様にアイトリア軍に占領されていた。

（2）アケロオス川（南に流れてコリントス湾口に注ぐ。アカルナニアとアイトリアの境界になっている）の西に位置するアカルナニア人の都市。

（3）アカイア連邦はこの時期、十分な戦費を確保できなかった（第四巻六〇-二、九）。

（4）ピリッポスはアケロオス川の西岸を南下した。メトロポリスは川の西岸、コノペは東岸の都市。ピリッポスがペロポンネソス進攻を求めるアカイア側の要請に消極的だったのは、ダルダニア人の動向についてすでに情報を得ていたからか（第四巻六六-一）。またこのときデメトリオス征討のためイリュリアに来ていたローマ軍への警戒もあるかもしれない（第三巻一六、一八-一九）。

（5）軽盾兵（ペルタステス）はマケドニア軍の精鋭機動部隊として用いられる。密集方陣を作る重装兵と比べて、必ずしも軽装備というわけではない。

8 や手を出そうとせず、なんともなすすべのないままコノペ市内へ退却した。そしてそれ以降はアイトリア人
の慢心も城壁内に逃げ込んだきり、鳴りをひそめていた。
9 ピリッポスは軍勢を率いて川を渡ると、その一帯の領地にも存分に略奪を加えてから、イトリアへと軍を
進めた[1]。イトリアというのは街道をにらむ好位置にあり、自然の守りと人工の防備によってしっかりと固め
10 られた要塞である。しかしその守備隊はピリッポス接近の報に肝をつぶし、さっさと要塞を放棄してしまっ
11 たので、王は要塞を占領して土台から破壊した。そのほか付近に散在する堡塁も略奪部隊に命じて、同じよ
うに取り壊させた。

六五　そして隘路を通り抜けると、その後は軍勢に郊外地域で略奪をはたらくための時間を与えながら、
2 ゆっくりと余裕のある行軍を続けた。そして軍勢があらゆる生活物資をふんだんにためこんだ頃、オイニア
3 ダイ[2]付近に到着した。そこでパイアニオン[3]の前に陣営を置くと、まずこの城砦を奪取することに決め、休み
なく攻撃を加えた末に力で制圧した。この城砦は周囲七スタディオンに足りないほどで、たいした広さをも
っているわけではないが、しかし家屋や城壁や櫓といった建造物全般においては他のいかなる城砦にも負け
4 ないりっぱなものである。ピリッポスはここの城壁をすべて土台から掘り崩したばかりか、家屋を解体して
5 その木材で筏を組み、それに瓦を載せると、川を慎重に下りながらオイニアダイの方へ運んでいった。アイ
トリア軍は初めオイニアダイ市内の城山を守りぬくつもりで、壁などをめぐらせ防御を固めていたけれども、
6 ピリッポスが間近に迫ってくると、恐怖を抑えきれず逃げ出してしまった。王はこの都市も占領すると、そ
こからさらに前進してカリュドン[4]領内のある堅固な砦の前に布陣した。エラオスと呼ばれるこの砦は、城壁

などの防護物でしっかりと守られていて、アッタロス(5)がアイトリア人のためにその建設を引き受けてやった
7 ものだった。だがマケドニア軍はこの砦も攻め落としてしまうと、カリュドンの領地をすっかり荒らしまわ
ってから、オイニアダイに引き返した。
8 ピリッポスはこの場所がもつさまざまな利点のなかでも、とくにペロポンネソスへ渡るための絶好の位置
9 にあるのに目を付け、この市を要塞化することに決めた。オイニアダイ市は海辺にあって、アカルナニア地
10 方がアイトリア地方と境を接する手前に位置し、コリントス湾の入り口をにらむ。オイニアダイ市と向き合
うペロポンネソス側にはデュメの沿岸領地が広がっており、なかでもアラクソス岬はこの市の鼻先まで来て
11 いて、その距離は一〇〇スタディオンを超えない(6)。これらの点に注目したピリッポスは、城山自体の防御を

---

(1) ピリッポスはアケロオス川の東岸を南下した。

(2) アケロオス川の河口の西に位置する。アカルナニアの諸都市をアイトリア人とエペイロス王アレクサンドロスが分配したとき以来(第二巻四五-一)、アイトリア連邦の都市になっていた。

(3) アケロオス川の東岸、河口近くの高台の城砦。

(4) アケロオス川から東へ三〇キロメートルほど進んだ所、海岸から六キロメートルほど離れて立地する。アイトリア連邦の主要都市のひとつ。エラオス砦の位置は確定できないが、現メソロンギ近辺の海沿いか。

(5) ペルガモン王のアッタロス一世は、マケドニアに対抗するためアイトリアを支援していた。

(6) 実際にはオイニアダイからアラクソス岬までは一〇〇スタディオン(約一八キロメートル)よりも遠く、二五キロメートルほどある。ピリッポスはオイニアダイを西海岸からペロポンネソスへ至る中継点として、長期的な役割をもたせようとしたらしい。

固めただけでなく、さらに港と船渠をひと続きの壁で囲み、それを城山とつなぐ工事に着手した。建設には
パイアニオンから運び出した材料を使用した。
六六　ところが王がまだこの工事にかかっていたとき、マケドニアから伝令が来て、ダルダニア人[1]が兵力
を集めてマケドニア侵攻のおおがかりな準備を進めているという知らせをもたらした。ピリッポスのペロポ
2 ンネソス遠征を予想して、今が侵攻の好機と判断したらしいのである。王は知らせを聞くと、いっこくも早
くマケドニア防衛に戻らねばならないと決断し、とりあえずアカイアの使節たちに向かって、この危急の用
を終えたなら、そのあとは何をおいてもまずアカイア救援のために全力を尽くすつもりだと告げて、使節一
3/4 行を帰国させた。それから急いで陣営をたたむと、往路と同じ道をたどって帰国の途に着いた。その途中ア
ンブラキア湾をアカルナニア側からエペイロス側へ渡ろうとしていたとき、パロスのデメトリオスが一隻の
小型船に乗って現われた。ローマ軍に追われてイリュリアから逃げのびてきたのだが、その経緯については
5 前巻で説明しておいた[2]。ピリッポスはこの男をあたたかく迎え入れると、まずコリントスまで船で行き、そ
こからテッサリアを通ってマケドニアへ向かうように指示した[3]。そして王自身はエペイロスへ渡ったあと、
6 休みなく行軍を続けた。ところがピリッポスがマケドニアに入ってペラ[4]に着いたところで、ダルダニア人は
数人のトラキア人脱走兵からピリッポス帰国の情報を得て浮き足立ち、すでにマケドニアの近くまで迫って
7 いたにもかかわらず、遠征軍を解散してしまった。ピリッポスはダルダニア軍退散の報を聞くと、マケドニ
ア兵全員を夏の収穫[5]のために帰郷させ、自らはテッサリアに赴いて、残りの夏期をラリサ[6]で過ごした。
8 その頃、アエミリウスがイリュリアからローマへ輝かしい凱旋を果たし、またハンニバルがサグントゥム

9 の攻略を完了して、兵士たちを冬越えのために帰郷させた。ローマではサグントゥム占領の報を受けて、ハンニバルの引渡しを要求するための使節をカルタゴに派遣する一方、プブリウス・コルネリウスとティベリ

10 ウス・センプロニウスを執政官に選出して、開戦に向けた準備を進めていた。これらのことについては前巻で詳細に説明しておいた。(7) それをここであらためて持ち出したのは、それらの事件を思い起こして、その同時性を認識してもらうためであり、本書本来の構想を見失わないためである。

11 こうして現在のオリュンピア期の第一年が終わろうとしていた。

(1) マケドニア北方に住むイリュリア系部族。第二巻六-四参照。

(2) 第三巻一九-八参照。

(3) ピリッポスがエペイロス経由の帰路にデメトリオスを同行させなかった理由ははっきりしない。イリュリアに駐留するローマ軍にデメトリオス保護の情報を知られないためか。

(4) 前五世紀末にアルケラオス王が遷都して以来のマケドニアの首都。アクシオス川とハリアクモン川の間に広がる平野に位置する。リュディアス川の水運によって海ともつながっていた。

(5) ぶどうなど果物の収獲を行なう八月から九月頃。

(6) テッサリアの中心都市で、肥沃な平野の中心に位置する。ピリッポス二世の時代以来、マケドニア勢力の下に置かれていた。このときピリッポスがラリサに滞在したのは、アイトリア軍のピエリア侵攻（第四巻六二）のような、南方からの脅威に備えるためだったらしい。

(7) アエミリウス凱旋が前二一九年の夏の終わり（第三巻一九-一二）、サグントゥム占領が前二一九年秋（一七-九）、ローマ使節の派遣が前二一八年三月（二〇-六）、執政官選挙が前二一九年末（四〇-二）。

六七　アイトリアでは選挙の時期がめぐって来て、連邦司令長官にドリマコスが選ばれた[1]。ドリマコスは
司令権を受け取るとすぐさまアイトリア兵に武器をもって集合するよう命令を発し、エペイロス北部地域へ
2 侵攻すると、狂ったように一帯を破壊してまわった。略奪といってもその大半は、自分が利益を得るよりも、
3 ただエペイロス人に損害を与えることを目的として行なわれたのである。そしてドドネ[2]の神殿に姿を現わす
4 と、回廊に火を放ち、奉納品の多くを打ち壊し、神の社を引き倒した。このことから分かるように、アイト
リア人にとって平和と戦争の区別は存在しないのであって、どちらの状況にあっても、目的達成のためなら
人類共通の法や慣習など歯牙にもかけないというのが彼らの流儀なのだ。
5/6 　ドリマコスは以上のような仕事をやり終えたのち、故国へ帰った。季節はすでに冬に移り、もはやピリッ
ポスが遠征に出ることはあるまいとだれもが思っていた。ところが王は青銅盾兵三〇〇〇人、軽盾兵二〇〇
7 〇人、クレタ兵三〇〇人[3]に宮廷直属の騎兵約四〇〇人も加えて遠征軍を組織すると、ラリサを出発した。そ
してテッサリアからエウボイア島へ、そしてそこからキュノスへと軍勢を渡し[4]、ボイオティアとメガラ領を
通過して、冬至の頃コリントスに到着した。移動は迅速で隠密のうちに行なわれたから、ペロポンネソスの
8 住民のだれひとり王の来援に気づかなかった。王はコリントスの城門を閉ざし、街道に見張り兵を並ばせた
のち、到着の翌日にシキュオンにいる父の方のアラトスのもとに伝令を送り、来訪を求めた。同時にアカイ
9 ア連邦の司令長官[5]と諸都市にも書簡を届け、全兵士が武器をもって集結するべき時と場所を通知した。これ
らの手はずを整えてから再び軍勢に出発を命じ、進軍を続けたのち、プレイウス領内のディオスクロイ[6]の神
殿のそばに陣営を置いた。

六八　同じ頃エウリピダス(7)は、エリス軍の二個大隊に盗賊団と傭兵隊を加えたもの、総勢にして二二〇〇人ほどを率い、さらに一〇〇人の騎兵も引き連れてプソピス(8)を出発した。ペネオス領とステュンパロス領を通って進軍を続けたが、その間ピリッポスの動きについてはいっさい知らず、ただシキュオンの領地を荒廃
2 させることを目的とする遠征だった(9)。そしてピリッポスがディオスクロイ神殿のそばに陣営を置いたその夜
3 に、王の陣営のかたわらを通過し、未明にはシキュオン領内に侵攻する態勢に入っていた。ところがピリッポス陣内にいたクレタ兵のうち数人が部隊を離れ、略奪物を求めてさまよっているあいだに、エウリピダス

(1) 前二一九年の秋分後の選挙（第四巻三七-二）。ドリマコスはアイゲイラ襲撃に失敗したあとも生き残った（第四巻五七-五八）。

(2) エペイロス地方にある古くから信仰されたゼウスの神託所。デルポイのアポロン神殿と並んで、ギリシア中から神託を求める人々が集まってきた。アイトリア軍による破壊のあと、再興された。

(3) 第四巻五五-五、六一-二参照。

(4) キュノスはエウボイア島対岸の港。ピリッポスがエウボイア島経由の迂回路をとったのは、陸路の関門になっているテルモピュライでアイトリア軍に遭遇するのを避けるためであろう。アンティゴノス・ドソンも同じ迂回路をとった（第二巻五二-八）。

(5) 息子の方のアラトス（第四巻三七-一、六〇-二）。

(6) ゼウスから生まれたとされる双子神。おもにドリス系ギリシア人の間で信仰された。プレイウスはコリントスから二五キロメートルほど西のアカイア連邦加盟都市。

(7) 第四巻五九参照。

(8) アルカディア地方北西部、エリュマントス渓谷に位置する都市。現在のトリポタマ。

(9) ペネオスとステュンパロスはアルカディア地方北部から北東部、シキュオンはコリントスの西方、海岸近くに位置する。いずれもアカイア連邦加盟都市。

4 軍の手中に落ちてしまった。エウリピダスはこの兵士たちを尋問し、マケドニア軍の到来を知ると、この情
5 報について自陣のだれにも明かさないまま軍勢に出発を命じ、往路と同じ道を通って引き返した。マケドニ
ア軍よりも先にステュンパロス領を通り抜けて、いちはやく高地の要所に布陣しようというのが、エウリピ
6 ダスの作戦であり目標であった。ピリッポスの方は敵の情勢についていっさい知らないまま、初めの計画ど
おり未明に陣営を引き払い、進軍を再開した。ステュンパロス市のかたわらを通過し、カピュアイに向けて
7 進路をとるつもりだった。そこにアカイア兵は武器をもって集結するよう、先の書簡のなかで指示しておい
たのである。

六九　ところがマケドニア軍の先行部隊がステュンパロス市の一〇スタディオンほど手前にあって、アペ
ラウロン山にほど近い高地[1]にさしかかったそのとき、エリス軍の先行部隊も同じようにその高地に行き合わ
2 せた。エウリピダスはこれまでの情報から事の次第を理解すると、数人の騎兵を連れてこの危地からさっさ
3 と逃げ出し、山道を通ってプソピスへ引き返してしまった。指揮官に置き去りにされたその他のエリス兵は、
突然の事態に驚くばかりで、何をすればよいのか、どこへ向かえばよいのかさっぱりわからないまま、行軍
4 の足を止めていた。初めのうちエリス軍の上官たちは、青銅盾兵が見えたので勘違いして、アカイア軍が応
5 戦に現われたのだと思っていた。というのもセラシア近郊でアンティゴノス王がクレオメネスと戦ったとき、
王がメガロポリス人に青銅盾兵の武具一式を与えて、それを着けて戦闘に参加させたことがあったので[2]、エ
6 リス軍はこのとき現われた兵士たちをメガロポリス人だと思い込んだのである。このためエリス軍は窮地脱
出の望みを捨てることなく、隊列を乱さないようにしながら近くの高台へ向けて後退を始めた。しかしマケ

ドニア軍が前進を続けて間近に迫って来たとき、エリス兵たちは事の真相を悟り、ひとり残らず武器を投げ
7 捨てて一目散に逃げ出した。生きて捕虜にとられた者が一二〇〇人、それ以外のほとんどはマケドニア軍に
8 討ち取られたり、崖から落ちたりして命を失った。逃げおおせた者は一〇〇人を超えなかった。ピリッポス
9 は奪い取った武器と捕虜の身柄をコリントスに送り出したのち、進軍を再開した。ペロポンネソスの全住民
にとって、王の来援と勝利の報が同時に届いたのだから、これはまさに望外の贈り物となった。
七〇 ピリッポスはアルカディア地方の行軍の途中、オリュギュルトス山近辺の山岳地帯で大雪にみまわ
2 れ、たいへんな困苦をしいられながらも、三日目の夜にカピュアイに姿を現わした。カピュアイでは二日間
兵士たちに休養をとらせる一方、息子の方のアラトスとその指揮下に集められたアカイア兵を軍勢に加えた
結果、総兵力はおよそ一万人に達した。そこからクレイトル領内を通過し、途中の諸都市から投槍や梯子を
3 徴集しながらプソピスをめざした。プソピス(3)というのはよく知られているように、アザニスのアルカディア
人が建てた古い歴史をもつ都市である。ペロポンネソス全体から見ればその中央にあたるが、アルカディア
4 地方のなかでは西の端に位置し、アカイア西部の境界地帯に接している。またエリス地方にも睨みをきかせ

---

(1) ステュンパロス市の南東に位置する。

(2) 第二巻六五-二参照。

(3) プソピスはエリュマントス川に西から支流のアロアニオス川（パウサニアス『ギリシア案内記』第八巻二四-三）が流れ込む地点の上方に位置する。西方にエリュマントス山地を望む。エリュマントス川はプソピスから約四〇キロメートル下流でアルペイオス川に合流する。プソピス市の領地は北側でアカイアのレオンティオン領と接する。

5 られる好位置にあるため、当時はエリス人と政治的連合を組んでいた。ピリッポスはカピュアイを立ってか
ら三日目にこの都市に到着すると、市と向き合う丘陵地帯に目を付け、市全域とその周辺が一望できるその
6 高地に布陣した。しかしプソピス市を眺めてその堅固なのを見て取ったとき、ピリッポスにも攻め手は容易
7 に浮かばなかった。市の西側では冬に水かさを増す川が激しい勢いで流れ下っていて、冬のほとんどの期間
はそこを渡渉するのは不可能である。しかも上流から駆け下ってくる水が長い時間をかけて少しずつ川幅を
8 広げ、この市を接近するのも困難な要害の地にしている。東側でもやはり大きくてしかも流れの速い川が市
9 を守っていて、これが多くの作家が繰り返し物語[1]に登場させたエリュマントス川である。［西側の］川は市の
南方でエリュマントス川に合流するので、けっきょく市は三方向の面を川に取り囲まれ、それによって敵の
10 接近を阻んでいることになる。そしてもうひとつの面、つまり北側には防壁を備えた急峻な山が自然の守り
となって、よいぐあいに市の城山の役割を果たしている。市自体の城壁も、高さといい構造といい非の打ち
11 どころがない。そのうえいま市内にはエリス兵からなる防衛軍が駐屯し、戦場から逃げ出したエウリピダス
もここで命を長らえていた。

七一　これらの状況を観察し考え合わせたとき、ピリッポスはこの市を包囲し攻撃することに二の足を踏
まざるをえなかったが、しかし一方で市の位置のすばらしさを思えば、この作戦から手を引くわけにもいか
2 なかった。実際プソピス市は、このときはアカイア人とアルカディア人にとって脅威の的であり、エリス人
にとって不落の戦略拠点だったけれども、いったん制圧に成功すれば、その分こんどはアルカディア人のた
3 めの強固な城壁になり、同盟諸国がエリスに攻め込むための格好の出撃基地になることが予想できた。そこ

4 でピリッポスは攻撃敢行を決意すると、マケドニア全軍に命令を発し、夜明けとともに朝食をとり、準備を
整えて待機するよう指示した。それが終わるとエリュマントス川に架かる橋を渡ったが、エリス軍の方は不
意を突かれてだれひとりそれを阻止しようとする者もなかったから、ピリッポスは意気揚々と前進を続け、
城壁のすぐそばまで迫った。
5 　エウリピダスを始め市内に立てこもっていた者たちは、この光景を前にしてだれもが顔色を失った。まさ
か敵がこれほどに強固な備えをもつ城市に攻勢をかけ、一気の強襲に踏み切るとは予想していなかったし、
6 また長期にわたって包囲を継続することも、今の季節には不可能だからと安心しきっていたのである。この
ため人々は、ピリッポスが市内にいる者を使って城市明け渡しの謀略をしくんだのではないかと憶測し、互
7 いに猜疑の目を向けた。しかし味方のなかに裏切りのたぐいはいっさいないと分かると、大半の者は城壁の
防衛に駆けつけ、エリス人傭兵も市外で敵に襲いかかるため、上方に作られたある城門から外に出ていった。
8 　ピリッポスは梯子を城壁にかける部隊を三箇所に割り振り、それ以外のマケドニア兵もその三箇所に分散
9 させたのち、ラッパの合図によって全軍いっせいに城壁への攻撃を開始した。初めのうちは守る側の兵士た
10 ちも奮闘して、梯子を登ってくる敵兵を次々に撃ち落とした。しかししょせん十分な準備のないままの戦い
だったから、投弾類などこの種の防衛戦に必要な物がまもなく底をつき、逆にマケドニア軍はいささかもひ

(1) 英雄ヘラクレスに課せられた十二難行のひとつ、エリュマントス山地に住む巨大な猪を生け捕りにする物語を指すらしい。

るむことなく、ひとりが梯子から撃ち落とされれば、後ろの兵士がすぐさま取って代わってよじ登っていっ
11 た。このためとうとう守備兵たちはだれもかれも背を向けて城山に逃げ込み、マケドニア軍は城壁を乗り越
えた。かたや上方の城門から出撃した傭兵部隊もクレタ兵との戦いに敗れ、武器を投げ捨てて各人勝手に逃
12 げ出した。クレタ兵は敗走する敵を追いながらも刃を突く手を緩めることなく、そのまま敵といっしょに城
13 門に駆け込んだので、市はあちらでもこちらでも同時に占領される結果になった。プソピス市民は子供と妻
を連れて城山に退き、エウリピダスを始め生き残った者たちも彼らと行動をともにした。

七二　マケドニア兵は市内になだれ込むと、さっそく各家庭にあった資財をひとつ残らず奪い取り、それ
2 がすむと家々を各自の宿舎として市全体を掌握した。城山に逃げ込んだ人々も、籠城の備えをまったくして
いなかった以上、抗戦してもその行く末は目に見えていたから、ピリッポスに命を預けるしかないと決断し
3 た。そこで王のもとにまず伝令を送り、使節の安全について確約を得てから、行政官の一団にエウリピダス
も加えて交渉に差し向けた。使節は講和を約し、現在避難している人々について外国人と市民の別なく安全
4 の保証を得た。そして城山にもどって来ると、王からの命令として、マケドニア兵の一部が和約に背いて強
奪をはたらくかもしれないから、全軍が出発するまでは現在いる場所から出ないようにという指示を人々に
5 伝えた。ところがその後雪が降り始めたため、王はそのまま数日間足止めを余儀なくされた。その間にピリ
ッポスは同行していたアカイア人を呼び集めると、まずこの城市の防御の固さと位置のすばらしさが今回の
6 戦争に役立つはずだと指摘し、さらに自分がアカイア連邦に寄せる信頼と友情の深さを披瀝したあと、今こ
こでプソピス市をアカイア人に譲り渡すと宣言した。そしてアカイア人のために可能なかぎりの便宜をはか

7 り、あらゆる機会をとらえて厚情を示すことが、自分にとってなによりも大事なのだと付け加えた。アラトスを始め多数のアカイア人がピリッポスに感謝の言葉を述べると、王は集会を解散し、軍勢とともに出発し
8 てラシオン(1)を目標に進軍を再開した。プソピス市民は城山から降りてきて市全体と各自の家屋を取り戻した。
9 エウリピダスはまずコリントスに戻り、そこからアイトリアに帰国した。そして市内にいたアカイア軍指揮官たちの決定により、城山にはシキュオン人のプロラオスが十分な兵力を率いて守備につき、市内はペレネ
10 人のピュティアスにまかされた。以上がプソピスをめぐる攻防の顚末である。

七三　ラシオンの防衛にあたっていたエリス兵は、プソピス陥落の経緯をすでに知っていたので、マケド
2 ニア軍接近の報を受けるとすぐさまラシオンを放棄した。王はラシオンに到着するやたちまちこの市を攻略すると、連邦へのいっそうの敬愛を表わすために、これもまたアカイア人に引き渡した。エリス軍はストラ
3 トスからも同じように撤退したので、ピリッポスはこの都市をテルプサ(2)市民に返還してやった。そしてそれを終えた五日後にオリュンピアに到着した。そこで神(3)への供犠を執り行ない、指揮官たちのために宴を催し
4 たほか、その他の兵士たちにも三日間の休息を与えてから、再び進軍を開始した。エリスに向かいながら、
5 ピリッポスはその領地一帯に略奪部隊を差し向け、その間はアルテミス神殿のそばで進軍の足を止めた。そ

(1) プソピスからエリュマントス川沿いを下って、エリス地方の東端に位置する。
(2) エリュマントス川の東を流れるアルカディア地方のラドン川沿いの都市。ストラトスはテルプサ近辺らしいが詳細不明。
(3) 聖地オリュンピアに祀られる神ゼウス。

してそこで略奪物を受け取ってから、ディオスクロイ神殿の方へ移動した[1]。

エリスの領地に略奪の手が加えられたこのとき、多数の人が捕らわれの身となったが、しかし近隣の村や
6 山地に逃げ込んだ人の数はそれを上回っていた。実際エリス地方はペロポンネソスの他の地域と比べて、き
7 わだって人口が多く、奴隷や資財もあふれるほどの豊かさを誇る。この地の住民のなかには、農園での生活
にすっかり満足して、そのため財産資格を満たしているにもかかわらず、二世代あるいは三世代にもわたっ
8 て一度も［市内に設けられた］法廷に姿を見せたことがない者もいる。なぜそのようなことが起こるかといえ
ば、政治をつかさどる市民たちが郊外農地に住む人々のために常に注意と配慮を怠らず、そのおかげで人々
は係争を［市内の法廷まで行かずに］その場で解決できるし、暮らしを支える品々にもなにひとつ欠けること
9 がないからである。私が思うに、こういった慣習は往古の時代に創始され法に定められたのであり、それを
可能にしたのはこの地方の農地の広大さもさることながら、昔から続くこの地の人々の聖なる生活によると
10 ころがなによりも大きかった。つまりエリス地方はオリュンピア競技祭の開催地として、ギリシア人の総意
により神聖にして不可侵の土地と認められ、そのためいかなる災厄ともまたいかなる戦争とも無縁の生活を
送ることができたのである。
七四 ところが後代になって、アルカディア人との間にラシオンとピサの全領地をめぐる争いが起こった
2 とき[2]、エリス人はやむなく領土防衛に努め、それまでの生き方を変えることになった。そしてそれ以降は、
祖先から受け継いできた不可侵特権の回復をギリシア人に要求することなど眼中になく、現状のなかに留ま
3 りながら、未来についての誤った予測としか思えないものに基づいて行動し続けた。実際、だれもが神々に

祈って手に入れたいと願うもの、それにめぐりあうためならどんなことでも耐えられるもの、一般に善と見なされるさまざまの事柄のうち、それが善であることに万人が同意する唯一のもの、つまり平和というもの、それを全ギリシア人から差し出され、永遠に脅かされることのない財産として保持する正当な権利をもっているにもかかわらず、もしそれを軽んじたり、それよりもなにか別のものを大事にしたりする人々がいれば、
4 その人々を痴愚蒙昧の輩と断じることに何の異論があろうか。［こう反論する人がいるかもしれない］とんでもない、そのような生き方を採用すれば、誓約を破って戦争をしかけることになんのためらいも感じない連中
5 の餌食になってしまうだろう、と。だがそのようなことはまれにしか起こらないし、仮に起こったとしても、
6 そのときにはギリシア人が一致して救援に来てくれる。たしかに、常に平和な暮らしをしていれば当然ながら物産が豊富だから、それをねらわれて一部で乱暴狼藉をこうむることはおそらくあるだろうが、しかし時と必要に応じて警戒にあたってくれる外国人傭兵隊が見つからないなどということは、どう考えてもありえ
7 ないことだ。それなのにエリス人は、まれにしか起こらない不合理な想定におびえて、国土と財産を絶え間ない戦争と破壊のなかに巻き込んでいるのだ。

（1）アルペイオス川沿いのオリュンピアを出たピリッポスは、アルペイオス川下流の北側に広がる平野を北に向けて進んでいる。

（2）前三六五年、エリスとアルカディアはラシオンとピサの帰属をめぐって戦争を始めた。エリスはアルカディア軍の侵攻をそらすため、スパルタにアルカディア南部の拠点を攻撃するよう要請した。このときアルカディア軍は聖地オリュンピアを三年間にわたって占拠した。クセノポン『ギリシア史』第七巻四-一二八参照。ピサはオリュンピア近郊の地域。

8 私がこんなことを言うのも、エリス人に自省を促すためであり、もし普遍的な承認を受けた不可侵特権を取り戻そうとするなら、現在の情勢[1]はそのための最良の機会を与えてくれているのだということを知ってほしいからである。とはいえ、エリス人の間にはまだ昔の慣習の残り火のようなものが保存されているために、その土地は際立った豊かさをいまなお失っていない。

七五　それゆえピリッポスが来たときも、捕らわれの身となった人は数えきれないほどに多かったが、逃
2 亡した人の数はなおそれを上回った。そのうえ膨大な量の財物と膨大な数の奴隷と家畜が、避難民といっしょにタラマイと呼ばれる場所に集まってきた。タラマイ[2]というのは、その周辺の道が狭くて通りにくく、攻
3 め込むのはおろか接近するのさえ難しい場所であることに由来する名称である。王は多数の人がこの場所に
4 逃げ込んだと聞くと、なんであれ試みもせずにあきらめたり、途中で放り出したりするべきではないと意を決し、まずここを攻めるのに都合のよい場所を傭兵隊を使って占拠した。そして軍勢の大半を荷物とともに陣営に置いたまま、軽盾兵と軽装兵だけを引き連れて山間の隘路を通り抜けると、いっさい妨害を受けるこ
5 となくタラマイにたどり着いた。避難していた人々は過去に戦闘の経験もなければ、戦備の持ち合わせもなく、ただあちこちから来た寄せ集めの群衆にすぎなかったから、敵の出現に驚いてそくざに降伏を申し出た。
6 そのなかにはエリス軍司令長官アンピダモスが連れて来た多国混成の傭兵部隊二〇〇〇人も含まれていた。
7 ピリッポスは大量の財物と五〇〇〇人を超える奴隷を手に入れ、加えて数えきれないほどの家畜の大群を追
8 い立てて陣地に連れ帰った。そしてその後陣地がさまざまの略奪物であふれかえり、詰め込まれて動きもとれないほどになったので、道を引き返して再びオリュンピアに陣営を移した。

七六　さて〔先王〕アンティゴノスが若年のピリッポスの後見役として残した人物のなかにアペレスという男がいて、その頃は王のそばにあって大きな権力をもっていたのだが、この男がアカイア人をテッサリア人
2 と同様の地位に落としたいという願望に動かされて、ある卑劣な策略を立てた。テッサリア人は名目上、自らの法に従って統治を行ない、マケドニア人とは違う待遇を受けるという建て前だったけれども、実際はマケドニア人となんら変わるところがなく、すべてマケドニア人と同じ扱いに甘んじ、常にマケドニア王の廷
3 臣たちの命令に従って行動していた。アペレスはこの政策をアカイア人にまで拡大するため、遠征に同行し
4 ていたアカイア軍を挑発しようとたくらんだのである。そこでまずマケドニア兵に布告を発し、優先的に宿舎を割り当てられているアカイア兵をいつでも宿営から追い出してよい、またそのアカイア兵の所有する略
5 奪物を取り上げてもよいと許可した。次に部下を通じてアカイア兵を呼び出し、些細なことを咎め立てて鞭打ちの刑に処させたばかりか、仲間が鞭打たれていることに憤慨し助けに行こうとする者がいれば、アペレ

---

(1)「現在の情勢」とは前一四六年のアカイア戦争よりも前のことでなければならない。アカイア連邦とスパルタの対立が再び高まっていた前一五〇年頃と考えられる。エリスへの平和中立政策の勧告は、メッセニアの平和志向への批判(第四巻三一―三二)と矛盾するようだが、どちらも反スパルタの方向へ導こうとする点では同じである。メッセニアは古来スパルタへの敵対意識の強い地方だから、それを忘れないようにと忠告するのに対し、エリスはアルカディアとの戦争でスパルタに支援してもらって以来、親スパルタに傾いたので、それを本来の中立に戻そうとしている。ただしエリスが本来不可侵特権をもつ地域だったというのは事実ではなく、反スパルタ気運のなかで創作された伝説らしい。

(2)「奥処」を意味する。エリス地方北部にあるようだが、正確な位置は不明。

6 ス自らが出向いてその者を監獄に放り込んだ。これらの方策を続ければ、アカイア人を本人たちも気づかな
いうちに少しずつ順化し、マケドニア王の命じることならなにひとつ耐えられないものはないと考える習慣
7 を身につけさせられるだろう、とアペレスは思ったのである。この男はアンティゴノスの遠征に付き従った
とき、アカイア兵がクレオメネスの命令に服するのを拒み、そのためならどんな危険にも立ち向かっていっ
たのを自分の目で見たはずなのに、ほんの少し前のその事実を忘れていたらしい。

8 　数人の若いアカイア兵が集まってアラトスのもとに出向き、アペレスの計略を告げ知らせたところ、アラ
トスはこの種の試みは芽のうちに摘み取らねばならない、遅滞は許されないと判断し、ピリッポスに面会を
9 求めた。アラトスたちの申し立てを聞いて事件のなりゆきを知ったピリッポスは、今後そのようなことは起
こさせないと約束して若いアカイア兵を安心させるとともに、アペレスを呼んで、アカイア兵に命令を出す
ときには必ず連邦司令長官と相談するように言い聞かせた。[1]

七七　ピリッポスという人は、野営陣内で共同生活を送っているときに見せる兵士たちへの思いやりの点
でも、また戦場での指揮ぶりと勇敢さの点でも、自国の兵士たちのみならず、ペロポンネソス出身のすべて
2 の兵士たちからも好感をもたれていた。実際この王ほど、権力を掌握するために必要な天賦の資質に恵まれ
3 た人物を見つけるのは難しいであろう。なぜならピリッポスには人並みすぐれた才知と記憶力と気品が備わ
り、しかも王にふさわしい威厳と風格があり、そしてなによりも戦場での指揮の巧みさと勇敢さで他に抜き
4 ん出ていた。ではなぜこれらの徳性がその後ことごとく打ち砕かれてしまったのか、寛大な王を無慈悲な独
裁者に変えたのはいったい何だったのか、そのことについてはわずかの説明で語り尽くせるものではない。

だからその点について考察し究明するのは別のもっとふさわしい機会に譲り、今はこれだけにとどめておきたい。(2)
5 さてピリッポスはオリュンピアを出発するとパライアへの道をたどり、まずテルプサへ、そこからさらにヘライアへと軍を進めた。(3) そこで略奪物を売り払うとともに、アルペイオス川に架かる橋を修復する作業に
6 取りかかったのは、その橋を渡ってトリピュリア地方へ侵攻するつもりだったのである。同じ頃アイトリア連邦司令長官ドリマコスは、略奪をこうむったエリス人からの援助要請に応えて、アイトリア兵六〇〇人を
7 ピリダスの指揮のもとに送り出した。ピリダスはエリスにやって来ると、エリス人の傭兵約五〇〇人と市民兵一〇〇〇人を受け取り、さらにタレントゥム兵(4)も配下に加えたのち、トリピュリア防衛に駆けつけた。

---

(1) アペレスがしかけた反アカイア連邦の策動の直接のきっかけは、ピリッポスがプソピスとラシオンをアカイア人に手渡し、アカイアを厚遇したことにある（第四巻七二-六、七二-二）。マケドニア宮廷内にはアカイアを属国化しようとする勢力があった。

(2) アカイア人の利益を守ってくれたことが、ここでポリュビオスにピリッポスへの好意的な評価を書かせた。その後の王の性格の変化については第七巻一一-一四に記される。

(3) パライアはおそらくエリュマントス山の近く、テルプサはラドン川の東岸、ヘライアはそれより南でラドン川とアルペイオス川の合流点近くにある。するとピリッポスはオリュンピアからいったん北上してパライアをめざしながら、途中で反転して南下し、再びアルペイオス河畔に出たことになる。このような経路をとった理由は分からない。

(4) タレントゥムは南イタリアのギリシア人植民市だが、「タレントゥム兵」は出身地とは関係なく、軽装備の騎兵を指す。

8 トリピュリアという地方名は、アルカスの子供たちのひとりトリピュロスに由来する(1)。ペロポンネソスの
海岸沿い、エリス地方とメッセニア地方の間に広がる地方で、リビュア海に面し、アルカディア地方の南西
9 の端にあたる。この地方に含まれる都市として、サミコン、レプレオン、ヒュパナ、テュパネアイ、ピュル
10 ゴス、アイピオン、ボラクス、ステュランギオン、プリクサがある。エリス人はこれらの都市をこの少し前
に制圧し、アリペイラ市(2)とあわせて勢力下に収めていた。アリペイラ市は元来はアルカディアに属していた
のだが、メガロポリス人のリュディアダスが僭主時代にある個人的利益を得た見返りにエリス人に譲り渡し
たのである(3)。

七八 ピリダスはエリス兵をレプレオンへ、傭兵部隊をアリペイラへ送り込んだのち、手元にはアイトリ
2 ア兵だけを残し、テュパネアイでこれからの展開を待ち受けた(4)。一方王は荷物を置いてから、橋を使ってア
3 ルペイオス川を渡り——この川はヘライア市のすぐそばを流れている——、アリペイラに姿を現わした。ア
リペイラ市は四面を断崖に囲まれた山の上に建てられていて、その山に登るには一〇スタディオン以上の坂
道をたどらねばならない。山の頂が市の城山になっていて、そこに据えられたアテナ女神の青銅像はその美
4 しさといい大きさといい並外れた傑作である。像の由来については、誰がどんな理由でそれを奉納したかが
不明なため、そもそも建立にあたってどんな動機があったのか、また費用は誰が負担したのか、現地の住民
5 の間でも異論がある。しかしその製作技術の完璧さは万人の認めるところであり、ヒュパトドロス(5)とソスト
ラトスの作り出した荘厳な容姿と精巧な仕上がりはまちがいなく最高の部類に入る。

6 翌朝は雲ひとつない快晴の空に恵まれ、王は夜明け前から梯子運搬兵を数箇所に分けて整列させるとと

7 に、それぞれの前に傭兵を援護部隊として並ばせた。そうしてできた各班の後方に、マケドニア兵をやはり
8 分割して配置したのち、日の出とともに全軍に山へ向けて前進を命じた。マケドニア軍が燃えるような恐ろしい勢いで迫ってくるのを見ると、アリペイラの住民たちは急いで駆け出し、攻城軍がねらいをつけた各箇
9 所に次々に集まってきた。その間に王自身は精鋭部隊を率いて敵に気づかれることなく断崖を登り、城山の
10/11 下の外塁をめざした。定めの合図とともに全軍がいっせいに梯子を城壁にかけ、市への攻撃が始まった。王は真っ先に外塁に乗り込んだが、そこにはもはや守備隊はいなかった。そのあと外塁から火の手が上がるのを見て、城壁の防衛にあたっていた兵士たちは戦況の不利を悟り、もし城山までも占領されれば最後の希望

---

(1) アルカスはアルカディア人の始祖とされる伝説上の人物。この地名縁起は前四世紀にトリピュリアの帰属をめぐってアルカディアとエリスが争ったときに、アルカディア側によって創作されたものであろう。実際にはトリピュリアの名はおそらく、この地方の住民が三つの（トリ）部族（ピュレ）の統合したものであることに由来する（ストラボン『地誌』第八巻三-二）。

(2) アルペイオス川中流に南から流れ込む支流のほとりの山上に位置する。支流がアルペイオス川に合流する付近、アルペイオス川の北岸にヘライアがある（次章一二）。

(3)「ある個人的利益」の内容は不明だが、前二四三年頃にリュディアダスがメガロポリスの僭主に就くとき、エリスからなんらかの援助を受けたのか。リュディアダスについては第二巻四四-五参照。

(4) レプレオンはオリュンピアから南へ二五キロメートルほど、ミンテ山地の南麓に位置する。テュパネアイは確定できないが、オリュンピアとレプレオンのほぼ中間あたりに位置するらしい。

(5) 写本では「ヘカトドロス」と記されているが、この名の彫刻家は他に知られていない。このため底本校訂者は、ソストラトスと同じく前五世紀に活動した「ヒュパトドロス」という訂正を採用している。

12 を失うことになるという恐れから、城壁を放棄して大あわてで城山に退避した。そのためマケドニア軍が城
13 壁と市内を制圧するのに時間はかからなかった。まもなくして城山からピリッポスのもとに使者が送られて
きたので、ピリッポスは協定を結び、退避民の身の安全を保証したうえで城山を接収した。
七九　アリペイラ陥落の報が伝わると、トリピュリア地方の住民たちはだれもが大きな衝撃を受け、自分
2 たちの身の安全と祖国の行く末について思いをめぐらせ始めた。ところがそんなときにピリダスはテュパネ
3 アイの家々で強奪をはたらいたあと、この市を見捨てて、レプレオンに引き上げてしまった。これが当時ア
イトリアの同盟者がアイトリアから与えられていた報酬である。つまりもっとも援助の必要なときに公然と
4 見捨てられるばかりか、略奪され裏切られたあげくに、通例戦いの敗者が勝者から受けるような仕打ちを同
盟者から強いられるのだ[1]。テュパネアイ市民はピリッポスに城市を明け渡した。ヒュパナの住民たちもそれ
にならった。
5 同じ頃ピガレイア[2]市民はトリピュリアからの報告を聞いて、アイトリアとの同盟に反感をつのらせ、武器
6 を持って軍司令部周辺を占拠した。市内にはメッセニア地方からの略奪を目当てにアイトリア人の盗賊たち
7 が駐留していて、この騒動にも初めのうちは武力をふるいながら強く威嚇することができた。しかし市民た
ちが次々に応援に集まってきて団結を固めるさまを見せつけられると、アイトリア人は制圧をあきらめ、協
8 定を結んだのち、荷物をまとめて市を退去した。ピガレイア市民はピリッポスのもとに使者を遣わし、自分
たちの身柄を城市とともに王の手にゆだねた。
八〇　これらの事態が進行していた頃、レプレオンでは市民たちが市内の一画を占拠して、エリス軍とア

イトリア軍、それにラケダイモンからの援軍の——ラケダイモンからも守備兵が派遣されていたので——市
2 と城山からの撤退を要求した。当初ピリダスたちは要求に耳を貸そうともせず、市民たちを恫喝してやろう
3 と居座り続けた。しかしまもなくしてピリッポスがタウリオン(3)の率いる兵士の一団をピガレイアに送り込む一方、王自身もレプレオンめざして進軍を開始し、すでに市の近くまで迫っているという情報を聞かされる
4 と、ピリダスたちは肩を落とし、逆にレプレオン市民は力を得て勢いづいた。このときのレプレオン市民の行動はみごとなものだった。なぜなら市内にはエリス兵が一〇〇〇人、アイトリア兵が盗賊どもを含めて一〇〇〇人、さらに傭兵が五〇〇人(4)、ラケダイモン兵が二〇〇人駐留していて、そのうえ城山まで占拠される
5 という状況にあったにもかかわらず、市民たちは祖国奪回に立ち上がり、最後の希望を捨てようとしなかったのだから。ピリダスはレプレオン市民の断固たる抵抗とマケドニア軍の接近を前にして、ついにエリス軍
6 とラケダイモンの援軍ともども市を退去した。スパルタが派遣していたクレタ兵たちはメッセニア地方を経

(1) ピリダスがテュパネアイからレプレオンに移動したのは、アリペイラ陥落という戦況変化に合わせ、いったん南方に退いて防衛力の集中を図る戦略だったと思われる。ポリュビオスはアイトリア人への偏見に災いされて、ピリダスの意図を見抜けなかったのかもしれない。

(2) 第四巻三-五参照。

(3) 第四巻六-四参照。

(4) エリス兵は最初からレプレオンに配備されていた(第四巻七七-七、七八-一)。アイトリア兵はピリダスが連れて来た六〇〇人に、ピガレイアにいた「盗賊たち」が加わった(第四巻七九-六)。傭兵は以下にあるように、スパルタに雇われてクレタ島から来た兵士。

由して郷里に帰還し、その他はピリダスとともにサミコン(1)をめざして退却を始めた。
7 　祖国を奪い返したレプレオンの人々はピリッポスのもとに使者を送り、市を王の手にゆだねることを申し
8 出た。王は事の次第を了解すると、軍勢の一部をレプレオンに差し向ける一方、自らは軽盾兵と軽装兵を率
9 いて進軍を続け、ピリダスの軍勢に追いつこうと足を速めた。そして追いついて敵の運んでいた荷物だけは
取り押さえたものの、ピリダスら兵士たちは一足早くサミコンに駆け込んだ。
10 　ピリッポスはこの城砦の前に布陣し、レプレオンに送った軍勢も再び呼び寄せて、これからここを攻囲す
11 るような姿勢を城内の者たちに見せつけた。アイトリア軍もエリス軍も、攻囲に対する備えは自分たちの身
以外になにひとつ持ち合わせていなかったから、このようすを見てうろたえてしまい、生命の保障を求めて
12 ピリッポスと話し合いに入った。そして武器を持って退去できるという約束を得たのち、エリスへ向けて急
13 いで立ち去った。サミコンが王の支配下に入ると、まもなくして他の都市からも寛恕を求める使者が続々と
やって来て、プリクサ、ステュランギオン、アイピオン、ボラクス、ピュルゴス、エピタリオンが王の陣営
に加わった(2)。
14 　こうしてトリピュリア全土を六日間で征服してしまうと、王はその成果とともにレプレオンに引き返した。
15 そしてレプレオン市民に適宜指示を与え、城山に守備隊を配備したのち、軍勢を率いてヘライアへ向けて出
16 発した。トリピュリア地方には総督としてアカルナニア人のラディコスを後に残しておいた。そしてヘライ
ア市に着くと略奪物をすべて兵士たちに分配し、ヘライアで荷物を受け取ったのち、冬の半ばにメガロポリ
ス市内に入った(3)。

八一　ピリッポスがトリピュリアに遠征していたのと同じ頃、ラケダイモンではケイロンが現体制の転覆
を企てて決起した。ケイロンは出生からいえば自分こそがスパルタ王位の正当な継承者だと考えていたのだ
が、監督官たちがリュクルゴスを王位に就けるという決定[4]を下したために侮辱されたと感じ、恨みを抱いて
2 いたのである。そこでもしクレオメネスと同じ改革の道を追求し、人々に土地の割り当てと分与の方針を示
3 せば、民衆は喜んで自分の後に付いてくるだろうと予想を立てると、さっそく行動に移った。まず計画を友
4 人たちに打ち明け、決起に加わる同志二〇〇人ほどを集めたのち、いよいよ計画を実行する日が来た。権力
奪取のための最大の障害がリュクルゴスとリュクルゴスに王位を授けた監督官たちであることは明らかだっ
5 たから、この者たちが最初の標的だった。そのため監督官たちが夕食をとっているところを襲撃して、その
場で全員を殺害したのだが、こうして運命は彼らにふさわしい懲罰を下したわけだ。つまり監督官が誰の手
6 で、何のために殺害されたかを見れば、彼らは正当な報いを受けたのだと言えよう。ケイロンは監督官の始
末を付けたあと、リュクルゴスの屋敷に向かい、邸内にいる王を見つけたが、拘束することには失敗した。
7 リュクルゴスは侍従たちに助けられ隣家から忍び出て、追っ手の目を逃れたのである。そしてその後は山道

(1) オリュンピアの南西九キロメートル、海岸近くに位置する城砦。
(2) 第四巻七七-九に列挙された都市のうち、ヒュパナの名がない。ピリッポスへの帰順を拒んだということか。
(3) ヘライアからアルペイオス川を遡ればメガロポリスにいたる。
(4) 第四巻三五-一四参照。

8 を登ってトリポリス地方にあるペレネ[1]という町に身を隠した。ケイロンの方は肝心のところで目標成就に失
9 敗したために落胆は大きかったけれども、ここで計画を中止するわけにはいかなかった。そこで中央広場へ
駆け込むと、敵対者たちを次々に刃にかけ、縁者や友人を叱咤激励する一方、他の人々に先述の改革を約束
10 して回った。しかしその声に耳を傾ける者はひとりもなく、逆に大勢が結束してケイロンに立ち向かおうと
したため、ケイロンは不利を悟り、人目を避けてその場を抜け出した。そして近郊の領地を通り抜け、ひと
11 りでアカイアの地に落ち延びた。ラケダイモン人はピリッポスが攻め寄せてくるのを警戒して、郊外にあっ
た品々を市内に運び入れるとともに、メガロポリスのアテナ神殿[2]を破壊してからそこを撤退した。
12 　こうしてリュクルゴスの立法[3]からレウクトラの戦い[4]にいたるまでのあいだ、もっともすぐれた国政を実行
し、もっとも大きな国力を維持してきたラケダイモン人は、運命が彼らに背を向け、国政の劣化がとめどな
13 く進行していったあげくに、とうとう骨肉相食む内乱の苦難をもっとも多く味わう国民となった。そして市
民の国外追放と土地分配にどこよりもひどく痛めつけられ、だれよりもつらい奴隷の身を経験し、あげくの
果てにナビス[5]による僭主支配にまで行きついてしまったラケダイモン人には、かつて僭主という名を聞くこ
14 とさえ容認できなかった国民の面影はもはやなかった。ラケダイモン人については古代からその後の歴史に
いたるまで、「栄華と衰退の」両局面が数多くの著作家によって語られている。そしてそのなかでもっとも読
者の関心を引くのは、クレオメネスが祖先伝来の国制をすっかり破壊してしまってから後の歴史であるが、
その経過については今後折にふれて本書中で言及するつもりである。

八二　ピリッポスはメガロポリスを出発し、テゲアを経由してアルゴスに到着すると、その後の冬期間を

この都市で過ごすことにした。若年に似合わない見事なふるまいと戦果によって賛嘆を集めたピリッポスは、こうして遠征を終えようとしていた。

2 ところがアペレスは、その後もなお策謀を断念することなく、アカイア人を徐々に軛につないでやろうと
3 ねらっていた。そしてその実現を妨げているのがアラトス父子であり、二人ともにピリッポスから厚遇を受けていること、とくに父の方はかつてアンティゴノスと協力して事にあたり(6)、今もアカイア人の間でたいへん大きな力をもっているという事実に加え、なによりも持ち前の才知と深慮のゆえに、ピリッポスから厚く信頼されていること、これらのことを考え合わせて、アペレスはこの父子に標的を絞り、次のような罠をし
4 かけた。まず各都市内でアラトス父子の政敵は誰であるかを調査すると、その者たちを呼び寄せてそばに集
5 め、甘言を弄しながら懇意の仲間に引きずりこんだ。そしてその者たちを次々にピリッポスの前に連れ出し

---

(1) おそらくスパルタの北西、エウロタス渓谷沿いの町。

(2) 第四巻六〇-三参照。

(3) リュクルゴスは前八世紀頃にスパルタの国制を定めたとされる人物だが、その実在については疑問がある。ポリュビオスはリュクルゴスの国制を混合政体の先例として称賛している(第六巻一〇、四八)。

(4) 前三七一年、スパルタ軍がボイオティア地方のレウクトラでエパミノンダスの率いるテバイ軍に敗れた戦い。この敗戦によってスパルタはギリシア世界の覇者の地位を失った。

(5) 前二〇七年に若年の王の摂政として権力を握り、その後自ら王となって、クレオメネスと同様の改革を進めた。前一九二年にアイトリア軍の反抗に遭い、殺害された。第一三巻六-八参照。

(6) アラトスがアンティゴノス三世(ドソン)の協力を得て、クレオメネスと戦ったことを指す。

ては、そのたびに王に向かってこう進言した——このままアラトスをひいきにし続けるなら、王はアカイア
人を相手として同盟条約[1]に書かれたことに従って行動するだけだが、もし私の提言を容れてこの者たちを友
6 とするなら、王はペロポンネソス全土の住民を相手として自分の思いどおりの行動をとれるだろう、と。続
いてアペレスはアカイア連邦選挙[2]への干渉に乗り出して、アラトス父子を司令長官職から追い出し、代わっ
7 て仲間たちのうちのだれかをその地位に就かせようと画策を始めた。そこでピリッポスに説いて、アイギオ
ンで行なわれるアカイア連邦選挙に立ち会ってはどうか、アイギオンはエリス地方への行軍の途中にあるの
8 だから、と勧めた。王がそれに同意したので、アペレス自身も王とともに選挙の場に現われた。そして忠告
したり脅迫したりしながら、苦労を重ねたあげく、かろうじてパライ出身のエペラトスを司令長官に据え、
アラトスの推薦を受けたティモクセノスを追い落とすことに成功した[3]。

八三　その後王はアイギオンを出発し、パトライとデュメを通過して、城壁（テイコス）という名の砦のそ
ばにやって来た。デュメの領地の入り口に位置するこの砦が、少し前にエウリピダスによって占拠されたこ
2 とは、先に述べたとおりである[4]。ピリッポスはここをなんとしても取り戻し、デュメ人の手に返したいと意
3 気込んで、全軍を砦の前に陣取らせた。守備についていたエリス兵はたちまち震え上がってしまい、砦をピ
4 リッポスに明け渡した。この砦はとくに大きくはないのだが、防備の固さでは抜きん出ていて、周囲は一ス
5 タディオン半に満たないのに、壁の高さはどこをとっても三〇ペキュス[5]を超えていた。ピリッポスはこの砦
をデュメ人に引き渡したのち、エリス人の領地を荒らしながら進軍を続けた。そしてこの地方を十分に壊乱
し、大量の略奪物を集め終えると、軍勢とともにデュメへ引き上げた。

八四　一方アペレスは、アカイア連邦司令長官に自分の望みどおりの人物を就任させただけでは、まだ計
略の一部しか実現していないと考えていたから、ピリッポスにアラトスへの友誼を捨てさせるという最終目
標をかなえるために、アラトス父子へのさらなる迫害に取りかかった。そこでアラトスへの中傷を捏造しよ
うと、次のような策謀をめぐらせた。
　エリス軍の司令長官アンピダモスは、すでに述べたように、[6]タラマイに避難していた兵士たちといっしょ
2 に拘束されたのち、捕虜のひとりとしてオリュンピアに連れて来られていた。そしてそこである人々を通じ
3 て王に謁見したいという希望を伝えたところ、許可されたので、アンピダモスは王の前に参上し、自分はエ
リス人を王との友好と同盟に引き込んでみせる自信があると断言した。ピリッポスはその言葉を信用して、

(1) 前二二四年にマケドニアとアカイアなどの間に成立した同盟（第二巻五四-四）。

(2) アカイア連邦司令長官が就任するのは毎年五月だが、選挙の時期は一定していなかった。このときの選挙は前後の状況から考えて、前二一八年の二月頃らしい。

(3) アラトスは隔年に連邦司令長官に就任するのが習慣のようになっていたが、このときはアペレスらの圧力で断念し、同志のティモクセノスを立候補させた。しかし結局パライ出身のエペラトスが選出されたのは、前年に息子アラトスが司令長官だったとき、デュメ、パライ、トリタイアのアカイア西部三都市が被害を受けながら連邦から援軍を派遣してもらえなかったために（第四巻五九－六〇）、アラトス父子に対して不満をもっていたことが背景にある。アペレスはその不満を利用して、アラトスの思惑を挫くことに成功した。ピリッポスがこのあとデュメのために砦を奪還しエリスに侵攻したのは、西部三都市の要請に応えたものであろう。

(4) 第四巻五九-四参照。

(5) 一ペキュスは四四・四センチメートルだから、三〇ペキュスは約一三メートル。一スタディオンは約一七七メートル。

(6) 第四巻七五-六参照。

4 アンピダモスを身代金なしで釈放し送り返した。そのさいエリス人には次のように伝えよと命令した——もしエリス人がマケドニアとの友好を選択するなら、私は捕虜全員を身代金なしで返還し、エリス領がいかな
5 る外国軍からも侵攻を受けないようにすると約束する、しかもエリス人が独立を保ち、駐留軍受け入れと貢
6 納の義務なく、自らの国制のもとで生きることを保証する、と。しかしエリス人は魅力的で寛大なものに思えるこの提案を一顧だにしなかった。

7 アペレスはこの一件を利用して、次のような中傷を捏造し、ピリッポスの耳に吹き込んだのである。すなわち、アラトス父子がマケドニア人に示す友情は見せかけにすぎず、ピリッポスへの敬愛も心からのもので
8 はない。その証拠に今回エリス人が背を向けたのも、実はこの二人が図ったことなのだ。というのもアンピダモスがオリュンピアからエリスへ送り出されるとき、この父子がひそかにアンピダモスを呼び出し、ピリッポスがエリスに君臨することはペロポンネソスの住民にとってなんの利益にもならないと説いて、この男
9 を籠絡した。そういうわけでエリス人は提案をいっさい拒絶し、アイトリアとの友好の維持と、マケドニアとの戦争の継続を選んだのだ、と。

八五 ピリッポスはアペレスのこの言葉を聞き終えると、まずアラトス父子を呼んで来るように命じ、ア
2 ペレスには二人のいる前でもう一度同じ言葉を繰り返すように指示した。父子が現われると、アペレスは自信たっぷりに、しかも相手を脅かすような調子で先の言葉を繰り返した。そして王がまだ口を開かないうち
3 に、およそ次のようなことを付け加えた。「アラトスよ、王はおまえたちがこうして恩知らずの浅はかな人間だと分かった以上、アカイア人の議会を招集し、そこで今回の一件について説明したのち、マケドニアへ

4 帰国する決心である」。すると父アラトスはそれをさえぎってピリッポスの方に向き直り訴えた――人の言
5 葉というのはけっして根拠もないまま性急に信用してはなりません。とくに友人や同盟者を貶める言葉が耳
に入ったときには、そのような中傷を真に受ける前に、それを厳しく吟味してみることが肝要、それこそが
6 王にふさわしいふるまいであり、なににつけ利にかなう行動であります。それゆえアペレスの言い分につい
ても、それを聞いたとされる人物を召喚し、アペレスにそれを告げたという人物を質疑の場に呼び出して、
真実の究明のためにできる限りのことは試みるべきでしょう、なににせよアカイア人に告知するのはそれか
らでも遅くはありません、と。

八六　王はアラトスの忠告を正当と認め、すべて抜かりなく調査してみようと約束したのち、とりあえず
2 解散した。その後の数日間、アペレスは自分の申し立てについて証拠をなにひとつ提示できず、逆にアラト
3 スの側にはある幸いな出来事が起こった。すなわちピリッポスがエリス領を略奪して回ったとき、エリス人
4 はアンピダモスに裏切りの嫌疑をかけ、そのため彼を捕縛してアイトリアへ送り出すことにした。アンピダ
モスは事前にその企図を察知して、まずオリュンピアへ脱出し、その後ピリッポスが略奪物の処分のために
5 デュメに滞在していると聞くと、ピリッポスに会うためにそちらへ急いだ。アラトスはアンピダモスがエリ
スから落ち延びて当地に現われたと知ると、この男が無実の証人になってくれるはずだと心から喜び、王に
6 面会してアンピダモスを喚問するよう願い出た。アラトスが言うには、告発の内容についてだれよりもよく
知っているのは、罪を着せられた当のこの男であり、きっと真相を語ってくれるでしょう、なにしろピリッ
ポスとの関係ゆえに故郷を追われ、今となってはピリッポス以外に身の安全を託す相手はいないのですから、

7/8 と。王はこの進言を容れてアンピダモスを呼び出した結果、中傷が偽りであることが判明した。その日以来、
王はアラトスをますます信頼し尊重するようになり、逆にアペレスに対しては疑いの目を向けるようになっ
た。ただしアペレスへの親愛もすっかり振り払ってしまうことはできなかったので、この男の行動を黙認せ
ざるをえないこともしばしばあった。

八七　アペレスはそれでも計略から手を引くつもりなどいっさいなく、今度はペロポンネソスの管轄をま
2 かされていたタウリオン(1)を陥れる作戦に取りかかった。といってもタウリオンを誹謗するのではなく、逆に
賞賛を浴びせ、王の遠征に随行して野営をともにするのにこれ以上にふさわしい人物はいないとほめたので
3 ある。自分の手で別の人物をペロポンネソスを管轄する地位に就けようという狙いだった。こうして誹謗で
4 はなく賞賛によって身近な人物を引きずり落とすという、人を傷つけるための新しい手口が発明された。こ
の種の奸計と嫉妬と陰謀は、なによりもまず宮廷で暮らす人々によって生み出されたものであり、廷臣相互
の競争心と野心の産物なのである。

5 同じように警護隊の隊長アレクサンドロス(2)に対しても、アペレスはあらゆる機会をつかまえて牙を向けた。
王の身辺警護を自分が指図したい、さらにはアンティゴノス〔ドソン〕の遺した体制そのものを変革したいと
6 いう願望に動かされていたのだ。というのもアンティゴノスは生前、王国の統治と少年〔ピリッポス〕の教育
に見事な手腕を発揮したばかりか、この世を去るにあたっても、万事について将来への配慮に怠りがなかっ
7 た。遺書を残して、そのなかでマケドニア人たちに治世全般について書き残していたのである。将来のこと
についても指示があり、宮廷内の臣下の間に権力をめぐる抗争を引き起こすきっかけを与えないために、そ

8 れぞれの職務が誰の手によってどのように行なわれるべきか定めてあった。当時王の側近にいた将官たちの
うち、アペレスは新王の後見役のひとりに指名され、レオンティオスは軽盾兵隊、メガレアスは国務、タウ
9 リオンはペロポンネソス管轄、アレクサンドロスは警護隊をそれぞれ指揮するよう命じられた。このうちレ
オンティオスとメガレアスは完全にアペレスの影響の下にあったから、アペレスのもくろみは、アレクサン
ドロスとタウリオンをその地位から追い落とし、これらを含むすべての権力をアペレス自身とその仲間たち
10 の掌中に収めることだった。もし闘争の相手側にアラトスさえいなければ、アペレスはこのもくろみをやす
やすと達成できたであろう。だが現実はすぐさまこの男に自らの浅慮と強欲の結果を味わわせずにはおかな
11 かった。隣人にしかけたはずの罠に自身が、しかも寸時ののちに落ちてしまったのだから(3)。
12 だがその出来事がどのように、そしてどんな経過をたどって起こったのか、その点についての記述はしば
13 らくおき、ここで本巻を閉じることにしよう。詳しい説明は次の巻でなされるはずである。ピリッポスはデ
ユメでの総轄を終えるとアルゴスに戻り、そこで廷友たちとともに冬籠もりに入った(4)。兵士たちは解散させ
てマケドニアへ帰国させた。

(1) 第四巻六-四、一〇-二、一九-七、八〇-三参照。
(2) 第二巻六六-七、六八-一に言及されるのとおそらく同一人物。
(3) 第五巻二八-八参照。
(4) 冬籠もりといっても、すでに前二一八年の二月末から三月初め頃になっている。

第五巻

一　息子のアラトスが司令長官を務めた年も終わりに近づき、プレアデスが昇る季節になった[1]。これが当
2 時のアカイア連邦の暦年の区切りとなる時期である。アラトスは長官職を退き、代わってエペラトス[2]がアカ
3 イア人の統率をとることになった。アイトリアではいぜんとしてドリマコス[3]が司令長官であった。同じ頃、
夏の初めにハンニバルがローマとの戦争開始を公然と掲げ、新カルタゴ市を出発してイベル川を渡り、イタ
4 リアへの遠征の途に着いた[4]。ローマからはティベリウス・センプロニウスがリビュアへ、プブリウス・コル
5 ネリウスがイベリアへ軍勢とともに送り出された[5]。またアンティオコスとプトレマイオスは、コイレ・シリ
アをめぐる紛争を使節の交渉によって解決することを断念し、戦争に突入した[6]。
6 　さてピリッポス王は兵士たちに与える穀物と資金の不足を補うため、役人たちを通じてアカイア連邦の総
7 会[7]を招集した。規定に従って人々がアイギオンに集まって来たが、ピリッポスの見たところ、アラトス父子
は先の選挙のときにアペレスから受けた妨害のためにマケドニア人をこころよく思っておらず、エペラトス
8 はといえば優柔不断な性格でだれからも蔑まれていた。このためアペレスとレオンティオスの見込み違いを
9 確信したピリッポスは、アラトス父子を再び味方に付けることを決意した。そこで役人たちを説得して総会
の場をシキュオンに移させたのち、父と子のアラトス両名を手元に呼び寄せ、これまでの諸事件の責任はす
10 べてアペレスにあると断言したうえで、父子に以前の心持ちを取り戻してほしいと懇請した。二人のアラト

スが喜んでそれに同意したので、ピリッポスは総会の席に出ると両名の協力を得て、所期の目的をすべて達
11 成した。このときの総会決定によりアカイアは、ピリッポスのために最初の遠征の費用(8)として、今すぐ五〇
タラントンを拠出すること、マケドニア軍に三ヵ月分の給与を支払い、別に穀物一万メディムノスを提供す
12 ること、そしてその後はペロポンネソスでアカイア軍と共闘しているかぎり、ピリッポスはその間毎月一七
タラントンをアカイア側から受け取ることが定められた。

二　以上のことを議決したのち、アカイア人は解散して各都市へ帰って行った。一方王は廷友たちとの相
2 談の結果、マケドニアの軍勢(9)が冬越えを終えて集合したなら、海上の戦争を開始することを決断した。敵に
あらゆる方向から一気に襲いかかり、敵どうしの相互支援の道を断ち切るためには、それが唯一の方法だと
3 確信していたのである。なぜなら敵はアイトリアとラケダイモンさらにはエリスと広い地域に分散している

---

(1) 前二一八年五月下旬。第四巻三七-二参照。
(2) 第四巻八二-八参照。
(3) 前二一九年の秋にアイトリア連邦司令長官に就任した(第四巻六七-一)。
(4) 第三巻三四-六参照。
(5) 第三巻四一-二参照。
(6) アンティオコス三世とプトレマイオス四世の戦争の開始については、第五巻六八-一参照。
(7) 連邦に加盟する都市の全市民が出席できる臨時議会。
(8) 第四巻六七-六以下に記される前二一九/一八年の冬の遠征の費用。次の「三ヵ月分の給与」と「穀物一万メディムノス」は今春からの遠征に対する報酬。ただしこの句を「今春(前二一八年)の最初の遠征の費用」と解することも可能であり、その場合「五〇タラントン」は「三ヵ月分の給与」の内容になる。
(9) マケドニアに帰国していた兵士たち(第四巻八七-一三)。

から、海上から現われる相手に対しては、動きの見えにくさと迅速さのために自国の防衛に不安をもっているはずだ。4 このような判断から決意を固めると、ピリッポスはアカイア人の船とマケドニア本国の船をレカイオン(1)に集結させ、密集隊歩兵に集中的訓練をほどこして櫂をあやつることに慣れさせた。5 マケドニア兵の方も王の期待に応えて、一所懸命に訓練に励んだ(2)。マケドニア兵というのは、陸上で隊列を組んで戦うときだれにも負けない勇敢な兵士であるばかりか、必要とあれば海上の戦いにもいささかも気後れすることなく、6 さらに壕の掘削や柵の建設などいかなる重労働もいとわない第一級の作業員にもなれる。彼らはちょうどヘシオドスがアイアコスの子孫たちについて言うように(3)、

　　あたかも宴を楽しむかのごとく戦《いくさ》を楽しむ

7 のである。こうして王とマケドニア軍兵士たちはコリントスに滞在し、海戦の習練と準備に余念がなかった。

8 一方アペレスはというと、ピリッポスを思いどおりに動かす力はなく、かといってこのまま侮られ軽んじられることにもがまんできなかったので、レオンティオスとメガレアスにある陰謀を持ちかけた。その結果、この二人は王のそばを離れず、王がなにかを必要とするまさにそのときに、それを妨害し失敗させる、アペレス自身はカルキス(4)まで引き返し、そこで戦争遂行のための物資補給を止めるよう力を尽くす、という相談9 がまとまった。こうしてアペレスは二人の共謀者と裏切りの手はずを定めると、王には体のよい口実を持ち10 出して、カルキスへ向かった。そしてそこにいるあいだ、アペレスは共謀者との誓約を忠実に守り、人々も以前のアペレスへの信頼からその命令に疑いをもつ者はひとりもいなかったから、とうとう王は窮乏に陥り、

11 あげくに自分の使っていた銀器類を担保にして金を借り、それを生活費にあてることまで強いられた。しかしとにかく船が集結を完了し、マケドニア兵も櫂をあやつることに習熟したところで、王は兵士たちへの穀物支給と給与支払いをすませ、海に乗り出した。そして二日目にパトライ(5)に上陸したとき、その総勢はマケドニア兵が六〇〇〇人、傭兵が一二〇〇人だった。

三　同じ頃アイトリア連邦司令長官ドリマコスは、アゲラオスとスコパス(6)を新式クレタ兵五〇〇人(7)とともにエリスに向けて送り出した。エリス人はピリッポスがキュレネを包囲する作戦に出るのではないかと恐れ、

(1) コリントスの北、コリントス湾に面する港。

(2) マケドニアは前二二七年にアンティゴノス・ドソンが小アジアのカリア地方へ海上遠征して以来、船舶使用には無関心だった。九年ぶりに海軍力に目を向けたのは、前年のオイニアダイの占領と要塞化によって、西海岸に拠点を得たことが大きな理由であろう（第四巻六五）。

(3)「アイアコスの子孫」のなかには、トロイア戦争の伝説の英雄アキレウスやアイアスが含まれる。次の詩行はメルケルバッハ・ウェスト編纂の『ヘシオドス断片集』では、ヘシオドス作と伝えられる『名婦列伝』の一句として分類されている。ただし二世紀の文学教師でテュロス出身のマクシモスは、これをホメロスの作として紹介している。

(4) エウボイア島中部、エウリポス海峡を挟んでギリシア本土に相対する港町。コリントス、デメトリアス（テッサリア地方の港町）とならんで、マケドニアが南進するときの主要基地（第十八巻一一-六）。

(5) コリントス湾岸のアカイア連邦加盟都市。現パトラス。

(6) アゲラオスはコリントス湾岸のアイトリア連邦加盟都市ナウパクトス出身（第四巻一六-一〇）。スコパスは前年のアイトリア連邦司令長官（第四巻二七-一）。

(7) おそらく前年にクノッソスから派遣された一〇〇〇人のうちの半分（第四巻五五-五）。「新式クレタ兵」は第五巻六五-七、七九-一〇にも現われるが、その意味するところははっきりしない。ある種の軽装備の歩兵を指すのか。

2 傭兵をそこに集め市民兵を動員したほか、キュレネの防備強化にも力を入れた。そのような敵の動きを知っ
たピリッポスは、アカイアからの傭兵に加えて、自分が雇ったクレタ兵[1]とガリア人騎兵の一部、それにアカ
イアの精鋭部隊のうち歩兵約二〇〇〇人をまとめてデュメ市内に配備し、予備戦力としてまたエリス方面か
らの脅威に対する備えとして残しておいた。一方ピリッポス自身は、すでにメッセニア人とエペイロス人、
3 さらにアカルナニア人のほかスケルディライダス[2]にも伝令を送り、それぞれが手持ちの船に人員を乗り組ま
せて、ケパレニア島で落ち合うようにあらかじめ指示しておいたので、その約定に従い自らもパトライを出
港するとケパレニア島に向かい、プロンノイの沖合いにいったん停泊した。
4 　だがこの村が攻囲に難しく、周辺の土地も狭いのに気づくと、艦隊にそのまま通り過ぎるよう命じ、パレ
5 市[3]の前面に錨を降ろした。そしてその周辺の土地が穀物であふれていて軍勢の食糧をまかなうのに十分であ
るのを確認すると、兵士たちに上陸して市の前に陣地を築くよう命じると同時に、船団を一箇所に陸揚げし
6 て壕と柵で囲ませた。またマケドニア兵に穀物を収奪してくるよう命令して、送り出した。ピリッポス自身
は市のまわりを一周しながら、攻城機などの兵器をどのように城壁にしかければよいか観察したが、そのよ
うなことに時間を費やしたのは、同盟軍の到着を待ってこの城市をぜひとも奪取しようと考えたからである。
7 この作戦の目的は、第一にアイトリア軍の根幹を支える海上戦力を奪い取ることであり——アイトリア軍は
ペロポンネソスへ渡航するときも、またエペイロスさらにアカルナニアの沿岸地域を荒らしまわるときも、
8 つねにケパレニアの船を使っていたから[4]——、第二に敵の領地に攻め込むための最適の拠点を、ピリッポス
9 自身のためにまた同盟軍のためにも確保することであった。というのもケパレニア島はコリントス湾の出口に

10 面し、シキリア海の方へ突き出たかっこうになっていて、そのためペロポンネソスの北西部、特にエリス地方をにらむ好位置にあり、さらにエペイロス、アイトリア、アカルナニアといった地方の南部や西部にも力を及ぼせる。

四　それゆえ同盟軍の集結場所として最適で、敵領地への攻撃と味方領地の防衛のいずれにも要となるこ
2 の島を攻略し、支配下に置くことは、ピリッポスの強く望むところだった。ピリッポスはパレ市が周囲のどこをとっても海か断崖に面しているけれども、ただザキュントス島を望む方角(5)のある部分に、狭いながらも
3 平坦な箇所があるのに目を付けると、ここに攻城機を寄せて、ここを包囲の拠点にしようと作戦を立てた。そしてそのための準備を王が進めていたちょうどそのとき、スケルディライダスの率いる小型船一五隻が到
4 着し――イリュリアでは各地の豪族が引き起こした謀略と騒擾のために、ほとんどの船が派遣できない状態にあった(6)――、さらにエペイロスとアカルナニアからも、またメッセニアからも約束していた援軍が姿を現

（1）第四巻六七-六参照。
（2）イリュリア人の首領。ピリッポスの説得に応じてアイトリアとの協力関係を放棄し、マケドニア側に付いていた（第四巻二九）。
（3）ケパレニア島の南から深く切れ込んだ湾の西岸、現リクスーリの近くにある。ケパレニア島内ではもっとも広い平坦地がその西に広がる。
（4）第四巻六-二、八参照。
（5）すなわち市の南側。
（6）最初にピリッポスと交わした協約では、小型船三〇隻の動員が定められていた（第四巻二九-七）。

5 わした。ピガレイアを奪取して以来、メッセニア人ももはやためらうことなく戦争に加わっていたのである[1]。
6 包囲に必要な戦力がすべて出そろったところで、王は投石機と弾丸を守備兵撃退に適したいくつかの場所
に配置し終えると、マケドニア兵に命じて攻城機を城壁に近づけ、その防護のもとで壁下の掘削に着手させ
7 た。マケドニア兵の懸命な活動のおかげで城壁はたちまち二プレトロンにわたって宙に浮き、それを見た王
8 は城壁のそばまで来ると、市内にいる人々に講和を呼びかけた。しかし市民たちがそれを拒否したので、王
9 が支柱に火を放つよう命じると、支えを失った城壁はいっせいに倒壊した[2]。その後レオンティオスの指揮下
10 にある軽盾兵を部隊ごとに前後に並ばせると、城壁の崩壊した箇所から真っ先に突入させた。ところがレオ
ンティオスはアペレスと交わした密約のとおりに、兵士たちが崩壊箇所を越えたところで三度にわたって動
11 きを止め、城市占領を妨げる行動をとった。各部隊の主だった指揮官たちはあらかじめ買収してあったし、
12 レオンティオス自身も幾度となく臆病なふるまいをして裏切りを重ねた。そして最後には、容易に敵を制圧
13 できる状況にあったにもかかわらず、味方に多大の損害を招いたあげくに市内から撤退してしまった。王は
指揮官たちの怯懦な戦いぶりとマケドニア兵士たちの負傷の広がりを見ると、市の攻略を断念し、次の作戦
について廷友たちと相談に入った。

五 同じ頃リュクルゴス[3]がメッセニアに向けて遠征に出発し、ドリマコスもアイトリア全兵力の半分を率
いてテッサリアへ攻め寄せたのは、そうすればピリッポスがパレ包囲から手を引くだろうという期待があっ
2 たからである。実際王のもとにアカルナニアとメッセニアから使者が来て、そのうちアカルナニアの使者は
王にアイトリア領への侵攻を呼びかけ、そうすることによってドリマコスのマケドニア遠征を中止させると

3 同時に、アイトリア領に攻め込んで存分にその全土を略奪してまわれるだろうと説いた。一方メッセニアの
使者も自分たちを助けてほしいと懇請し、今ならエテシア風(4)が一定しているから、ケパレニア島からメッセ
4 ニアまでは一日で渡航できると教えた。だから――とメッセニアの使者ゴルゴスは続けた――リュクルゴス
5 の不意を突いて、大きな戦果をあげられるだろう、と。するとレオンティオスはここでも陰謀を忘れず、ピ
6 リッポスが夏の間活動できないようにするため、せいいっぱいゴルゴスの後押しをした。というのも、たし
かにメッセニアに渡るのはたやすいことなのだが、逆にメッセニアからこちらへ戻って来るのは、エテシア
7 風が吹いているかぎり不可能なのである。だからいったん渡ってしまえば、ピリッポスは軍勢といっしょに
メッセニアに閉じ込められ、いやおうなくその後の夏期間を無為に過ごすことになるし、アイトリア軍の方
はその間にテッサリアとエペイロスの全土を駆けめぐりながら、思う存分に蹂躙し強奪をはたらくことがで

---

(1) メッセニア人はピガレイアがアイトリア側の支配下にある間は、ここを拠点とするアイトリア軍侵攻の不安をぬぐえなかった(第四巻三一-一、七九-五)。

(2) マケドニア兵は城壁の下を長さ二プレトロン(約六〇メートル)にわたって掘って、壁の土台を取り去り、代わりにたくさんの木の支柱を立てて壁が倒れないようにしていた。その作業がすべて完了してから、いっせいに支柱を燃やすのが城壁崩しの手法である。第五巻一〇〇-四参照。

(3) スパルタ王。ケイロンに襲撃されていったん逃亡していたが、クーデター失敗後すぐに帰国した(第四巻八一-七)。

(4) 七月中頃からおよそ四〇日間にわたって北から吹く、涼しく強い風。第四巻四四-五参照。

8 きる。それがゴルゴスに賛成したレオンティオスの邪悪なねらいだった(1)。しかし同席していたアラトスはそ
9 れとは反対の意見を述べた。アラトスは、むしろアイトリアに渡って、そこで行動を起こすべきだ、アイト
10 リア軍がドリマコスに率いられて遠征に出てしまった今こそ、アイトリア領に侵攻し略奪を加える絶好の機会である、と主張したのである。王はパレ攻略のときの裏切り行為から、レオンティオスにはすでに信頼をおいていなかったし、このたびの渡航先についてのレオンティオスの進言にも悪意を感じ取っていたので、アラトスの忠告に従って行動することに決めた。

11 そこでまずアカイア連邦司令長官エペラトスに書簡を送り、アカイア軍を出動させてメッセニアの防衛にあたるよう指示した。そして自らはケパレニア島を出航すると、二日後、夜になってから艦隊とともにレウ
12/13 カスに到着した。そして運河の砂を払ってから船を通過させ(2)、アンブラキア湾内に艦隊を進めた。この湾がシキリア海から内陸部へ深く切れ込んでいて、アイトリア地方にまで達することは、以前にも書いたとおり
14 である(3)。ピリッポスは湾奥に突き当たったところで、夜明け直前にリムナイアに錨を降ろすと、そこで兵士
15 たちに朝食をとらせるとともに、荷物の大半をこの場に置き、身軽な格好で行軍に備えるよう指令した。また道案内たちを集めて近辺の都市や地勢について質問し、調査を始めた。

六　するとそのときアカルナニアの司令長官アリストパントスが、アカルナニア軍の総勢を率いて現われた。アカルナニア人は過去にアイトリア人からたびたび過酷なしうちを受けていたので、なんとかしてアイ
2 トリア人に報復し恨みをはらしたいと願っていた。それゆえマケドニアの援軍が現われたこの機会に飛びつき、武器を携えて馳せ参じたのである。しかも集まった兵士たちのなかには、法によって従軍が義務付けら

3 れた者だけでなく、年齢がもっと上の者まで加わっていた。エペイロス人もやはり同じような理由から、アカルナニア人に勝るとも劣らぬ闘志に燃えていた。しかしエペイロスの場合はその領域が広大であり、その
4 うえピリッポスの到着が突然だったため、集合に間に合わない兵士も多かった。アイトリアではすでに述べたように総兵力の半分がドリマコスとともに遠征に出て、本国に残っていたのは残りの半分だけだったが、ドリマコスは領内の各都市と土地を敵の奇襲攻撃から守るにはそれで不足はないと考えていた。
5 王は荷物を護衛するのに必要な兵力をその場に残して、昼過ぎにリムナイアを出発すると、およそ六〇ス
6 タディオン進んだところで足を止めた。そして夕食後しばらく休息をとらせたのちに行軍を再開すると、夜を徹して歩き続け、日の出の頃にコノペとストラトスの間のアケロオス河畔に到着した。(4) 敵の不意を突いて

(1) しかし実際のところレオンティオスは、ペロポンネソスに渡ってスパルタの戦力に打撃を与えた方が得策だと考えたのかもしれない。ペロポンネソス内で戦っているあいだは、アカイアから資金を受け取れるという契約もあった（第五巻一-一二）。

(2) レウカス島の北東部は砂洲で本土とつながっていたのを、前七世紀に運河を掘って船が通れるようにした。しかしその後も再び砂が堆積して、通行困難になることがあった。ペロポンネソス戦争時には船は陸上を曳いて渡らねばならなかった（トゥキュディデス『歴史』第三巻八一-一、第四巻八-二）。

(3) 第四巻六三-五参照。

(4) アケロオス右岸のストラトスから一〇キロメートル余り下流の左岸にコノペがある。ピリッポスはリムナイアから三〇キロメートルほど南下して河畔に着いたことになる。六〇スタディオンは約一〇キロメートル。

テルモス(1)地区に奇襲をかけようというねらいだった。

七　レオンティオスの観察では、二つの点から見て、ピリッポスの作戦が成功し、アイトリア軍の防衛が
失敗するのは必定であった。まずひとつはマケドニア軍の出現が突然で、アイトリア側の意表を突いたこと、
2 もうひとつはテルモス地区は堅固な地形に守られているから、まさかこのような場所にピリッポスが身を賭
して挑みかかってくるとは、アイトリア人も予想していなくて、そのために戦闘の準備も態勢作りもまった
3 くないままに敵を迎えねばならなかったことである。レオンティオスはこの状況のなかで謀略を遂行する方
法を考えた末に、ピリッポスに進言して、アケロオス河畔にいったん陣営を置き、夜間行軍で疲れた兵士た
ちを休ませるべきだと主張した。アイトリア軍に防衛態勢を作る時間を与えるため、少しでも攻撃を遅らせ
4 ようとしたのである。しかしアラトスには、戦いの機は一瞬しかなく、レオンティオスは明らかにそれを妨
害していることが分かったので、ピリッポスに向かって、好機を逃がしてはならない、休んでいる余裕はな
5 い、とせきたてた。王はレオンティオスにはすでに警戒心をもっていたためもあって、アラトスの意見に従
い、そのまま行軍を続けた。

6 　アケロオス川を越えると、テルモスめざして急ぎ足で進んで行ったが、行軍の途中で近辺の土地に略奪と
7 破壊の手を加えることも忘れなかった。左手にストラトス、アグリニオン、テスティエイス、右手にコノペ、
8 リュシマケイア、トリコニオン、ピュタイオンを見ながらの進軍であった(2)。やがて着いたメタパという町は
トリコニス湖のほとりにあり、湖岸沿いの隘路が通っている所で、テルモスからは六〇スタディオンほど離
9 れている。アイトリア軍が放棄したこの町に、ピリッポスは五〇〇人の兵士を配備して、隘路への進入と退

10 出を助けるための援護部隊とした。湖岸沿いにはどこも険しい山が迫っていて、しかも木々がうっそうと茂
11 っているため、そこを通り抜ける道はたいへん狭く困難なのである。その後、行列全体の先頭に傭兵部隊を置き、続いてイリュリア兵、その後ろに軽盾兵と密集隊兵の順に列を組ませて隘路に入った。背後の守りは
12 クレタ兵にまかせ、右の側面にはトラキア兵と軽装兵が本隊と並行して原野を進んだ。左側面は、三〇スタディオンにわたって続く湖が列の安全の守り手になってくれた。

八　隘路を通り抜けてパンピア(3)という村のそばに着いたので、ここにも警戒のための駐留部隊を配備したのち、いよいよテルモスへの道を進んだ。その道はたいへん険しく急な上り坂になっていて、しかも両側に
2 は切り立った深い谷が迫っているので、およそ三〇スタディオンにわたって続くその登り道のところどころ
3 には、狭くて足を踏み外しそうな箇所もあった。しかしその道もマケドニア兵の懸命の早足のおかげで、わ
4 ずかの時間で登りきると、その日遅くにテルモスにたどり着いた。ピリッポスはそこに陣営を設けたのち、兵士たちにテルモス台地を駆けめぐって近隣の村々に略奪を加えるよう命じて送り出した。またテルモス自体のなかにある建物からも強奪を指示したが、そこには穀物などの生活物資にとどまらず、各種の財物もふ

(1) テルモスはトリコニス湖の北東の山上にある。アイトリア人の聖地で、アポロン・テルミオスの神殿があった。毎年秋分後にアイトリア連邦議会と選挙が実施され、それと同時に交易市と祭典が開催されたが、ふだん多くの人が住む場所ではなかったらしい（第五巻八-四－七）。

(2) アケロオス渡河後、西から東に続くリュシマケイア湖とトリコニス湖の南岸沿いを東進している。二つの湖の間は当時、沼地になっていた。

(3) トリコニス湖の東岸の町。第五巻一三-七ではパンピオンと呼ばれる。

5 んだんに蓄えられていて、その豊かさはアイトリア中で群を抜いていた。というのもテルモスでは、毎年にぎやかな定期市と祭典が開催され、さらには連邦の選挙もここで実施されるので、アイトリア人はこぞって、集まってくる人々を歓待し、そのときの用にあてるために、生活に使う品々のうちでもいちばんに高価なも
6 のをこの地に預けていたのである。また使用に供するという目的のほかにも、そこが他のどこよりも安全な保管場所となってくれるという期待もあった。なぜなら、いまだかつてこの場所に攻め込むほどの大胆さをもった敵はひとりとしていなかったし、地形から見ても、ここはアイトリア全土の城山（アクロポリス）のよ
7 うな役割を果たしていたのである。そういうわけでこの地域は昔から平和が続き、そのため神殿を取り巻く
8 家々も、周辺の各所も、高価な品々であふれていたのだ。その夜、マケドニア軍はさまざまな戦利品をいっぱいに抱え込んだまま、その場で野営した。翌朝、財物のなかでもとりわけ高価なものと、運搬可能なもの
9 を選び出し、それ以外は天幕の前に積み上げて燃やした。同じように、回廊に奉献されていた甲冑も、上等のものだけを取り出して運び去り、いくつかは自分たちのものと取り替えてから、残りを一箇所に集めて火をつけた。その数は一万五〇〇〇着を上回った。

九　さてここまでは、すべて戦争の掟に従って行なわれた合法かつ正当な行為だった。だがその後の行動
2 については、なんと言えばよいのか私には分からない。アイトリア軍がディオンとドドネで行なった[1]ことを思い起こしながら、マケドニア軍もまた回廊に火を放ち、甲冑以外の奉納物も、精巧な細工が施され多くの
3 手間と費用をかけた傑作もあったにもかかわらず、すべて破壊してしまった。建物は屋根に火をつけて崩落させたばかりか、土台からひっくり返した。また二〇〇〇体を超える影像を引き倒し、その多くを打ち壊し

4 たが、ただし神への献辞が刻まれているものや神の姿をかたどったものには手を付けなかった。このとき兵
士たちが壁に書き付けたのが、クリュソゴノスの子で王の学友(2)を務め、その頃すでに詩才を現わしつつあっ
5 たサモスのあの有名な句である。その句とは、

　神の槍(3)がどこまで飛んだか、おまえに見えるか。

6 というものだ。しかもこれらの行動については、王も王の廷友たちも強い妄執にとらわれていて、自分たち
はアイトリア人がディオンではたらいた冒瀆行為に対して、同等の行為で報復しているだけなのだから、こ
7 れは正義と道理にかなったふるまいだと信じていた。しかし私はその考えに同意できない。私の意見が正し
いかどうか検討するためには、ほかならぬマケドニア王家自身の歴史が良い前例を提供してくれる。
8 アンティゴノスがラケダイモンの王クレオメネスを会戦で破り、続いてスパルタをも支配下に収めたとき(4)、
9 このマケドニア王はスパルタ市自体もそこに住む市民も望みどおりに処分する権限を握っていたにもかかわ
らず、自らの掌中にある市民たちの命運を危うくするつもりなどいっさいなく、それどころか父祖伝来の国
制と自由を回復してやり、ラケダイモンの国家全体のためにも各個人のためにも最大の幸福を授けてから、

(1) 第四巻六二-二、六七-三参照。
(2) 幼い王子のために貴族の子弟から選ばれ、王子の友人としてともに養育を受ける子供。
(3) 「神の」はギリシア語でディオン。アイトリア軍が破壊したマケドニアの聖地の名ディオンと重ねて、そのときの復讐だとマケドニア兵は言おうとしている。
(4) セラシアの戦いとその後のスパルタ占領を指す。第二巻七〇参照。

10 帰国の途に着いた。だからこそアンティゴノスはその事件当時には恩恵者として迎えられ、死後には救世主
と称えられたのであり、またこの行動があったからこそ、ラケダイモン人だけでなくすべてのギリシア人か
ら不滅の名誉と名声を勝ち得たのである。
一〇　さらにマケドニア王国興隆の基礎を築き、王家を栄光へ導く先駆となった人物、すなわちあのピリ
ッポス［二世］は、カイロネイアの戦いでアテナイ軍を破ったとき[1]、武の力よりもむしろ寛容と仁慈のふる
2 まいによって目的を達成した。というのもピリッポスが戦争と武器によって勝利を収め征服したのは、戦場
で相対した敵兵だけであって、それ以外のアテナイ全市民とその国を帰順させたのは、この王の示した雅量
3 と自制心だった。怒りにまかせて必要を超えた行動に走るのではなく、自らの慈悲深さと気高さを発揮する
4 好機をつかまえたとき、そこでただちに戦争を止め武器を収めたのである。こうして捕虜を身代金なしで解
放し、アテナイ兵の戦死者に葬礼を尽くしたばかりか、その遺骨をアンティパトロスに持たせて送り返し、
さらに解放した捕虜のほとんどに衣服を与えることによって、ピリッポスは賢明にもわずかの出費で最大の
5 成果をあげたのである。なにしろアテナイ人の尊大な心を度量の大きさという手段を使って打ち負かし、敵
であったこの市民たちを、なんであれ協力を惜しまない味方に変えてしまったのだから[2]。
6 　アレクサンドロスはどうだろう。あの王はテバイへの憤怒のあまりに、市民たちを奴隷に売り、市街を土
7 台から打ち壊したけれども、市の占領にあたっては神々への敬虔を忘れず、たとえ意図しない損壊であって
も、神殿や聖地全般にはけっして危害が及ばないよう最大限に配慮した[3]。またペルシア人がギリシア人に加
8 えた不義を償わせるためにアジアへ渡ったときも――かつてペルシア人がギリシアの各地で犯した罪のうち

でも、最大の罪は神に対するものだったにもかかわらず——人間たちには自らの行ないの当然の罰を受けさせようとしたけれども、神の所有に帰せられた物にはいっさい手を触れなかった。

9 だからピリッポス［五世］もこのとき、以上のような前例をしっかりと心に留めて、自分がこれらの先王から継承し遺贈されたのは権力だけではなく、むしろ行動の指針であり度量の大きさであることを見せてや
10 るべきだった。ところがピリッポス［五世］は、自分がアレクサンドロスやピリッポス［二世］の血を引く人

（1）ピリッポス二世は前三三八年、ボイオティア地方北部のカイロネイアの戦いでアテナイとテバイの連合軍を破り、ギリシア制覇を実現した。

（2）カイロネイア戦後、ピリッポス二世はテバイに対しては厳しい方針をとり、反マケドニア派の有力市民を処刑または国外追放したほか、テバイ市内の砦を占領して監視軍を駐留させるなどした。一方アテナイに対しては、ポリュビオスがここに語ったこと以外にも、島嶼部の領土の保持を認めるなど寛容な態度でのぞんだ。アテナイがいぜんとして強力な艦隊を維持していたことが、ピリッポスに強硬策をためらわせたのかもしれない。アテナイ市民は中央広場にピリッポスの像を建立し、アテナイ市民権を与えて、ピリッポスへの感謝を表わしたと伝えられる。

（3）前三三五年テバイ市民は、前年に即位したアレクサンドロス大王が戦死したという虚報をきっかけに反乱を起こし、市内に駐留していたマケドニア軍の指揮官を殺害した。テバイに急行したアレクサンドロス軍は包囲の末にこの古都を攻め落とし、市民を容赦なく殺戮した。市内はことごとく破壊され、その土地はマケドニアの同盟国に分配された。生き残った男子はほとんどなく、婦女子はすべて奴隷に売られた。ただし神域は保全され、神官やマケドニア王の友人たちは自由身分を保った（アリアノス『アレクサンドロス東征記』第一巻九-九―一〇）。

間だと周囲に認めさせるために、生涯を通じて大きな努力を払っておきながら[1]、彼らの崇拝者だと認めさせ
11 ることには、一片の関心も持ちあわせていなかった。それゆえこれらの先王とは正反対の行動をとり続け、
その結果、年齢を重ねるにつれて正反対の評判を集めてしまったのである。
二　このときのふるまいも、そのような行動のひとつだ。つまり怒りにまかせてアイトリア人と同じ冒
瀆行為に手を染め、悪を悪で癒そうとしていながら、自分ではなにも不当なことをしたとは思っていなかっ
2 た。スコパスとドリマコスについては、ことあるごとにドドネとディオンで彼らが犯した神への不敬の罪を
持ち出し、その凶暴さと無法ぶりを非難していたくせに、自身のこととなると、彼らと同じようなことをし
3 ていながら、彼らと同じ評判を世の人々から受けるとは考えてもいなかったのである。たしかに敵からなに
かを奪い取ること、また敵の砦、港、都市、兵士、艦船、収穫物などを破壊すること、要するにそれをすれ
ば敵の力を弱められ、逆に味方の戦力と軍事力をいっそう優位に導ける行動、そういったことを行なうのは、
4 戦争の法と正義が命じるところである。しかし味方の戦況にいかなる利益ももたらさず、敵にも少なくとも
現在の戦争にかんするかぎり、いかなる損失も与えない行動、つまり神殿やさらには彫像など、壊してもな
んの利益にもならない建造物を壊すこと、そのような行動がいったいどうして狂気と錯乱のわざでないと言
5 えようか。りっぱな人間は不心得者と戦争するときにも、敵を抹殺し一掃することを目的として戦うのでは
なく、過ちを犯した者を矯正し善導してやることを目的として戦うべきである。また犯罪者を退治しようと
して無実の人をまきぞえにしてはならない。むしろ罪人の判定を受けた者を無実の人といっしょに救い出し
6 赦してやるべきである。およそ被支配者を憎むと同時に被支配者から憎まれ、服従を望まない人々を恐怖に

よって服従させて、人々に悪をなすのは僭主の支配であり、恩恵と仁慈によって被支配者から愛され、進ん
で指導を受けようとする人々を指導し統治して、人々に善をなすのが王の支配というものだ。(2)
7 このときのピリッポスの過ちの大きさを理解するもっとも良い方法は、もしピリッポスが実際とは異なり、
回廊も彫像も破壊せず、その他の奉納物もいっさい陵辱しなかったとすれば、アイトリア人はピリッポスに
8 対してどんな感想をもっただろうかと想像してみることだ。私の考えでは、最大の敬意と親愛を感じただろ
うと思う。アイトリア人はディオンとドドネでの自分たちの行ないを自覚していたから、だからピリッポス
がそのときなんでも望みどおりにふるまう権利をもっていたことも、また少なくともアイトリア人に対して
9 はどんな暴虐をはたらこうと、それは正当な行為と見なされるだろうということも十分に承知していた。そ
れにもかかわらずアイトリア人と同様の行動に走るのを是としなかったのは、この王の持ち前の温厚で寛大
な気質のなせるわざだと感じたことだろう。

一二　だからこれらのことを考え合わせれば、必ずやアイトリア人は自身への嫌悪にとらわれる一方、ピリッポスに対しては、神への敬虔を守りアイトリア人への憤怒を抑えた、王にふさわしいその度量の大きさ

(1) ピリッポス五世の血筋はアンティゴノス朝と呼ばれ、アレクサンドロス大王につかえる将軍であったアンティゴノス一世に遡るが、アルゲアダイと呼ばれるピリッポス二世とアレクサンドロス大王の血統とは断絶している。しかしピリッポス五世の母プティアはアレクサンドロス大王の母オリュンピアスと同じくエペイロス王家の出身なので、母方の血縁でつながる可能性があり、ピリッポス五世もそれを証明しようとした。

(2) 僭主と王の違いについて、第六巻四-二も参照。

2 に、感嘆と賞賛の声を上げたに違いないのである。実際、正しく気高い行ないによって敵を征服することは、
3 武器を使って勝利をあげるよりも、はるかに大きな利益をもたらしてくれる。同じ敗者でも、あちら［武器
によるとき］は強制されて服従し、こちら［気高さによるとき］は自分の意志で服従する。あちらの場合、犯罪
4 者を矯正するのに大きな被害をともなうが、こちらの場合、損失なしに改善の道につかせられる。そして最
大の利点は、あちらでは手柄の大部分は臣下の兵士たちに帰せられるが、こちらでは勝利はもっぱら主君の
功績とされることである。

5 とはいっても、このときの冒瀆行為のすべての責任をピリッポスひとりに負わせるのは、王の年齢から考
えておそらく正当ではなく、むしろより多くの責めはそのとき王のそばにいて、共同で指揮をとっていた廷
6 友たちに帰せられよう。そのなかにはアラトスもいたし、パロス出身のデメトリオスもいた。この二人のう
ち、あのような行動を勧めそうなのはどちらであるかを言い当てるのは、当時その場に居合わせなかった者
7 にとっても、いっこうに難しいことではない。二人の生涯を比べたとき、アラトスの言動には短慮や無謀と
いったものがいっさい見つからないのに対して、デメトリオスはその正反対だったという事実はさておき、
そのほかにも今回とよく似た状況において二人のとった行動が、異論の余地のない証拠を提供してくれる。
8 だがその事件については、叙述がその時点に進んだときに、しかるべき解説を加えるつもりである[1]。

一三　さて話をもとに戻すと、ピリッポスは運搬できるかぎり、そして追い立てられるかぎりの略奪物を
抱えこむと、テルモスを後にし、来たときと同じ道を引き返した。列の前方に略奪物と重装歩兵を置いて先
2 行させ、後方にはアカルナニア兵と傭兵を配して後を追わせた。アイトリア軍が地形の険しさに期待をかけ

て、列の後尾に襲撃を試みるのではないかという懸念があったので、できるだけ早く難路を通り抜けてしま
3 おうと急いだが、その懸念はまもなくして現実になった。アイトリア軍はすでに三〇〇〇人ほどが敵を迎え
撃つべく集まっていたのだが、ピリッポスが［テルモスの］山上にいるあいだは近づこうとせず、トリコニオ
ン出身のアレクサンドロスの指揮のもと、目に付かない場所に身をひそめていた。そして列の後方が移動を
4 始めると同時にテルモスに殺到し、最後尾の兵士たちに襲いかかった。後方部が大混乱に陥ったのを見たア
5 イトリア兵はいっそう勢いづき、地形の利にも助けられて敵を押し込んだ。しかしピリッポスはあらかじめ
このような事態を予期して、下り坂のかたわらのある丘のかげにイリュリア兵のほか軽盾兵の精鋭部隊を隠
6 していた。その兵士たちが立ち上がり、アイトリア軍の先頭をきって攻めかかってくる兵士たちに逆襲する
と、アイトリア軍はみな山野を抜けて一目散に逃げて行き、結局一三〇人が倒され、それとほぼ同数が捕虜
7 になった。この勝利のあと、後方部隊はパンピオンに火を放ってから隘路を無事に通り抜け、まもなくして
8 マケドニア軍と合流した。ピリッポスはメタパ付近に陣を置いて、そこで後方部隊を待ち受けていたのであ
9 る。翌日はメタパを破壊してから行軍を再開し、アクライという町のそばで野営した。次の日、行軍しなが
ら付近の土地に略奪を加えていき、その後コノペ近郊に陣を置いて、翌日はそのままそこに足を止めていた。
10 翌朝出発してアケロオス川沿いに軍を進め、ストラトスの対岸に到着した。そこで川を渡ると、ストラトス

（1）前二一五年のメッセネの城砦の占領をめぐる事件に関連して解説される（第七巻一二―一四）。デメトリオスの性格についての批評は、第三巻一九―九も参照。

市内からの射程の外に軍をとどめたまま、市内の敵勢を挑発した。
一四　というのもピリッポスは、アイトリア軍の歩兵約三〇〇〇人、騎兵約四〇〇人、クレタ兵約五〇〇
2 人[1]がストラトスに集結しているという情報を得ていたのである。しかし市内からはひとりも出撃して来なか
3 ったので、再び前方部隊に進行を命じ、リムナイア[2]に泊めた船隊めざして行軍を再開した。ところが後方部
隊が市から離れようとした瞬間、まずアイトリアの騎兵隊の一部が出て来て、列の最後尾に攻撃を試みた。
4 続いてクレタ兵の大多数とアイトリア歩兵の一部も現われて騎兵隊と合流すると、戦闘は一気に拡大し、後
5 方部隊もやむなく反転して敵を迎え撃った。初めのうち戦況は双方互角だったが、イリュリア兵がピリッポ
6 ス側の傭兵隊の応援に現われると、アイトリア側の騎兵も傭兵も背を向けて、散り散りに逃げ出した。王の
7 軍隊は逃げる兵士たちを門と城壁のところまで追いかけ、一〇〇人ほどを討ち取った。このあとは市内の軍
勢も動きを止め、後方部隊はなんなく味方の本隊に合流して、船の置いてある場所にたどり着いた。
8 ピリッポスは頃合いの時刻に陣を置くと、このたびの侵攻が上首尾に終わったことを神々に感謝するため
9 の供犠を執り行ない、あわせて指揮官たち全員を呼び集めて宴を催すことにした。ピリッポスが今回乗り込
んだのは、これまでだれもが遠征を尻込みして、攻め入ったためしのない、危険きわまりない場所と言って
10 よかった。しかもたんに軍勢を率いて侵攻しただけでなく、計画したことをすべて完遂して、被害もなく帰
還を果たした。それだけにピリッポスの喜びようは尋常でなく、それで指揮官たちを宴に招いたというわけ
11 である。しかしメガレアスとレオンティオスは、王の幸運を苦々しい思いで見ていた。アペレスと謀って王
の作戦をことごとく妨害しようと決めていたのに、それができなかったばかりか、現実は彼らの意図とは正

反対の方向に進んでいて、謀議の失敗は明らかだったからである。[3]だがとにかく宴席には出席することにした。

一五　他の人々と違って遠征の成果を喜んでいないらしいこの二人のようすは、王を始めとする列席者た
2 ちにすぐさまある疑念を呼び起こしたけれども、まだはっきりしたものではなかった。しかし酒宴が進むに
つれ、酔いが回って節度がなくなり、いったん乱痴気騒ぎに巻き込まれると、二人はたちまち正体をさらけ
3 出した。というのも宴会の終了後、酔いの勢いに見境をなくしたまま、彼らはアラトスを探してあたりをう
4 ろついた。そして帰る途中のアラトスを見つけると、初めは相手に向かって罵声を浴びせていただけだった
5 が、やがて石を手にとって投げつけ始めたのである。双方の側に多数が加勢したため、陣営中に騒動が広が
り、怒号が飛び交った。叫び声を耳にした王は、数人を遣わして事情を確かめ、混乱を収めさせようとした。
6 使いの者たちが現場に現われると、アラトスはいきさつを告げ、居合わせた人たちにも証言してもらったの
7 ち、この狼藉の場を立ち去って自分の天幕に戻った。一方のレオンティオスはどんな手を使ったのか騒動の
さなかに姿をくらましていたが、メガレアスとクリノンの二人は、事実を知った王から呼び出され、厳しい
8 叱責を受けた。しかし二人は非を認めようとしなかったばかりか、アラトスに借りを返させるまでは、この

(1) おそらくクノッソスから派遣された一〇〇〇人のうち、「新式クレタ兵」以外の兵士（第四巻五五-五、第五巻三-一）。

(2) アンブラキア湾の南東の奥にある港（第五巻五-一四）。

(3) 「(謀議の) 失敗は明らかだった」は、写本の一行欠落を補うための底本校訂者による推定。

9 企図を止めるつもりはないと言い張って悪態を重ねた。それを聞いた王は怒りにかられ、二人に罰金二〇タ
ラントンを科し、その保証として両名の身柄をそっこく牢に引き連れていくよう命令した。
一六　翌日、ピリッポスはアラトスを呼び出し、この一件は厳正に対処するから心配するなと励ました。
2 レオンティオスはメガレアスの身に起こったことを知ると、若年の王のことだから脅かせばすぐに考えを改
3 めるだろうという確信のもと、軽盾兵数人を引き連れて王の天幕を訪れた[1]。そして王を見つけると、不敵に
4 もメガレアスに手を出したのは誰か、この男を牢に引っ張っていったのは誰か、と問いただした。ところが
王が動じるようすもなく、自分が命令したのだと答えると、レオンティオスは言葉を失い、小さくうめき声
5 を洩らして、憤懣を抱えたまま立ち去った。その後ピリッポスは全艦隊に出航を命じ、アンブラキア湾を横
切った。そしてレウカスに錨を降ろすと、略奪物の処理を担当する者たちに、さっそくその仕事に取りかか
るよう指示する一方、ピリッポス自身はただちに廷友たちを呼び集めて、メガレアスたちの一件をめぐる裁
6 判を開いた。アラトスはレオンティオスたちの行動を過去にまで遡って糾弾し、かつてアンティゴノスが立
ち去ったあとに彼らがアルゴスで行なった虐殺[2]について説き明かしたほか、アペレスとの密約、さらにはパ
7 レ攻略の妨害[3]など、いっさいを証拠と証人を添えて白日のもとにさらけ出した。このためメガレアスたちは
8 ひと言も反論できず、廷友たちから全員一致で有罪判決を下された。クリノンはそのまま牢に閉じ込められ
たが、メガレアスはレオンティオスが保釈金の支払いを約して引き取った。
9 　こうしてアペレスとレオンティオスたちのたくらみは、当初のねらいとは逆の方向に事態を進ませる結果
10 になった。なぜならアラトスを威嚇し、ピリッポスを孤立させて、すべてを自分たちの利益になるように運

ぶつもりが、それとはまったく逆の結果を招いてしまったからである。
一七　その頃リュクルゴスは、取り立てて言うほどの成果も得られないままメッセニアからいったん戻っ
2 て来たが[4]、その後再びラケダイモンを出て、テゲア市街の奪取に成功した。しかし住民はその前に城山に退
去していたので、そこを包囲して攻め取ろうとしたのだが、どうしてもうまくいかず、結局またスパルタに
引き上げた。
3 またエリス軍はデュメの領地を荒らしまわり、さらに迎撃に現われた騎兵隊を待ち伏せ場所に誘い込んで
4 なんなく破った。ガリア兵多数を討ち取ったほか、市民兵を捕虜に取ったが、そのなかにはアイギオン出身
のポリュメデス、デュメ出身のアゲシポリスとディオクレスも含まれていた[5]。

ドリマコスはというと、初めアイトリア軍を率いて遠征に出たときは、すでに述べたように[6]、思う存分テ
5 ッサリア地方を強奪してまわれるだろうし、ピリッポスにパレ包囲から手を引かせられるだろうと確信して

（1）レオンティオスは軽盾兵隊の司令官（第四巻八七-八）。軽盾兵隊のなかにはレオンティオスを支持する勢力も強かった（第五巻二七-五）。

（2）前二二四年、アルゴスはスパルタ側から離反して、アカイア連邦に加盟した。その後アンティゴノスがアルゴス市内に入ったが、すぐに出発した（第二巻五三-二、五四-二）。虐殺されたのは僭主アリストマコスの仲間で、スパルタを支持していたアルゴス市民であろうが（第二巻五九-一）、虐殺についてはここにしか言及がない。

（3）第五巻四-一〇参照。

（4）第五巻五-一参照。

（5）アカイア精鋭部隊の将。第五巻三-一参照。

（6）第五巻五-一参照。

6 いた。ところがテッサリアに来てみると、クリュソゴノスとペトライオス(1)が挑みかかってくる態勢にあるの
7 に出くわし、そのため平野に降りて行く勇気がなくて、山腹から離れないようにして進んだ。そこへマケド
ニア軍のアイトリア侵攻の知らせが届いたので、ドリマコスはテッサリアでの活動を放り出し、大急ぎで本
国の防衛に駆けつけた。しかしアイトリアに着いたときはマケドニア軍がすでに撤退したあとだったから、
ドリマコスは時機を逸してなにもできず、ただ取り残されてしまった。

8 王の方はレウカスから船を出し、航路の途中でオイアンテイア(2)領に略奪を加えたのち、全艦隊とともにコ
9 リントスに着いた。そしてレカイオンに投錨し、兵士たちを船から下ろすと、書簡使をペロポンネソス内の
同盟各都市に派遣し、全員が武器持参でテゲア市内の宿営に集合するべき日を通知した。

一八　コリントスではそれをしただけで、市内に滞在する時間をいっさいとらないまま、すぐにマケドニ
2 ア軍に出発を命じると、アルゴス経由で二日目にテゲアに着いた。そこに集合していたアカイア兵を軍勢に
加えてから山地を伝って移動したのは、ラケダイモン兵の警戒をかわしてその領地に侵入しようというねら
3 いだった。そして人の住んでいる地域を迂回して、四日目にスパルタ市の正面にある丘陵に姿を現わしたの
4 ち、メネライオン(3)を右手に見ながら、アミュクライ(4)をめざして進軍を続けた。ラケダイモン人は敵の軍勢が
通り過ぎてゆくのを市内から望見して、現に起こっていることが信じられず、ただ驚愕と恐怖におののくば
5 かりだった。なぜならピリッポスによるテルモス壊乱の知らせなど、アイトリアから届いたかの地の情勢を
ついさきほど聞かされたばかりで、まだ心の落ち着きを取り戻していない状態であり、リュクルゴスをアイ
6 トリア支援のために派遣しようという提言が、ようやく人々の口に上るというありさまだったのである。だ

からその脅威がまさかこれほどの距離をこれほどの速さで駆け抜けて、自分たちの目の前に現われるとは、ラケダイモン人のだれひとりとして予想しなかったことであり、加えてまだ年端も行かない王への侮りが、彼らを油断させていた。このためまったく思いもよらなかったことが現実になり、ラケダイモン人は愕然としたが、それもやむをえないことだった。
7 というのもピリッポスは若年とは思えない決断力と実行力で計画を推し進め、敵に手も足も出させなかっ
8 たのである。つまりすでに語ったように、アイトリアの中央部から海岸に下りてきて、夜のうちにアンブラ
9 キア湾を横断し、レウカスに船を泊めた。そこに二日間滞在したのち、三日目の夜明けに船出して、アイト
10 リアの沿岸地方に略奪を加えてから、［レウカス出航後］二日目にレカイオンに錨を降ろした。その後休みな
く行軍を続け、七日目にメネライオンの近くにあってスパルタ市を見下ろす丘陵に現われたのだから、それ
11 を見た大多数の人が目の前の出来事を信じられないのも当然だった。こうしてラケダイモン人は不意を突か
れて震え上がり、この現実にどう対処すればよいのか分からないまま茫然としていた。
2 **一九**　ピリッポスは最初の日、アミュクライ近郊に陣営を置いた。アミュクライはラコニア地方のなかで

（1）二人ともピリッポスの廷友（第四巻二四-八、第五巻九-四、第九巻二三-九）。
（2）コリントス湾北岸、西ロクリス地方のアイトリア連邦加盟都市。
（3）スパルタの南方、エウロタス川の東岸にあるメネラオスとヘレネを祀る社（パウサニアス『ギリシア案内記』第三巻一九-九）。メネラオスは伝説上のスパルタの王。ヘレネはその妻。
（4）メネライオンの南方、エウロタス川の西岸にある村。

もっとも森林が豊かで、もっとも収穫に恵まれた所であり、ラケダイモンからの距離はおよそ二〇スタディ
3 オンである。ここにはラコニア中の聖地のうちでとりわけ名高いアポロンの神域もあり、これはラケダイモ
4 ン市から見て海の方向に位置する。次の日、ピリッポスは近隣に略奪を加えながら、いわゆるピュロスの陣
5 地(1)に下りて行った。続く二日間で近辺の土地を蹂躙し荒らしまわったのち、カルニオン(2)付近で野営した。そ
こを出発してアシネ(3)に向かい、ここに攻撃をかけたが、目立った成果をあげられないまま撤収した。その後
行軍を再開すると、クレタ海に面する地方をタイナロン岬(4)にいたるまでの全域にわたって荒廃させていった。
6 そして岬の手前で反転すると、今度はギュティオン(5)と呼ばれるラケダイモン人の海軍基地の方向へ軍を進め
7 た。ここは安全な港を擁し、ラケダイモンの本市からはおよそ二三〇スタディオン離れた所である。この基
地を右手に見ながら通り過ぎてヘロス領に入り、ラコニア地方に限っていえばもっとも広くもっとも美しい
8 この領内に陣を置いた。そしてここを拠点にして略奪兵を送り出すと、領内一帯で放火と収穫物の強奪を繰
り広げたばかりか、アクリアイとレウカイ、さらにはボイアイの領地にまで略奪の手を伸ばした(6)。

二〇　メッセニア人もピリッポスから今回の遠征についての書簡を受け取ると、他の同盟国にまさるとも
劣らない戦意を燃やして至急出撃を決定し、歩兵二〇〇〇人と騎兵二〇〇人からなる壮健無比の軍勢を送り
2 出した。ところが道のりの長さのゆえに集合に遅れてしまい、テゲアでピリッポスに出会えなかったため、
3 どうするべきか迷った。しかしつい先頃自分たちが不信の目で見られたことを思い起こし(7)、今また不埒な意
図を抱いていると勘ぐられたくなかったので、すぐに意を決し、ピリッポスの軍隊と合流しようと、アルゴ
4 ス領を通ってラコニアへの道を急いだ。そしてアルゴス領とラコニアの境界付近にあるグリュンペイス村(8)の

そばまで来たところで、村の前に野営地を定めたのだが、これはいかにも用心の足りない稚拙なやり方だっ
5 た。陣地の周囲に壕も柵も築かなかったばかりか、場所の選定にあたっても適地を探す労をいとい、無邪気
6 にも村の住民の好感だけを頼りにして、村の防壁の間近に陣を置いたのである。リュクルゴスはメッセニア
軍到来の報告を受けるや、傭兵隊に加えてラケダイモン兵少数を引き連れて出撃し、夜明けにこの場所に到
7 着すると、陣営に向かって一気呵成に攻め込んだ。これまでのメッセニア人の行動はあらゆる点で思慮に欠
けるものであり、とりわけテゲア出発にあたっては、経験にもとづく忠告にも耳を貸さず、十分な兵力をそ
ろえないまま行軍の途に着いたのであるが、しかしこのときの戦闘に限っていえば、敵の攻勢を目の前にし
8 て自分たちの安全を図るため、状況の許す範囲での最善の行動をとった。すなわち敵の出現を目にするやい
9 なや、すべてを放り出して、一目散に村の中に逃げ込んだのである。この結果、リュクルゴスは敵の馬と荷
物の大部分を掌中に収めたものの、ひとりの兵士も捕虜にとれず、騎兵八人を殺害したにとどまった。

---

(1) 位置不詳。

(2) アポロン・カルネイオスの神殿を指すか（パウサニアス『ギリシア案内記』第三巻二四-八）。

(3) ラコニア湾西岸の港町。現スクタリ。

(4) ラコニア湾とメッセニア湾をへだてる半島の突端。

(5) ラコニア湾の奥。第二巻六九-一一参照。

(6) ヘロスとアクリアイはラコニア湾東岸の町（パウサニアス『ギリシア案内記』第三巻二二-二）。レウカイはパルノン山地の南端の町で、前年にリュクルゴスによって占領されていた（第四巻三六-五）。ボイアイはマレア岬の突端に近い町。

(7) 開戦のとき参戦をためらったことについて。第四巻三一-一参照。

(8) アルゴス人の領有していた村。第四巻三六-五参照。

10 こうして予想外の危難に遭遇したメッセニア軍は、その後アルゴス経由の道を引き返して故国へ戻ってし
11 まった。一方この成功によって自信を深めたリュクルゴスは、ラケダイモンに帰国後、僚友たちとの会議を
12 開き、ピリッポスに無傷のままこの地方から引き上げることは許さないという意気込みで出撃準備に入った。
ピリッポスの方はヘロス領を出発すると、土地を壊乱しながら進軍を続け、四日目の真昼に全軍とともにア
ミュクライに再び姿を現わした。

二一　リュクルゴスは来るべき戦闘について指揮官と僚友たちに指示を与えたあと、総勢二〇〇〇人を下
2 らぬ軍勢を率いて市内を出て、メネライオン周辺の地域に布陣した。その一方で市内に残った軍勢には、定
めの合図に目を凝らしているよう厳命し、信号が上がったなら、複数の箇所からただちに市外に出撃せよ、
3 そしてエウロタス川が市にもっとも接近している場所で、川に正面を向けて布陣せよと命じた。これがリュ
クルゴスとラケダイモン軍の動きである。

4 ところでこのあたりの地勢についての心得がなければ、私の記述も取り留めのないうわごとにしか聞こえ
5 ないだろうから、ここで近辺の地形と配置について説明しておく必要があるだろう。読者の知らない地方に
ついては、そのたびに、実見や伝聞によって知っている地方との関連付けや連想を用いて理解させるという
6 のが、全編にわたって適用される本書の方針である。なぜなら陸上にせよ海上にせよ戦争中に起こるさまざ
まな戦いのうち、その大部分において勝敗を分ける要因となるのは地形の差であり、しかも私たちのだれも
7 が知りたいのは、何が起こったかよりも、それがどうして起こったかなのだ。だから地形の説明というのは、
いかなる行動を記す場合でもおろそかにできないのだが、とりわけ戦闘の記録においては欠かせないもので

あり、あるときには港や海や島、またあるときには神殿や山や地域名を、記述上の標識として積極的に利用
8 するべきである。さらに方角についても、これが全人類に共通の知識である以上、記載をためらう理由はな
9 い。以前にも指摘したように、(1)読者を導いて未知の事柄を知識に変えるためには、それがただひとつの方法
10 なのだ。さてこのたびの戦闘の舞台となった場所の形状について言えば、次のようなものである。

二三　スパルタは市全体として見れば円形をしていて、平坦な土地に位置するのだが、細かく見ると一様
2 ではなく、起伏もあるし、丘のような場所もそのなかには含まれる。市の東側には川が流れていて、エウロ
3 タス川と呼ばれ、その大きさのゆえにほとんどの期間は渡渉不可能である。メネライオンの位置する山は、
この川の向こう側にあり、スパルタ市から見れば東南の方角にあたる。際立った高さと険しさをもち、容易
4 に登攀を許さないこの山からは、川から市に至るまでの全域を見下ろせる。川は山裾をなめるようにして流
れていて、川と市の間隔は一スタディオン半(2)を超えない。

5 ピリッポスの軍隊が帰還するためには、その間隔をすり抜けるしか方途はなく、左手には市内で戦列を組
み、出撃の時を待ち構えているラケダイモン軍、右手には川をへだてた山上に陣取るリュクルゴス指揮下の
6 軍勢を見ながら進まねばならなかった。それに加えてラケダイモン側は、次のような工作を施していた。川
の上流をせき止めて、市と山の間の土地に水の流れを振り向けたのである。このためその一帯は水浸しにな

(1) 地理的知識の重要性について、また読者の既知情報をもとにして未知情報を説明するという方法について、第三巻三六参照。
(2) 約二七〇メートル。

7 って、馬はおろか歩兵さえもが、そこに足を踏み入れようとしてもできない状態だった。したがって残され
た道は、峰の真下を山裾伝いに進軍するしかなく、そうなれば長い縦列を作って敵の攻撃に横腹をさらし、
味方の援護も期待できない隊形で進まざるをえなかった。
8 このような状況を見て取ったピリッポスは、廷友たちとも協議したうえで作戦を立て、現状においてなに
9 よりも必要なのは、まずリュクルゴス麾下の軍勢をメネライオン周辺から追い払うことだと決断した。そこ
でピリッポスは傭兵と軽盾兵、その後方にイリュリア兵を従えて川を渡り、目標の山をめざして進んで行っ
10 た。リュクルゴスはピリッポスの意図を看取すると、麾下の兵士たちに準備を命じ、戦闘に向けた激励を行
11 なう一方、市内の兵士たちに向けて信号を上げた。市内で任務についていた指揮官たちはこの合図を見ると、
事前の打ち合わせどおり、ただちに軍隊を城壁の外に率いて、右翼に騎兵隊を配するかたちで並ばせた。
2 二三 ピリッポスはリュクルゴスの部隊に接近すると、まず傭兵隊だけを突進させた。このため当初の戦
3 いはラケダイモン軍が装備の厚みを生かし、場所の有利さにもおおいに助けられて、優勢を保っていた。し
かしピリッポスが控えの軽盾兵を増援軍として投入し、さらにイリュリア兵を敵の側面に回りこませて攻め
4 始めると、傭兵隊も軽盾兵とイリュリア兵の応援に奮い立ち、いっそうの力をもって敵に向かっていった。
5 この結果、リュクルゴス軍は重武装兵隊(1)の圧力を受けて恐怖にかられ、背を向けて敗走に転じた。そのうち
倒された兵士は一〇〇人近く、捕らえられた兵士はそれをやや上回ったが、それ以外の者はスパルタ市内に
逃げ込んだ。リュクルゴス自身は道なき道を駆け抜け、夜になってからわずかの手勢とともに市内に帰還を
果たした。

6 ピリッポスは奪い取った山にイリュリア兵を配置しておいてから、軽装兵[2]と軽盾兵をともなって本隊のも
7 とに戻った。その間にアラトスはアミュクライから[本隊の]密集兵団を引き連れて、すでにスパルタ市のす
8 ぐそばまで来ていた。王は川を[西岸へ]渡ったあと、軽装兵と軽盾兵、さらには騎兵も使って[本隊の]重装
兵団の援護に付かせ、重装兵が[西岸の]丘の麓の困難な道のりを通過しているあいだ、その安全確保にあた
9 らせた。市内からはラケダイモン兵が現われて、援護役の騎兵隊に攻めかかり、かなりの規模の戦闘が起こ
10 ったが、軽盾兵が勇猛な戦いぶりを発揮した。ピリッポスはこの戦闘でも圧倒的な優勢に立ち、ラケダイモ
ンの騎兵隊が城門に逃げ込むまで追撃した。そうしておいてからなんなくエウロタス川を[東岸に]渡り終え
ると、密集兵団の後衛の位置に着いた。

二四　ようやく陽が傾き、野営せねばならない時刻になったので、ピリッポスは狭い谷間の出口付近を野
2 営地に定めた。指揮官たちが偶然に陣営を置くことになったこの場所は、実はラコニア地方に侵攻し、ラケ
ダイモン市の間近にまで迫ろうとする者にとって、これ以上の適地はないと思えるほどの格好の拠点だった。
3 なぜならここは、テゲアなどの内陸方面から来てラケダイモン市に迫ろうとするとき、谷間の入り口にあり、
4 市からは二スタディオンほど離れていて、[エウロタス]川の岸辺に位置する。この区域が市と川に向き合う
面は、高い岩壁が隙間なく取り囲んでいて、容易に接近を許さない。だが岩壁の上には、平らな土の地面が

---

(1) 軽盾兵を指す。軽盾兵（ペルタステス）は小型の盾（ペルテ）を持つが、それ以外の装備の重さは密集隊列を作る重装兵と変わらない。
(2) 傭兵隊を指す。

5 広がっていて、水にも欠くことなく、しかも軍勢の出入りには都合の良い地形になっている。だからこの高
台に陣営を置き、さらにその上方にある峰を占拠すれば、ここは市のすぐそばに位置するので安全な陣地で
あるのみならず、[1]谷間への侵入も通過も制圧できる最上の拠点となることが期待できるのである。
6 さてピリッポスは妨害を受けることもなくこの場所に野営陣を設けると、翌日は輸送隊だけを先発させ、
7 その他の兵士たちには市内の人々からよく見える平坦な区域に整列するよう命じた。そしてしばらくのあい
8 だその場に留まったあと、あらためて縦列に組み直し、テゲアめざして行軍を再開した。途中、かつてアン
9 ティゴノスとクレオメネスの会戦[2]の舞台となった場所にさしかかると、そこに野営陣を設けた。翌日はその
一帯を見て回り、そして一方がオリュンポス丘、もう一方がエウアス丘と呼ばれる二つの丘の両方の頂で
10 神々に奉献の儀礼を執り行なったあと、列の後方の防護を固めてから、再び行進を始めた。テゲアに着いた
ところで携えていた略奪物をすべて売り払い、その後アルゴスを通過して、軍隊とともにコリントスに戻っ
てきた。
11 コリントスにはロドスとキオスから派遣された使節団が待ち受けていて、戦争終結についての仲介を申し
出たので、[3]ピリッポスはこれらの使節に謁見を許したが、本心を偽り、私は昔も今もアイトリア人と和議を
結ぶ用意があると虚言を口にした。そして講和についてアイトリア人ともよく話をするようにと命じて、使
12 節たちを送り出した。その後レカイオンへ降りていって出航の準備に入ったのは、ポキス地方である重大な
活動に取りかかる予定だったからである。[4]

二五 ところでレオンティオスとメガレアスとプトレマイオス[5]はいぜんとして陰謀をあきらめず、ピリッ

ポスを震え上がらせてやろう、そしてそうすることによってこれまでの過ちを帳消しにしようとたくらんでいたのだが、ちょうどこの機をねらって、軽盾兵隊、特にマケドニア人の間でアゲマ(6)と呼ばれる部隊に謀議
2 を持ちかけた。首謀者たちが言うには、諸君はわが身の危険を顧みず国のために戦っているにもかかわらず、正当な待遇を受けていないし、また慣習によれば当然受け取れるはずの戦利品も手にしていない、というの
3 である。そして兵士たちをあおり立てて、集団による実力行使を促し、王の廷友のなかでもとりわけ位の高
4 い人々の宿舎に強盗に入れ、王の宮居の扉を打ち壊し、屋根を叩き落とせ、と扇動した。これが実行されると、コリントス市中は混乱と騒擾のただ中に放り込まれた。騒ぎを聞きつけたピリッポスは、大急ぎでレカ

(1) 陣地が敵都スパルタに近いから安全だ、というのは奇妙な理屈である。写本の誤伝を想定して、「市のすぐそばに位置しているので安全な陣地ではないが」と読み替える説もある。

(2) マケドニア前王が勝利を収めたセラシアの戦い。第二巻六五－六九参照。

(3) 東地中海の島国ロドスとキオスは、このあとも戦争の調停役として現われる（第五巻六三-五、一〇〇-九）。

(4) ピリッポスはポキス地方のいくつかの都市を策謀によって勢力下に収める計画をもっていたらしい。エラテイア市は目標のひとつだったが、今回の試みは結局失敗に終わる（第五巻二六-一、一六）。しかし翌年には、ポキス地方はマケドニアの支配下に入っている（第五巻九六-四）。

(5) レオンティオスとメガレアスについては、第五巻一五－一六参照。プトレマイオスについては、これまで陰謀グループのなかに名が上がっていないが、おそらく親衛隊（アゲマ）の指揮官であろう。

(6) 軽盾兵のなかから精鋭二〇〇〇人を選りすぐって編成した親衛隊。

[5] イオンから市内まで走って戻ると、マケドニア兵を劇場に集合させ、全員に向かって、今回の事件について
[6] 説き諭したり叱りつけたりした。兵士たちの間からは、ざわめきとともに二つの声が上がり、ある者は罪人
[7] を連行して石打ちの刑に処するよう要求し、ある者は和解と全員赦免を訴えた。ピリッポスはそれらの声を
聞き届けたように装い、兵士たち一同に安心するよう呼びかけてから、その場を去った。騒動の首謀者が誰
であるかははっきり分かっていたけれども、その場の状況からそれを表に出すことはできなかった。

二六　この騒擾のあと、ポキス地方で行なうはずだった活動は、しばらくの遅滞を余儀なくされることに
なった。

[2] さてレオンティオスたちは当初の思惑がいっこうに実現しないので、自分たちの力に見切りをつけて、ア
ペレスに頼るようになり、たびたび使いを送ってアペレスをカルキスから呼び戻そうとした(1)。王との齟齬の
[3] ために、計画が立ち往生し難渋している、と訴えたのである。アペレスはというと、カルキス滞在のあいだ、
[4] 許される範囲を超える大きな権力をふるっていた。アペレスは王がまだ若いので、たいていのことは私の指
示を受けていて、王自身はなんの権限ももっていないのだと吹聴し、諸事の決定権も全体への命令権もすべ
[5] て自らの手に握っていた。このためマケドニアとテッサリアの各都市の市長と政務官は、ことごとくアペレ
スの意向を仰ぐようになり、ギリシア各地の諸都市は決議のときも顕彰のときも献上のときも、王にはひと
[6] 言も触れず、ただアペレスだけに目と耳を集中させていた。ピリッポスはそのような現状について逐一報告
を受けていたし、しかも王のかたわらにはアラトスがいて、自らの計画実現のために腕をふるっていたから、
王は早くから憤懣と怒りをつのらせていた。しかしその感情を抑制していたので、王がどんな行動をとろう

としているのか、またどんなもくろみを抱いているのか、だれにも分からなかった。
7 アペレスは自分の置かれた状況に気づかず、もしピリッポスと会見しても、すべて思いどおりに事を運べ
8 るだろうと確信していたので、レオンティオスたちに力を貸すべく、急いでカルキスを立った。アペレスが
コリントスに現われると、いずれも軽盾兵などの位の高い部隊の指揮官の地位にあったレオンティオスとプ
9 トレマイオスとメガレアスは、たいへんな熱意を見せ、兵士たちを歓迎の式典に駆り出した。大勢の士官と
10 兵士を動員した大げさな入城式が終わると、アペレスはその足で王の宮居に向かった。ところがアペレスが
以前からのしきたりどおり中に入ろうとしたとき、ひとりの衛兵があらかじめ受けていた命令に従って行く
11 手をさえぎり、王はいま都合が悪いのだと告げた。予期せぬ出来事に顔色を失ったアペレスは、しばらくの
あいだ逡巡していたが、とうとう気が動転したまま引き返した。付いていた者たちは人目を気にするようす
もなく、ひとり残らずさっさとアペレスのそばから引き上げてしまったので、ついにアペレスはひとりにな
り、家僕数人にともなわれて自分の宿舎へ入る仕儀になった。
12 どこであれ人間というのは、ほんのわずかの時間のうちに天高く持ち上げられ、そして地の底へ落とされ
13 るものであるが、とりわけ王の側近たちにおいてそれは著しい。こういう人たちは、実際のところ計算盤の
上の玉のようなものである。計算玉というのは計算者の意思しだいで、一カルクスになったかと思えば、た

（1）アペレスは王の軍隊への物資補給を滞らせるため、カルキスに赴いていた（第五巻二-八—一〇）。

ちまち一タラントンに等しくもなる[1]。同じように宮廷の人間は、王の首の振り方ひとつで、幸福になること
もあれば、次の瞬間には悲惨の極みに落ちることもあるのだ。
14 メガレアスはアペレスの支援が期待どおりの効果を生まないのを見て不安にとらわれ、亡命の算段を始め
15 た。アペレスは宴席への招待などの名誉は与えられたけれども、御前会議への参加やふだんの宮廷への出入
16 りは認められないままだった。数日後、王はポキス地方での活動に取りかかるため、あらためてレカイオン
から海に出るとき、アペレスを同行させた。しかし計画が失敗したので、ピリッポスはエラテイア[2]から引き
上げることにした。

二七　この機をねらってメガレアスはアテナイに亡命し、レオンティオスに保釈金二〇タラントンの負担
2 を残すことになった[3]。ところがアテナイの将軍たちから亡命受け入れを断られたので、行き先を変更してテ
3 バイへ向かった。一方ピリッポスはキラ[4]近郊から船出して近衛部隊（ヒュパスピスタイ）とともにシキュオン
の港に着いた。そして内陸方面に向かってシキュオン市内に入ると、市の長官たちの招待には応じず、代わ
りにアラトスの居館に逗留して、滞在中、終始彼と行動をともにした。アペレスにはそのままコリントスに
戻るよう命令した。
4 そこへメガレアス失踪の知らせが届くと、ピリッポスはレオンティオスの指揮下にあった軽盾兵隊を、緊
急事態が起こったという名目で、タウリオンとともにトリピュリア地方へ送り出した。そして軽盾兵隊が立
5 ち去ってから、担保差し押さえのためにレオンティオスを拘束するよう命じた。軽盾兵たちはレオンティオ
スが寄こした伝令から事の真相を聞かされると、王のもとに使者を派遣し、次のように請願した。もしレオ

ンティオス拘束の理由が、メガレアスの保釈の問題とは別の所にあるなら、容疑事実の裁定にあたっては必
6 ずわれわれの出席のもとで行なうようにしてほしい。もしそれが認められないなら、われわれはみな重大な侮辱と軽賤をこうむったものと見なすであろう――マケドニア人はどんなときも王に対して自由な物言いを
7 認められてきたのを忘れないでもらいたい――。だがもしメガレアスの保釈問題が理由なら、われわれが共
8 同で保釈金を支払って償いをつけてもよい、と申し出たのである。しかし軽盾兵が見せたこの不遜な言い分がかえって王の怒りに火をつけ、王は予定していたよりも早くレオンティオスの処刑を実行した。

二八　そこへロドスとキオスの使節団がアイトリアから戻ってきて、[5]三〇日間の停戦の約束を取り付けた
2 こと、アイトリア側は講和に応じる用意があることを伝えた。さらにピリッポスとリオン岬の近辺で会談したいというアイトリア側の要求にもとづき、その日取りまですでに取り決めを交わしてきた使節団は、アイ
3 トリア側は和平条約を締結するためならどんなことでもするはずだと請け負った。ピリッポスは停戦を受け入れるとともに、同盟各国に書簡を送り、アイトリアとの講和について協議するための会議を開くから、代

（1）計算盤上には数本の縦線が引いてあり、欄を右から左へ移るにつれて位が大きくなる。ある縦欄の玉（小石などが使われる）が一定数に達すると、その左の欄で玉ひとつに置き換えられる。つまり算盤のようなものだが、玉が欄に固定されていないので、ひとつの玉がさまざまな価値を持たされる。カルクスは最小の貨幣単位。一タラントンは一カルクスの二八万八〇〇〇倍の価値がある。

（2）ポキス地方の都市。交通の要衝。

（3）第五巻一六-八

（4）ポキス地方、デルポイの南西にある港町。

（5）第五巻二四-一一参照。

表者をパトライへ派遣するようにと伝えた。そして自らもレカイオンから船を出して、二日目にパトライに
着いた。

4 　そのときピリッポスはポキス地方からもたらされた数通の手紙を入手した。それはメガレアスがアイトリ
ア人に宛てたもので、そのなかでメガレアスはアイトリア人に、自信をもって戦争を継続するように、ピリ
ッポスの陣営は物資不足のために崖っぷちに立たされているのだから、と呼びかけていた。それに加えて、
5 王への憎しみに満ちた罵言と讒謗が書き連ねてあった。ピリッポスは手紙を読み終え、これらの悪行のいっ
さいの出所はアペレスに違いないと確信すると、ただちにアペレスを捕縛し、そのまま彼の息子と小姓とも
6 どもコリントスに送還した。その一方でアレクサンドロス(1)をテバイに派遣し、メガレアスを保釈規定違反の
7 かどでテバイの行政当局のもとに連行するよう命じた。アレクサンドロスは命令を実行したが、メガレアス
8/9 はその結果を待たず、自らの手で命を絶った。同じ頃アペレスも、息子と小姓を道連れに生を終えた。こう
してこの男たちは、自らの行ないにふさわしい最期を遂げたのであり、なかでもアラトスへの陵辱(2)が結局彼
らの運命を決めたのである。

二九　アイトリア人が和平条約締結を焦っていたのは、戦争の重圧に疲れ果てていたからであり、また戦
2 況が予想とは異なる展開を見せていたからである。というのもアイトリア人の予想では、ピリッポスはまだ
年も若く経験も乏しいから、よちよち歩きの子供を相手に戦うようなつもりでいたのに、実際に目の前に現
われたピリッポスは、構想においても実践においても一人前の大人だった。それにひきかえアイトリア人自
身は、個々の戦闘でも全体の戦略でも、頼りにならない赤子のような軍隊であることが証明されたのである。

3 しかしマケドニア側から軽盾兵をめぐる不穏と、アペレスとレオンティオスの処刑について情報がもたらさ
れたとき、宮廷周辺でなにか容易ならぬ重大な変動が起こるかもしれないと期待して、リオンでの会談の日
4 程を取りやめて先に延ばすことにした。するとそれを聞いたピリッポスは、戦況には自信をもっていたし、
そもそも初めから講和の試みをつぶすつもりでいたから、格好の口実ができたとばかりに喜んだ。そして会
議に出席するために集まっていた同盟各国の代表者たちに、努めるべきは平和ではなく戦争であると呼びか
けたあと、再び船に乗ってコリントスへ帰ってしまった。
5 その後マケドニア兵全員の任務を解いて、テッサリア経由で故国へ帰還させ、冬越えの準備に入らせる一
方、王自身はケンクレアイから船出してアッティカ地方の沿岸を過ぎ、エウリポス海峡(3)を経てデメトリアス(4)
6 に入港した。そこでレオンティオス一派の最後の生き残りであるプトレマイオスを、マケドニア軍による裁
判にかけ、死刑に処した。
7 それと同じ頃(5)、ハンニバルがイタリアに侵攻したあと、パドゥス川のほとりでローマ軍と陣営を対峙させ
8 ていた。そしてアンティオコスは、コイレ・シリアの大部分を勢力下に収めたあと、越冬地へ引き上げた(6)。

(1) 警護隊長。第四巻八七-五参照。
(2) 第四巻八二、八四-八七参照。
(3) ボイオティア地方とエウボイア島の間にあるエウボイア湾がもっとも狭くなる所。海峡に面してカルキスがある。
(4) パガサイ湾の奥にある港町。マケドニア王デメトリオス一世(ポリオルケテス)によって、前二九三年に建設された。
(5) 前二一八年の秋。
(6) 第五巻七一-一一参照。

9 一方ラケダイモンの王リュクルゴスは、監督官を恐れてアイトリアへ逃亡した。というのは王が体制変革を
企てているという讒言が監督官たちのもとに寄せられたため、彼らは兵士たちを集めて夜間に王の館に踏み
込んだのだが、王は事前に察知して、家僕数人とともに国を脱出したのである。(1)

三〇　それに続く冬、ピリッポス王はマケドニアへ帰国した。

一方アカイア連邦司令長官エペラトス(2)は市民兵から侮られ、傭兵からもすっかり見放されてしまって、も
2 はやだれひとり彼の命令に従おうとせず、なにひとつ国土防衛のための備えはなされていなかった。アイト
リアからエリス地方に派遣されていた将軍ピュリアスは、そんなアカイアの状況を見て取ると、アイトリア
兵約一三〇〇人とエリス人傭兵、さらに市民の歩兵約一〇〇〇人と騎兵二〇〇人、合計して三〇〇〇人ほど
3/4 を引き連れ、デュメとパライの領地を休みなく荒らし続けたばかりか、パトライ領にまで手を伸ばした。そ
してついにはパトライ市を見下ろすパンアカイコン山(3)の上に陣地を築いて、リオン岬方面からアイギオン方
5 面へ下っていく地域をくまなく蹂躙し始めた。この結果、アカイア各都市は惨害をこうむりながら救援も受
けられなかったために、連邦への納付金支払いをしぶるようになり、一方で兵士たちは給与支払いが遅れて
6 延滞が続いたために、救援出動を忌避するようになった。こうして双方が互いに傷つけあう悪循環に陥り、
事態はますます悪くなって、ついに傭兵隊は解散してしまった。こうなった原因は、ひとえに頂点に立つ人
7 物の無能力にあった。アカイア連邦がこのような状況にあるなか、司令長官交代の時期が来て、エペラトス
は長官職を退いた。そして夏の始まろうとする頃(4)、アカイア人は新しい司令長官として父の方のアラトスを
迎えた。

8 以上がヨーロッパの情勢である。さてここで記述は、時期の分け方から見ても、出来事のまとまりから見
ても、ひとつの切れ目にたどり着いたから、今度はこれまでと同じオリュンピア期(5)にアジアで起こった出来
事に目を移し、そちらのことについて語ることにしよう。
三一　当初からの計画に従い、まずコイレ・シリアをめぐってアンティオコスとプトレマイオスの間に起
2 こった戦争についての説明から始めることにしよう。(6)今しがたギリシア史を中断したその時期に、こちらの
戦争はほぼ決着がつきかけていて、すでに終局を迎えようとしていたことは私も十分に承知しているが、(7)し
3 かし私は［ギリシア史の］記述をここまで引き伸ばし、ここでようやく［アジア史に］移ることを選んだ。なぜ
ならあちこちの事件の正確な時期について読者が思い違いすることのないように、私はそれぞれの出来事の
始まりと終わりのときに、そのつどそれが現在のオリュンピア期の何年目に当たるか、またギリシア史上の
事件のどれと同時期になるかを告知しているから、それによって読者に間違いのない情報が伝わっていると
4 いう確信が私にはあるからだ。加えて記述の明瞭さと筋の追いやすさを確保するためになによりも必要なの

（1）この逃亡事件については、この箇所で語られるのみ。嫌疑の詳細についても不明。リュクルゴスは翌年、帰国する（第五巻九一–一–一二）。
（2）第五巻一–一二、七参照。
（3）パトライ市の東にある。標高一九二六メートル。
（4）前二一七年五月。
（5）第一四〇オリュンピア期（前二二〇年夏から前二一六年夏まで）。
（6）第一巻三–一、第三巻二–四参照。
（7）戦争に決着をつけたラピアの戦いが行なわれたのは前二一七年六月（第五巻八七）。

は、現在のオリュンピア期の期間中は、各地の事件をひとつに織り合わせることなく、むしろできるかぎり
5 分離し区別することだというのが私の考えである。そしてこれ以降のオリュンピア期に入ったとき、そのと
6 き初めて別々の場所で起こる出来事を、一年ごとに書き進めることになろう。私は本書において、あるひと
つの出来事ではなく、全人類に起こった出来事を書き記そうと筆を取ったのであり、しかもそれは、すでに
7 述べたように[1]、これまでいかなる歴史家も企てたことのない遠大な事業なのだから、本書の説明が部分的に
も全体的にも明瞭さを失わないためには、記述の配置と構成に最大限の注意を傾けることが必須条件になる
8 だろう。だからここでもアンティオコスとプトレマイオスの治世を少しばかり過去に遡り、だれもが知って
いて異論のない事件を出発点にとって[2]、そこから叙述を進めていこうと思う。そういう方法がなにをおいて
もまず要求されるのである。

三二 「始めは全体の半分」[3]という古人の言葉は、なににせよ始めをうまくやることに最大の努力を傾け
2 よという教えである。これは極端な言い方だと思われているけれども、私に言わせれば、これでもまだ真実
には足りない。始めというのは全体の半分どころか、終わりにまで伸びていると言っても、けっして言い過
3 ぎではないのだ。なぜなら始めるにあたって全体についての構想を脳裏に描いていないなら、またあらかじ
めどこで、何をめざして、何のために行動を起こそうとするかを知らないなら、どうしてうまく始められる
4 だろう。また始めを全体に関連付け、そしてどこから、どのようにして、なぜそのような結果に行き着いた
5 のかを理解しないなら、どうしてさまざまな事件の要点を適切にまとめられるだろう。それゆえ始めという
のは半分まで伸びているどころか、終わりにまで達するのだということを忘れず、始めに最大の努力を傾け

ることが、全世界の歴史を書こうとする者、また読もうとする者にとっても必要である。私がこれから書こうと試みるのも、まさにそのような歴史なのだ。

三三　もちろん私以外にも数多くの歴史家が、私に声を合わせるかのように、自分は全世界の歴史を書くのだ、これまででもっとも偉大な史書に取りかかったのだと口にしているのを、私も知らないわけではない。
2 だがそのような歴史家について、過去において実際に全世界の歴史を書くことを企てた最初にして唯一の人エポロス(4)は別として、それ以外の史家の名前をあげたり、余計なことを口にしたりするのは控えておこう。
3 だがこのことだけは読者に知っておいてもらいたい、すなわち現代の歴史家のなかには、ローマとカルタゴ
4 の戦争についてほんの三枚か四枚(5)で説明して、それで全世界の歴史を書いたと主張する者がいるのだ。しかしあの当時の重要な事件は、そのほとんどがイベリアやリビュアにおいて、さらにはシキリアやイタリアにおいて起こったということ、またシキリアでの戦争(6)を除けば、ハンニバルの戦争が名声の高さの点でも期間の長さの点でも抜きん出ていたということ、そして私たちのだれもが、その戦争の結果がどんな影響を及ぼ

(1) 第一巻四-二。
(2) 叙述の出発点が明瞭であるべきことについて、第一巻五-四参照。
(3) プラトン『法律』第六巻二（七五三e）、アリストテレス『ニコマコス倫理学』第一巻七（一〇九八b）、同『政治学』第五巻四（一三〇三b）にも同様のことわざが引用されている。第六巻一一a-八も参照。
(4) 第四巻二〇-五参照。
(5) パピルスの巻物は一辺二〇センチメートル程度の「紙」を、何枚も連ねて作られる。一枚が一つの「ページ」を作り、横に展開する。
(6) 第一次ポエニ戦争（前二六四―二四一年）を指す。

すのかと不安におののきながら、そちらから目を離せないでいたこと、それらのことを知らないような無知
5 無学な人間がいるだろうか。にもかかわらず歴史家のうちのある者たちは、毎年の出来事を壁の上の表に公
式記録として書き記す役人程度のことさえ書かないでいて、それでいながらギリシアと夷狄の地に起こった
6 あらゆる事件を包括したと高言するのだ。そうなる理由はというと、どんな大事業でもそれに努力すると言
葉で言うだけなら、いたって簡単なことだが、実際になにかりっぱなことを成し遂げるとなると、容易なこ
7 とではないという事実にある。つまり言うだけならすべての人に許されていて、厚かましささえ持ちあわせ
ていればだれにでも可能だと言ってよいけれども、しかしそれを実現できるのはごくまれであって、まれな
8 人がその生涯をかけて成しうるにすぎない。以上、私がこんなことを書いたのは、自分の能力と著作を自慢
してやまない者たちの思い上がりを見かねたからである。それでは私自身の主題の始めに戻るとしよう。

三四　ピロパトルの添え名をもつプトレマイオスは、父王の死後、弟のマガスとその協力者たちを殺害し
2 て、エジプトの支配権を手に入れた[1]。こうして自らの手で政敵を一掃することによって、国内の脅威を取り
除く一方、国外の危険からも運命のめぐりあわせにより解放されることになった。というのはこのときアン
ティゴノスとセレウコスが相次いで世を去り、その後を継いで王となったアンティオコスとピリッポスは、
まだ子供といってよいくらいに若かったからである[2]。
3 　このような情勢を見てすっかり安堵してしまったプトレマイオスは、即位直後からまるで毎日がお祭りの
4 ような統治ぶりを見せ始めた。宮廷内の人やエジプト国内の政務に携わる人の前に現われるとき、彼は横柄
5 で気ままな王であり、国外の活動を手がける人の前では不熱心で無気力な王であった。しかしこの国外での

活動こそは、歴代の諸王がエジプト自体の統治にまさるとも劣らぬほどの熱意をもって遂行してきた領域な
6 のである。つまりエジプト王はコイレ・シリア[3]とキュプロス島の支配者であるからこそ、シリアの王たちに
7 陸からも海からも圧力をかけ続けることができたのであり、またパンピュリア地方からヘレスポントス海峡、さらにリュシマケイア[4]周辺に至るまでの沿海の枢要な都市と区域と港に君臨するからこそ、アジアの諸王国
8 や島々にまで影響力を及ぼすことができたのだ。そしてアイノスやマロネイア[5]一帯、さらにその先の諸都市
9 まで制覇することによって、トラキアやマケドニアの状況を牽制する力も持てたのだ。このようにしてはるか遠くにまで手を伸ばし、はるか先の方にまで自身の勢威を拡大していたからこそ、エジプト自体の支配になんの不安も持たないでいられた。それゆえ過去のエジプト王が国外の活動に多大の努力を傾けてきたのも、

（1）プトレマイオス三世（付称エウエルゲテス）が前二二一年に死んだとき、妻ベレニケとの間に四人の息子が残された。そのうちの長子プトレマイオス四世（ピロパトル）が王位を継いだが、そのとき王の側近ソシビオスらは自らの権力を確実にするために、王の弟マガスとベレニケを暗殺した。第十五巻二五-二、プルタルコス『クレオメネス伝』三三参照。

（2）アンティオコス三世は前二二三年におそらく一九歳くらいで兄の後を継いで王になり、ピリッポス五世は前二二一年に一七歳で即位した。しかしプトレマイオス四世自身も、即位時におそらく二〇歳前後だった。

（3）コイレ・シリアとは、本来ヨルダン渓谷から死海へかけての地域の名称だが、ヘレニズム時代には拡大されて広くシリア南部地域を指すようになった。

（4）パンピュリアはトルコ南部、アンタリヤ湾に面する地方。リュシマケイアはヘレスポントス海峡の現マルマラ海への出口付近の北岸に位置する都市で、前三〇九年にマケドニアのリュシマコスによって建設された。

（5）どちらもエーゲ海北岸のトラキア地方の都市。

当然のことであった。
10　ところがこの王プトレマイオスは、恥ずべき色恋と節度のない飲酒に明け暮れ、そういった活動にはいっ
こうに関心を払わなかったので、当然のことながら王の周辺には、王の生命と権力をねらって陰謀をたくら
11　む者が時をおかずに現われ、しかもその数はひとりにとどまらなかった。そのうち最初に行動を起こしたの
が、スパルタ人のクレオメネスである(1)。
三五　クレオメネスは、エウエルゲテスの呼び名をもつ王の生きているあいだ、この王とは同盟を約し人
質を提供している間柄だったので(2)、いずれ父祖から受け継いだ［スパルタの］王位を奪い返すために必要な援
2　助をこの王が提供してくれるはずだという期待を胸に抱きながら、時の来るのを待っていた。しかしこの王
が世を去り、時代が変わって、アンティゴノスの死去、アカイアの戦争開始、そしてラケダイモンとアイト
リアがアカイアとマケドニアを共通の敵として同盟を組むという、クレオメネスの当初の意図と計画をなぞ
るような事態が出現して、あたかもギリシアの情勢がほとんど名指しするようにクレオメネスを呼び寄せよ
3　うとするかに思えたとき(3)、そのときクレオメネスはそれまでにない熱心さでアレクサンドレイアからの脱出
4　を画策し始めた。そこでまず、王との会見のときに、必要な資金と兵力とともに送り出してくれるよう王に
5　願い出た。しかし聞き入れられなかったので、次にせめて自分だけでも数人の家僕を連れてこの地を離れる
ことを許してほしい、父祖から受け継いだ王位を取り返すための絶好の機会がいま訪れたのだから、と繰り
6　返し懇願した。しかし王は前に述べたような理由で、そういうことにはいっさい興味を示さず、未来のこと
などまるで気にかけない人物だったので、ここでも暗愚と無思慮をさらけ出し、クレオメネスの請願をいつ

も上の空で聞いていた。
7 そこでソシビオスは(4)――その頃、政権内で最大の力をもっていたのがこの男である――この件の扱いにつ
8 いて、会議を開いたうえで次のような処置を決定した。まずクレオメネスに艦隊と資金を与えて送り出すこ
とは拒否した。なぜならソシビオスは国外の情勢について楽観していて、アンティゴノスが死去した以上、
9 そちらの方面に資金を供出しても利益はないと判断したのである。それに加えて、アンティゴノスの死後、
それに匹敵するような実力者が他にいない現状では、クレオメネスが労せずしてたちまちギリシア全域を足
下に従え、やがてエジプトの前に危険で手ごわい敵対者となって現われるのではないかという懸念もあった。

---

(1) クレオメネスは前二二二年にセラシアの戦いに敗れて、エジプトに亡命していた（第二巻六九-一一）。以下のクレオメネスの死に至るいきさつについては、プルタルコス『クレオメネス伝』三三-三七がポリュビオスと一部で同じ言葉使いまでしながら、ほぼ同じ話を伝えている。このため両者に共通の典拠（おそらくピュラルコス。第二巻五六-一参照）が想定される。プルタルコスがポリュビオスを参照した部分もあるかもしれない。しかし両者の間には違いもあり、プルタルコスでは、ニカゴラスがクレオメネスを憎むようになった理由は、土地の売買をめぐる係争であること、またマガス殺害計画についてクレオメネスは制止しようとしたこと、がポリュビオスとは異なる。

(2) プトレマイオス三世からクレオメネスへの資金援助については、第二巻五一-二、六三-一参照。クレオメネスは援助を得るための保証として、自分の母と子をエジプトに人質として預けていた（プルタルコス『クレオメネス伝』二二）。

(3) スパルタ国内にはクレオメネス王の復帰を望む一派が存在した（第四巻三五-六）。

(4) 前王エウエルゲテスの時代から王の側近として仕え、前二三四／三三年にはアレクサンドレイアの神官を務めた。ピロパトル時代にはアガトクレスとともに宰相として重きをなした。

10 そのうえソシビオスはエジプトの実情をくまなく観察し、その結果ソシビオス自身が王を侮っていたばかり
か、王国の多くの部分がすでに王に背を向けて遠く離れ去っていて、反乱を起こすのに十分な条件がととの
11 っているのを看取した。実際サモス島[1]一帯には多数の軍船が準備され、エペソス周辺[2]には大量の兵士が待機
12 していたのである。こういう理由から、クレオメネスに資金を与えて送り出すという案には賛成できなかっ
た。しかしこれほどの人物に屈辱をなめさせておいて、そのまま放り出すことは、まちがいなくひとりの恐
13 ろしい敵を作り出すことであったから、それも自分たちの利益にかなう措置ではなかった。すると残る方策
は、この男をむりにでもこの地に引き止めるしかないのだが、だがその案も異論なしに全員一致でそくざに
否決された。ライオンと羊をひとつの囲いの中に入れておくのは、安全ではないと考えたのである。なかで
もその案にもっとも強い懸念を示したのがソシビオスだったが、それには次のような理由があった。

三六　ソシビオス一派がマガスとベレニケの暗殺を企てていたときのこと、なによりもベレニケの豪傑ぶ
り[3]への恐れから計画の成功に自信がもてず、追いつめられた謀臣たちは、宮廷関係者全員を甘い言葉で味方
に付けようと、もし計画が予定どおりに進んだなら、どんな良いことがあるかをひとりひとりの前でほのめ
2 かすことにした。そのさいソシビオスは、クレオメネスが王家から援助を請い求めていて、しかも事実を見
抜く真の眼力と確かな判断力を備えた人物であるのを知っていたので、クレオメネスに願望実現を約束しな
3 がら、自らの暗殺計画を打ち明けた。クレオメネスの方はソシビオスが怯えを拭い去れず、特に外国人部隊
と傭兵隊に不安をもっているのに気づくと、励ましを与えると同時に、傭兵隊が妨げになることはない、む
4 しろ役に立つはずだと請けあった。ソシビオスがその言質をいぶかっていると、クレオメネスはなおも言葉

を継いで言った。「君には見えないのかね、外国人部隊のうちおよそ三〇〇〇人はペロポンネソスから来た兵士であり、一〇〇〇人がクレタ兵であるのが。あの兵士たちはわれわれが軽く肯きさえすれば、それだけ
5 でひとり残らず応援のために馳せ参じるだろう。彼らが一致して味方になるというのに、君は誰を恐れるの
6 かね。シリアとカリアから来た兵士たち(4)が怖いとでも？」これを聞いたソシビオスはたいへん喜び、勇気百倍してベレニケ暗殺計画へ突き進んでいった。
7 　ところがその後、王の放埒なふるまいを目にするたびに、クレオメネスのこの言葉が心に去来し、彼の剛
8 勇と傭兵たちの彼に対する忠誠ぶりが目に浮かぶのだった。そこでついに意を決し、王とその廷友たちをそ
9 そのかして、今すぐクレオメネスを拘束し監禁するよう迫った。そしてこのもくろみを実現するために、ソシビオスは次のような状況を利用した。

(1) エーゲ海東部の島。当時プトレマイオス朝の支配下にあった。
(2) 小アジア西岸、サモス島の対岸の都市。
(3) ベレニケは北アフリカのキュレネの王マガスとアパマの娘。エウエルゲテスと結婚する前の少女時代、当時婚約者だったマケドニア王子デメトリオス（デメトリオス一世ポリオルケテスの子）を、母アパマと密会したのを理由に殺害させたことから、烈女として有名だった。前三世紀前半の詩人カリマコスの『ベレニケの髪』は彼女に捧げる頌詩。
(4) シリアとカリア（小アジア南西部）から来てアレクサンドレイアに駐留している傭兵たち。この両地方はセレウコス朝の支配下にあった。

三七　メッセニアにニカゴラスという男がいて、これがラケダイモン王アルキダモス(1)とは父祖伝来の友人
2 関係にあった。以前にはこの二人の間には、ごくわずかの行き来しかなかったのだが、アルキダモスがクレ
オメネスの脅威を感じてスパルタから逃亡し、メッセニアに身を寄せてきたとき、ニカゴラスはアルキダモ
スをこころよく受け入れて宿舎や食事を提供した。そしてそれ以降、親交を重ねるうちに、二人の間には厚
3 い信頼と友情が芽生えた。だから後になってクレオメネスがアルキダモスに祖国復帰と和解の希望を伝えて
4 きたとき、ニカゴラスは仲介役を買って出て、安全保障の協定を取り付けるために力を尽くした。そして協
5 定が成立したので、アルキダモスはニカゴラスの結んだ約定を信じてスパルタに帰国した。ところがその一
行を出迎えたクレオメネスは、アルキダモスを殺害する一方(2)、ニカゴラスほかの同行者には命を免じてやっ
6 た。ニカゴラスは表向きは自分が殺害をまぬかれたことで、クレオメネスに感謝しているかのように装って
いたけれども、心の中では激しい怒りを感じていたのは、自分がアルキダモス王の死の原因であるかのよう
に見られていたからである。
7/8 さてこのニカゴラスが最近、アレクサンドレイアの港に馬を運んできた。そして船から下りたとき、クレ
9 オメネスがパンテウスやヒッピタス(3)たちを連れて港の埠頭のあたりを散歩しているのに出会った。クレオメ
10 ネスはニカゴラスを見つけると、近づいて親しげに声をかけ、何の用事で来たのかと尋ねた。ニカゴラスが
馬を運搬してきたのだと答えると、クレオメネスはこう言った。「馬なんかより、美少年と琴弾き女を連れ
11 てくればよかったのに。当代の王が欲しがっているのは、それなんだから」。このときニカゴラスはなにも
答えずにただ笑っているだけだったが、数日後、馬の取引を通じてソシビオスと懇意の仲になったとき、こ

12 の言葉を引き合いに出してクレオメネスを誹謗した。ソシビオスがそれを面白そうに聞いていたので、ニカゴラスは自分が以前からクレオメネスに対して抱いている恨みを打ち明けた。

三八　ニカゴラスがクレオメネスに敵意をもっているのを知ったソシビオスは、その場で贈り物を与えたばかりか、将来の分まで約束してこの男を籠絡し、クレオメネスを中傷する手紙を書いて封印したうえで置
2 いて行くようにと頼み込んだ。数日後にニカゴラスが帰航したとき、下男がその手紙をニカゴラスから託さ
3 れたと言って、ソシビオスのもとに持ってくる、という筋書きだった。ニカゴラスがそのとおりに事を運び、
4 下男がニカゴラスの出航後、ソシビオスのもとに手紙を持ってきたとき、ソシビオスはすぐにその下男と手紙を携えて、王の前に参上した。下男がこの手紙はニカゴラスから預かったもので、ソシビオスに渡すよう
5 命じられたと証言したのに続いて、手紙の内容が明かされた。その手紙には、クレオメネスはもし適当な戦力と資金をもって出航することがかなえられないなら、王の権力に反乱を起こすつもりだ、と書かれてあっ
6 た。ソシビオスはこれを理由にして、その場で王と廷友たちに迫り、猶予は許されない、ただちにクレオメ
7 ネスを監視下に置き拘禁するべきだと息巻いた。これが実行に移され、クレオメネスは広大な屋敷をあてが

---

(1) アギス四世の弟。第四巻三五-一三、第八巻三五-二-五参照。プルタルコス『クレオメネス伝』一、五によれば、アルキダモスはアギス殺害（前二四一年）の直後にメッセニアに逃亡した。

(2) プルタルコス『クレオメネス伝』五は、クレオメネスがアルキダモス殺害に反対していたというピュラルコスの記事を伝えている。

(3) ともにクレオメネスの従者で、決起のときには主人と運命をともにした。青年パンテウスはクレオメネスの恋人だった（プルタルコス『クレオメネス伝』三七）。

われて、そのなかで周囲から監視を受けながら暮らすことになった。一般の囚人と異なる点は、彼の方が広
8 い監獄で生活していることだけだった。自分の置かれた状況を見て、将来について悲惨な見通ししかもてな
9 くなったクレオメネスは、どんなことでも試みてやろうと覚悟を決めた。もとより目的を達せられると信じ
ていたのではなく――その計画には合理的な勝算などなかったのだから――、むしろこれまでの勇敢な生涯
10 を辱めるような処遇を拒絶し、名誉ある死を選びたいという願望から行動に出たのである。そしてまた、お
そらく彼の胸中には、英雄壮士がしばしば思うあの文句が浮かんでいたのではないだろうか。

戦いもせず誉れもなしに朽ち果てるよりも
大事を遂げ、後の世に語り伝えられるような死に方をしてみせよう(1)。

三九　さてクレオメネスは王がカノボス(2)へ行幸に出かける日をねらって、監視兵たちに虚報を流し、王か
らまもなく解放の指示が出るはずだと信じこませた。そしてそれを理由にして、身辺の世話係りの者たちに
2 馳走をふるまい、監視兵たちにも肉と草冠、さらにはぶどう酒もいっしょに贈り届けた。彼らがなんの疑い
ももたずに饗応を受け取り、酔いつぶれてしまったところで、クレオメネスは同居の友人たちと奴僕数人を
3 引き連れ、真昼に監視兵に気づかれることなく、短剣を携えて屋敷を抜け出した。しばらく進んで大通りま
で来たところで、そのとき都の警護のために残っていたプトレマイオス(3)に遭遇すると、突然の襲撃に震え上
がる侍従たちを尻目に、プトレマイオスを馬車から引きずり下ろし、監禁した(4)。そして、人々に向けて自由
4 のために立ち上がるよう呼びかけた。しかし決起があまりに突然だったために、だれひとり呼びかけに応え
る者も、行動に参加する者もなかったので、クレオメネスたちは向き直って城砦めがけて突進した。城門を

5 打ち破り、監獄につながれている囚人たちを仲間に加えようとしたのである。ところがこの試みも、番兵が
叛徒たちの行動を予想して門の警護を固めたために失敗すると、自らの手で命を絶ち、スパルタ人らしい
6 雄々しい最期を遂げた。こうしてクレオメネスは生命を終えた。人間の操作に巧みで、政治を動かす才覚に
恵まれた、要するに宰相あるいは王の資質を備えた男であった。
四〇　その後まもなくしてクレオメネスに続いたのは、アイトリアの出身で、コイレ・シリアの統治にあ
2 たっていたテオドトスである。この男は自堕落な暮らしに明け暮れる王を侮蔑していたばかりか、宮廷の
人々にも不信感をもっていた。というのは、少し前のことだが、アンティオコスがコイレ・シリアに初めて
攻め込んできたときのほか、(5)いくつかの機会に王のために目ざましい活躍をしたにもかかわらず、その功績
に対して少しの感謝もしてもらえず、それどころかアレクサンドレイアに呼び出されて、あやうく命を奪わ
3 れかけたのである。そのようなことが原因になって、テオドトスはこのときアンティオコスと意を通じ、コ
イレ・シリアの諸都市を譲り渡そうとたくらんだ。アンティオコスの方はその申し出を喜んで受け入れたか

---

(1) ホメロス『イリアス』第二十二歌三〇四―三〇五からの引用。トロイア王子ヘクトルがアキレウスとの決闘を前に、死を覚悟して口にする言葉。

(2) ナイル川の西の河口付近にある半島上の都市。およそ二〇キロメートル西のアレクサンドレイアから酒宴と歓楽のために訪れる人々でにぎわった（ストラボン『地誌』第十七巻一-一七）。

(3) 王とは別人。

(4)「監禁した」はこの状況では不自然なので、おそらく写本の誤伝。同じ出来事を伝えるプルタルコスの文中（『クレオメネス伝』三七）では「殺した」となっている。

(5) 第五巻四六-二参照。

ら、謀略は順調に進んだ。
4 だがここでこの王家についても、先のプトレマイオスの場合にならい、いったんアンティオコスの王位継
承の時点まで遡って、そこから要点を拾いながら、このあと語る予定の戦争の入り口までたどることにし
よう[1]。
5 さてアンティオコスはカリニコスの添え名をもつセレウコス[2]の次男だった。父王が世を去り、年齢にした
がって兄のセレウコス[3]が王位を継いだとき、アンティオコスは上方の諸州[4]に居を移して、そこで生活を始め
6 た。しかし前述したように、セレウコスが軍隊を率いてタウロス山脈を越えたところで謀殺されたため[5]、兄
7 から権力を継承して王位に就いた。そしてこのときタウロス山脈のこちら側の統治をアカイオスにゆだねる
一方、王国の上方の地域についてはすでにモロンとアレクサンドロスの兄弟に託して、モロンをメディアの
総督(サトラペス)、その弟をペルシスの総督に任命してあった。
四一 ところがこの兄弟は、新王が若年であることへの侮り、さらにアカイオスも計画に加わってくれる
はずだという期待、そしてなによりも、当時国務全般をとりしきっていたヘルメイアスの残忍さと陰険さへ
2 の恐れ、そういったことが動機になって、上方諸州の離反を企て反乱を起こした[6]。ヘルメイアスというのは
カリアの出身で、アンティオコスの兄セレウコス王がアッタロス征討の遠征に出るとき、王の信頼を受けて
3 国務を託されて以来、政府を主宰していた。ところがいったんこの権力を手にしてからというもの、宮廷内
で貴顕の地位にある人々への嫉妬にかられ、そのうえ生来の残忍な性格をむき出しにして、ささいな過失を
大罪と決めつけて厳罰を科したり、捏造された偽りの告発をぶつけて無慈悲で冷酷な裁判官となったりして

4 いた。なかでも最大の執念を傾けて抹殺してやろうとねらっていたのが、セレウコスの率いていた遠征軍を連れ帰ったエピゲネスであった。この男が弁舌にも実践にも有能で、軍隊内でも人望が厚いのを知っていた
5 からである。それゆえ悪意を胸に秘めながら、なんであれこの男を陥れる口実を見つけ、その機会を逃がすまいと目を光らせていた。

6 あるときモロンの反乱にかんして御前会議が召集され、王が出席者ひとりひとりに、反乱をどのようにし
7 て収めるべきかについて各人の意見を述べるよう促したところ、エピゲネスが真っ先に発言した。猶予は許されない、ただちに行動を起こすべきである、なによりもまず王がその州に赴き、反乱の場に姿を見せるこ
8 とが必要だ、と提言したのである。なぜなら——とエピゲネスは続けた——そうして王が相応の軍隊を率い
9 て人々の目の前に姿を現わせば、モロンたちもそこであえて造反の声を上げるのは難しいだろう。もし仮に意志をまげず、かたくなに企てを実現しようとすれば、彼らはたちまち兵士たちの手で捕らえられて、そのまま王に引き渡されるはずだ。

(1) 以下、第五巻五七まで、アンティオコス三世の即位（前二二三年）からモロン征討からの帰還（前二二〇年）までを語る。それから「このあと語る予定の戦争」すなわち第四次シリア戦争の記述（第五巻五八—八七）に移る。

(2) セレウコス二世（在位、前二四七—二二五年）。

(3) セレウコス二世の長男セレウコス三世（付称ソテル。在位、前二二五—二二三年）。

(4) 王国の東方の諸州、すなわち後述のようにメディア、ペルシス、スシアナの各州を指す。

(5) ペルガモンのアッタロス一世への遠征の途上で暗殺された。第四巻四八‐六—一一参照。

(6) アンティオコス即位の翌年、前二二二年の夏頃のこと。

四二　そのように述べるエピゲネスの発言がまだ終わらないうちに、ヘルメイアスが怒りをあらわにして
2 叫んだ――エピゲネスはずっと以前からひそかに王権への陰謀と裏切りをたくらんでいたが、今この提言に
よって、はからずも正体を現わした、王御自身をわずかの手勢とともに叛徒たちの手中に放り込もうと図っ
3 ているのだから。そう言って誹謗の矢玉に火をつけたヘルメイアスだが、その後は心の底に悪意を隠したま
ま、まるで場所をわきまえない激情を見せてしまったとでもいうように、エピゲネスのことはそれ以上口に
4 しなかった。そして次に自分の提言を述べたのだが、まずモロン討伐のために自ら遠征することについては、
危険の大きさに尻込みし、軍事の経験不足を理由にあげて避けようとした。その代わりプトレマイオスを攻
める遠征を熱心に主張したのは、この王の自堕落な性格からして[1]、遠征が失敗することはありえないと確信
5 していたからである。そして今度は御前会議の出席者全員を怒鳴りつけて、モロン討伐軍の指揮官としてク
セノンと「半分増し」のテオドトス[2]を派遣することを決定させる一方、アンティオコスに対しては、コイレ
6 ・シリアへ攻勢をかけるべきだと執拗にあおり続けた。ヘルメイアスの思惑は、もしこの若年の王に四方か
ら戦争が押し寄せてくれば、王は絶え間ない戦闘と危機を受け止めるのに忙殺されるから、そうなればヘル
メイアス自身はこれまでに犯した罪を罰せられずにすむし、現在握っている権力も奪われずにすむ、という
7 ものだった。そのための仕上げとして彼は、アカイオスが書いた一通の書簡なるものを捏造し、王のもとに
持参した[3]。その書簡によれば、プトレマイオスはアカイオスに権力奪取をそそのかし、もしアカイオスが王
環[4]を着け、王権への意志を衆人の前に明らかにするなら、計画遂行に必要な軍船と資金はすべて提供するつ
8 もりだと約束していた。そしてアカイオスは現実には王権をすでにつかんでいるのに、王の称号を名乗るこ

とへのためらいから、運命が差し出している王冠を振り払おうとしているのだと、プトレマイオスは言って
9 いるという。アンティオコス王はここに書かれたことをすっかり信用してしまい、コイレ・シリアへの遠征を決心して、その実現に意欲を燃やした。

四三 当時アンティオコスはゼウグマのセレウケイア(5)に滞在していたのだが、そこへポントス海近辺のカッパドキア地方(6)から提督ディオグネトスが、ミトリダテス王(7)の娘ラオディケを連れてやって来た。アンティ
2 オコスの妻となるように決められていた乙女である。ミトリダテスの家系は、その自称するところによれば、

---

(1) この御前会議はモロンの反乱を受けて開かれたのだから、前二二二年の夏頃。しかしプトレマイオス三世が死に、「自堕落な」プトレマイオス四世が即位したのは前二二一年春。だからポリュビオスのこの記述は、厳密には年代錯誤である。

(2) プトレマイオスに仕えるテオドトス（第五巻四〇）とは別人。前に付いたあだ名は、身長が平均よりも飛びぬけて高いことに由来するか。

(3) ポリュビオスはこの手紙が偽物だと信じているが、本物だった可能性も否定できない。アカイオスは実際にプトレマイオスと接触をもっていた（第八巻一五-一〇）。

(4) 王環（ディアデマ）は、王が頭に巻く飾り紐。ペルシア帝国の王がその権力の象徴として着用したが、ヘレニズム期の諸王もそれにならった。

(5) ユーフラテス川上流の右岸、現トルコ国内のニジプの近くに位置する都市。セレウコス一世によって建てられた。川に架かる橋（ゼウグマ）から、この名で呼ばれる。

(6) 黒海の南の王国ポントスの南の地方。

(7) ポントスの王ミトリダテス二世。セレウコス二世（カリニコス）の姉妹ラオディケを妻に迎えて、娘ラオディケをもうけた。

あのマゴス僧を征伐したペルシア人七人(1)のうちのひとりを祖先にもち、そのときダレイオスから賜ったポン
3 トス海沿岸の王国を祖先から受け継いで守ってきたのだという(2)。アンティオコスはこの乙女を盛大な歓迎式
4 典をもって迎え入れ、ただちに王にふさわしい壮麗な結婚の儀を挙行した。そして結婚式の終了後、アンテ
ィオケイア(3)に下ってラオディケを王妃と宣言したのち、戦争準備に取りかかった。
5 その間にモロンは自身の治める州の兵士たちを、戦利品への期待をえさにして、恐れを知らない反乱軍に
仕立てる一方、将校たちには王から届けられたと称して、脅迫の言葉を並べた偽りの手紙を示し、そこから
6 生まれた不安を利用して味方に引き込むことに成功した。また弟のアレクサンドロスも進んで謀反に加わっ
たほか、隣接する諸州も、その地の統治官たちに金品を贈って懐柔する策が実って、支持を表明したとき、
7 ようやくモロンは大兵力を率いて進軍を開始し、王が送り込んだ将軍たちに向かっていった。クセノンとテ
8 オドトスは大軍の接近を見て青ざめ、退却して近辺の砦に逃げ込んだ。モロンはそれまでの支配領域の広大
さによってすでに恐るべき実力者になっていたのだが、あらたにアポロニアティス地方(4)を勢力圏内に収めた
ことによって、あり余るほどの物資を手に入れた。

四四　実際のところ、王の所有する馬はすべてメディアで飼育されていて(5)、しかもここからは穀物も家畜
2 もはかりきれないほどの量が産出される。まったくこの地方の頑強さと広大さは、それを正しく言い表わせ
3 る言葉がとうてい見つからないくらいなのだ。メディアというのはアジアの中央部に位置するのだが、広さ
4 と高さにおいては、アジア中の他のいかなる地域と比べてみても際立っている。そのうえ周辺にはきわめて
勇猛でどこよりも大きな民族が並んでいる。まず東の方角に目を向ければ、ペルシスとパルティアの間に広

5 がる砂漠[6]の平原地帯がある。そしていわゆるカスピの門[7]を間近に見て、ヒュルカニアの海［カスピ海］にほど
6 近いタピュロイ族の山地[8]に接する。南面ではメソポタミアとアポロニアティス地方に隣接し、さらにザグロ
7 ス山地[9]をへだててペルシスと向き合う。ザグロス山地というのは登りが一〇〇スタディオン[10]ほどあり、山中
のあちらこちらで山並みが互いに離れたり近づいたりしながら、その間に狭い渓谷を形作り、ところによっ
ては広い谷間を開いている。そのような谷間にはコッサイオイ族、コルブレナイ族、カルコイ族など多くの

---

(1) ペルシア国王カンビュセスの死後、あるマゴス僧（世襲の神官）が死んだ王の弟スメルディスを名乗って王位を簒奪した（前五二一年）。しかしその八ヵ月後に正体を暴露され、決起した七人のペルシア人によって殺された。その後七人のうちのひとりダレイオスが王位に就いた（ヘロドトス『歴史』第三巻六五－七九）。

(2) 実際にはミトリダテスの王統は、前三〇二年にポントス王国を奪取したあるペルシア人貴族に由来する（ディオドロス『歴史文庫』第二十巻一一一－四）。

(3) オロンテス川（現アシ川）左岸、河口から約二四キロメートル上流に位置するセレウコス朝の首都。前三〇〇年にセレウコス一世によって建設された。現ハタイ（アンタキヤ）。

(4) バビロニアの北東の地方。バグダッドの北方、現ディヤーラー川の下流地域。

(5) メディアは名馬の産地として有名だった。ストラボン『地誌』第十一巻一三－七参照。

(6) イランの東部に広がるカビル砂漠とルト砂漠。

(7) アルボルズ山脈中の隘路。テヘランの東方に位置し、メディア地方とヒュルカニア地方を結ぶ交通路として利用された。ストラボン『地誌』第十一巻一三－七参照。

(8) テヘランの北方、カスピ海の南岸を東西に伸びるアルボルズ山脈。

(9) イラン西部を北西から南東に伸びる。

(10) 麓から上まで登るときの距離が一七・七キロメートル前後ということ。

8 蛮族が住んでいて、いずれも戦いに秀でた民族として有名である。メディアの西の方角にはサトラペイオイ
と呼ばれる人々(1)が境界を接しているが、この人々とエウクセイノス海［黒海］沿岸に住む民族とはさほど遠
9 く離れていない。北方はエリュマイオイ族とアニアラカイ族、さらにカドゥシオイ族とマティアノイ族に取
10/11 り巻かれ、その先はポントス海［黒海］がマイオティス湖［アゾフ海］に連なる部分にまで伸びている。メディ
ア自体は東から西へ続くいくつかの山によって分断されていて、それらの山の間に広がる平原いっぱいに都
市や村落が点在している。

四五　このようにそれ自体がひとつの王国とも言えるようなこの地方を支配していたモロンであるから、
2 前述のように、それだけですでに絶大な権力を握る恐るべき実力者であった。ところが今こうして王の送り
込んだ将軍がモロンに領地を明け渡したようなかたちになり、そのうえモロン側の兵士たちは、当初の期待
どおりに戦利品が入ってくる成り行きを見てますます意気が上がったから、モロンはいまやアジアの全住民
3 の目に、押しも押されもせぬ正真正銘の実力者と映った。そこで最初の計画は、ティグリス川を渡り、セレ
4 ウケイア(2)を包囲することだった。しかしゼウクシス(3)が渡し舟を撤去してしまったために渡河できなくなり、
やむなくクテシポン(4)という所にある宿営地に退却して、軍隊を越冬(5)させるための準備に入った。
5 　王はモロンの攻勢と味方の将軍の撤退の報告を受けると、プトレマイオスへの遠征は中止して、自分自身
6 がモロン征討の指揮をとらねばならぬ、時を失するわけにはいかない、と決意した。しかしヘルメイアスは
当初の計画を変えようとせず、アカイア人クセノイタスを最高司令官として軍隊とともにモロン討伐に送り
出したのは、ヘルメイアスの言うには、謀反人と戦うのは部下の将軍の役目、しかし［外国の］王に立ち向か

7 い、国の命運をかけて戦うのは王の役目だから、という理由だった。若年の王はその年齢ゆえにヘルメイア
スの掌中から抜け出せなかったので、ヘルメイアスはそのまま出発して兵士をアパメイア(6)に集結させると、
8 そこを立ってラオディケイア(7)に到着した。そこから王は全軍を率いて行進を続け、荒野を横断して、マルシ
9 ユアスと呼ばれる地溝帯に入った(8)。ここはレバノン山脈とアンティレバノン山脈の間にあり、この二つの山
10 脈が接近して狭くなっている所である。そしてこの地溝帯がもっとも幅を狭める、ちょうどその箇所で沼と
湖が行く手をさえぎっていて、ここで芳香葦の刈り取りが行なわれている。

四六 この箇所を両側から砦が見下ろしていて、一方はブロコイ、もう一方はゲラと呼ばれ、その間を通
2 る道はわずかの幅しかない。アンティオコスはこの地溝帯の道を数日間行進し続け、周辺の町を味方に引き

---

(1) 大メディアと区別されるメディア・アトロパテネ（イラン北西部からアゼルバイジャンにかけての地域）の住民。ストラボン『地誌』第十一巻一三-一参照。

(2) ティグリス川の右岸につながる湖のそば、バグダッドからティグリス川を三〇キロメートルほど下ったところに位置する。前三一二年頃セレウコス一世によって帝国の首都として建設されたが、まもなくして政治の中心は西方のアンティオケイアなどに移った。

(3) マケドニア人の将軍。アンティオコス三世に仕える。

(4) セレウケイアとティグリス川をはさんで対岸に位置する。

(5) 前二二二／二二一年の冬。

(6) アンティオケイアの南方、オロンテス川のほとりの都市。前一八八年にローマとアンティオコス三世が和約を結んだ場所（プリュギア地方のアパメイア）とは別。

(7) アパメイアからオロンテス川を遡った、レバノン山脈沿いの都市。地中海岸のラオディケイア（現ラタキア）とは別。

(8) 王はオロンテス川沿いを遡って、レバノン山脈とアンティレバノン山脈（シャルキ山脈）の間を南進した。マルシュアスはストラボンがマッシュアスと呼ぶ多産な平原で（『地誌』第十六巻二-一八）、現在のベカー高原。

3 入れたのち、ゲラの前に現われた。しかしそのときにはアイトリア人のテオドトス[1]がすでにゲラとブロコイ
を占拠していて、しかも湖のそばの隘路には壕と柵をめぐらせて防御を固め、要所には監視兵を配置してい
4 た。王は初めのうちここを突破しようと試みたが、この地がきわめて堅固なために敵に与える損害よりも味
方が受ける損害の方が大きく、しかもテオドトスはいっこうに動じる気配がないのを見て、この試みをあき
5 らめた。こうしてこの地点で困難な事態に陥っていたところへ知らせが届き、クセノイタスの軍勢が壊滅的
な敗北を喫したこと、そしてモロンが上方の諸州をすべて掌握したことを聞かされたアンティオコスは、こ
ちらの遠征を取りやめて、国内の危機を救うために急いで引き返した。
6 クセノイタスは先に述べたように、遠征軍の最高司令官として送り出されたのだが、予期していた以上の
権限を与えられたために、味方の兵士たちの使い方に過度の自信が生まれ、敵への攻め方があまりに大胆に
7 なっていたのである。司令官に指名されたあと、クセノイタスはセレウケイアに入ると、スシアナの長官デ
ィオゲネスとエリュトラ沿海地方[2]の長官ピュティアデスを呼び寄せてから軍隊を率いて出発し、[川の右岸に
8 布陣して]ティグリス川を前面の防御として敵軍と陣を相対した。そこへモロンの陣営から多数の兵士が川
を泳いで渡ってきて、クセノイタスに告げて言うには、もしクセノイタスが渡河を決行すれば、モロンの
軍勢はことごとくクセノイタスの側に寝返るだろう、なぜなら兵士たちはモロンに恨みをもつ一方、王に強
い親愛を抱いているからだ、というのである。これを聞いたクセノイタスは、勇み立ってティグリス渡河を
9 決意した。そこでまず川の中に中州のある箇所を探してそこに橋を架けるように見せかけたが、そのために
必要な材料はなにひとつ準備するようすがなかったので、それを見たモロン側はこの見せかけの作戦をいっ

10 こうに気にかけなかった。しかし一方でクセノイタスはたくさんの舟を集めて、それに装備をほどこす作業
11 を熱心に進めた。そして全軍から屈強の騎兵と歩兵を選り抜くと、自陣にゼウクシスとピュティアデスを残
12 して、夜中モロンの陣地から八〇スタディオンほど下流の地点まで川沿いを下った。それから兵士たちを舟
に乗せて無事に川を渡り、夜の明けないうちに適当な場所を選んで布陣した。そこは周囲のほとんどを川に
囲まれ、残りの部分も沼地と湿原に守られた場所だった。

四七 事態に気づいたモロンは騎兵隊を送り出し、こうすれば後に続いて渡ってくる軍勢を押しとどめ、
2 すでに渡り終えた軍勢を粉砕するのは造作もないことと楽観していた。ところが騎兵隊はこの地の形状につ
いての心得がなかったために、クセノイタスの陣営に近づいたところで、敵の攻撃を待つまでもなく、自ら
破滅に飛び込むかのように、沼に足を取られて沈み込んでしまった。このため兵士たちはことごとく動きが
とれなくなり、そのうちの多数がその場で命を落とした。

3 クセノイタスは自分が敵陣の前に姿を現わしさえすれば、モロン側の軍勢はこちらに寝返ってくるはずだ
4 と確信していたから、川沿いを前進し、敵陣のすぐ近くまで来たところで自陣を設けた。するとこのときモ
ロンは、それが彼の戦術だったのか、あるいは味方の兵士たちを信頼しきれず、クセノイタスの予想したよ
うなことが実際に起こるのを心配したのか、いずれにせよ荷物だけを陣内に置き去りにして、夜間にその場

---

(1) 第五巻四〇-一参照。
(2) ティグリス・ユーフラテス河口に近接する地方。エリュトラ海はペルシア湾からアラビア海、紅海にかけての海域を指す。

5 から軍隊を引き上げると、大急ぎでメディア方面へ向けて遠ざかっていった。クセノイタスの方はモロンが
急襲に恐れおののき、また自軍の兵士も信頼できないので、逃げ出したのだと思い込んだ。そこでまず敵の
陣地の真向かいに自陣を置いてからそこを奪い取ったのち、ゼウクシスの守る陣地から騎兵隊をその装備と
6 ともにこちらの岸へ渡した。その後兵士たちを集めて士気を鼓舞し、モロンが逃げ出した以上、最良の結果
7 を期待してよいと説き聞かせた。そして言葉を続けて、明朝にさっそく敵軍の追跡を開始するから、みんな
体を休め、英気を養うようにと指示した。

四八 これを聞いてすっかり安心した兵士たちは、豊富な食料を奪い取ったばかりでもあったから、御馳
2 走と酒をたらふく腹に入れ、そうなれば当然のことながら気の緩みも陣内に広がった。ところがモロンの軍
隊はある程度の距離を進んだところで食事をすませると、そこから反転して再び姿を現わした。そして敵の
3 兵士たち全員が散り散りのまま酔いつぶれているのを見つけると、夜明け頃、敵陣を急襲した。クセノイタ
スは思いもかけない出来事に周章狼狽し、兵士たちを目覚めさせようにも酔いの深さのためにそれもかなわ
4 ず、とうとう狂ったように単身で敵に向かって突撃して討ち取られた。眠っていた者は大多数が寝床から起
き上がる間もなく刃にかけられた。川に飛び込んで対岸の自陣まで泳いで渡ろうと試みる者もあったが、そ
5 れもほとんどが力尽きた。陣地周辺ではだれもが驚愕と恐怖に圧倒され、あらゆるかたちの混乱と叫喚があ
6 ふれた。その一方で対岸の自陣は目の前に見えていて、手を伸ばせば届くかのような距離にあったから、た
7 だ助かりたい一心で、川の流れの強さも手ごわさも兵士たちの頭の中にはなかった。精神の異常と生存への
願望に突き動かされるかのように、兵士たちは次々に川に身を投じ、さらに畜獣も装備といっしょに川に突

8 き落とした、まるで川がなにか自らの意志のようなものをもって力を貸してくれ、そして対岸にある自陣ま
9 で無事に渡してくれると信じているかのように。この結果、川の中では泳ごうとする人間たちと並んで、馬、
荷役獣、武具、死体、そしてさまざまな荷物類、それらのものいっさいが水の流れに運ばれ、その光景はま
さに悲劇であり悪夢であった。

10 モロンはクセノイタスの陣地を制圧したあと、対岸に向かった。ゼウクシスの陣地にいた兵士たちも攻撃
11 を恐れてすでに逃げ出していたので、なんなく川を渡りきると、こちらの陣地も占拠した。それが終わると、
12 軍隊を率いて今度はセレウケイアに向かった。ここでもゼウクシスたちは早々と脱出し、セレウケイア市統
治官ディオメドンもそれと行を共にしていたので、この都市も一撃で奪い取ると、さらに進軍を続けて上方
13 の諸州をやすやすと支配下に収めていった。まずバビロニアとエリュトラ沿海地方を勢力下に置いたのち、
14 スサ(1)に軍を進めた。ここでは市街は一撃で攻め取ったものの、城砦への攻撃は、司令官ディオゲネス(2)がここ
15 にいちはやく防衛に駆けつけていたために、なかなか戦果を上げられなかった。そこで攻撃をいったん中止
し、包囲のための軍勢だけを残して急いでこの地を離れると、ティグリス河畔のセレウケイアに軍隊ととも
16 に引き上げた。そしてここで軍勢に休養をとらせ、さらに今後の戦いに向けて兵士たちの士気を鼓舞したの

(1) アカイメネス朝ペルシアの王宮が置かれていた古都。スシアナ州の中心都市。
(2) スシアナ州の長官。第五巻四六-七参照。

ち、エウロポス市[1]に至るまでのパラポタミア[2]、さらにはドゥラ[3]に至るまでのメソポタミアの制圧に成功した。
17 以上のような情勢がアンティオコスのもとに報告されたために、前述のように[4]アンティオコスはコイレ・
シリアへの遠征計画を中止し、この方面の征討に向かったのである。

四九 ここで再度御前会議が開かれ、モロンの反乱についてどのような行動をとるべきかについて、王か
2 ら諮問が出された。このときもやはり最初に発言したのはエピゲネスで、現状についての彼の答えは、反乱
軍がこれほどの優勢を確保するまで待つことなく、初めから私の意見に従ってすばやい行動をとるべきだっ
3 た、とはいえ今からでも遅くはない、討伐に取りかかるべきだ、というものだった。するとまたしてもヘル
4 メイアスが突然火のついたように怒りだし、エピゲネスを誹謗し始めた。そして凡人がよくやるように自身
をほめちぎる一方、エピゲネスに根も葉もない罵言を投げつけながら、王に向かって進言し、コイレ・シリ
5 ア獲得の希望をこのように理由もなく中止してはならない、放置は許されない、と繰り返した。この暴言に
よってヘルメイアスは大方の出席者の反感を買い、アンティオコスの機嫌を損ねたあげくに、同席者との間
6 で始まった口喧嘩を、王から懸命の仲裁を受けてやっとのことで止めるありさまだった。結局エピゲネスの
提言の方が急を要し国益にもかなうと多数の者が判断したので、モロンへの征討軍の出発とそのための準備
7 開始の案が［王によって］決定された。するとヘルメイアスはたちまち手のひらを返したように、まるでそれ
が自分の提言だったかのような口ぶりで、全員が素直に決定に従わねばならないと宣言し、遠征準備に精を
出した。

五〇 ところが軍勢がアパメイアに集結したとき、給与の未配問題が原因で兵士たちの間からちょっとし

2 た反抗が生じた。王はこのような事態がこのような時期に発生したことに当惑し不安を覚えたが、そのよう
すを目にしたヘルメイアスは王に語りかけ、もしエピゲネスを遠征に同行させないことに王が同意してくれ
3 るなら、兵士全員の給与支払いを済ませましょうと約束した。そして、軍勢の間にこれほどの不満と不和を
4 抱えたままでは、とうてい兵士たちに適切な行動を期待することはできないから、と付け加えた。王はヘル
メイアスのこの物言いに立腹し、またエピゲネスにはその豊富な戦闘経験ゆえに、なんとしても遠征に同行
5 してもらいたいと切に願っていたのだが、しかしヘルメイアスの邪心が張りめぐらせた策謀と監視と保護に
取り囲まれて動きを封じられ、自分の意志を通すことができなかった。そのため周囲の圧力に抗しきれず、
6 やむなく要求を承認した。エピゲネスが命令どおり軍務から退き……[5]、御前会議の構成員たちはヘルメイア
7 スの嫉妬の強さに恐怖を覚えたが、兵士たちの方は要求していたものが手に入ったので、一転して上機嫌に
なり、給与支払いの是正をしてくれた人物に好感をもつようになった。ただしキュレスティケ[6]から来た兵士
8 たちだけは別だった。彼らは造反を起こし、数にしておよそ六〇〇〇人に及ぶ者たちが隊列を離れて、かな

(1) ドゥラ・エウロポスの名で知られるユーフラテス川中流の右岸に位置する都市。前三〇〇年頃、軍事拠点として建設された。現シリア国内アブーカマールの北方。
(2) ユーフラテス川右岸の地域。
(3) ティグリス川の左岸、現モスルの近くの都市。
(4) 第五巻四六-五参照。
(5) 写本に一部欠落が推定される。
(6) シリア北部、ユーフラテス川上流、コンマゲネ地方の南に接する地方。キュレスティケ兵の造反の理由ははっきりしないが、おそらくエピゲネスがキュレスティケ地方となんらかのつながりがあったのかもしれない。

り長い間にわたって数々の不穏の種になった。しかし結局は王の遣わしたある将軍の手で武力鎮圧されて、
9 大多数は戦死し、生き残った者も王の御意に身をゆだねた。
ヘルメイアスは廷友たちを恐怖によって、軍隊を気前よさによって懐中に取り込むことに成功すると、ア
10 パメイアを立って王とともに遠征の途に着いた。そのさいエピゲネスの件に決着をつけるため、アパメイア
11 の城砦防衛隊長アレクシスを共犯者に引きずり込んで、次のような策略をしかけた。まずモロンがエピゲネ
スに送ったという体裁の手紙を書き上げると、エピゲネスの家僕のひとりを多大の報酬をえさにして籠絡し、
12 その手紙を主人の宿舎に持っていって、エピゲネスの書類の中に紛れ込ませておくよう頼んだ。それが実行
に移されたところで、間髪を入れずにアレクシスがエピゲネスの宿舎を訪れ、モロンから手紙かなにかが届
13 いていないかと問いただした。エピゲネスはそれを懸命に否定したが、アレクシスは宿舎内を捜索すると言
14 い渡した。そして中に入るやいなや例の手紙を発見し、それを理由にして即刻エピゲネスを処刑した。その
報告を受けた王はエピゲネスの死刑が正当な報いだったと信じ込んだけれども、宮廷周辺の人々は事件の真
相に疑念を抱きつつも、恐れから沈黙を守っていた。

五一　アンティオコスはユーフラテス川のほとりに着いたところでいったん軍勢を休息させ、その後あら
ためて進軍を開始した。そして冬至の頃[1]にミュグドニアのアンティオケイア[2]に到着すると、真冬の厳しい寒
2 さが過ぎ去るまでそこに留まることにした。そして約四〇日間の滞在ののち、リッバ[3]に向かった。
3 そこで会議が開かれ、どの経路をとってモロンに向かって行くべきか、さらにどこから、どんな方法で行
軍に必要な補給物資を入手するべきかについて――その頃モロンはバビロン近辺に居場所を置いていたので

4 ――議論がなされた。ヘルメイアスは、ティグリス川沿いを、この川とリュコス川とカプロス川を防御の濠
5 として利用しながら進むべきだと提言した[4]。ゼウクシスはエピゲネスの最期が目の前にちらついていたので、
自分の意見を口にしてよいものかどうか思い悩んだけれども、ヘルメイアスの提言の愚策であることは明白
6 だったから、勇を鼓して口を開き、ティグリス川を渡るべきだと主張した。そしてその理由としてゼウクシ
スがあげたのは、川沿いの行軍の困難さであった。なかでも――とゼウクシスは続けた――しばらく川沿い
を進めばその後六日間にわたって砂漠の中の道が続き、そこを通り抜ければ王の運河[5]と呼ばれる場所にたど
7 り着く。しかしこの運河はすでに敵に制せられているから、これを渡るのは不可能であるし、かといって再
8 び砂漠を通って引き返すのは、当然予想される水の欠乏を考慮すれば危険きわまりない。一方いまティグリ
ス川を渡って、そこから間違いなく生じることを言えば、まずアポロニアティス地方の住民は、今でも自ら
の意思ではなく脅迫されてやむなくモロンの命令に従っているだけだから、王の姿を見れば態度を一変して、

(1) 前二二一／二二〇年の冬。

(2) メソポタミア北部、交通の要衝として古くから栄えたニシビス。そこにセレウコス一世があらたに植民者を送ってアンティオケイアと名付けた。現シリアとトルコの国境に位置するヌサイビン。

(3) 不詳。ティグリス川沿岸か。

(4) リュコス川とカプロス川はともに北東から南西方向に流れてティグリス川に合流するザーバルカビール川（大ザーブ川）とザーバスサギール川（小ザーブ川）。ヘルメイアスの意見は、メディア方面からの奇襲攻撃を川で防ぎながら、ティグリス川の右岸を下っていくべきだ、ということ。

(5) ティグリス川とユーフラテス川を結ぶ運河。位置は不詳だが、セレウケイア近辺か。

9 王の方になびくだろう。次にその地方の豊かさを考えれば、軍勢への食糧補給が不足することはありえない。
10 そしてなによりも重要なのは、モロンがメディアへの退路を絶たれ、その地方からの物資補給からも締め出
11 されてしまうことだ。そうなればモロンは決戦を挑まざるをえなくなり、もしそれを避けようとすれば、モ
ロンの軍勢はすぐさま主を見捨てて、王の方に希望をかけるだろう。

五二　このゼウクシスの意見が採用され、将軍たちはただちに軍勢を三つに分割して、川の三箇所で兵士
2 と物資を渡した。そしてそれが終わるとドゥラに向かって進軍し、モロン側のある将軍によって包囲されて
3 いたこの都市を一撃で包囲軍から解放した。さらにそこから八日間休みなく行軍を続け、オレイコンという
山地[1]を越えて、アポロニア[2]に下りてきた。

4 ちょうどその頃王の到来を知ったモロンは、スシアナとバビロニアがモロンの支配圏内に入ってまだ日が
浅く、しかもそれが不意の出来事だったために、この両州の住民に信頼をおいていなかったほか、さらにメ
ディアへの退路を閉ざされてしまうのではないかという恐れもあったので、ティグリス川に橋を架け、軍勢
5 を［左岸に］渡すことを決めた。そしてできればアポロニアティス地方の山岳地帯をいちはやく確保したいと
6 望んだのは、この地に住むキュルティオイ族の石弓兵に頼ろうとしたからである。そこで渡河を終えると、
7 速度を上げて早足で前進を続けた。モロンが目的地に足を踏み入れようとするのと同時に、王がアポロニア
8 から全軍を率いて歩み出したから、両軍の先行軽装兵部隊がある丘の頂で遭遇することになった。双方の部
隊はまず接近して交戦を試みたが、いずれの側も本隊が追いついてくると戦闘を止めた。そしてそのときは
双方とも自軍の安全地帯まで後退し、両軍は四〇スタディオンの間隔をあけて陣営を相対した。

9 しかし夜になったところでモロンは思案をめぐらせ、反乱軍が昼の明るいとき王に顔を向けて戦うことに
なれば苦戦と不利はまぬかれないと判断して、夜のうちにアンティオコス軍に急襲をかけることを決意した。
10 そこで全軍からとくに経験豊かで体力にもすぐれた兵士たちを選び出すと、どこか有利な地点を見つけてそ
11 こから攻撃しようと、迂回路をとって進んで行った。ところが前進の途中で兵士一〇人が集団で隊列から抜
12 け出し、アンティオコス陣に駆け込んだため、この計画は中止せざるをえなくなった。来た道を急いで引き
返し、夜明け前に自陣に戻ったモロンだったが、それによって陣内の全域に混乱と喧騒をまき散らしてしま
13 った。というのも突如近づいてきた一団に目を覚まされた陣内の兵士たちは、恐慌に陥り、あやうく陣を出
14 て迎え撃とうとするところだったのである。モロンは大あわてでこの混乱を静めてまわった。

五三　一方、王は戦いへの意欲をみなぎらせながら、空が明るくなると同時に全軍を陣地から引き出した。
2 まず右翼の端には投槍騎兵隊を置き、その指揮官として、だれもが認める戦場の勇士アルデュスを指名した。
3 その横に同盟を結ぶクレタの兵士たち、それに続いてガリアのリゴサゲス兵(3)が並んだ。そのかたわらにはギ
4 リシアから来た傭兵を置き、そのそばに密集陣列を組む部隊を配した。左翼はヘタイロイ(4)と呼ばれる騎兵部
5 隊にまかせた。象は全軍の前に一〇頭、互いの間隔をあけて並べていった。さらに歩兵と騎兵からなる予備

(1) ザーバスサギール川がティグリス川に合流する地点の南にある現ハムリーン山脈とマフール山脈。
(2) アポロニアティス地方の中心都市。バグダッドの北方。
(3) 小アジアのガリア人の傭兵。
(4) 本来はマケドニア王に仕える騎兵隊を指したが、セレウコス朝においても名称が踏襲された。

6 部隊を両翼に分け、戦闘が始まったら敵軍を取り囲むよう指示した。それだけのことを終えるとアンティオ
コスは、戦列内を巡回しながら、その場にふさわしい簡潔な言葉で奮闘を呼びかけた。左翼はヘルメイアス
とゼウクシスにまかせ、王自身は右翼の指揮をとった。
7 　かたやモロンはというと、夜の間に起きた騒動のために、軍勢の出陣におおいに苦労したばかりか、戦列(1)
8 の配置でも混乱をきわめた。しかしともかくも騎兵を両翼に分割して、敵の陣列に対抗させたほか、長盾兵
9 とガリア兵を始め重装備の歩兵を、両翼の騎兵隊の間に配置した。さらに弓兵や投石兵などの部隊を両翼の
10/11 騎兵隊の外側に置き、全軍の前には鎌付き戦車(2)を、間隔をあけて並べた。左翼は弟のネオラオスにまかせ、
モロン自身は右翼の指揮をとった。

五四　いよいよ両軍が衝突したとき、モロン側の右翼は信頼を裏切ることなくゼウクシスの部隊に向かっ
て果敢に切り込んでいったけれども、左翼は交戦に入ろうとして王の目の届くところまで来た瞬間、敵陣営
2 に身を移してしまった。こうなるとモロンの軍勢もたちまちしおれてしまい、逆に王の軍隊はますます力を
3 みなぎらせた。この成り行きを見て取ったモロンは、自身もすでに敵に四方を取り囲まれるという状況にあ
って、もしこのまま敵の手中に落ち、生きて虜囚となれば、わが身が受けるであろう凌辱のほどを目に浮か
4 べ、自らの手で命を絶った。そのほか反乱に加わった者たちも、みな各自の地元に逃げ帰ったあと、同じよ
5 うにして最期を遂げた。ネオラオスは戦場を逃げ出してから、ペルシスにいるモロンの弟アレクサンドロス
のもとに現われた。そして兄弟の母とモロンの子供たちを刃にかけ、彼らの死を見とどけると、アレクサン
ドロスにも後に続くようにと言い残し、自刃して果てた。

6 王は敵の陣地から物資を奪い取ったあと、モロンの死体をメディア中のいちばん目立つ場所に磔にしてさ
7 らすよう命令した。この命令は、それを指示された者たちの手でそくざに実行された。死体はカロニティス
8 地方(3)に運ばれ、ザグロス山地への登り道に磔にしてさらされたのである。一方王は反乱に加わった兵士たち
を長いあいだ叱責したが、結局右手を差し出して［赦免し］、幾人かの将校にこの兵士たちのメディアへの送
9 還と、その地方の秩序回復の任を託した。その後王自身はセレウケイアに下りていって、周辺諸州の立て直
10 しに着手したが、だれに対してもその処分は穏便で賢明であった。しかしヘルメイアスは自分の性向を曲げ
ることなく、セレウケイア住民の罪を認定して、この都市に一〇〇〇タラントンの罰金を科したほか、アデ
イガネスと呼ばれる人々(4)を追放処分にし、さらには多数のセレウコス住民に手足切断、切りつけ、身体引っ
11 張りなどの拷問を加えた末に、死にいたらしめた。王はヘルメイアスに訓示を与えたり、自身の判断で処理
したりしながら、ようやくのことでこの都市の平穏と秩序を取り戻すことに成功した。罰金は住民たちの愚
12 行の報いとして一五〇タラントンだけを徴収した。これらの処分が完了したのち、王はディオゲネスをメデ
ィアの長官、アポロドロスをスシアナの長官として残した。また軍備担当大臣テュコンをエリュトラ沿海地
13 方の長官として派遣した。こうしてモロンの離反とそれが上方諸州に引き起こした動乱は鎮圧され、秩序が

(1) ガリア人特有の平たくて縦に長い盾を持つ兵士。
(2) 左右の車輪に大鎌を付け、これを回転させながら敵陣に突進する。ペルシア人の発明とされる。クセノポン『アナバシス』第一巻八-一〇参照。
(3) アポロニアティス地方の東、ザグロス山地の麓。
(4) 都市の評議会の議員。

回復された。

五五　この勝利によって勢いづいた王は、国内の諸州の向こう側に隣接する夷狄の首長たちが、今後国内
の反乱者への兵力提供や物資供給などの行動に出ないように威嚇し、力を見せつけておきたいと考えて、そ
2 の方面への遠征を企図した。そしてその最初の標的として、このあたりの首長のなかでも最大の実力と最高
の資質をもち、サトラペイオイ族[1]とその近隣の諸部族に君臨するといわれるアルタバザネスにねらいをつけ
3 た。しかしヘルメイアスは上方地域への遠征の危険性を考えて尻込みする一方、プトレマイオスへの遠征と
4 いう当初からの計画に執着していた。ところがそこへ王の息子[2]が誕生したという知らせが届くと、ヘルメイ
アスは考えを変え、もしアンティオコスが上方地域へ遠征すれば夷狄の手で王の身になにかがふりかかるか
5 もしれない、王を排除するための機会が訪れるかもしれないと期待して、遠征に同意した。もしアンティオ
コスの排除が実現すれば、自分が幼い王の摂政となって権力を振るえるだろうと期待したのである。
6/7 遠征が決定され、アンティオコスたちはザグロス山地を越えてアルタバザネスの領国に踏み込んだ。その
領国というのは、間に横たわる山脈をへだててメディアと隣り合い、向こう側はパシス川[3]のあたりでポント
8 ス海にまで達し、またヒュルカニア海にものぞむ地域である。優秀な戦士とくに騎兵となる多くの人口を有
9 するほか、それ以外にも戦争の備えとなる品々には不足しない。ここはアレクサンドロスの時代にも闘争の
10 圏外にあり、そのときのペルシア人による支配が今なお続いている[4]。アルタバザネスは王の来襲を聞いて怯
え、また自分がすでに非常な高齢であることになによりの不安を感じていたので、状況にあらがおうとせず、
アンティオコスの望みどおりの条件で協定を結んだ。

五六　協定締結後、王の寵のとりわけ厚い侍医アポロパネスは、ヘルメイアスの専横ぶりがもはや規矩を
はずれているのを見かねて、王の身の上を心配すると同時に、むしろそれ以上に自身の安全について疑念と
2 危惧を抱き始めた。そこで時をみはからって王に進言し、ヘルメイアスの横暴に気を許してはいけない、目
をしっかりと見開いておくように、そして兄君[5]と同じ運命があなたに襲いかかるまで手をこまねいていては
3 なりません、と忠告した。そして危険はすぐそばまで来ているのだと付け加えて、王自身と友人たちを助け
4 るために今すぐ対策を講じてくれるようにと懇願した。するとアンティオコスも相手に同意して、実は自分
もヘルメイアスを不快に思い、不安を感じていた、思いきって言ってくれたその心遣いに深く感謝する、と
5 答えた。アポロパネスは自分が王の気質と判断力について思い違いをしていなかったと分かって、おおいに
6 勇気づけられた。アンティオコスはアポロパネスに、言葉だけでなく行動でも王自身と友人たちの安全のた
7 めに力を貸してほしいと頼んだ。侍医がなんでも協力する覚悟だと答えたので、二人は相談のうえ、王に目
8 まいのような症状があると偽り、それを口実に身辺の警護隊員や日常の世話係を数日間遠ざけた。そしてそ

(1) アトロパテネ地方の民族。第五巻四四-八参照。
(2) ラオディケとの間の子（第五巻四三-一-四）。しかし王位に就く前に、前一九三年に父に先んじて死んだ（リウィウス『ローマ建国以来の歴史』第三十五巻一五-二）。
(3) カフカス山脈の南を流れ、黒海の東端に注ぐ現リオン川。
(4) ダレイオス王の死後、アレクサンドロス大王に投降し臣従していたペルシア人貴族アトロパテスが、アレクサンドロスの死後、この地方を手に入れた。アトロパテネという地方名はこのペルシア人に由来し、それ以来彼の一族がこの地方を支配し続けた。
(5) 遠征の途中、小アジアで暗殺されたセレウコス三世。第四巻四八-六-八、第五巻四〇-六参照。

の機会を利用して、あらかじめ選び出した一部の廷友を病気見舞いの名目で個別に呼び寄せ、談合を進めた。
9 こうして謀議の一員としてふさわしい人物を選定し、全員がヘルメイアスへの憎悪から喜んでついて行くと約束したので、あとは計画実行を待つばかりとなった。
10 侍医たちはアンティオコスへの処方として、夜明けの涼しい時間に散歩するようにと指示していたので、その朝もヘルメイアスは指定された時刻にやって来た。廷友たちのうちで計画に加わっていた者たちはヘル
11 メイアスの周囲に付いていたが、それ以外の者は、王の散歩の時刻がその朝はふだんよりもずいぶん早かっ
12 たために、まだ来ていなかった。周囲の者たちはヘルメイアスを陣営から離れた人気のない場所に連れ出し、
13 その後王がやむをえない用で少し身を引くふうを装ったとき、ヘルメイアスに短剣を突き立てた。こうしてヘルメイアスは最期を遂げたわけだが、彼がはたらいた悪行のはかりしれない大きさから見れば、それにふさわしい報いを受けたとは言いがたい死に方だった。
14 一方王は大きな不安と心労から解き放たれて、帰還の途に着いた。その帰路にあたる地方ではだれもがこのたびの王の遠征の成功を寿ぎ、とくにヘルメイアスの粛清については、王の行列のあいだじゅう、喝采を
15 叫んでいた。同じ頃アパメイアでは、女たちがヘルメイアスの妻を石打ちに処し、子供たちが息子たちを同様に処刑した。

五七 アンティオコスは王宮に戻ると、軍勢を冬越え(1)のために解散させてから、アカイオスのもとに使者
2 を送った。その目的は、まずアカイオスが王環を巻いて王の称号を名乗るという不遜な行動に出たことを咎め、その責めを問うためであり、さらにアカイオスがプトレマイオスと気脈を通じていることも、許される

範囲を超えた活動をしていることも、すべて露見しているのだと警告するためであった[2]。
3 というのもそれ以前、王がアルタバザネスへの遠征に出たとき、アカイオスはアンティオコスの身になに
か起こるだろう、仮になにも起こらなくても、遠く離れた所へ行ったからには、自分の方が先にシリアに入
4 れるだろうと予想し、さらに王から離反したキュレスティケの住民たち[3]を徒党に引き入れれば、王国全体に
覇を唱えるのに時間はかからないはずだと期待をふくらませて、全兵力とともにリュディア[4]を飛び出してい
5 た。そしてプリュギアのラオディケイア[5]に到着後、王環を着け、そのとき初めて王の称号を名乗って、諸都
市に王令を布告するという不遜な行動に出たのであり、それを後押ししてもっとも力のあったのが亡命者の
6 ガルシュエリス[6]だった。ところがその後アカイオスが休みなく前進を続け、リュカオニア地方[7]あたりまで来
たとき、軍勢が不満を抱き始め、この進軍がその生まれによって本来王位にあるべき人へ向けられたもので
7 あると気づいて、アカイオスへの服従を拒否した。兵士たちに背を向けられたのを悟ったアカイオスは、予
定していた計画を中止する一方、初めからシリアに進攻するつもりなどなかったのだと兵士たちに納得させ

---

(1) 前二二〇／一九年の冬。
(2) 第四巻四八-九－一二、第五巻四〇-七、四二-七参照。
(3) 第五巻五〇-七－八参照。
(4) 小アジア西部、ヘルモス川（現ゲディズ川）下流地域を中心とする地方。
(5) アンティオコス二世によって、マイアンドロス川（現メンデレス川）の支流リュコス川のほとりに建てられた都市。現デニズリ市付近。
(6) アカイオスの側近の将軍。第五巻七二参照。
(7) タウロス山脈の北、現トゥズ湖の南西方の地方。カッパドキア地方より南。

8 るために、進路を変更してピシディア地方[1]を荒らし始めた。そして兵士たちのために大量の略奪品を確保してやり、全員から好感と信頼を勝ち取ったうえで、自領へ引き返した。

五八 以上の経過について王は逐一報告を受けていたので、前述のようにアカイオスに繰り返し使いを送って威嚇[2]していたが、その一方でプトレマイオスに攻勢をかけるための準備にも全力をあげて取り組んでい
2 た。そして春の到来とともにアパメイアに軍隊を集結させると、廷友たちの会議を開き、コイレ・シリアへ
3 の侵攻をどのような方法で行なうべきかを問うた。多くの意見が出され、地勢について、戦備について、また海軍との共同作戦についてもさまざまな提案がなされたが、そのときセレウケイア[3]の生まれで、さきほど
4 も名前を出した［侍医］アポロパネスが、それらの意見をことごとく切り捨てた。彼が言うには、一方でコイレ・シリアを欲しがって、そこに遠征しながら、他方でセレウケイアがプトレマイオスに牛耳られているのを放置するのは、痴者の策である。セレウケイアこそは——とアポロパネスは続けた——われらの王国の
5 始祖であり、炉[4]であると言ってもよいのだから。この都市がエジプト王の虜になっていることがわれらの王国にとってどれほどの恥辱であるかということのほかに、軍事的観点から見ても、この問題にはなににもま
6 して重大で看過できない緊急性がある。というのも、われわれがどんな戦略をとるにせよ、セレウケイアが
7 敵の手中にあるかぎり、ここが最大の障害になってしまうのだ。進攻の標的をどこに定めようと、この都市の脅威が存在するあいだは、自国領土の防衛と警戒のために、敵地への攻撃に劣らないだけの戦力を割かね
8 ばならない。だがここを制圧すれば、自領の保全に不安がなくなるばかりか、その立地上の利点を生かして、
9 陸上海上を問わず、さまざまな作戦や計画に力を貸してくれる大きな味方を手に入れることになる。アポロ

10 パネスのこの主張に全員が賛意を表わしたので、まずこの都市を奪い返すことが決定された。当時セレウケ
11 イアでは、エウエルゲテスの添え名をもつプトレマイオスのあの事件以来、すなわちベレニケの死に怒った
この王が、シリアのこの地方に攻め寄せ、セレウケイアを制圧したあの事件以来、エジプト王の送り込む駐留軍による占領がなお続いていたのである(5)。

五九 この決定ののち、アンティオコスは海軍提督ディオグネトス(6)にセレウケイアへ船を進めるように命

---

(1) プリュギアの南、パンピュリアの北の山岳地方。

(2) 前二一九年。

(3) ピエリアのセレウケイア。オロンテス河口の北側に、セレウコス一世によって建設された。上流にあるアンティオケイアを海につなぐ港の役割を果たしていた。ストラボン『地誌』第十六巻二-七によればアンティオケイアからの距離は一二〇スタディオン(約二一キロメートル)。

(4) 炉は家の宗教的中心と見なされる。

(5) プトレマイオス二世(ピラデルポス)の娘で、プトレマイオス三世(エウエルゲテス)の妹にあたるベレニケが、前二五二年にアンティオコス二世(テオス)の後妻として輿入れし、その後しばらくプトレマイオス朝とセレウコス朝の間には平穏が保たれていた。しかしアンティオコス二世が前二四六年に死去すると、ベレニケと先妻ラオディケが、それぞれに自分の息子を後継の王と主張して争った。ベレニケから援助を求められたプトレマイオス三世(前二四六年、この事件の直前に即位)はシリアに進軍したが、アンティオケイアに到着したときベレニケとその息子はすでに殺害されていた。このあとプトレマイオス三世はベレニケたちの死を秘密にしたまま、正統な王の擁護者としてセレウコス朝領内を行軍した。これをきっかけにプトレマイオス三世とセレウコス二世(カリニコス、ラオディケの子)の間に、ラオディケ戦争または第三次シリア戦争(前二四六―二四一年)と呼ばれる戦争が起こる。

(6) 第五巻四三-一参照。

令するとともに、自身も軍隊を率いてアパメイアを出発し、目標の都市から五スタディオンほどの距離を置
2 いて、戦車競走場の付近に陣営を設けた。その一方で「半分増し」のテオドトス(1)を相応の兵力とともにコイ
レ・シリア方面へ派遣したのは、地溝帯(2)を占領して、王自身の活動を側面から援護させるためだった。
3/4 ここでセレウケイアの位置とその周辺の地形的特徴を説明しておこう。セレウケイアはキリキア地方とフ
5 ェニキア地方の間の海辺に位置し、コリュパイオンという名の巨大な山(3)がこの都市を見下ろしている。この
山の西の端は、キュプロス島とフェニキア地方の間に広がる海の波に洗われ、東の山腹はアンティオケイア
6 とセレウケイアの領地に張り出している。セレウケイア市はこの山の南側の麓にあるのだが、都市と山の間
には深い渓谷が口を開けている。市から海の方に向かっては、凹凸の多い下り坂になっていて、その周囲の
7 ほとんどは断崖や尖った岩である。市を見上げる海岸には平坦な地面があり、そこに港の交易場と外城が設
8 けられていて、その周辺には堅固な城壁が張りめぐらされている。都市本体も同じように、その全域が頑丈
9 な城壁によって守られ、神殿など豪華な建築物が市内の美観を引き立てている。海に面した側から市内に入
10 る道は一本しかなく、細かく曲がりくねった階段が続く登りの道である。市からさほど遠くない所にオロン
テス川の河口があるのだが(4)、この川はレバノン山脈とアンティレバノン山脈のあたりに水源をもち、そこか
11 らアミュケ平野(5)を通り抜けて、アンティオケイアの市中に流れ込む。市内を通過するときには、人間の出し
たあらゆる汚物を豊かな水流で受け入れ、最後にセレウケイアの近くで、先に述べた海に注ぎ込む。
六〇　アンティオコスはまずセレウケイア市の統治にあたっている者たちに伝令を送り、金銭など多くの
2 条件を約束して、この都市を平和裏に接収しようと試みた。すると高官たちからは拒否されたけれども、い

くつかの部隊の隊長たち数人を買収できたので、この者たちを信頼し、海側には艦隊を、陸側には地上軍を
3 配備して攻撃の態勢を作ることにした。全軍を三つに分割してから、戦闘に向けて奮起を呼びかけ、兵士個
4 人であれ指揮官であれ武勲をあげた者には多大の褒賞と冠を授けると宣言した。そうしてゼウクシスの部隊
をアンティオケイアにいたる門の近辺に、ヘルモゲネスをディオスクロイ神殿のあたりに配置し、アルデュ
5 スとディオグネトスには港と外城への攻撃をまかせた。市内の協力者との間で合意ができていて、外城の制
圧が完了すれば、ただちに都市本体もアンティオコス側に譲り渡す手はずになっていた。
6 合図が出されるのを待って、各方面から全軍がいっせいに猛烈果敢な攻撃を始めたが、なかでもいちばん
7 に激しい勢いで攻め込んだのは、アルデュスとディオグネトスの部隊だった。というのも他の方面では、梯
子を架けて攻め込もうとしても、四つん這いで岩壁にしがみ付くようにしなければ城壁まで近づけなかった
のに比べて、港と外城の方は城壁に近づくのも、そこで立ち止まって梯子を架けるのも容易にできたからで
8 ある。このため軍船から降り立った兵士は港をめざし、またアルデュスの部隊は外城をめざして、それぞれ
に梯子を架け、なんなく城壁内になだれ込んだ。都市本体の守備隊が救援に駆けつけようとしても、四方か

---

(1) 第五巻四二-五参照。
(2) 第五巻四五-八参照。
(3) キリキア地方とシリア地方の間にあるアマノス山脈（現ヌル山脈）の南端に連なる現クズル山（標高一七九五メートル）。
(4) 市の南方にある河口まで、ストラボン『地誌』第十六巻二-七によれば四〇スタディオン（約七キロメートル）。
(5) アンティオケイアの北東に広がる現アミク平野。オロンテス川はこの平野の南端を通って、南西方向に流れを転じる。

9 ら敵の手が迫っていたために身動きできなかったから、外城はすぐにアルデュスの部隊の手中に落ちた。ここが占拠されたのを見ると、あらかじめ買収されていた隊長たちはすぐさま駐留軍の最高司令官レオンティオスのもとに駆け寄り、全市が武力制圧される前に、アンティオコスに使者を送り出して交渉を始めるべき
10 だと進言した。レオンティオスは隊長たちが買収されているとは知らず、その変わり身の早さをいぶかしみながらも、市内にいる者すべての安全の保障を求めてアンティオコスのもとに使者を送った。

六一　王は交渉に応じ、自由身分の者全員の安全を保障すると約束した。その数はおよそ六〇〇〇人であった。(1) そして市を受け取ると、自由身分の者を赦免したばかりか、亡命していたセレウケイア市民を帰国さ
2 せ、彼らの市民権と財産を回復させた。港湾と城砦には警戒兵を置いて守りを固めた。
3 ところでアンティオコスがこの作戦にたずさわっていたとき、テオドトスから(2)書簡が届き、その中でテオドトスはコイレ・シリアを引き渡すからすぐに来てほしいと呼びかけていた。アンティオコスはこの申し出
4 を驚きあやしみ、どのように対処するべきか、どんな行動をとればよいか思案した。テオドトスというのはアイトリアの出身で、プトレマイオスの王国のために大きな貢献をした人物であることは、先に述べたとおりである。ところがその貢献に対して少しも感謝してもらえなかったばかりか、アンティオコスによるモロ
5 ン征討のおりには生命さえ危険にさらされたため、王への敬意を失い、宮廷の要人たちへの不信もつのらせた。そこでプトレマイス(3)を自分の掌中に収め、テュロス(4)をパナイトロスに占領させたうえで、アンティオコスに急いで来るようにと呼びかけたのである。
6 王はアカイオス征討を延期し、その他の課題もすべて脇に置いて、軍隊とともに出発すると、前回と同じ

7 経路をとって進んで行った。(5)マルシュアスの地溝帯を通り抜けたあと、道の狭くなった箇所まで来ると、湖
8 をへだててゲラに相対する地点に陣営を置いた。そこへ報告が入り、プトレマイオスが派遣した将軍ニコラ
オス(6)がプトレマイスの前に陣取って、現在市内のテオドトスを包囲していると知らされたアンティオコスは、
まず重装兵隊をその場に残し、隊長たちに命じて、湖と道路を見下ろす位置にあるブロコイの砦を包囲する
よう指示した。そしてアンティオコス自身は軽装兵隊を引き連れ、プトレマイスを包囲軍から解放するため
9 に先に進んだ。しかしニコラオスはその前に王の到来の情報を得ていて、プトレマイス近郊から撤退する一
方、クレタ人ラゴラスとアイトリア人ドリュメネスの部隊を送り出して、ベリュトス(7)近くの山間路をいちは
10 やく占拠させていた。王はこの部隊を急襲して追い返すと、この山間路に陣営を構えた。

六二　アンティオコスはここで残りの軍勢が追いついてくるまで待ち、兵士たちに今後の進攻に向けてさ

(1) 六〇〇〇人というのは成人男子に限った数字であろう。
(2) プトレマイオスに仕える将軍。第五巻四〇-一-三、四六-三-四参照。
(3) ハイファ湾の北にある港町、現アッコ。
(4) フェニキアの海港都市。プトレマイスの北の現スール。プトレマイスと同じく当時はプトレマイオス朝の支配下にあった。
(5) 第五巻四五-八-四六-二参照。
(6) テオドトスやパナイトロスと同じくアイトリア出身（第五巻六八-五）。パナイトロスとニコラオスとラゴラス（後出）は、いずれもこのあとテオドトスに続いてプトレマイオスのもとを去り、アンティオコスに仕える将軍になる（第七巻一五、第十巻二九-六、四九-一一）。
(7) 現ベイルート。その近くの隘路とは、現ザフレからレバノン山脈を越えてベイルートにいたる道路であろう。

らなる奮起を促したのち、全軍を率いて前進を再開した。心中に前途を思い描き、勇気と自信に満ちあふれ
2 た出発であった。テオドトスとパナイトロスが仲間たちとともに出迎えに来たので、アンティオコスは彼ら
を温かく受け入れ、続いてテュロスとプトレマイスを市内の軍備ともども接収した。そのなかには四〇隻の
3 軍船も含まれており、そのうちの二〇隻は甲板を備えた船で、その高度な装備は四段櫂船と比べても劣るも
のではなく、それ以外の船は三段櫂船と二列櫂船[1]と快速船[2]だった。これらの船は海軍提督のディオグネトス
4 に引き渡した。そこへ報告が入り、プトレマイオスがメンピス[3]へ出かけたこと、一方軍勢はすべてペルシオ
5 ン[4]に集められて、水門を開く作業[5]と、飲料水の取り口をふさぐ作業に取りかかったことを知らされると、ア
ンティオコスはペルシオン攻略を断念し、代わってあちこちの都市を経めぐりながら、あるときは武力によ
6 って、またあるときは交渉によって味方に引き入れる作戦を始めた。そのうち弱小都市はアンティオコスの
接近にひるみ、すすんでその軍門に下ったけれども、守備の戦力と地形の堅固に自信のある都市は抵抗した。

その場合にはアンティオコスも都市の前に腰を据え、時間をかけて包囲戦を展開せざるをえなかった。
7 一方プトレマイオス側では、これほど明らかな協定侵犯をされた以上、味方の陣営のためにそくざに救援
に駆けつけるのが当然の義務であったが、しかしそのための戦力が足りなかったため、救援出動の計画さえ
8 もっていなかった。この王のもとでは、軍事にかんする事柄はそれほどまでにないがしろにされていたので
ある。
六三　しかしついに、当時王国の統治をつかさどっていたアガトクレスとソシビオス[6]が相談の末、現状を
2 切り抜けるための対策を可能な範囲内で立案した。その提案とは、まず戦争準備を整えること、そしてそれ

が完了するまでのあいだ、アンティオコスに使節を送り続けてその力を弛緩させること、そのさいにはアンティオコスが以前からプトレマイオスについて抱いているはずのあの予測を逆用すればよい、というものだ
3 った。というのもアンティオコスの側には、プトレマイオスは戦争をする勇気がない、だから廷友を通じた交渉によってアンティオコスにコイレ・シリアからの撤退を説得し承認させようとするだろう、という予断
4 があるはずだから、というのである。この提案が認められ、その実行の任をまかされたアガトクレスとソシ
5 ビオスは、アンティオコスへの使節派遣を慎重に進めていった。それと同時にロドスとビュザンティオンと
6 キュジコス(7)に、さらにはアイトリアにも声をかけて、調停のための使節に来てもらった。これらの使節が両
7 王の間を行き来して事態の進行を遅らせたことが、戦争準備のための時間稼ぎにおおいに役立った。アガト

(1) 構造は不詳。三段櫂船よりも小さい船だが、「二列」とは櫂の列が上下二段という意味か、それとも前後に二組という意味か定かでない。

(2) 連絡に使うための小型船。

(3) エジプト古王国時代からの古都。ナイル川デルタの頂点から二五キロメートル上流に位置する。

(4) ナイル川デルタの東端、スエズ運河の約二〇キロメートル東に位置する。東方からの侵攻に備える防御拠点の役割をもっていた。

(5) ナイル川の水を陸上にあふれさせて敵軍の侵入を困難にするため。

(6) ソシビオスについては第五巻三五‐七参照。アガトクレスはこのあとプトレマイオス四世の側近として重用されるようになる。王の死後には、幼王プトレマイオス五世の摂政として権力を握ろうと画策したが、反対勢力に殺された（第十五巻二五‐三三）。

(7) マルマラ海の南岸の都市。第四巻四四‐七参照。

クレスたちはメンピスに腰を落ち着けたままそこで使節との対応を間断なく続け、アンティオコスからの使
節も他と変わらない歓待ぶりで温かく迎え入れた。
8 その間にアレクサンドレイアには外地(1)の諸都市から、給与を受け取って呼びかけに応じた傭兵たちが続々
9/10 と集まってきた。外国兵募集官の派遣や、既存と新規の全兵士のための給与の準備も進められた。それ以外
にもさまざまな準備のために、多くの人がアレクサンドレイアを入れ替わり立ち替わり訪れ、計画遂行に必
11 要な物資に不足のないよう万全を期した。武器の調達それに兵士の選抜と分配については、テッサリア人の
12 エケクラテスとメリテイア人(2)のポクシダスにまかされた。さらにマグネシア人(3)のエウリュロコスとボイオテ
13 ィア人のソクラテスも同じ任にあたり、アラリア人(4)のクノピアスもそれに加わった。この男たちはいずれも
デメトリオスやアンティゴノス(5)の遠征に参加した経験があり、戦場の現実と遠征の実際について相応の見識
14 をもつ人物だったから、彼らを獲得したことはなににもまさる効果を陣営にもたらした。彼らは兵士たちを
引き渡されると、これ以上ないほどの巧妙さで部隊の編成に取りかかった。

六四　彼らはまず兵士を民族と年齢を基準にしていくつかの部隊に分割すると、各自が以前もっていた武
2 装にかかわりなく、それぞれの部隊にふさわしい武装を割り当てた。次に既存の編隊やこれまでの給与表に
3 基づく編成を解体して、今回の戦いに適合するような部隊編成に組み替えた。続いて訓練にかかり、命令に
4 従って動く練習はもちろん、それぞれの武装に合わせた動き方に習熟させることにも意を用いた。訓練の途
中には兵士たちの集会や奮励の呼びかけも行なわれ、そのようなおりにはアスペンドス人(6)のアンドロマコス
5 とアルゴス人のポリュクラテス(7)がたいへん有益な働きをした。この二人は最近ギリシアから渡ってきたばか

6 りなので、ギリシア人特有の覇気と創造性を失っておらず、そのうえ出自と資産でも一流の人物だった。と
くにポリュクラテスは、由緒ある家柄と父ムナシアダスが運動競技会であげた栄誉によって際立っていた。
7 この二人が共同であるいは単独で行なう呼びかけは、兵士たちの心に来るべき戦いへの情熱と士気を吹き込
んだ。

2 **六五**　以上の男たちは、それぞれが自分の経験から得意とする部隊の指揮を受け持った。まずマグネシア
人エウリュロコスは王の親衛隊(8)約三〇〇〇人を指揮し、ボイオティア人ソクラテスは軽盾兵二〇〇〇人を自
3 らの統率下に置くことになった。アカイア人ポクシダスとトラセアスの子プトレマイオスは、アスペンドス
4 人アンドロマコスとともに、密集隊歩兵とギリシア人傭兵を一体として訓練した。密集隊歩兵の指揮にはア
ンドロマコスとプトレマイオス、傭兵の指揮にはポクシダスがあたり、その数は密集隊歩兵が二万五〇〇〇
5 人、傭兵が八〇〇〇人ほどであった。宮廷付きの騎兵約七〇〇〇人はポリュクラテスのもとで演習を行ない、

---

(1) エジプト以外のプトレマイオス朝の領地。
(2) テッサリアの南、アカイア・プティオティス地方の都市。したがって第五巻六五-三ではポクシダスはアカイア人と呼ばれる。
(3) テッサリアの東の海沿いの地方。
(4) クレタ島内の都市。
(5) マケドニア王のデメトリオス二世とアンティゴノス三世（ドソン）。
(6) 小アジア南部のパンピュリア地方、アンタルヤ湾付近の都市。
(7) これ以降、次のプトレマイオス五世の時代まで、王の厚い信頼を得て仕えることになる（第十八巻五五-五）。
(8) アゲマと呼ばれる精鋭部隊。第五巻二五-一参照。

リビュア出身の騎兵と地元の騎兵もそれに加わった。それらすべてをポリュクラテスが指揮し、その総勢は
6 三〇〇〇人にのぼった。ギリシアから来た騎兵と傭いの騎兵全部、合わせて二〇〇〇人は、テッサリア人テ
7 ッタロスによるすばらしい鍛錬の結果、戦場にのぞんで見事な功績を上げた。だが兵士の訓練にだれよりも
熱心だったのはアラリア人のクノピアスであり、彼の率いる三〇〇〇人のすべてがクレタ兵だったが、その
8 うち一〇〇〇人が新式クレタ兵[1]で、その隊長[2]にはクノッソス人ピロンが任命された。リビュア兵三〇〇〇人
9 もマケドニア式の装備を与えられ、バルケ出身のアンモニオスの指揮下に入った。そしてエジプト人からな
10 る密集隊歩兵が二万人いて、これがソシビオスの統率下に組み込まれた。このほかトラキア兵とガリア兵も
参加していて、その数は入植者と後継者[3]合わせて約四〇〇〇人、新規の募集に応じた者が約二〇〇〇人を数
11 え、トラキア人ディオニュシオスがその指揮をとった。以上がプトレマイオス側で準備を進めていた兵力の
数量と種別の詳細である[4]。

六六　一方アンティオコスはドラ[5]という都市のまわりに包囲陣を敷いたものの、その地の堅固なのに加え、
2 ニコラオスの軍勢が救援に現われたために、なんら成果をあげられないでいた。そこで冬の近づく頃になっ
て、プトレマイオスの寄越した使節と四ヵ月間の停戦協定を結び、すべてを寛大な条件で解決することに同
3 意した。しかしこの妥協はアンティオコスの真意とは大きくへだたっていて、彼の本当の目的は軍隊を長期
間母国から離れた場所に留めておくことなく、セレウケイアに戻ってそこで冬越えさせたいということだっ
た。というのもアカイオスが今や何らはばかるところなくアンティオコスへの反乱を企てており、しかもプ
4 トレマイオスと意を通じていることも疑いない事実だったからである[6]。そこでアンティオコスは協定締結後、

［プトレマイオスのもとに］使節を派遣し、プトレマイオスたちの考えを聞いてできるだけ早く報告せよ、帰国
5 後の引見はセレウケイアで行なう、と指示した。そして相応の守備隊を現地に残し、その地の管理全般をテ
オドトスにまかせてから帰国の途に着き、セレウケイアに到着後、軍勢を冬越えのために解散させた。その
6 後はもはや兵士の訓練に力を入れなかったのは、このさき戦いが必要とされるような状況は来ないだろうと
思い込んでいたからである。なぜならコイレ・シリアもフェニキアもその一部がすでに自分の支配下にある、
7 それ以外の部分もおのずから、あるいは交渉によってこちらに転がり込んでくるだろう、しかもプトレマイ
オスには命運を賭けるような決戦に出る勇気はないはずだ、とアンティオコスは楽観していたのだ。そして
8 これは使節たちの判断でもあった。なぜならソシビオスはメンピスに居を構えてそこで使節一行を親切にも
9 てなす一方、アレクサンドレイアで進行している戦争準備については、アンティオコスに報告をもって帰る
一行がけっして目にしないよう配慮していたのである。

六七　この結果、使節がアンティオコスのもとに戻った頃には、ソシビオスの方はすでに万全の準備を完

（1）第五巻三一-一参照。
（2）前六世紀にキュレネ（現リビア国の東部海岸近く）がその南西に建てた都市。
（3）傭兵としてエジプトに来て、そのままそこで土地を受領し入植した者たちと、その息子たちでマケドニア式軍隊に編入された者たち。
（4）以上を合計すると、歩兵は密集隊歩兵四万五〇〇〇人を含む七万人、騎兵は五〇〇〇人になる。第五巻七九-二参照。
（5）イスラエル海岸、現ハイファの南二五キロメートルの所にある。
（6）第五巻五七-二参照。

2 了するまでになっていた。一方アンティオコスはソシビオスからの使節に対して、軍事力の点でも正当性の
3 点でも、どちらにおいても自分の方に分があると認めさせることに最大の努力を傾けた。つまりアンティオ
コスは、使節一行がセレウケイアに到着し、ソシビオスに指示されたとおり、講和の詳細な条件について交
4 渉に入ろうとしたとき、コイレ・シリアの占領という先頃犯した明らかに不当なこの侵害行為について弁明
5 し、この行為も正当性の観点から見れば実はたいしたことではないと言い放ったのである。それどころかこ
の王は、本来自分の所有するものを取り返しただけなのだからと言って、この占領を不当行為のうちに含め
6 ようとさえしなかった。アンティオコスが言うには、(1) 隻眼のアンティゴノスによるこの地方の最初の占領も、
その後のセレウコス［一世］による支配権取得も、きわめて正当かつ正大な獲得行為であり、それに基づい
7 てコイレ・シリア一帯の所有権はプトレマイオスではなく、自分たちにある。なぜならプトレマイオス［一
世］がアンティゴノスに戦争をしかけたのは、プトレマイオス自身のためではなく、セレウコスと共同でこ
8 の地の統治を推進するためだったのだから。そしてなによりも重要なのは、すべての王たちによるあの合意
事項であって、つまりそれは共同でアンティゴノスを破ったときに、カッサンドロスとリュシマコスとセレ
ウコスが協議のうえ全員一致の結論として、シリア全土はセレウコスのものと決めたことだ、とアンティオ
コスはたたみかけた。

9 一方プトレマイオスからの使節は、それと反対のことを証明しようとした。すなわちテオドトスの裏切り
とアンティゴノスの侵略を協定違反と断定し、このような現状は許しがたい不義不正であると反論したので
10 ある。そしてその論拠としてラゴスの子プトレマイオスによるこの地の獲得をあげ、あの［アンティゴノス一

世との戦いの」ときプトレマイオスがセレウコスと共同で戦ったのは、その条件としてアジア全土の支配権を
セレウコスに譲る代わりに、コイレ・シリア一帯とフェニキアをプトレマイオスが手に入れるという約束が
あったからだと主張した。
11 およそこのような主張が使節との会見と交渉の場で、双方から幾度となく繰り返されたが、結局成果はな
にひとつ得られなかった。なぜそうなったかといえば、論争が双方共通の友人を介して行なわれたので、ど
ちらかに非があると判明しても、その強弁をたしなめ制止する力をもつ人物が介在していなかったからであ
12 る。なかでも双方にとって最大の障害になったのは、アカイオスをめぐる対立だった。プトレマイオスはア
13 カイオスの件も条約の中に含めることに固執したが、アンティオコスの方はその問題について言葉を交わす

(1) 以下のコイレ・シリア支配権をめぐる論争に関連する歴史は次のとおり。(i) 前三一九年、プトレマイオス一世（ラゴスの子）がこの地に侵攻し占領。(ii) 前三一五年、アンティゴノス一世（「隻眼の」アンティゴノス）が侵攻し占領。(iii) アンティゴノス一世を共通の敵とするプトレマイオス一世とセレウコス一世（ニカトル）とリュシマコス（アレクサンドロス死後、トラキア方面を支配していた将軍）とカッサンドロス（マケドニア方面を支配していた将軍）の連合が成立。連合の取り決めで、将来シリアはプトレマイオスが所有するという申し合わせができた。(iv) 前三〇一年、セレウコス一世とリュシマコスとカッサンドロスの連合軍がプリュギア地方のイプソスでの戦いでアンティゴノス一世を破り、敗死させる。勝利した三者によるアンティゴノス領の分配のさい、シリア全土はセレウコスに与えられると決定した。しかしプトレマイオス一世はこの戦いに参加せず、その直前にシリア南部に侵攻し占領していた。それ以来エレウテロス川（現カビール川）を境に、シリア北部（シリア・セレウキス）をセレウコス朝、南部（コイレ・シリア）をプトレマイオス朝が領有する状態が続いていた。

ことさえ拒否した。プトレマイオスが反乱者を庇護するなどもってのほか、そのたぐいの人物を話題にする
だけでも由々しきことだというのがアンティオコスの考えだった。
六八　こうして使節の往来が続くばかりで、いつまでたっても協定締結の出口が見えないでいるうちに、
とうとう春[1]が訪れようとしていた。アンティオコスは軍隊を招集すると、陸海両面から侵攻して、コイレ・
シリア内でなお未獲得の地域を奪い取るために出発した。
2 一方プトレマイオス側はニコラオス[2]に全軍指揮権に相当する権限を与えると、ガザ領にいる彼のもとに、
3 あふれるほどの物資を送り届けるとともに、歩兵軍と海軍を派遣した。これらの戦力を手にしたニコラオス
は勇躍して戦いに向かって足を踏み出し、そのかたわらには部下としていかなる命令にもひるまないペリゲ
4 ネス提督が従っていた。提督はプトレマイオスのもとから海軍の司令官として、甲板装備船三〇隻、輸送船
5 四〇〇隻以上とともに派遣されてきたのである。ニコラオスはアイトリアの生まれで、軍事の経験と決断力
6 においては、プトレマイオスに仕える将軍たちのうちで右に出る者がいなかった。ニコラオスは軍勢の一部
を割いて前方のプラタノス付近の隘路を占拠させる一方、自らは残りの軍勢を率いてポルピュレオン[3]市近辺
に陣取り、そこでアンティオコスの到来を待ち受けた。艦隊もそのそばに錨を降ろした。
7 アンティオコスがマラトス[4]に着いたとき、アラドスから同盟を求めて使者がやって来たので、アンティオ
コスは同盟締結を受け入れたばかりか、アラドス人同士が島内の住民と本土の住民との間で久しく紛争を続
8 けていたのを解決してやった。その後いわゆる「神の顔[5]」を通って進軍を続け、その途上ボトリュスを奪い
9 取り、トリエレスとカラモス[6]に火を放ったのちに、ベリュトスに到着した。そこからニカルコスとテオドト

スを先発させ、ニコス川(7)付近の難所をあらかじめ占拠しておくようにと命令した。アンティオコス自身は、
10 提督ディオグネトスの艦隊と並行しながら軍勢を引き連れ、ダムラス川(8)の近くに野営した。そこからはテオドトスとニカルコス麾下の軽装兵部隊を再び本隊に戻したあと、ニコラオス軍の待ち構える難所を偵察して
11 おこうと道を急いだ。そしてその場所の特徴を観察し終えると、いったん陣営まで引き上げた。しかし翌日には陣内に重装歩兵を残し、ニカルコスにその指揮をゆだねておいて、アンティオコス自身は残りの軍勢とともに陣を出ると、前方の難所をめざした。

六九　レバノン山脈はこの辺りで海岸の間近にまで迫っていて、わずかの狭い隙間を残すだけであり、しかもその隙間を分断するように急峻で険阻な尾根が伸びている。だからここを通り抜けるには、海岸沿いの
2 細くて起伏のある道を行くしかないのだが、ニコラオスが布陣したのはまさにその地点だった。彼はあちら

---

(1) 前二一八年。
(2) 第五巻六一・八参照。
(3) シドンの約二〇キロメートル北の海沿いの都市。プラタノスはポルピュレオンとベリュトスの間にある。
(4) エレウテロス河口の約二五キロメートル北の海沿いの町。それと向き合って四キロメートルほど沖合いの小島（現アルワド島）にアラドス市がある。
(5) トリポリの南にある岬。「神の顔」という名称は、フェニキア語でそう呼ばれていたのをギリシア語に受け継いだもの。
(6) 以上の三つはいずれも「神の顔」の北または南にある村。
(7) ベイルートの一〇キロメートルほど北に河口がある。だからベイルートからここへ先発隊を送ったという記述は理屈に合わない。ポリュビオスの説明に混乱がある。
(8) タミュラス川とも呼ばれる。ベリュトスとシドンの中ほどにある現ダムール川。

に多数の軍勢を配備したり、こちらを構築物で固めたりして、これならアンティオコスの通過を間違いなく
3 防げると確信した。アンティオコスの方は兵力を三つに分割し、まずそのうちのひとつをテオドトスにまか
4 せて、レバノン山脈の山裾で勢いよく敵に襲いかかるよう命じた。もうひとつはメネデモスを指揮官にして、
5 尾根の真ん中を突破させるために細かな指示を与えた。最後のひとつはパラポタミア(1)の司令官ディオクレス
6 の指揮のもとで、海岸方向に向かわせた。王自身は警護部隊とともに中央に位置を取ったが、それは全体を
7 見渡せるように、そしてどこか応援の必要な箇所があればそちらに向かえるようにという狙いだった。それ
と時を同じくして海戦の準備を終え、陣形を整えたディオグネトスの艦隊とペリゲネスの艦隊も、それぞれ
可能なかぎり岸に接近していたので、まるで陸上と海上でひと続きの戦列を作ろうとしているかのようだ
った。

8 ひとつの合図とひとつの命令で全軍がいっせいにぶつかり合った。海上では双方の艦隊が船数においても
9 装備においても同等であったから、互角の戦いが続いた。陸上では初めのうちニコラオス側が堅固な地形を
利用して優位に立っていたが、すぐにテオドトスの部隊が山麓に陣取っていた敵勢を追い落とし、逆に高い
10 所から攻撃をしかけるようになると、ニコラオス軍は全員一目散に敗走に転じた。そのうち逃走中に討ち取
られた者がおよそ二〇〇〇人、捕虜になった者はそれを上回った。それ以外の兵士は残らずシドン(2)に逃げ帰
11 った。海上の戦いでは勝利の希望を捨てていなかったペリゲネスも、歩兵戦の敗北を見ると舳先を返して、
同じ都市まで無事に帰り着いた。

2 七〇 アンティオコスは軍勢を引き連れてシドンに現われると、その前に陣営を置いた。しかしこの都市

に攻撃を試みるのは、市内に蓄えられた物資の豊富さ、それに加えて市内の住民および逃げ込んだ兵士の数
3 の多さを考えて断念した。そこで自らは軍勢を率いてピロテリアをめざして行軍を再開する一方、提督ディオグネトスに再び艦隊を託してテュロスへの航行を命じた。ピロテリアというのは湖の畔に建っているのだ
4 が、その湖にはヨルダネス川という川が流れ込み、そこからまた流れ出してスキュトポリスという町の周辺
5 に広がる平野へ続いている。(3) これら二都市を協定のもとに勢力下に収めたアンティオコスは、これらの都市の郊外領域が全軍勢に十分な食糧を供給し、ほかにも必要な物をふんだんに提供できる地域であることに気を良くし、今後の作戦にかける意気込みを新たにした。

6 アンティオコスはここに守備隊を置いて安全を確保したのち、丘陵を越えてアタビュリオンに着いた。こ
7 れは乳房のような形をした山の上にあり、(4) 一五スタディオン以上を登ってたどり着く都市である。ここでは
8 伏兵攻撃と組み合わせたある策術を用いて都市を奪取した。どういうことかというと、まず市内の守備隊を投弾戦で誘い出し、山を逃げ下りながら敵の先頭部隊を市の遠くまで引き離した。次に逃げていた部隊が一

（1）第五巻四八-一六参照。

（2）フェニキアの主要都市。現サイダ。イプソスの戦いのあともアンティゴノス一世の子デメトリオス一世（ポリオルケテス）が掌握していたが、前二七五年頃プトレマイオス二世に占領され、それ以来プトレマイオス朝の支配下にあった。

（3）湖はヨルダン川が流れ込むティベリアス湖（ガリラヤ湖）。ピロテリアは後二一六年にティベリアスとして新たに建設し直される湖西岸の都市か。スキュトポリスは湖を出たヨルダン川の西岸にある。

（4）ティベリアスの南西一七キロメートルにあるタボル山（標高五八八メートル）。

転して向き直り、それと同時に隠れていた部隊が姿を現わして、いっせいに敵に襲いかかり、その多くを討
9 ち取った。そして最後に逃げ帰ろうとする敵に追いすがり、市内の人々をも恐慌に陥れて、一撃で都市を奪
10 い取ったのである。このときプトレマイオスのもとで任務に就いていた士官のひとりケライアスが、アンテ
ィオコス側に身を移すという出来事があった。アンティオコスはこの男のために豪勢な歓迎をしてみせて、
11 相手側の多くの隊長たちを浮き足立たせた。そして実際に、テッサリア人のヒッポロコスがその後まもなく
12 してプトレマイオス陣営の騎兵四〇人を引き連れて、アンティオコス陣にやって来た。その後アタビュリオ
ンにも守備隊を配したアンティオコスは、そこを出発して前進を再開し、ペラとカムンとゲプルン[1]を接収
した。

七一　こうした順調な歩みのなか、隣接するアラビア[2]の住民たちが、互いに呼びかけあって全員の意思を
2 ひとつにしたうえで、アンティオコスに帰順を申し入れた。彼らからこの先の食糧と希望を手に入れたアン
ティオコスはさらに前進を続け、ガラティス地方[3]に現われてアビラを制圧したほか、メンネオスの縁者で友
3 人でもあったニキアス[4]に率いられてこの都市の防衛に駆けつけた一隊を打ち破った。しかしまだこの地方随
一の要害堅固を誇るガダラ[5]が残っていたので、この都市の前に布陣すると、攻城機も使って市内の人々を震
え上がらせ、たちまち奪取に成功した。
4 その後入った報告によって、多数の敵勢がアラビアのラッバタマナ[6]に集結し、アンティオコス側になびい
たアラビア人の土地を縦横に荒らしまわっていると聞かされた王は、他のことはすべて後回しにしてそちら
5 に急行し、この都市のある丘陵をにらんで布陣した。そして丘を一周して、都市への進攻路が二箇所しかな

6 いと見て取ると、その両箇所にねらいをつけて攻城機を据えつけた。機械への指令は、一方をニカルコスに、
もう一方をテオドトスにまかせ、アンティオコス自身はその両方に目を配りながら、両者の奮闘ぶりを監督
する位置に立った。テオドトスもニカルコスも作業の手を一瞬も緩めようとせず、どちらが先にそれぞれの
7 攻城機の前に立ちふさがる城壁を打ち破れるかを競い合ったから、二箇所とも予想していた以上に早く崩れ
8 落ちた。その後は夜となく昼となく攻撃し続け、どんなわずかな隙も見のがすまいと、あらゆる手段を駆使
9 して襲いかかった。しかしそれほどの執拗な攻め手にもかかわらず、市内に立てこもった兵士の数の多さに
阻まれて、奪取の試みはいっこうに進展しなかった。ところが捕虜になった敵兵のひとりが、市内から水場
へと通じる地下道の存在を洩らしたので、アンティオコス軍はその地下水道を暴き出し、そこを木や石など
10 手当たりしだいの物を使ってふさいだ。こうなると水を絶たれた籠城軍はもはや抵抗不可能となり、やむな
11 く投降した。こうしてラッバタマナを制圧したアンティオコスは、ここにニカルコスを相応の守備隊ととも

(1) ペラはティベリアス湖から三〇キロメートル南のヨルダン川東岸にある。カムンとゲプルンは確定できないが、おそらくいずれもヨルダン川東岸の町。

(2) ヨルダン川東方のシリア砂漠周辺を指す。

(3) ティベリアス湖よりも南のヨルダン川東岸地方。旧約聖書にギレアデの名で言及される。アビラは後出のガダラの東二〇キロメートルの都市。

(4) 両名とも不詳。メンネオスは地方侯国の首長か。

(5) ティベリアス湖の南東八キロメートルの丘の上の都市。前一世紀の都市連合デカポリスの主要都市として知られる。

(6) ラッバト・アンモンとも呼ばれる。現ヨルダンの首都アンマン。

に残すことにした。一方で敵陣離脱者のヒッポロコスとケライアスを歩兵五〇〇〇人とともにサマレイア地[1]
方に送り出し、任務として、こちらの陣営にくみする者たちのためにその地に駐留し、その全員の安全を確
12 保するよう命じた。その後アンティオコスはプトレマイスでこの冬を越すことに決めると、軍勢を率いてそ
ちらに向けて出発した。
七二　同じ夏期間のこと、セルゲ[2]軍によって包囲され危機に陥っていたペドネリッソスが、アカイオスに
2 救援を求めて使者を派遣してきた。アカイオスがこころよくそれを承諾したので、ペドネリッソスの住民た
3 ちは救援軍の到来に望みをかけ、辛抱強く包囲に耐え続けた。アカイオスはガルシュエリスを指揮官に任命
4 すると、歩兵六〇〇〇人、騎兵五〇〇〇人とともに、至急ペドネリッソス救援のために送り出した。セルゲ軍
は援軍接近の情報を得ると、過半の兵力を割いて「梯子」とよばれる地点付近の山間路を占拠した。さらに
5 サポルダ方面へ来る道も封鎖したほか、あらゆる通路と侵入路をことごとく破壊した。[3]ガルシュエリスはミ
リュアス地方[4]まで来てクレトポリス近辺に野営地を定めたところで、この先の道がすでに占拠されていて、
6 これ以上前進できないと知ると、次のような策略を用いた。まず進路封鎖を見て救援を断念したかのような
7 ふりを装い、野営を解いて、来た道を引き返し始めた。するとセルゲ軍は早計にも、ガルシュエリスが救援
をあきらめたものと信じこんで、一部は包囲陣へ戻り、一部は穀物収穫期が迫っていたこともあってセルゲ
8 市へ帰国した。そこでガルシュエリスは反転すると俊敏に部隊を進め、峠道まで来たところで、無人になっ
9 たその場所を占拠し、守備隊を配置してパユロスにその指揮をゆだねた。ガルシュエリス自身は軍勢を率い
てペルゲ[5]まで降りてくると、そこからピシディア地方各地の住民たち、さらにパンピュリア地方にも使者を

10 派遣した。セルゲ人の圧制に注意を喚起し、地方をあげてアカイオスとの同盟とペドネリッソス救援に向かうよう呼びかけたのである。

七三　その頃セルゲ人は軍勢をある将軍の指揮のもとに送り出し、土地の知識を生かして奇襲をかければ、
2 要害の地点からパユロスを追い落とせるものと期待をかけた。しかし作戦は思うような成果を上げられず、逆に攻撃の過程で多数の兵士を失ってしまったので、この試みは放棄し、代わってペドネリッソス包囲の作業にこれまで以上の力を投入するようになった。
3 一方ガルシュエリスの呼びかけに応えて、ピシディア地方のシデ(6)の上方の山地に居住するエテンネイス族
4 が重装歩兵八〇〇〇人を送ってきたほか、アスペンドス(7)からもその半分の兵力が到着した。ただしシデ人は

(1) またはサマリア。パレスティナ北部、ヨルダン川の西方、地中海岸にいたる地域。

(2) 小アジア南部のピシディア地方またはパンピュリア地方の都市。位置については、エウリュメドン川（現ケプリュ川）河口から一〇キロメートルほど遡った西岸の平野部（現セリク）とも、同じ川をそこからさらに四〇キロメートルほど遡った西岸の山間部とも説かれる。ペドネリッソスもピシディアの都市だが位置不詳。

(3)「梯子」もサポルダもピシディア地方の山中だが、それ以上は不明。

(4) ピシディアまたはリュキアの山中だが、それ以上は確定しがたい。

(5) パンピュリア地方の古いギリシア植民市。現アンタリヤ市の北東一五キロメートル、現アクス川西岸の平野部に位置する。

(6) パンピュリア平野（現アンタリヤ湾に面する平野）の東端の半島上に位置する。現セリミエ。

(7) エウリュメドン川西岸、河口からおよそ一三キロメートル上流の古い都市。

アンティオコスへの忠誠を守っていたせいもあり、またそれ以上にアスペンドス人への憎悪に動かされて、
5 救援軍に加わらなかった。ガルシュエリスは増援軍と自前の兵力を一手に引き受けると、一撃で包囲軍を蹴
散らせるものと確信してペドネリッソスに現われた。しかしセルゲ軍があわてて逃げ出すようすのないのを
6 見て、ガルシュエリスは適当な距離を置いて陣地を定めた。市内のペドネリッソス人は食糧窮迫のために息
絶え絶えの状況だったから、ガルシュエリスはとりあえず可能な手段を講じようと、二〇〇〇人の兵士に各
7 人一メディムノス(1)の小麦を持たせて、夜間にペドネリッソス市内に潜入させようとした。しかしセルゲ軍が
それに気づいて襲いかかったので、潜入を図った兵士たちの大多数が刃の餌食になり、運んでいた小麦もす
8 べてセルゲ側の手に落ちた。これに勢いを得たセルゲ軍は、ペドネリッソス市だけでなくガルシュエリスの
軍勢をも包囲してしまおうと作戦を立てた。セルゲ人というのは戦いにかんしてはいつでも短慮で無謀なと
9 ころがあるのだ。そのときも自陣の警護に必要な兵士だけを残し、それ以外の兵力を総動員して敵陣を取り
10 囲むと、数箇所からいっせいに飛び込んでいった。予想もしなかった四方からの攻撃にさらされ、防柵はす
でにところどころで破られているという状況を見たガルシュエリスは、戦いの先行きの苦しさを感じながら
11 も、敵陣形の隙間をねらって騎兵隊を外に走り出させた。セルゲ軍の方はそれに気づいたものの、恐怖にか
12 られ勝利をあきらめて走り去っていくのだと思い、気にも留めずそのまま放置しておいた。ところがこの騎
13 兵隊は陣を周回して敵軍の背後に回ると、勢いよく攻めかかり切り込んでいった。これを見たガルシュエリ
14 ス側の歩兵軍は、押し込まれていた態勢をもう一度立て直し、攻め込んでくる敵を迎え撃った。その結果セ
15 ルゲ軍は前後から挟撃され、とうとう敗走に転じた。それと同時に市内のペドネリッソス人も攻勢に出て、

16 セルゲ陣内に残っていた兵士たちを一掃した。追撃は遠くまで及び、少なくとも一万人が討ち取られ、生き残った同盟兵は全員各自の故地へ、セルゲ兵は山地を通り抜けて母市へ逃げ込んだ。

七四　ガルシュエリスがすぐさま陣を解いて、敗走する敵に追いすがったのは、敵が態勢を立て直して追っ手になにか策略をしかける余裕を与えず、早々に難所を通過してセルゲ市の間近にまで迫りたかったから
2/3 である。おかげでガルシュエリスは軍勢とともに敵市の前までやって来た。セルゲ人の方は、同盟軍も同じ惨禍に巻き込まれた以上、彼らに期待をかけることもできず、また敗北によって自らの闘志も挫かれてしま
4 って、一身の安全と故国の存亡への不安におびえていた。そこで市民集会を開き、市民のひとりログバシスを使者として送ることを議決した。ログバシスというのは、トラキア地方で命を絶ったアンティオコス[2]の古

（1）時代と地方により差はあるが、アッティカ単位では五二・五リットル。

（2）アンティオコス二世の次男でセレウコス二世（カリニコス）の弟アンティオコス・ヒエラクス（付称は「鷹」の意）。兄王が第三次シリア戦争（前二四六―二四一年）を戦っているあいだ、兄から小アジアの統治をまかされたが、戦争が終わったあとも支配権を手放そうとしなかった。このため兄の軍隊に攻め込まれたが、ガリア人などと同盟してこれを破った。しかしのちにペルガモンのアッタロス一世に敗れて小アジアを追い出された（前二二八年頃）。その後も復帰を試みたがかなわず、前二二六年にトラキア地方で盗賊に襲われて死んだと伝えられる。

5 くからの友人そして賓客だった男であり、のちにアカイオスの妻となるラオディケ(1)を預かって彼女の庇護者
6 となり、わが娘のように養育し、大人になるまで深い愛情をもって育てた人物であった。それゆえセルゲ市
民は、この人物こそ現状を解決するためのうってつけの交渉役だと考えて送り出したのである。
7 　ところがログバシスがひとりでガルシュエリスとの会見にのぞんだとき、この男が選んだ道は祖国を救う
という当然の義務からおよそほど遠く、それどころかガルシュエリスに市を手渡すことを請け負って、その
8 ために至急アカイオスを呼び寄せるよう助言までしたのである。ガルシュエリスはこの計画を喜んで受け入
9 れると、アカイオスに状況を説明し来着を要請するための伝令を送り出した。一方でセルゲ市民とは一時停
戦を約しておき、和平条約についてはその細部について言い訳や逃げ口上を持ち出して、時間の引き延ばし
を図った。アカイオス到着を待ちうけると同時に、ログバシスに計画の準備と協力者との打ち合わせのため
の時間を与えるためであった。

七五　そのあいだ交渉のために双方から行き来がたびたび行なわれているうちに、陣中の兵士が食糧確保
2 のために市内に入ってくるのも当たり前のようになった。しかしセルゲ市民が容認したこのような習慣こそ
は、過去において多くの人に多くの場面で破滅の原因となったのである。人間というのはあらゆる動物のう
3 ちでもっとも賢いと思われているけれども、実はもっとも間抜けな生き物だと私は思う。今までにどれほど
多くの陣営や城砦が、またどれほど多数のどれほど堅固な都市が、こういう方法で協約違反の犠牲になった
4 だろうか。しかもそれらの事例は衆人の目の前で途絶えることなく起こり続けているのに、私たちはこの種
5 の詐術に対してどういうわけかいつでも生娘で子供のままなのである。なぜそうなるかといえば、過去につ

まづいて悲運にみまわれた人たちの実例を身近な所に置いておかないからだ。そして穀物と資金の蓄えとか、
城壁の築造や投弾類の補給とかには多大の苦心と出費もいとわず、万一のことがないよう準備するにもかか
6 わらず、なによりも容易でありながら危急の時になによりも頼りになるものには、だれひとり注意を払わな
いのである。過去の知識というのは、歴史の検討と学修に目を向ければ、ゆったりとくつろぎながら安楽の
うちに手に入れられるものなのに(2)。
7 さてアカイオスが時機を失せず到着したあと、セルゲ市民は彼と接してみて、十分に寛大な処遇をしても
8 らえそうだと大きな期待をもった。一方ログバシスはそれまでに敵陣から市内に入ってくる兵士たちを少し
9 ずつ自邸内に隠匿し増やしていたのだが、このとき市民たちに提言して、好機を逃すな、アカイオスの示し
た寛容をしっかり見すえて行動し、市民全員で問題を審議したうえで条約の件に決着を付けるべきときだと
10 忠告した。そこで人々はさっそく市民集会を招集し、哨戒の番についていた者も含めてひとり残らず呼び集
めると、問題の結論を出すために討議を始めた。

七六 するとそのときログバシスは敵陣に向けて機を告げる合図を発し、自邸内に集めていた兵士たちに

---

(1) ポントスのミトリダテス二世の娘。小アジアを支配していたアンティオコス・ヒエラクスに幼時に人質として預けられ、のちにアカイオスと結婚した。ログバシスはヒエラクスから彼女の養育を託され、彼女が結婚するまで育てた。したがってログバシスは、アカイオスから見れば妻の養父にあたる。その縁にセルゲ市民は期待した。

(2) ポリュビオスは、とくに軍事において他人が犯した過去の失敗を知って、それを避けることを、歴史の効用のひとつとして重視する。

2 準備を指示する一方、自身も息子たちとともに武具を身に着けて戦闘に備えた。市外からはアカイオスが全
軍勢の半分を率いて市内突入をめざして前進を始め、ガルシュエリスももう半分の軍勢を指揮してケスベデ
ィオンめがけて進んでいった。ケスベディオンというのはゼウスの神域で、都市本体の下方のちょうど良い
3 位置にあり、城砦の役割を果たしていたのである。ところがこのときひとりの山羊飼いが偶然に敵の動きに
気づき、集会中の市民たちに急を知らせたため、市民たちはあるいはケスベディオンへ、あるいは哨戒所へ
と一目散に駆けていった。そしてそれと同時に多数の群衆が怒りをあらわにしてログバシスの邸宅へ殺到し
4 た。今や裏切り行為をはっきりと悟った人々は、邸宅の屋根に登ったり、門をたたき破ったりして、ログバ
5 シスとその息子たちのほか、邸内にいた者たちをひとり残らず殺戮した。続いて奴隷たちに自由解放を布告
6 してから、手分けして防衛の要の各地点に駆け出していった。ガルシュエリスはケスベディオン確保で先を
7 越されたのを見て取ると、この作戦を断念した。アカイオスの方も城門から突入しようとしたものの、その
ときセルゲ軍が門から躍り出てきてミュシア兵[1]七〇〇人を討ち取り、それ以外の兵士たちの突進を阻止した。
8/9 この結果、アカイオスもガルシュエリスも自陣まで退却を余儀なくされた。一方のセルゲ人も市民同士の内
紛の懸念があり、またいぜんとして市をにらむ敵陣への不安もあったから、長老たちに嘆願のしるしを持た
10 せて送り出すと、以下の条件で和約を結び、戦争に終止符を打った。すなわち、セルゲ側は今すぐ四〇〇タ
ラントンを支払い、ペドネリッソス人捕虜を釈放すること、さらにしばらくしてから別に三〇〇タラントン
11 を追加支払いすること。こうしてセルゲ人はログバシスの背信のせいで祖国喪失の危機にさらされたものの、
自らの気概によって祖国を護持し、自由にもラケダイモン人との血のつながりにも恥じることのない行動を

とったのである。
七七　アカイオスはミリュアス地方に加えパンピュリア地方の大部分をも支配下に収めてからこの地を立
ち去り、その後はサルデイス(2)に現われてアッタロスとの絶え間ない戦いに入り、さらにプルシアス(3)の脅威と
なった。そうしてタウロス山脈のこちら側［北西側］の住民すべてに恐怖と重圧を与え続けたのである。
2 アカイオスがセルゲ市へ遠征に出た時をねらって、アッタロス(4)はアイゴサゲス族のガリア兵(5)とともにアイ
オリス地方とその近辺の都市へ向けて進軍し、この地域でかつてアカイオスの脅威に屈してその傘下に加わ
3 っていた各都市を経めぐった。それらの都市の過半は感謝とともに一行を迎え、自主的にアッタロス側に転
4 じたが、一部の都市では武力が必要だった。このときアッタロス側に移った都市は、まずキュメ、スミュル

(1) 当時アカイオスが支配していた小アジア北西部のミュシア地方。
(2) エーゲ海に注ぐヘルモス川（現ゲディズ川）の渓谷の南岸に位置する。第五巻一〇七-一参照。
(3) 小アジア北西部のビテュニア王国のプルシアス一世。
(4) ペルガモンのアッタロス一世（在位、前二四一―一九七年）は、ガリア人傭兵を擁するアンティオコス・ヒエラクスの軍勢を破り、タウロス山脈の北西側の小アジアの広い地域を掌握した（前二二八年頃）。その後アッタロス征討に出たセレウコス三世はその途上で暗殺されたが（前二二三年）、しかしアカイオスが再びアッタロスの勢力をペルガモン周辺の狭い地域に押し込め、前二二〇年までには小アジアにおける以前のセレウコス朝領を回復していた。ペルガモンはカイコス川（現バクル川）の河口から二五キロメートル上流の現ベルガマ。
(5) おそらくトラキア地方に居住していたガリア人の部族（次章四参照）。アッタロスはヒエラクスとの戦いでガリア軍団を破ったことを、ギリシア文明の夷狄（バルバロイ）に対する勝利と喧伝していたが、ここにおいてガリア人傭兵の力に頼らざるをえなくなった。

5 ナ(1)、ポカイア、それに続いてアイガイとテムノスが攻撃の構えに驚いて陣営に加わった。テオスとコロポン
6 からも使者が訪れ、市民の身柄と都市自体をゆだねると申し出てきたので、アッタロスはこの二都市とも以
前と同じ条件で自陣に迎え入れたが、ただし人質を要求した。それに比べてスミュルナはアッタロスへの信
7 義をどこよりも忠実に守りぬいたというので、この都市からの使節とは寛大な条件で協定を結んだ。その後
も休みなく行軍を続け、リュコス川(2)を［北へ］渡ったアッタロスは、ミュシア人の集落に向かい、そこから
8 さらにカルセアイ(3)に軍を進めた。そしてここを威嚇して奪い取ったあと、ディデュマ砦にも迫ったところ、
アカイオスからそこの指揮官に任じられていたテミストクレスから明け渡しの申し出を受けたので、この砦
9 も手に入れた。そこを出発してアピア平野で略奪をはたらいたのち、ペレカス山を越え、メギストス河(4)畔に
野営地を定めた。

七八　ところがそのとき月蝕が起こった(5)。ガリア兵は荷車に乗ってついてくる妻や子供を引き連れての行
2 軍だったので、以前から道行きの苦労に耐えかねていたのだが、とうとうこの現象を凶兆と判断して、これ
3 以上前に進めないと言い出した。アッタロス王は、これまでにもガリア兵がたいして役に立っておらず、行
軍中に隊列を抜け出したり、自分たちだけで勝手に野営したりと、要するに自負心が強いばかりでいっこう
に命令に従わないのを腹にすえかねていたけれども、こうなっては手の打ちようもなく困り果ててしまった。
4 というのもまず［ここで彼らを除隊すれば］ガリア兵がアカイオス側に身を移して、逆にこちらに向かって攻
め寄せてくるのではないかという心配があった。また仮に、アッタロスの誓約を信じてアジアへ渡ってきた
ことが知られているこれらのガリア人を、他の兵士に命じて包囲させひとり残らず殺戮させるようなことを

5 すれば、アッタロス自身がどんな評判を立てられるか、それを気に病まずにはいられなかった。そこで彼らの不平を理由にして、こう約束した、まず今はおまえたちを渡航地点まで送り帰したうえ、植民するのに好適な場所を与えよう、そしてその後もおまえたちが要求することはなんであれ、それが可能でしかも適切なことであれば、すべて実現に協力しよう、と。こうしてアッタロスはアイゴサゲス人をヘレスポントスまで
6 送り帰した。その後ランプサコスとアレクサンドレイアとイリオン[6]に対し、これら三都市ともアッタロスへの信義を守りぬいたことを理由に寛大な処遇をしてから、軍勢とともにペルガモンへ帰還した。

七九　春が訪れようとする頃[7]、アンティオコスとプトレマイオスは双方とも準備万端整えて、いよいよ戦
2 いで決着を付けようとしていた。プトレマイオス側は歩兵七万人、騎兵五〇〇〇人[8]、象七三頭を擁してアレクサンドレイアを出発した。

（1）写本ではスミュルナ（現イズミル）だが、これをキュメの北のミュリナ（現チャンダルル湾に面する都市）に訂正する説もある。
（2）ヘルモス川に北東から流れ込む支流。
（3）次のディデュマとともに位置不明。
（4）マケストス川とも呼ばれる。マルマラ海に注ぐ現シマヴ川。アピア平野はその上流で、現バルシケルのある所。
（5）前二一八年九月一日の宵の出来事。
（6）いずれもヘレスポントス海峡に近いトロアス地方の都市。ランプサコスは海峡南岸。アレクサンドレイア・トロアスはアンティゴノス一世によって建設された都市。イリオンは『イリアス』で名高いトロイア。
（7）前二一七年。
（8）兵力については第五巻六五-一一参照。

3 一方アンティオコスも敵方の遠征出発を知ると、軍勢を集結した。その兵力はというと、まずダアイ人(1)と
カルマニア人(2)とキリキア人(3)が軽装兵の身なりでおよそ五〇〇〇人いて、その指揮と監督にはマケドニア人の
4 ビュッタコスがあたった。裏切りをはたらいたあのアイトリア人のテオドトスのもとには、王国全体から選
5 抜されてマケドニア式の武装を着けた兵士が一万人、その過半は銀盾兵(4)であった。密集陣の兵士はおよそ二
6 万人、その指揮はニカルコスと「半分増しの」テオドトスにまかされた。それに加えてアグリアネス人(5)とペ
ルシア人が、弓兵および投石兵として二〇〇〇人、それとともにトラキア人も一〇〇〇人いて、それらの指
7 揮をとるのはアラバンダ人(6)のメネデモスであった。さらにメディア人、キッシオイ人、カドゥシオイ人(7)、カ
8 ルマニア人が合わせて約五〇〇〇人で、メディア人アスパシアノスの命令に服するよう定められた。アラビ
9 ア人(8)はその近辺に住む民族の一部と合わせて約一万人で、ザブディベロスの司令下に置かれた。ギリシアか
10 らの傭兵、その数およそ五〇〇〇人を指揮したのはテッサリア人のヒッポロコスだった。エウリュロコスを
隊長とするクレタ人一五〇〇人、またゴルテュン人(9)ゼリュスに率いられる新式クレタ兵一〇〇〇人もいた。
11 それと並んでリュディア人の投槍兵五〇〇人、ガリア人リュシマコスに率いられるカルダケス人(10)一〇〇〇人
12 の姿もあった。騎兵は総勢で六〇〇〇人、そのうち四〇〇〇人は王の甥(11)アンティパトロスが指揮権を握り、
13 残りはテミソンの司令下に置かれた。以上でアンティオコスの軍勢の合計は、歩兵が六万二〇〇〇人、騎兵
が六〇〇〇人となり、加えて象が一〇二頭いた。
2 八〇 プトレマイオスはペルシオンまで来ると、いったんこの都市で歩みを止め、遅れて来る者を待ち受
けるとともに、兵士たちへの穀物の配給を行なった。その後あらためて出発すると、カシオン岬(12)とバラトラ

3 砂丘(13)をかたわらに見ながら、砂漠を通り抜けて行進を続けた。そして五日目に目的地に到着したプトレマイオスは、コイレ・シリア内の都市のうちでリノコルラ(14)に次いでもっともエジプト寄りに位置するラピア(15)の五〇スタディオン手前に陣営を置いた。

4 同じ頃アンティオコスも軍勢を率いて現われ、ガザまで来たところでいったん歩みを止めたあと、行軍を再開しゆっくりと進んでいった。そしてラピアを通り過ぎ、夜のうちに敵陣から一〇スタディオンの距離を

---

(1) カスピ海の東方に住むイラン系民族。このなかの一部族がのちにパルティア王国を建てる。
(2) カルマニアはイラン南部、ホルムズ海峡の北の地方。現在ケルマーン市がある。
(3) キリキアは小アジア南東部。当時キリキア地方の西の山間部はプトレマイオス朝、東の平野部はセレウコス朝の勢力圏内だった。
(4) アレクサンドロス大王の軍隊の近衛部隊(ヒュパスピスタイ)と同様の役割をもつ精鋭部隊。
(5) トラキア地方北方の民族。第二巻六五-二参照。
(6) 小アジアのカリア地方の都市。
(7) キッシオイ人はメディアの南のスシアナ地方の民族。カドゥシオイ人はメディアの北方、アゼルバイジャン付近の民族(第五巻四四-九)。
(8) 前年にアンティオコスに帰順した。第五巻七一-一参照。
(9) クレタ島内、クノッソス南方の都市。
(10) いかなる民族か定かでない。
(11) 年齢上該当する人物はアンティオコス三世の甥にはいない。おそらくセレウコス二世の甥、すなわちアンティオコス二世の娘の息子であろう。
(12) ペルシオンの東、現バルダウィール塩性沼沢地のそばで海に突き出た砂嘴。
(13) 海岸近くにあって、風で移動する砂の下に帯水層が隠れている。歩行に危険な場所。
(14) 海沿いの現アリーシュ。
(15) 現ラファフ。アリーシュから海岸に沿って北へ約四五キロメートル。パレスティナ「ガザ地区」のエジプト国境沿いに位置する。

5 置いた場所に自陣を定めた。初めのうち両軍は、これだけの距離を保ったまま互いに相手の陣をにらみ合っ
6 ていた。しかし数日後アンティオコスは、もっと有利な場所に移動したいということのほかに、兵士たちを
奮い立たせようというねらいもあって、プトレマイオス陣の方向に陣営を進めた。この結果、双方の陣営は
7 せいぜい五スタディオンの間隔で相対することになった。こうなると水汲みや糧秣調達のさいに双方の兵士
の間で衝突が頻発するようになり、両陣営の間でもときには騎兵が、ときには歩兵が弓槍で挑発し合うよう
になった。

八一　そのようなある日のこと、テオドトスがいかにもアイトリア人らしい[1]、とはいえたしかに勇敢には
2 違いないある不敵な行為を試みた。彼はかつてプトレマイオスのそばで暮らしていて、王の性癖や日課がど
んなものであるかを熟知していたから、その経験を頼んで夜明け前に二人の連れとともに敵の陣中に乗り込
3 んだのである。まだ暗い時刻なので顔は見分けられなかったし、服装その他の格好も、敵の兵士たち自身が
4 多種多様だったから、目立たなかった。王の幕舎の位置は、その前の数日間にそのすぐ近くで起こった小競
り合いのあいだに、あらかじめ見当を付けておいたので、そこに向かって大胆に突き進み、だれにもあやし
5 まれることなく目的の場所にたどり着いた。そして王が通常政務を執ったり食事を取ったりする幕舎に踊り
込んだのだが、しかし舎内のどこを探してみても王の姿は見つからなかった。プトレマイオスは政務に使う
6 表向きの幕舎とは別の所で休息をとっていたのである。そこでテオドトスは舎内で寝ていた近習の二人に傷
を負わせ、王の侍医アンドレアスを殺害したあと、敵陣を離れるさいに少しばかり危険を感じただけで、無
7 事に自陣に帰り着いた。こうしてテオドトスの試みは、大胆不敵という点では欠けるところがなかったけれ

ども、プトレマイオスが通例どこで休息をとるかを十分に調査しておかなかったという予測の欠陥のゆえに、
失敗に終わったのである。
八二　さて双方の陣営が対峙すること五日間におよんだところで、双方の王ともにいよいよ戦いによって
2 決着を付けることを決意した。まずプトレマイオス側が軍勢を陣地から出し始めると、アンティオコスの方
もすぐさまそれに対抗して出陣にかかった。双方とも密集歩兵隊とマケドニア式武装の精鋭軍団を正面にす
えて向かい合った。
3 両翼は、まずプトレマイオス側から言うと、次のような編成になっていた。最左翼を担ったのはポリュク
4 ラテスとその麾下の騎兵隊。それと密集歩兵隊との間には、騎兵隊寄りにまずクレタ兵、その隣に王の親衛
5 隊[2]、続いてソクラテス率いる軽盾兵、そしてそれと接してマケドニア式武装のリビュア兵が並ぶ。最右翼に
6 はテッサリア人エケクラテスが麾下の騎兵隊とともに布陣し、その左手にガリア兵とトラキア兵。その隣で
7 ポクシダスがギリシアからの傭兵隊を率い、それに接してエジプト兵の密集方陣が構える。象は四〇頭が左
翼に配されて、プトレマイオス自身がそこで戦いにのぞむことになっており、あとの三三頭は右翼で傭いの
騎兵隊の前面に並んだ[3]。

(1) ポリュビオスに根強いアイトリア人への偏見の一例。テオドトスはプトレマイオスを裏切って、アンティオコス側に身を移していた（第五巻六一）。

(2) 親衛隊（アゲマ）については第五巻二五-一参照。

(3) 以上のプトレマイオス軍の兵士種別と指揮官については第五巻六五と比較参照。象については第五巻七九-二参照。

8 一方アンティオコスは、象部隊のうち六〇頭を王の学友(1)ピリッポスの指揮のもとに右翼の前面に立て、自
9 身もその位置でプトレマイオスに戦いを挑もうと身構えた。その後ろにはアンティパトロスの率いる騎兵二
10 〇〇〇人を配置し、そこから折り曲げるかたちで(2)さらに騎兵二〇〇〇人を並べた。［アンティパトロスの］騎
兵隊の隣にはクレタ兵を敵に相対して並べ、それに続いてギリシアからの傭兵隊を配した。次にマケドニア
11 式武装の兵士たちを続けて、マケドニア人ビュッタコス麾下の兵士五〇〇〇人をそのかたわらに置いた。左
翼にはまずその先端にテミソンの率いる騎兵二〇〇〇人、その横にカルダケス兵とリュディア兵の投槍部隊、
12 次にメネデモス麾下の軽装兵約三〇〇〇人を並べた。続いてキッシオイ兵とメディア兵とカルマニア兵、そ
13 の隣にアラビアとその周辺から来た兵士たちを置いて、それを密集歩兵陣につなげた。象の残り［四二頭］は
左翼の前面に立て、王の近侍のひとりミュイスコスにその指揮をとらせた。

八三　以上のように軍勢を配置し終えると、双方の王はそれぞれ将軍や廷友とともに戦列の前を移動しな
2 がら、自軍の兵士たちに奮起を呼びかけた。双方とも密集陣部隊に最大の期待をかけていたから、この部隊
3 への呼びかけは特段に熱のこもったものになった。一方ではプトレマイオスと並んでアンドロマコス(3)とソシ
ビオスと妹アルシノエ(4)が、他方ではアンティオコスと並んでテオドトスとニカルコスが、それぞれ密集陣部
4 隊の指揮官として呼びかけに加わった。呼びかける言葉の内容は互いに似通っていた。というのも、どちら
の王もその位を受け継いで間もないときだったので、自身の戦歴から輝きと誉れに満ちた勝利の例を兵士た
5 ちの前に誇示することはできない。そのため双方とも父祖の栄光と勲功を想起させながら、密集陣兵士たち
6 の心に覇気と自信を吹き込もうとしたのである。そして将来期待してよい報奨の大きさには特に注意を喚起

しながら、指揮をとる者には各人個別に、また一兵士として戦う者には全員ひとまとめにして、勇気と誇り
7 をもってこの戦いにのぞむよう促し励ました。およそ以上が、このとき両軍の王たちが戦列に沿って馬を駆
りながら、ときには通訳を介して語り聞かせた内容である。
八四　こうしてプトレマイオスが妹とともに全戦列の閲兵を終えて左翼の位置に到着し、アンティオコス
の方も王直属騎兵隊[5]をともなって右翼まで来たとき、両王は戦闘開始の合図を発して、まず象部隊を突入さ
2 せた。プトレマイオス側の象のうち、敵側の象にぶつかっていったのはわずかだった。象の背の塔に乗り組
んだ兵士同士も、至近距離から長槍で相手を突き刺したり斬りつけたりしながら、見事な戦いを繰り広げた
が、しかしそれ以上に見事だったのは、力で相手をねじ伏せたり頭から衝突したりする象同士の戦いだった。
3 象の戦い方というのはおよそ次のようなものである。まず牙をからみ合わせて相手を組み止めると、力いっ
ぱいに押し合い、どちらかが優勢に立って相手の鼻を横に向かせるまで、一歩でも前に踏み出そうと争い続

(1) 第五巻九-四参照。

(2) 右翼の端にいるアンティパトロスの騎兵隊のさらに外側で、そこから前方に向かって傾いた戦列を作る。敵の側面に回って攻撃する意図をもつ。

(3) 第五巻六四-四参照。

(4) プトレマイオス三世とベレニケの娘。したがってプトレマイオス四世とは両親とも同じ妹。ラピアの戦いのあと、プトレマイオス四世と結婚して、プトレマイオス五世（エピパネス）を産んだ。前二〇五年の夫（兄）の死と同じ頃に暗殺された（第十五巻二五-二－一二）。

(5) 右翼で前方に突き出た騎兵隊二〇〇〇人を指すか。第五巻八二-九にはこの部隊の指揮官の名があげられていないから、アンティオコス自身が指揮をとったらしい。第五巻八五-一二参照。

4 ける。そしていったん相手が顔をそむけて脇を見せたなら、そこをねらって、牡牛が角で突くように、牙で
5 相手の横腹を突くというものである。ただしこのときプトレマイオス側の象のほとんどは、戦いを怖がって
6 敵に近づこうとしなかった。これはリビュア産の象ではよくあることだ。というのもリビュア象というのは、
インド象の臭いと咆哮に耐えられないばかりか、私の見るところでは、その体の大きさと力の強さに気おさ
7 れ、少し近づいただけですぐさま逃げ出してしまうのである。(1) このときもその通りになった。これらの象は
算を乱して逃げ戻り、自軍の戦列に押し入ろうとしたので、プトレマイオスの親衛隊は象の圧力に耐えきれ
8 なくなって後ずさりし始めた。アンティオコスの軍勢(2)は象部隊を迂回して敵戦列に突進し、ポリュクラテス
9 とその指揮下の騎兵隊に襲いかかった。それと同時に、象部隊の内側では、［アンティオコス側の］密集方陣
のかたわらにいたギリシア傭兵隊が、象の攻撃を受けてすでに戦列の引き裂かれていたプトレマイオス軍の
10 軽盾兵部隊に突進して押し込んだ。このようにしてプトレマイオス側の左翼はどこも重圧をかけられて後退
を始めた。

八五 一方［プトレマイオス側の］右翼をまかされていたエケクラテスは、初めのうち反対翼の衝突のゆくえ
を見守っていたが、やがてこちらにも戦塵が向かってくるのが目に入り、さらに自軍の象部隊が敵の方へ進
2 んでいくのさえ怖がっているのに気づくと、ギリシア人傭兵隊を率いるポクシダスに呼びかけ、正面に構え
3 る敵戦列めがけて攻めかかれと命令した。そしてエケクラテス自身は麾下の騎兵隊に加え、象部隊の後ろに
配置されていた兵士たち(3)を戦列の外側に展開し、［アンティオコス軍の］象の突進をかわすと、敵の騎兵(4)の側
4 面に付いたり、後方にまで先回りしたりして攻め立て、敗走させた。ポクシダスとその指揮下の部隊全員も

同様だった。アラビア兵とメディア兵[5]に襲いかかって、一気に蹴散らし一目散に敗走させたのである。こうしてアンティオコス側は右翼では勝勢に立ち、左翼では敗れ去る結果になった。

密集隊歩兵はというと、双方とも両翼が散って左右がむき出しになっても、平原の中央で陣形を保って静止したまま、定まらない戦況のゆくえを見守っていた。その頃になってもアンティオコスはなおも右翼にあって勝勢のなかで戦いを続けていたが、プトレマイオスの方はその間に密集陣の背後に移動して、戦列の中央で突如前方に躍り出た。そして彼我の軍勢の前に姿を現わし、敵の度肝を抜く一方、味方の兵士たちを奮い立たせ、戦意に火をつけた。アンドロマコスとソシビオスの率いる部隊は、ただちに長槍を下ろして〔前方に向けると〕、敵に圧力をかけ始めた。〔アンティオコス側の〕シリア兵からなる精鋭部隊[6]はしばらくのあいだそれに抵抗していたけれども、ニカルコス麾下の部隊はたちまち押し返され、後退していった。

（1）アフリカの象がインドの象よりも小さく臆病だったという記述は、アッピアノス『ローマ史』第十一巻三一、リウィウス『ローマ建国以来の歴史』第三十七巻三九-一三にもある。かつて小型の象が北アフリカに分布し、カルタゴ人もこれを使っていたが、現在では絶滅したらしい。現存するアフリカゾウのうちに、小型のマルミミゾウと呼ばれる亜種があるが、古代の象との関係は分からない。

（2）右翼でアンティパトロスの率いる騎兵二〇〇〇人と、前方に突き出た騎兵二〇〇〇人（第五巻八二-九）。

（3）ガリア兵とトラキア兵（第五巻八二-五）。

（4）テミソンの率いる騎兵隊二〇〇〇人（第五巻八二-一一）。

（5）キッシオイ兵とカルマニア兵を含む（第五巻八二-一二）。

（6）王国全体から選抜された一万人（第五巻七九-四）とも「半分増しの」テオドトスの率いる兵士（第五巻七九-五）とも解せる。あるいはその両方を含むと考えるべきか。

11 ところがアンティオコスは若年で経験が浅かったから、自分の目の前の状況から推断して、他の場所でも
12 同じようにすべて味方が勝っているのだと思い込んでしまい、敗走する敵に追いすがるばかりだった。そし
て長老のひとりに引き止められ、密集陣兵士が巻き上げる戦塵が自軍の陣営の方へ向かって移動しているの
を指し示されたとき、そのときになってようやく事態に気づき、両軍せめぎ合いのその場所へ王直属騎兵隊
13 とともに駆けつけようとしたが、もはや遅かった。自軍の兵士たちがそろって逃げ出してしまったのを確認
すると、アンティオコスはそのままラピアへ向けて退却を始めた。自身の持ち場では勝ったのに、他の場所
で戦った者たちの卑怯と小胆のせいで、全体として敗れたのだと固く信じていた。

八六　プトレマイオスは密集兵部隊のおかげで全体の勝利を勝ち取り、さらに右翼の騎兵隊と傭兵隊の活
躍によって多数の敵を追走中に討ち取ったあと、その日のところは自軍の陣営に引き返して夜を過ごした。
2 そして翌日、味方の兵士たちの遺体を収容して埋葬し、敵の遺体からは武具を剝ぎ取ってから、陣を解いて
3 ラピアへ向けて進軍した。アンティオコスは退却後、集団を維持したまま逃げおおせた兵士たちを集めてそ
のままラピア市外で野営するつもりだったが、大多数の者はすでに市内に逃げ込んでいたので、やむなく自
4 身も市内に入った。そして夜明けとともに、生き残った軍勢を市外に出すと、ガザへ向かう道を急いだ。そ
してガザに陣営を置くと、遺体の収容について申し入れを行なってから、停戦協定のもとで戦死者の葬礼を
5 執り行なった。アンティオコス側の死者数は、歩兵が一万人近くにまで達し、騎兵が三〇〇人以上、捕虜に
6 なった者は四〇〇〇人を超えた。象は三頭が即死、二頭が傷がもとでのちに死んだ。プトレマイオス側では、
歩兵約一五〇〇人、騎兵約七〇〇人が戦死した。象は一六頭が死んだほか、ほとんどが敵に捕獲された[1]。

7/8 コイレ・シリアをめぐって二人の王がラピア近郊で繰り広げた戦いは、以上のような結果に終わった。遺
体の収容を終えると、アンティオコスは軍勢をともなって故国へ退却を始めた。一方プトレマイオスは、ラ
ピアを始めとする近隣諸都市がどこも先を争ってプトレマイオスに手を差し出し、陣営への復帰を申し出て
9 きたので、これらを武力行使するまでもなく支配圏内に収めていった。人間はおそらくだれでもこのような
場面に立たされれば、その時々の情勢に身を順応させるという習性をもっているのであろう。だがそれにし
てもこの地域に住む民族は、時に適応して勝者の寵を得ることにかけて、特別の才幹と技量をもつ人々だと
10 言わざるをえない。しかもここの住民たちはアレクサンドレイアの歴代の王に対して昔から好感をもってい
たから、このときの行動も当然の成り行きだった。コイレ・シリアの民衆の心は、どんなときもこの王家の
11 方に傾いているのだ。だから彼らは王冠や供犠や祭壇など、およそ考えられるかぎりの阿諛追従の手立てを
総動員して、プトレマイオスへの崇敬を表わそうとしたのである。

八七　一方アンティオコスは自身にちなむ名称をもつ都市(2)に帰り着くと、敵軍のさらなる進攻への不安か
ら、ただちに甥のアンティパトロスと「半分増しの」テオドトスに使節を命じ、プトレマイオスのもとに休
2 戦と和平について交渉させるべく送り出した。このたびの敗戦の経験から民衆［の戦力］には信用を置いてい

---

(1) 象どうしの戦いでは勝負にならなかったとはいえ、勝者側の象が、死んだもの以外ほとんど敗者側に捕獲されたというのは通常では考えにくい。ポリュビオスの記述に混乱があるのか。

(2) アンティオケイア。ただしこの名は、直接にはセレウコス二世が父アンティオコス二世を称えるために付けたもの。

なかったのに加え、アカイオスがこの機に乗じて攻勢に出るのではないかという懸念もあったからだ。

　だがプトレマイオスの方はそのような計画にまるで関心がなく、今回の戦いで予想外の勝利を収めただけ
3 で、そしてひと言でいえばコイレ・シリアを思いがけず手に入れただけで、すっかり満足してしまい、逆に
安逸と放恣を追い求めるいつもの習慣に引きずられ、休息というものをいとわないどころか、むしろ度を超
4 えて欲している状況だった(1)。それゆえアンティパトロスたちがやって来たときも、少しばかりの威嚇の言葉
と、アンティオコスの行動についてわずかばかりの非難を口にしただけで、一年間の休戦条約締結に同意し
5 た。そして休戦条件の最終決定のためにソシビオスを、帰国するアンティパトロスたちといっしょに送り出
6 した。そしてプトレマイオス自身はシリア・フェニキア州(2)で三ヵ月を過ごし、その間に諸都市の情勢を落ち
着かせてから、アスペンドス人のアンドロマコス(3)をその地方全体の長官として後に残し、妹と廷友たちをと
7 もなってアレクサンドレイアへの帰路に着いた。この王のふだんの生活ぶりを知る王国内の人々にとっては、
まったく予想もしなかった戦争の結末であった(4)。
8 　一方アンティオコスはソシビオスとの間で休戦条約の確定を完了すると、当初からの予定どおりアカイオ
9 ス征討のための準備に取りかかった。以上がアジアの情勢である。
八八　それと同じ頃(5)、ロドス人は地震をひとつの契機として上手に利用した。その地震はその少し前にこ
2 の島で起こり、あの巨大な像(6)を倒し、城壁と船渠の大部分を崩壊させていた。にもかかわらずロドス人はこ
の現実に対して賢明かつ巧妙な処理の手腕を見せ、災害から損失を上回る補償を引き出してみせたのである。
3 個人の生活であれ国務の遂行であれ、およそ人間がなにかをなそうとするとき、深く考えずにいい加減にや

4 るのとよく考えて真剣にやるのとでは、まるで異なる結果をもたらすのであって、それゆえやり方によっては好運でさえ損失の原因となり、逆に災禍でさえ利得の源泉となる。ロドス人はこのとき災害の大きさと深刻さを強調し、使節に対するときは公式の会見であれ個人の会話であれ、厳粛かつ神妙な態度で接した。その結果、各地の都市市民のほか特に王たちの心を動かして、あふれるほどの援助物資を受け取ったばかりか、逆に援助をした側がかたじけなさを感じるほどだったのである。

(1) プトレマイオスの性向について、第五巻三四参照。

(2) プトレマイオス朝統治下でのこの地方の公式名称。

(3) 第五巻六四-四参照。

(4) 以上のラピアの戦いについて、メンピスに集まったエジプト神官団の決議を記した石碑が一九二四年にピトム（メンピスとペルシオンのほぼ中間に位置する都市）で発見された。プトレマイオス四世を顕彰するために三言語（ヒエログリフ、エジプト民衆文字、ギリシア語）で書かれたこの碑によれば、プトレマイオスは前二一七年の六月一三日に遠征に出て、六月二二日にラピアで戦った（第五巻八〇-三、八二-一を比較参照）。その後、コイレ・シリアの境界を越えてセレウコス朝領内に侵攻し、二一日間にわたって領内の行軍を続けたのち、アンティオコスと協定を結んで、一〇月一二日に帰国したという。ポリュビオスはセレウコス朝領内への侵攻についてはなにも書いていない。

(5) ロドスで地震が起こったのはセレウコス二世の在位中だから（次章八）、前二二五年以前である。おそらく前二二七年頃であろう。したがって以下の三章はこの前後の歴史記述から年代が一〇年ほど遡ることになる。ポリュビオスはここにロドス地震後の援助の記述を差し挟んだ理由を、第五巻九〇-五で説明しているが、前後の脈絡との違和感は消えない。

(6) 太陽神ヘリオスを表わす、高さ三二メートルといわれる青銅像。前三〇五年にロドスがデメトリオス（ポリオルケテス。アンティゴノス一世の子）の攻囲に耐え抜いたことを神に感謝するために、その数年後に建てられた。

5 まずヒエロンとゲロン[1]は体育場で使うオリーブ油の費用として銀七五タラントン[2]を、一部は即時に、全量
6 をしばらくあとに寄贈したほか、銀の鍋とその台座を数組、それに水差しを数個贈った。さらに供犠のため
に一〇タラントン、市民の復興のために別に一〇タラントンを加えて、合計贈与額が一〇〇タラントンにな
7 るようにした。そのほかシュラクサエの港に来るロドス人貿易商に免税特権を認め、三ペキュス投弾機[3]五〇
8 台も贈った。そしてこれだけの援助をしておきながら、それでもまだ償いきれないかのように、締めくくり
にロドスの市場内に、ロドス民衆がシュラクサエ民衆から冠を授けられるさまを表現した二人の人物像を建
立した。

八九 プトレマイオス[4]が約束したのは、銀三〇〇タラントン、穀物一〇〇万アルタベ[5]、五段櫂船一〇隻と
2 三段櫂船一〇隻を建造するための材料として十分な合計四万ペキュスの松の角材、青銅の貨幣一〇〇〇タラ
3 ントン、曳き綱三〇〇〇タラントン[6]、亜麻の帆布三〇〇〇枚。巨像再建[7]のために青銅三〇〇〇タラントン、
4 技師一〇〇人、作業員三五〇人、そしてそれらの人員のための給与として毎年一四タラントン。さらに競技
5 会と供犠のために穀物一万二〇〇〇アルタベ、三段櫂船一〇隻の乗組員のために穀物二万アルタベ。以上の
ほとんどをプトレマイオスは即時に供与し、銀も総量の三分の一をすぐに贈った。

6 同じようにアンティゴノス[8]は、船体建造用の長さ八から一六ペキュスの肋材一万本、長さ七ペキュスの梁
材五〇〇〇本、鉄三〇〇〇タラントン、瀝青一〇〇〇タラントン、それと別に液体の瀝青一〇〇〇メトレテ
7 ス[9]、さらに銀一〇〇タラントンを約束した。その妻クリュセイス[10]も穀物一〇万メディムノス[11]、鉛三〇〇〇タ
ラントンを贈った。

8 アンティオコスの父セレウコスは、[12]自分の王国内の港に来るロドス人貿易商に免税特権を認め、さらに完
9 全装備済みの五段櫂船一〇隻と穀物二〇万メディムノスのほか、木材一万ペキュス、松脂と毛髪[13]一〇〇〇タラントンを援助した。

九〇 ほかにプルシアスとミトリダテス、さらに当時［小］アジアで勢力をふるっていた者たち、つまりリ

---

(1) シュラクサエの王ヒエロン（第一巻八-三参照）と、その息子で前二一六／一五年に父に先んじて死んだゲロン。

(2) オリーブ油だけの費用としては多すぎる。写本伝承に一部欠落を想定し、ディオドロス『歴史文庫』第二十六巻八の記述を参照して、「城壁再建の費用と」という一句を文中に補う提案がある。

(3) 三ペキュス（約一三三センチメートル）の長さの槍を撃ち出す機械。

(4) プトレマイオス三世（エウエルゲテス）。

(5) アルタベはペルシアとエジプトで使われた容量単位。プトレマイオス朝の時代には、一アルタベがほぼ三九・四リットル。

(6) 重量としての一タラントンは、アッティカ単位では約二六キログラム。

(7) しかしロドス人は神託に従って、結局巨像を再建しなかった。ストラボン『地誌』第十四巻二-五参照。

(8) アンティゴノス三世（ドソン）。

(9) 一メトレテスは約三九リットル。瀝青は造船に用いられ、木を窯で焼いて作った。森林資源の豊富なマケドニアは瀝青を多く産した。

(10) アンティゴノス三世の妻。おそらくエペイロスのアレクサンドロス二世の娘で、ピリッポス五世の母プティアの別称。

(11) 一メディムノスはアッティカ単位では約五三リットル。

(12) アンティオコス三世の父セレウコス二世（カリニコス）。第四巻五六-三参照。

(13) 毛髪は投弾機のねじりばねを作るための材料。

2 ユサニアス、オリュンピコス、リムナイオスも同様の行動をとった(1)。また多くの都市がそれぞれの国力に合
3 わせてロドス救援に加わったが、それらのひとつひとつを数え上げることは不可能である。実際［地震後］ロ
ドス市に再び人が居住を開始するまでの期間の短さに目を向けるとき、ロドスが個人生活の領域でも国家全
4 体の領域でも、これほど短い期間にこれほど見事な復興をとげたことに驚きを禁じえない。しかし一方、こ
の島が占める絶好の位置、そして海外からもたらされて島内を満たす莫大な富に目を向けるなら、もはやそ
れは驚きでもなんでもなく、むしろ本来の実力からすればまだもの足りないとさえ思えるのである(2)。
5 さて私が何のために以上のことを書いたかというと、第一にロドス人の国家運営について、それが賞賛し
模範とするに値するものであること、第二に現今の王たちが贈与というものを惜しみ、各地の民族も都市も
6 富にあずかっていないことを言いたかったからである。実際、王というのはほんの四、五タラントンほどを
渡しておいて、それでなにかりっぱなことをしたと思い、往時の王がギリシア人から得ていたのと同じだけ
7 の好感と敬意を自分にも期待するようなことがあってはならないし、また各地の都市の方も、かつて得てい
た贈与の大きさを思い起こすなら、いま得ているわずかばかりの贈与に我を忘れ、これ以上はないほどの大
8 きな敬意を王に払うようなことはできないはずであり、むしろだれに対しても相手の価値相応の態度を守る
べきである。そのようなふるまいこそが、ギリシア人をほかの人々から区別する最大の特長なのだから。
九一　夏期が始まり、アイトリアではアゲタスが連邦司令長官を務め、アカイアではアラトスが連邦司令
長官職を引き継いで間もない頃のこと――ここで同盟戦争から話を転じたのだった(3)――、スパルタ人リュク
2 ルゴスがアイトリアから帰国した。亡命の原因となった告発が虚偽であったことが判明したため、監督官た

3 ちがリュクルゴスのもとに伝令を送り、呼び戻したのである。[4] リュクルゴスはさっそく、当時エリスで軍隊
を率いていたアイトリア人ピュリアスと相談しながら、[5] メッセニア侵攻について計画を練り始めた。
4 一方アラトスは、引き継いだ傭兵軍がすっかり規律の緩んだ状態にあり、各地の都市もそんな軍隊のため
の納付金支払いをしぶっているのに気づいていた。前任の司令長官エペラトスが、前に述べたように、連邦
5 の職務遂行にあたって見せた怠慢と無能の結果であった。[6] しかしそれでもアカイア人に呼びかけ、今後の方
6 針について決議させると、アラトスは戦争の準備に全力を傾けた。その決議の内容は、歩兵八〇〇〇人と騎
7 兵五〇〇人からなる傭兵軍を編成すること、そのうちにはメガロポリス人の青銅盾兵[7]から歩兵五〇〇〇人と騎
8 兵五〇人、アルゴス人からも同数を含むこと、であった。また軍船についても、三隻をアクテ海岸[8]とアルゴ

---

(1) ビテュニアのプルシアス一世とポントスのミトリダテス二世（第四巻四七-七、五六-一）。オリュンピコスはカリア地方のアリンダ（現ミラスの北二六キロメートル）の支配者。リュサニアスとリムナイオスについては不明。

(2) ロドスの被災に対して多大の援助がすばやく集まったのは、当時ロドスが東地中海世界の交易の拠点であると同時に、その海軍力が海上貿易に必要な平和維持の要であったためであろう。ロドスは地震から七年後には、すでに海上の雄としての地位を回復している（第四巻四七-一）。

(3) ギリシア情勢は第五巻三〇-七、父アラトスが前二一七年五月にアカイア連邦司令長官に就任したところで中断していた。

(4) 第五巻二九-二参照。

(5) 第五巻三〇-二参照。

(6) 第五巻三〇-五-六参照。

(7) 通常はマケドニア式密集方陣を作る重装歩兵を指す。第二巻六五-二、六六-五、第四巻六九-四-五参照。ただしここのように重装備の騎兵を含む場合もある。

(8) アルゴリス半島の東側、エピダウロスからトロイゼンにかけての海岸。アルゴリス湾はその半島の西側。

リス湾に、別の三隻をパトライとデュメおよびその海域に派遣することを決議した。
2 九二　アラトスがこのように戦いに向けて着々と準備を進めていた頃、リュクルゴスとピュリアスは通信
を交わして、同じ日に遠征に出発できるよう手はずを整えてから、ともにメッセニアへの進軍を開始した。
3 アカイア連邦司令長官は敵方の作戦を察知すると、メッセニア援護のために、傭兵軍のほか精鋭兵若干を従
4 えてメガロポリスへやって来た。リュクルゴスは遠征開始後、まずメッセニア人の砦のひとつカラマイ[1]を内
部からの協力を得て占拠すると、その後ピュリアス麾下のアイトリア軍との合流をめざして前進を続けた。
5 ところがピュリアスの方は、きわめて僅少の兵力でエリスを出たため、メッセニアへ侵入しようとするとた
6 ちまちキュパリッシア[2]軍に阻止され、引き返してしまった。このためリュクルゴスはピュリアス麾下の軍勢
と合流できなくなり、また手元の兵力だけでは十分でなかったので、アンダニア[3]に少しばかり攻撃をしかけ
てみただけで、それ以上なすところなくスパルタへ帰国した。
7 　一方敵の作戦が失敗したのを知ったアラトスは、将来のしっかりした予測のもとに、この状況にふさわし
い戦略を立てた。彼はまずタウリオン[4]と協議のうえ、そちらへ騎兵五〇人と歩兵五〇〇人を派遣する一方、
8 メッセニア人とも連絡をとって、こちらにも同数の騎兵と歩兵を送り込むことを決定したのである。アラト
スのねらいは、それらの兵力でメッセニアとメガロポリスとテゲアの領土、そしてさらにはアルゴスの領土
9 も防衛しよう――アルゴス領はラコニア地方と境を接していて、ペロポンネソス内のどこよりもラケダイモ
10 ン軍の脅威にさらされているので――、そしてアカイアの精鋭部隊と傭兵隊で、アカイア地方のエリスとア
イトリアに向いた側を警戒しようというものだった。

九三　以上の配備を終えると、次にアラトスはアカイア連邦の決議に従って、メガロポリス市民相互の論
2 争の解決に取りかかった。というのもメガロポリス人は先年クレオメネスによって祖国を追われて(5)、いわゆ
3 る土台から倒された状態にあり、そのため多くのものが欠如し、すべてのものが不足していた。気概を失っ
てはいなかったが、国家としても個人としても、物資の欠乏のゆえにあらゆる面で力を発揮できなかった。
4 その結果、市内のいたるところに、市民どうしの言い争いと諍いと怒号が満ちあふれた。このような状況は、
どこであれ各人の企図を実現するだけの物資が得られない場合、国家の事業においても個人の生活において
5 もしばしば起こるものだ。このときメガロポリス市民が言い争ったのは、まず新たな城壁築造にかんするこ
とで、これについて一方の人々は城壁の囲む範囲の縮小を主張し、実際に築造にかかったとき完成できるよ
うな、そしていざ危険が迫ったときには防衛できるような広さにするべきだ、先年の敗北は、城壁が広すぎ
6 て、その内に人がまばらであったことが原因なのだから(6)、と訴えた。それ以外にも、この人々は新たに迎え
る市居住者の人数を十分に確保するために、大地主は所有する土地のうちの三分の一を国家に寄付するべき

(1) スパルタから西進してタユゲトス山地を越えたところに位置する。

(2) メッセニアの西海岸北部の都市。

(3) メッセニア北部、メガロポリスへいたる途上にある都市。

(4) コリントスに駐留し、マケドニア王の代理としてペロポンネソス方面の統轄にあたっていた将軍。第四巻六-四、八〇-三、八七-一、第五巻二七-四参照。

(5) 六年前、クレオメネスはメガロポリスを占領し破壊して、全市民を追放した。第二巻五五参照。

(6) クレオメネスがメガロポリスにねらいをつけた理由のひとつがこれだった。第二巻五五-二参照。

7 だ、という意見だった。しかし別の人々は市域の縮小に反対し、財産の三分の一の寄付にも異議を唱えた。
8 そしてなかでももっとも論争の激しかった点は、ペリパトス学派の著名な学者のひとりで、アンティゴノス
［ドソン］がメガロポリスの法律制定者に任じたプリュタニス、この人物の起草した法律の扱いについてであ
9 った。このように主張が対立していたところ、アラトスは双方にできるかぎりの配慮をしながら、市民間の
10 諍いをやめさせることに成功した。市民たちは対立解消後の合意事項を、ホマリオン(1)内にある炉の女神の祭
壇のそばの石碑に記した。
九四 この問題を解決したのち、アラトスは傭兵軍の指揮を、パライ出身で祖国が加盟する都市連合［ア
カイア連邦］の当時司令長官補佐だったリュコスにゆだね、自身は連邦議会に出席するためメガロポリスを
2 立った。一方エリス人たちはピュリアスへの不満を強め、アイトリアから再びエウリピダス(2)を司令官として
3 呼び寄せた。エウリピダスはアカイア連邦議会の開催時期をねらって、騎兵六〇人と歩兵二〇〇〇人を引き
4 連れ遠征に出た。そしてパライ領を通過すると、アイギオン領にいたるまでの地方一帯を荒らしまわり、欲
5 しいだけの略奪物をかき集めてから、レオンティオンの方向へ(3)撤退の途に着いた。この動きを知ったリュコ
スたちは急遽応戦に駆けつけ、敵と遭遇するとただちに交戦に入って、約四〇〇人を討ち取り、約二〇〇人
6 を捕虜に取った。捕虜のうちには、ピュッシアス、アンタノル、クレアルコス、アンドロロコス、エウアノ
リダス、アリストゲイトン、ニカシッポス、アスパシオスといった著名な人物が含まれていた。武器と装備
はすべて奪い取った。
7 同じ頃、アカイア艦隊の提督はモリュクリア(4)へ上陸すると、一〇〇人近い奴隷を連れていったん戻ってき

8 た。そして再び出直すと今度はカルケイアへ船を進め、応戦に出てきた軍船二隻を乗組員ともども拿捕した。
9 さらにアイトリアのリオン岬(5)付近では快速船一隻も乗組員とともに奪い取った。こうして陸上での戦利品と海上での戦利品が時を同じくして流れ込み、そこから得られる代価と収入も相当な額が集まったので、兵士たちには給与受け取りについての確信が生まれ、連邦加盟諸都市には納付金支払いの重圧から解放されるという希望が見えてきた。

九五 それと同じ頃、スケルディライダス(6)は、ピリッポスと交わした協定にもとづいて受け取れるはずの金額の一部が未払いになっているのを、王の誓約違反と見なし、策謀によって不足金額の償いをつけさせて
2 やろうと小型船一五隻を出港させた。ところが艦隊がレウカスに入港すると、市民たちはかつての共同作戦(7)

---

(1) アカイア連邦議会の通例の開催地であるアイギオンの近郊にあった、連邦統合の守護神ゼウス・ホマリオスの神域。第二巻三九-六参照。炉の女神ヘスティアの祭壇は、ひとつの家に見立てた連邦の宗教的中心。

(2) 一昨年にもアイトリアから派遣されて、エリス軍の指揮をとった経験がある。第四巻五九―六〇、六八―七二参照。

(3) アイギオンから南西方向に向かった。セリヌンタス川の谷筋を通ってエリュマントス山地方向をめざしたらしい。

(4) アイトリア地方のコリントス湾岸の都市。次のカルケイアはカルキスとも呼ばれ、モリュクリアの西方、同じ湾岸のエウノス河口付近にある。

(5) アカイア側のリオン岬と向き合うアイトリア側のアンティリオン岬。

(6) イリュリア地方の首領スケルディライダスは、前二二〇年にいったんアイトリアと協力を約したが、略奪品の取り分への不満から、同年の冬には逆にピリッポスと同盟を結んだ。ピリッポスからは毎年二〇タラントンを受け取る約束だった(第四巻一六-六―一〇、二九、第五巻三-三、四-三)。

(7) 第五巻四-三、五-一一、一六-五参照。

3 の縁からこぞって艦隊を友軍として出迎えた。このため艦隊はなにか危害を加えるいとまもなかったし、そ
もそもそれは不可能だった。ただひとつできたのは、このときコリントス人のアガティノスとカッサンドロ
スがタウリオンの船で寄港していて、四隻の船舶とともに味方のつもりで隣に投錨していたところへ、協定
を踏みにじって攻めかかり、彼らを船舶ともども捕まえて、スケルディライダスのもとへ送ったことだった。
4 その後船団はレウカスを離れると、マレア岬[1]方面へ向かい、貿易商人たちを捕縛したり強奪の標的にしたり
した。
5 収穫の季節[2]になろうとする頃、タウリオンが先述した都市[3]の防衛をおろそかにしているので、アラトスは
6 精鋭部隊を率いてアルゴス領内で穀物の収穫を見張ることにした。そこでエウリピダスはトリタイア人の領
7 地で収奪をしようと、アイトリア軍を率いて出かけた。一方リュコスとアカイア連邦騎兵長官デモドコスも、
アイトリア軍がエリスを出たという知らせを受けると、デュメとパトライとパライの兵士たちを集合させ、
8 それに傭兵軍も加えて、エリス地方に侵攻した。そしてピュクシオン[4]という所に来ると、軽装兵と傭兵隊を
9 収穫物略奪のために放つ一方、重装兵をこの周辺に潜伏させた。エリス軍が総出で侵略兵を迎え撃ち、さら
に引き上げようとする兵士を追いかけてきたとき、リュコスの率いる待ち伏せ部隊が姿を現わして、エリス
10 軍の先駆けの兵士たちに襲いかかった。エリス軍はこの奇襲に応戦せず、敵の出現を見ただけで退散してし
まったので、アカイア軍はエリス兵およそ二〇〇人を討ち取り、八〇人を捕虜に取ったうえに、収奪した戦
利品も無事に持ち帰った。
11 同じ頃、アカイア海軍提督はカリュドン領とナウパクトス領にたびたび上陸し、その一帯の領地で収穫物

12
を略奪してまわったばかりか、敵側の防衛の試みを二度にわたって打ち砕いた。このときナウパクトス人のクレオニコスも捕虜に取ったが、この男はアカイア人の権益代表(5)だったので、その場で売り渡されることなく、しばらくしてから身代金なしで釈放された。

九六　それと同じ頃、アイトリア連邦司令長官アゲタスはアイトリア軍の全兵力を集めると、アカルナニア人の農地から強奪をしてまわり(6)、続いてエペイロス全土を餌食にしながら抵抗を受けることもなく行軍した。そしてそれを終えると引き上げて、アイトリア兵を各自の都市に帰国させた。すると今度はアカルナニア軍が反撃に出てストラトス領に侵攻したのだが、ある流言におびえてすぐに逃げ帰るという醜態をさらした。それでも被害を受けなかったのは、ストラトスから出撃してきた兵士たちがアカルナニア軍の退却は待ち伏せ攻撃のための罠ではないかと疑って、あえて追撃しなかったからである。
2/3

(1) ペロポンネソスの東南端。
(2) 小麦の収穫の時期は、ペロポンネソスでは五月下旬から六月上旬にかけて。
(3) メガロポリス、テゲア、アルゴス。第五巻九二-八参照。
(4) 不詳。
(5) 権益代表（プロクセノス）とは他国から任命されて、その国の利害を代表したり、その国からの訪問者を保護したりする市民。
(6) アカルナニア地方は他のどこよりもアイトリア軍の攻撃にさらされやすい地域だった。第四巻三〇-一―五、第五巻六-一参照。

4 一方パノテウス[1]では次のような偽装内通事件が起こった。アレクサンドロス[2]というピリッポスからポキス
地方の管轄をまかされていた将軍がいて、この将軍がパノテウス市の管掌をゆだねていたイアソンという男
5 を使ってアイトリア人にある策謀をしかけたのである。イアソンはアイトリアの司令長官アゲタスのもとに
6 密使を送り、パノテウス市内にある城砦をアイトリア軍に引き渡すという密約を結んだ。予定の日が来ると、
アゲタスは夜間アイトリア軍を引き連れてパノテウス市の前に現われた。そして大部分の兵士を市から離れ
7 た場所に潜伏させ、自身もそこで待ち受ける一方、精鋭一〇〇人を選抜して城砦の方へ向かわせた。イアソ
ンはというと、アレクサンドロスと兵士たちを市内に待機させておいて、その一方で密約どおり精鋭部隊を
8 迎え入れると、その全員を城砦内へ導き入れた。そこへアレクサンドロスたちが突如なだれ込んで、アイト
リアの精鋭部隊を捕りおさえた。アゲタスは夜が明けてから事の次第を知り、軍勢を率いて帰っていった。
アゲタス自身がしばしばしかけるのと同種の罠に、今回は自分がはまってしまったのである。

九七 同じ頃ピリッポス王はビュラゾラ[3]を占領した。ビュラゾラはパイオニア地方最大の都市であり、し
かもダルダニア地方からマケドニアへ侵入するための要所に位置するため、この作戦成功はピリッポスをダ
2 ルダニア人の脅威からほぼ解放することになった[4]。というのもこの都市を経由してマケドニアへ入る道がピ
リッポスによって制圧されたことは、もはやダルダニア人のマケドニア侵攻がきわめて困難になったことを
3 意味するからである。ピリッポスはビュラゾラに守備隊を配置し終えると、クリュソゴノス[5]を急いで高地マ
4 ケドニア[6]へ派遣し、この地域からの兵員徴募にあたらせた。一方ピリッポス自身はボッティア地方とアンパ
クシティス[7]地方出身の兵士たちを引き連れてエデッサ[8]にやって来た。そしてそこでクリュソゴノスに連れて

こられたマケドニア兵たちを軍勢に加えると、この全軍を率いてエデッサを出発し、六日目にラリサ(9)に到着
5 した。そこからは休みなく歩み続け、夜を徹した速足の行軍によって夜明け前にメリテイア(10)の前に姿を現わ
6 すと、さっそく城壁に梯子を架けてこの都市を攻略しようと試みた。不意を突いた奇襲攻撃によってメリテ
イア人を戦慄させたのだから、都市制圧も容易に実現するはずだった。ところが梯子が必要な長さにはるか

---

(1) ポキス地方、コパイス湖に注ぐケピソス川の渓谷、カイロネイアの北に位置する。このときマケドニアの支配下にあった。

(2) 第四巻八七-五で王の警護隊長として名が上がったのと同一人物。

(3) ギリシア北部のパイオニア地方、アクシオス川(現ヴァルダル川)中流の現ティトフヴェレス(現マケドニア国内。エデッサの約一〇〇キロメートル北)の近辺。

(4) ダルダニア人については第二巻六-四参照。この民族はマケドニアにとって北方からの最大の脅威だった(第四巻六六-一-七)。

(5) 王の廷友のひとり。第五巻九-四、一七-六、第七巻一一-六参照。

(6) ペラのある平野の西方の山地帯。

(7) ボッティア(またはボッティアイア)はペラの西方、北のアクシオス川と南のハリアクモン川の間の地域。アンパクシティスはアクシオス川の左岸地域。

(8) ペラの西約四〇キロメートル。平野から西方の山地帯へ入るときの入り口に位置する。かつてはマケドニア王国の古都アイガイと同定されていたが、現在ではこの見方はほぼ否定されている。

(9) テッサリア地方の主要都市。第四巻六六-七参照。

(10) メリタイアとも呼ばれる。アカイア・プティオティス地方、オトリュス山(パガサイ湾とマリス湾の間)の北西の麓に位置する。

に足りなかったために、この作戦は挫折してしまったのである。(1)
2 九八　この種の失敗は、指揮官としてなによりも咎められるべきものである。なぜなら城壁を越えて侵入
しようと計画しているときに、城壁の高さや壕の深さなどをあらかじめ計測もせず、事前の調査などないま
ま、先のことは考慮の必要なしとばかりに、いきなり現われて都市を攻略しようとする者がもしいるとすれ
3 ば、そのような者をいったい誰が咎めないでいられよう。また計測は自分でできる限りのことをしておきな
がら、梯子など城攻めの道具類を製作する段になって気を緩め、作る手間はたいしてかからなくても使用す
るときには大きな力を発揮するこの種の道具の製作を、素人の手にまかせてしまう者がもしいるとすれば、
4 そのような者が非難されるのは当然ではないか。このたぐいの作戦の結果は、するべきことをして［作戦を
5 成功させる］か、または［作戦が失敗しても］被害を受けないかではなく、目標を達成できなかったときにはさ
まざまな損失にみまわれるものと覚悟せねばならない。まず作戦遂行の最中には軍勢のなかでもいちばん
に勇敢な兵士たちを失う危険があり、さらに退却するときにはいったん敵から侮られたからには、もっと大
6 きな危険が待っている。その実例は数多く、枚挙にいとまがない。実際この種の作戦でいったん失策を犯し
てしまうと、そこから無事に窮地を切り抜けた者よりも、命を落とした者や究極の危機に陥った者の方が多
7 いことは、過去の例を見れば分かることである。さらにその後においても、周囲のあらゆる人の心中に不信
8 と憎悪を呼び起こし、すべての人に警戒の気持ちを抱かせてしまう。なぜならその失敗に巻き込まれた人ば
かりでなく、それを聞いただけの人も、それをひとつの教訓のようにして、わが身を気遣い警戒に努めよう
9 とするからだ。それゆえ軍隊の指揮をとる者は、この種の作戦遂行にあたってけっして気を緩めてはならな

10 い。計測の手段も攻城具の製作方法も、手順をしっかり守りさえすれば、誤りようのない簡単なものなのだ
11 から。だがこの話はこれくらいにして、叙述の続きに戻るべきであろう。この問題については本書中であら
ためて適当な場所と機会をつかまえて、どうすればこの種の作戦で過ちを犯さずにすむかを説明するつもり
である(2)。

九九 作戦失敗後、ピリッポスはエニペウス河畔(3)に陣営を置くと、冬期中に製作しておいた都市攻囲のた
2 めの機械類を、ラリサなどの各都市からそこに運び込ませた。なんといっても今回の遠征の最大の目的は、
3 プティオティスのテバイ(4)を奪い取ることだった。この都市は海岸からあまり離れておらず、ラリサからの距
離は三〇〇スタディオン程度(5)、マグネシアとテッサリアをにらむ好位置にあり、とくにマグネシアではデメ
4 トリアス領、テッサリアではパルサロス領とペライ領がここから手の届く範囲内にある。当時この都市がア
イトリア軍の制圧下にあり、絶え間ない出撃の拠点となっていたために、デメトリアスやパルサロス、それ

---

(1) ポリュビオスは第九巻一八-五-九でも、このメリテイア攻略失敗を指揮官の失態の例として取り上げている。ただしそこでは失敗の原因は、梯子が短すぎたことのほかに、メリテイア到着が予定の真夜中よりも早すぎて、市民たちがまだ起きている時刻だったために、市内の内通者が動けなかったことにもあると説明している。

(2) 第九巻一九-五-九に、必要な梯子の高さを決めるための方法が記されている。

(3) ペネイオス川の支流。オトリュス山の北に発してメリテイア付近を流れ、ペネイオス川に注ぐ。

(4) パガサイ湾岸近く。ラリサ、パルサロス、ペライと同じくテッサリア平原内に位置する。

(5) 約五三キロメートル。テバイからペライまでは約一四キロメートル。

5 にラリサまでもが大きな被害を受けていた。アイトリア軍はここを拠点にアミュロス平野[1]にまで足を伸ばし
6 て、収奪を繰り返していたのである。それを放置できないと考えたピリッポスは、この都市を攻め取ること
7 に全精力を傾けた。そこで投弾機一五〇台と投石機二五台が集まったところで、テバイの前面に姿を現すと、
8 全軍を三つに分けて城市の周辺に分散させた。ひとつはスコピオンのそばに、もうひとつはヘリオトロピオ
9 ン[2]のそばに布陣させ、三つめは城市を見下ろす丘の上に配置した。各陣地の間は壕と二重の柵でつないで防
10 備を固めたほか、木製の櫓を一プレトロン[3]間隔で立て、その上には十分な人数の監視兵を置いて万全を期した。それが完了すると、すべての機器を一箇所に集め、城砦に向けていくつもの攻城機を前進させ始めた。

一〇〇　初めの三日間は、市内の防衛軍の勇猛果敢な戦いぶりに妨げられて、攻城機のどれひとつとして
2 前に進めることができなかった。しかし絶え間ない弓槍と大量の弾丸にさらされ、防衛軍の前面で戦っていた兵士たちが次々に倒されたり傷を負ったりして、わずかな隙が生じたとき、そこを突いてマケドニア軍は
3 トンネルを掘り始めた。固い岩盤の抵抗にあいながらも連続して掘り続けた結果、九日目に城壁の下に到達
4 した。そこから人員を交替しながら昼も夜も休みなく作業を続け、三日間かけて城壁の真下を二プレトロン
5 にわたって掘り進むと同時に、支柱を立てていった。ところが支柱が重みに耐えきれずに折れてしまったた
6 め、城壁はマケドニア軍が火をつける前に倒れてしまった[4]。マケドニア軍はすばやく瓦礫を片付けるとともに市内突入の準備に入ったが、これから攻め込もうとしていたそのやさきに、テバイ人たちは抵抗をあきら
7 め城市を明け渡した。この攻略成功によってピリッポスは、マグネシアとテッサリアの一帯の安全を確保し、アイトリア人から大きな収入源を奪ったばかりか、さらに自軍の兵士たちにも、以前パレ攻囲のときに裏切

8 りをはたらいたレオンティオスを処刑したのは正しい決断だったと証明してみせたのである。[5] そしてテバイ
占領後はそれまでの住民を奴隷に売り飛ばし、代わってマケドニア人を入植させたうえ、名称もテバイから
ピリップと改めた。[6]
9 ピリッポスがテバイ処理をちょうど完了したとき、キオスとロドスとビュザンティオン、それにプトレマ
10 イオス王からの使者が、和平調停のために再びやって来た。[7] 使者たちへのピリッポスの返答は前回と同じで、
自分は講和に背を向けているわけではないと答えたのち、アイトリア人の意向も尋ねてみるようにと指示を
11 与えて送り出した。しかし本心では講和にあまり関心をもっておらず、計画の次の段階に進むことで頭がい
っぱいだった。

一〇一 そこへ報告が入り、スケルディライダスの小型船団がマレア岬近辺で海賊行為をはたらき、すべての貿易商人の敵になっていること、またレウカスでは隣に停泊していた王の船舶の一隻に協定を破って襲

---

(1) おそらくラリサの東方、オッサ山の西方の平野。
(2) テバイ周辺のこれら二つの地名については不詳。
(3) 約三〇メートル。
(4) 城壁に沿ってその下にトンネルを掘り支柱を立てる、そしてトンネル内に火をつけて支柱を燃やし、城壁を一気に倒壊させる予定だった。パレ攻囲のときは点火までうまくいった（第五巻二―四）。
(5) 第五巻四‐九―一二、一七‐八参照。
(6) しかし「ピリッポスの（都市）」という意味のこの市名は定着せず、旧市名がすぐに復活した。
(7) 第五巻二四‐一一参照。ビュザンティオンとプトレマイオスからの使者は今回初めて加わった。

2 いかかったことを知らされた[1]。そこでピリッポスは甲板装備船一二隻、無甲板船八隻、一段半櫂船三〇隻を
艤装すると、イリュリア人を捕まえてやろうといきりたってエウリポス海峡を通過した。このときピリッポ
スがアイトリア人との戦争の計画にはやっていたのは、イタリアで起こったことをまだなにひとつ知らなか
3 ったからである。実はちょうどピリッポスがテバイを攻囲していたとき、ローマ軍がエトルリア地方の戦い
4 でハンニバルに敗れたのだが[2]、この戦いのうわさはまだギリシア人の耳には届いていなかったのだ。ピリッ
ポスは小型船団がすでに姿を消していたため、ケンクレアイの港に船を寄せると、そこから甲板装備船をマ
レア岬回りでアイギオンとパトライへ向かうよう指示して送り出し、その他の船はすべて地峡を越えてレカ
5 イオンに投錨するよう命令した[3]。そして王自身はネメア競技祭[4]にのぞむために、廷友たちをともなってアル
ゴスに急いだ。
6 ところが運動競技を見物し始めてからまもなくしてマケドニアから通信使が来て、ローマ軍が大敗を喫し
7 ハンニバルが郊外一帯を制圧しているという書簡をもたらした。ピリッポスはほかの者への口外を禁じたう
8 えで、とりあえずパロス人デメトリオスだけにその書簡を見せた。するとデメトリオスはこの機をとらえて
王に進言し、アイトリア人との戦争からできるだけ早く身を引くこと、そしてイリュリア平定とイタリア渡
9 航に全力をあげることを求めた。なぜなら――とデメトリオスは続けた――ギリシアにかんしては、アカイ
ア人はもともとわれわれとの友好を望んでいるし、アイトリア人も今回の戦争で受けた被害のために戦意喪
失の状態にあるから、いまやギリシア全土がマケドニア王の命令に服しており、将来もそれは変わらないだ
10 ろう。そこで全世界制覇というピリッポスをおいて余人のなしえない計画を実現するためには、イタリアへ

の海外展開がその手始めとなる。ローマ軍が敗れて地にまみれた今こそ、その好機である。
一〇二　およそこのようなデメトリオスの言葉を聞かされて、ピリッポスの心はたちまち燃え上がった。
まだ年も若く、数々の戦いで好運に恵まれ果敢に戦ったと評判の王であり、しかも世界への野望をだれより
も強くそして変わることなく追い求めてきた家系の出自である以上、それも当然だったであろう。
2 ともかくピリッポスは、前述のように、書簡によってもたらされた情報をデメトリオスだけに明かし、そ
3 の後廷友たちを招集して、アイトリアとの講和について意見を聞くための御前会議を開いた。アラトスも今
4 なら有利な立場で講和できるという思惑から、武器を置くことに反対しなかったので、王はすでに和平調停
にあたっている共同使節団の帰着を待たずに、ナウパクトス人クレオニコスをアイトリアに使節として遣わ
5 した。この男はこのときまだ捕虜の身にあって、アカイア連邦議会の開催を待っていたのである。(5) 一方で王
6 はコリントスから船団を率い、歩兵軍とともにアイギオンへやって来た。そしてラシオン(6)の方へ軍を進め、

(1) 第五巻九五-一－四参照。
(2) 前二一七年六月のトラスメヌス湖畔の戦い。第三巻八四参照。
(3) コリントス地峡を東から西へ船を曳いて横断し、サロニカ湾側の港ケンクレアイからコリントス湾側の港レカイオンに至る。第四巻一九-七参照。重量のある甲板装備船は海路を行かせた。
(4) 隔年の七月に開催される。第二巻七〇-四参照。
(5) 第五巻九五-一二参照。ナウパクトスで捕虜になってからも、アカイア人の権益代表として特別待遇を認められていたクレオニコスは、連邦議会から解放について最終決定を下されるのを待っていた。
(6) 第四巻七二-七参照。次のペリッピアについては不詳。

ペリッピアにある砦を奪取したのち、さらにエリス地方に侵攻するかのように見せかけたのは、戦争終結に
7 強く執着しているわけではないと敵に思わせるためであった。その後二度か三度クレオニコスが往復を繰り
8 返したところで、アイトリア側が話し合いを要求してきたので、ピリッポスはこれに応じることにした。そ
こで戦争活動をいっさい停止してから、まず各地の同盟都市に書簡使を派遣し、各都市の代表者が会議に出
9 席して講和についての協議に参加するよう呼びかけた。そして軍勢とともに船でパノルモスまで来ると、ペ
ロポンネソス北岸の港でナウパクトスと海を挟んで相対するこの都市の近郊に陣営を設け、同盟諸都市の代
10 表者をそこで迎えることにした。しかし代表者たちが全員集まってくるのに時間がかかるので、その間にピ
リッポスはザキュントスへ船を進めて、その島の情勢を自らの手で立て直してから[1]、再び戻ってきた。

一〇三　代表者たちが集合を完了したところで、ピリッポスはアラトスとタウリオンのほか、いま招集に
2 応じてやって来た者たちから数人を選んで、アイトリア人のもとに送り出した。彼らはアイトリア全土から
集まってきた人々とナウパクトスで面会し、簡単に言葉を交わして、アイトリア人が講和を望んでいるのを
3 確認すると、それを報告するためにピリッポスのもとにいったん引き返すことにした。だがアイトリア側は
いっこくも早い戦争終結を願っていたので、使節団をアラトスたちに同行させてピリッポスのもとに遣わし
た。そしてピリッポス自身が軍勢を伴ってアイトリア側に来てほしい、そうして間近に接して話をした方が、
4 交渉の結果も良いものが得られるだろうから、と申し出た。その呼びかけに心を動かされた王は、軍勢をと
もなって海を渡り、ナウパクトス領内にあって市からは二〇スタディオンほど離れたところにあるコイラと
5 いう場所に姿を現わした。そしてそこに陣営を置き、船団と陣を防柵で囲っておいて、その中で会談の時刻

6 が来るのを待った。するとアイトリア人の代表者たちが武器を携行せず総出でやって来て、ピリッポスの陣
7 営から二スタディオンほど手前で立ち止まり、そこから使者を取り交わしながら交渉を始めた。先手を取っ
たのはピリッポスの方で、彼は同盟各国の代表たち全員を送り出して、双方が現在所有しているものを今後
8 も所有すること、という講和条件をアイトリア側に提案した。アイトリア側がそれを異議なしに受諾したの
で、その後は細部の項目について相互に使者のやり取りを繰り返しながらの交渉に入った。その交渉の大部
9 分は、取り立てて述べるまでもない事柄だから説明を省く。しかしナウパクトス人アゲラオス(2)が最初の会談
のさいに、王を始めその場に居合わせた同盟各国代表に向けて行なった和平勧告演説については、ここに書
きとめておきたい。

一〇四　なによりも言いたいのは——とアゲラオスは演説した——どんなことがあってもギリシア人どう
しが戦いあってはならないということだ。むしろすべてのギリシア人が、あたかもいっしょに川を渡ろうと
するときのように、ただひとつのかけ声のもとに腕と腕を組み合わせて、夷狄の攻勢を打ち砕き、自らの身
2 と祖国を救うことができれば、それこそ神々に感謝すべき最善の道である。だがもしそれをそのとおりに実

---

(1) ペロポンネソスの西に浮かぶザキュントス島は、今回の戦争ではどちらの側にもくみしていない。そこをこの時点でマケドニアの勢力圏内に収めたのは、今後のイタリア展開をにらんだ西方政策のひとつだったかもしれない。

(2) 第四巻一六‐一〇、第五巻三‐一参照。和平条約締結の功によりこの年の秋にはアイトリア連邦の司令長官に選出される(第五巻一〇七‐五)。

行するのは不可能だというなら、現在のところは、西方で起こった巨大な戦争とその地の強大な軍隊の存在
3 にしっかりと目をこらし、心をひとつにして警戒に努めるべきである。なぜならこの戦争でカルタゴがロー
マを破るにせよ、ローマがカルタゴを破るにせよ、勝者がイタリアとシキリアの支配だけで歩みを止めると
はとうてい考えられないのであって、必ずや則を越えて野望と軍事力を押し広げ、いずれこの地に現われる、
それくらいのことは国家の行動というものをわずかでも勉強したことのある者なら、だれにでも分かる道理
4 である。それゆえだれもが現在の情勢を警戒せねばならないが、とりわけピリッポスにその責任は大きい。
5 では警戒するとはどういうことか。それはギリシア人を殺戮したり、ギリシアを征服しようとする者のため
にそのお膳立てをしたりするのをやめて、ギリシア人の命を自分の命のように気遣うこと、そしてギリシア
6 の全地域を自身の郷土あるいは祖国と同じように守りぬこうとすることである。そのような指針をもって事
にあたるなら、今後ギリシア人はピリッポスを喜んで支持し、その計画の確固たる協力者になるだろうし、
また外の敵もピリッポスに対するギリシア人の信頼の強さを恐れて、その支配権に挑戦するのをためらうだ
7 ろう。それでももしピリッポスがなんらかの軍事行動を望むなら、西方に目を向け、イタリアで起こった戦
争から注意をそらさないよう忠告する。まずはその勝利の行方を見守る賢明な傍観者となり、時が来れば全
8 世界の制覇をめざして立ち上がればよい。現在の情勢は、その野望に都合のよい方向に流れているのだから。
9 そしてギリシア人とのもめごとや戦争については事態が落ち着くまで先に延ばし、当面の問題に全力を集中
すること、そうすればあとで講和するにせよ戦争するにせよ、いつでも望みどおりの選択ができるはずだ。
10 だがもしいま西の空に現われた黒雲がギリシアの地をおおうまで座して待つようなことをすれば、和睦やら

11 戦争やら、要するにわれわれが現在ギリシア人どうしでやっているような児戯のたぐいは、われわれのだれにも手の届かないところへ逃げてしまうのではないか、そしてわれわれはギリシア人どうしで望みどおりに戦争したり講和したりする自由が欲しい、つまりは自分たちの紛争の主人公になりたい、と神々に懇願するはめになるのではないか、そんな危惧を私は拭いきれないのである。

一〇五 アゲラオスのこの勧告は同盟各国の代表者たちの心を講和実現へと動かし、なかでもピリッポス
2 は、デメトリオスの助言によってすでに輪郭のできていた和平への意志をいっそう堅固にするかのようなこの演説に強い感銘を受けた。それゆえ参加者たちは細部の条件について合意を達成し、条約の批准をすませると、解散後、各自の母国に戦争に代えて平和を持ち帰った。
3 以上の出来事はすべて第一四〇オリュンピア期の三年目(1)に起こった。すなわちローマ軍のエトルリア地方の戦い、アンティオコスのコイレ・シリアの戦い、アカイアとピリッポスによるアイトリアとの講和条約締結である。
4 ギリシアの動向とイタリアの動向、さらにはリビュアの動向、この三つを初めてからみ合わせたのが、ま
5 さにこの時機であり、この和平会談であった。なぜならこのときピリッポスもギリシアの指導者たちも、戦

(1) 前二一八年夏から前二一七年夏まで。ナウパクトスでの講和条約締結は、七月のネメア競技祭からの経過を考えれば(第五巻一〇一-五)、おそらく八月に入っていたであろう。したがって以下の三つの事件は、すべて前二一七年の六月下旬から八月の間に起こったことである。

争にせよ講和にせよギリシア人どうしのことでありながら、実際にはもはやギリシア内の出来事を見て判断していたのではなく、むしろイタリアの事件が焦点となって、そこに全員の視線が注がれていたからである。
6/7 同様のことは、その後すぐに［エーゲ海の］島々の住民にもまた［小］アジアの住民にも起こった。というのもピリッポスに不満をもつ人々やアッタロスと敵対する人々は、もはやアンティオコスやプトレマイオスに頼るのではなく、つまり南方や東方に顔を向けるのではなく、このときを境として西方に目を向けるようにな
8 り、使節の向かう先もカルタゴ人であったりローマ人であったりするようになった。ローマ人の方も同じことで、ピリッポスの気性の激しさを警戒し、この王がこのときローマに迫っていた危機を利用して攻め寄せてくるのではないかという危惧から、ギリシアに使節を遣わすようになった。
9 さてこれで私は最初の約束どおり(1)、いつどのようにして、そしてどんな原因で、ギリシアの出来事がイタ
10 リアやリビュアの出来事とからみ合うにいたったのかを、明瞭に示せたことと思う。したがってここからはギリシアのその後の動きを、前にイタリア史の区切りとしておいた出来事、つまりローマ軍のカンナエ合戦の敗北の時点まで記述し、時の経過をそろえておいてから、本巻を閉じることにしよう。

一〇六　さてアカイア人は戦争という重荷を降ろすと、ただちにティモクセノスを連邦司令長官に選出し(2)、
2 通常の体制と本来の習慣に復帰した。またアカイア人を含めペロポンネソス各地の都市でも、住民たちは私有財産を取り戻し、土地を手入れし、父祖伝来の供犠や祭礼などそれぞれの都市に伝わる神々への儀式を再
3 開した。うち続く戦争のせいで、どこでもそういったことはほとんど忘れ去られたようになっていたのであ
4 る。ペロポンネソス人というのは他のいかなる地域の住民にもまして、平穏で優雅な生活によくなじむ性質

をもった人々なのだが、以前の時代はどういうわけか[3]そういうものにはもっとも縁遠い生き方ばかりしてい
5 て、むしろエウリピデスの言う「労苦を追い求め、槍の休まるときがない」[4]生活をしていた。しかしそれも
やむをえないことだったかもしれない。なぜなら支配を求め独立の気概をもつ人間というのは、だれもが頂
点に立とうとして他人に道を譲ろうとしないから、絶えず争いあうものなのだ。
6 ところでアテナイ人はというと、マケドニアの脅威から解放されたあと、ようやく自由をしっかりと保持
7 できるようになったと感じていた。そこでエウリュクレイデスとミキオンの指導のもと、ギリシアの他地域
の行動にはいっさい関与しようとせず[5]、これら指導者の政策と意思のままに、あらゆる王たちの前にひれ伏

(1) 第一巻三一-一二-一六、第四巻一一八参照。

(2) アカイア連邦司令長官の任期は通常毎年五月から始まる。選出の時期は一定ではなかったようだが、それでも翌年五月就任の司令長官選出が、八月の講和後「ただちに」というのは少々不可解。戦争終結にともなうなんらかの変更があったのか。

(3) ポリュビオスは本書を執筆していたアカイア繁栄の時代(第二巻三七-一〇、六二-四参照)、すなわち前一六八年のマケドニア王国崩壊から前一四九年にスパルタがアカイア連邦離脱の動きを見せるまでの時代を、同盟戦争の動乱の時代と対比させている。

(4)「労苦を追い求め」と訳した単語は写本伝承に問題があるが、意味はおよそこれで間違いない。この断片の出典作品名は不明。

(5) エウリュクレイデスとミキオンの兄弟は、前二二九年にアラトスの協力を得てアテナイ周辺からマケドニア軍を撤退させ、アテナイをマケドニアの軛から解放した。しかし前二二三年にアラトスがクレオメネスとの戦争のためにアテナイをアカイア連邦の味方に付けようと試みたとき、エウリュクレイデスたちはこれを拒否し中立を保った(プルタルコス『アラトス伝』四一-三)。アテナイを蔑むようなポリュビオスの筆致はこのときのアカイアへの非協力に由来する。

8 し、なかでもプトレマイオスには特段の媚びを捧げた(1)。そして指導者たちの無分別に引きずられ、品位とい
うものにいささかも顧慮することなく、いかなる種類の決議や布告をも甘んじて受け入れるようになった。

一〇七　一方プトレマイオス［四世］のところでは、この［ラピアの戦いの］すぐあと、エジプト人との戦争が
2 勃発した。この王はアンティオコスとの戦争に備えてエジプト人に武器を与えていたのだが、これはその場
3 面に限っていえば首肯できる方法であっても、将来のためにはつまづきの石となった。というのもラピアの
勝利によって自信をふくらませたエジプト人たちは、もはやおとなしく命令に忍従するのをいさぎよしとせ
ず、自分の力で身を守ることのできる人間として、それにふさわしい指導役の人物を求めるようになったの
である。この要求はしばらくのちに実現することになる(2)。

4 アンティオコスは冬の間におおがかりな戦争準備を終え、夏期間になってからタウロス山脈を越えた。そ
してアッタロス王と共同行動を約してから、アカイオスとの戦争に突入した(3)。

5 アイトリア人はというと、それまでアカイアとの戦争が思いどおりに進展していなかったので、今回の講
和を初めのうちは好感をもって受け止めていた。だからこそ講和実現に最大の貢献をしたと見なされたナウ
6 パクトス人アゲラオスを、その後連邦司令長官に選出もしたのである。ところがそれからわずかの時も経た
ないうちに条約に不満を洩らすようになり、アゲラオスに対しても、外地の収奪源をひとつ残らずアイトリ
アから切り離してしまった、また和睦の相手を一部のギリシア人ではなくすべてのギリシア人としたため、
7 将来の希望も失われてしまった、と非難を浴びせるようになった。しかしアゲラオスがこのような理不尽な
言い分と中傷に耐えて、アイトリア人の憤懣をしっかりと抑えつけたので、アイトリア人も性分には反する

ことだったが、自制せざるをえなかった。

一〇八　ピリッポス王は講和条約締結後、海路でマケドニアへ帰国したが、そこで待っていたのはスケルディライダスの狼藉の知らせだった。スケルディライダスは協力金の未払いを口実に、少し前にはレウカス港で船舶拿捕という協定破りをしていたのだが(4)、今度はペラゴニア(5)地方のピッサイオンという村を奪い取っ

---

(1) アテナイはプトレマイオス三世を称揚するために、アテナイ市内に新しい部族（ピュレ）を作ってプトレマイスと名付けたほか、祭典プトレマイエイアを創設した。

(2) エジプト土着住民を武装させて軍隊に編入することは、プトレマイオス一世の時代以来避けていたが、アンティオコスとの決戦を前にして急いで大軍を組織する必要からプトレマイオス四世は慣例を破った（第五巻六五‐九）。そしてラピアの戦いで勝敗を決したのは、エジプト兵を中心とする中央の重装歩兵軍だった（八五‐六―一〇）。戦いのあとギリシア人あるいはマケドニア人による支配に対し、エジプト各地で土着住民が反乱を起こした。その背景には文化的・宗教的なギリシアとエジプトの衝突や、軍事費などをまかなうための重税に対する不満などがあったと思われるが、ラピアの勝利はそのような対立が爆発にいたるきっかけを与えたのであろう。上エジプトは前二〇七／〇六年に反乱が起こってから前一八六年まで、アレクサンドレイアの支配から離れて、独自の王をもった。しかしこの反乱についてのポリュビオスの記述は、第十四巻一二‐三―四に簡潔な言及が残るのみである。

(3) アンティオコスは前二一六年春にタウロス山脈を越えた。アカイオスはプリュギア地方のサルデイスに逃げ込んだが、サルデイスは前二一四年に包囲戦の末に占領され、城山に立てこもっていたアカイオスも翌年に捕縛され処刑される（第五巻七七‐一、第七巻一五―一八、第八巻一五―二一）。

(4) 第五巻九五‐一一―一三参照。

(5) マケドニアの北方、アクシオス川の支流の現ツルナ川上流、現プリレプの西方域。

2 たほか、ダッサレティス地方(1)のアンティパトレイア、クリュソンデュオン、ゲルトゥスといった町を、威嚇
あるいは取り引きによって支配下に収め、さらにはそれらと隣接するマケドニアの地方を蹂躙していたので
3/4 ある。ピリッポスは離反した町を奪い返そうと、ただちに軍勢を率いてそちらに急行した。こうしてスケル
ディライダスに対して開戦を決断したピリッポスの心中には、イリュリア地方を平定しておくことが、他の
5 計画もさることながら、なによりもイタリア渡航のために欠かせない条件だという思惑があった。王はデメ
トリオスからイタリア遠征の野望を執拗にたきつけられた結果、眠っているあいだもそのことを夢に見るよ
6 うなありさまで、そのことで頭がいっぱいになっていたのである。デメトリオスがそのような進言をしたの
はピリッポスの利益のためではなく——それはデメトリオスにとって二番目の理由にすぎなかったはずだ
——、まずローマ人に対する敵愾心のゆえであり、そしてなによりもデメトリオス自身の願望実現のためで
7 あった。つまりパロスの支配権を奪い返すためには、こうするのが唯一の方法だとこの男は確信していたの
8 である(2)。ともかくピリッポスは遠征に出ると、前述の町を奪回したほか、ダッサレティス地方のクレオニオ
ンとゲルス、リュクニドス湖周辺のエンケラネスとケラクスとサティオンとボイオイ、カロイキノイ族の地
9 方のバンティア、さらにピサンティノイ族のオルゲッソスを占領した。そしてこの遠征を終えたのち、兵士
たちを冬越えのために解散させた。

　これはハンニバルがイタリアのもっともすばらしい地域を略奪してまわったのち、ダウニア地方のゲルニ
10 ウム近郊で越冬に入った、その冬のことである(3)。そのときローマではガイウス・テレンティウスとルキウス
・アエミリウスが執政官に選出された(4)。

一〇九　ピリッポスは冬越えのあいだに思案をめぐらせ、計画実現のためにはもっと多くの船とそれを漕
2 ぐ人員が必要だと判断した。ただしそれは海上での戦闘のためではなく——ローマ軍と海上で対決できるだけの力をつけることなど思いもよらなかったから——、むしろ兵士を海上から輸送して思いどおりの場所に
3 上陸させ、突然現われて敵の意表を突こうというねらいだった。そしてそのためにはイリュリア人の造船法が最適だと考えて、小型船一〇〇隻の建造に着手したのだが、これはおそらく歴代のマケドニア王のうちで
4 初めての決断であろう。こうして小型船団の準備を完了したピリッポスは、夏の始まりと同時に兵士たちを
5 招集し、マケドニア人に少しばかり漕艇の練習をさせてから海に乗り出した。そしてアンティオコスがタウロス山脈を越えたのと同じ頃、ピリッポスはエウリポス海峡を通過し、マレア岬を回ってケパレニア島とレ
6 ウカス島一帯に来航し、そこに錨を降ろして今か今かとローマ艦隊の到来を待ち受けた。しかし当のローマ

（1）マケドニアの北西、リュクニドス湖（現オフリドスコ湖。現マケドニア国とアルバニア国の国境にある）から西へアンティパトレイア（現ベラト）にかけての地方。イリュリアに隣接する。

（2）デメトリオスは前二一九年にローマ軍によって故国パロスを攻め落とされ、ピリッポスのもとに亡命した。第三巻一八―一九参照。

（3）前二一七／一六年の冬。第三巻一〇〇‐一―二参照。

（4）第三巻一〇六‐一参照。

艦隊がリリュバエウムに停泊中という情報を得ると、(1)勇気を出して再び海上に出、アポロニア(2)に向けて航海
を続けた。
二〇　ところがアポロニア市のそばを流れるアオオス川の河口付近まで近づいたとき、陸上軍に起こる
2 のとよく似た恐慌がピリッポスの船団を襲った。というのは船団の後尾を進んでいた小型船のうちの数隻が、
イオニア海峡の入り口付近にあるサソンという島(3)に投錨したあと、夜になってからピリッポスのもとに来て、
こんな報告をもたらした。それによると「メッサナ」海峡から来たある船が同じ場所に停泊していたのだが、
3 その船の乗組員たちが言うには、レギウムにローマ軍の五段櫂船の艦隊がいて、これからアポロニアへ向か
4 いスケルディライダスと合流する予定だというのである。ピリッポスはその艦隊が今にも現われて攻めかか
5 ってくるものと思い込んで震え上がり、あわてて錨を上げると、来た航路を引き返すよう命令した。大混乱
6 のうちに船を出して帰路に着くと、昼も夜も休みなく漕ぎ続けて、二日目にケパレニア島の港に入った。そ
こでようやく一息ついて船足を止めると、撤退の口実として、ペロポンネソスである問題を片付けておく必
7 要があったからと体面をつくろった。ところがピリッポスが抱いた恐怖は、実はまったくの勘違いだったの
8 である。どういうことかというと、スケルディライダスはピリッポスが冬の間に多数の小型船を建造してい
ると聞くと、それを使ってピリッポスが海上からイリュリアに攻め寄せてくるものと予想し、ローマに伝令
9 を遣わしてそれを知らせるとともに、援軍派遣を要請した。そこでローマ人はリリュバエウムにいる艦隊の
10 うちから軍船一〇隻をさいて送り出した。それがレギウムで目撃された艦隊だったのである。当時ローマは
すべての関心とすべての戦力をハンニバルとカンナエ合戦に集中していたのだから、もしこのときピリッポ

スが愚かにも尻尾を巻いて逃げ出さなければ、イリュリアでの目的を間違いなく達成していたであろう。そ
11 して当然のごとくにローマ艦船も拿捕していたであろう。ところがピリッポスは報告を聞いてすっかり取り
乱し、無事と引き換えに名誉を失って、マケドニアまで退いてしまったのだ。
2 一一一 それと同じ時期に、プルシアスにもひとつの顕著な行動があったので書きとめておこう。アッタ
ロス王がアカイオスとの戦争のために、ガリア人をその武勇の評判を頼んでヨーロッパから海を越えて連れ
てきていたことは前に述べたが、このガリア人集団が先述したような疑念を受けてアッタロス王のもとから
去ったあと、[4] 貪欲と暴力にまかせてヘレスポントス海峡沿いの諸都市を略奪してまわり、ついにはイリオン
3 の包囲にまで手を着けた。そのときトロアスのアレクサンドレイア[5]の住民たちがとった気高い行動も注目に
4 あたいする。テミステスに四〇〇〇人の兵士を付けて送り出し、イリオンを包囲軍から解放したばかりか、
食糧補給を妨害したり進路を断ったりしながら、このガリア人集団をトロアス全土から追い出したのである。

（1）リウィウス『ローマ建国以来の歴史』第二十二巻三七-一三に、法務官代理ティトゥス・オタキリウスの指揮する艦隊七五隻がアフリカ攻めをにらんでシキリア島に待機していたという記事がある。おそらくこの艦隊であろう。

（2）イリュリア地方南部、アオオス川（現ヴィヨサ川）河口付近の港町。前二二九年にイリュリア軍から逃れるためローマの保護下に入った（第二巻一一-八）。

（3）アオオス河口の南、現ヴローネ湾の入り口に浮かぶ現サザン島。

（4）第五巻七八参照。

（5）トロアス地方のエーゲ海沿いに位置する都市。

5 するとガリア人は今度はアビュドス人の領地にあるアリスバ(1)を占領し、その周辺にある諸都市に目標を定め
6 て戦争をしかけていった。そこでプルシアスは兵士たちを率いて出征すると、正面から戦いを挑み、この集
団の男たちを戦場の掟にしたがってその場で殺害する一方、敵陣内にいた子供と女もほぼ全員を殺戮した。
7 敵たちの携行していた物資は、兵士たちの強奪するにまかせた。この功業によりプルシアスは、ヘレスポン
トス海峡沿いの諸都市を大きな脅威と危機から解放するとともに、今後はヨーロッパ側に住む夷狄たちが安
易にアジアへ渡って来ることのないよう、後代への良き戒めを与えたのである。
8 　以上がギリシアとアジアの情勢である。イタリアでは、カンナエの合戦を境として大勢がカルタゴ側に傾
9 いていたことを以前に記した。さて以上［第四巻と第五巻］で第一四〇オリュンピア期に含まれるアジアとギ
リシアの出来事について説明し終えたから、この時点でいったん叙述の流れを止めることにしよう。そして
10 次の巻では、序説の内容(2)を簡単になぞってから、初めの約束どおり、ローマの国制についての議論に進むつ
もりである。

（1）ヘレスポントス海峡のアジア側の岸から一〇キロメートルほど離れた所。

（2）本書で「序説」といえば、著作全体の前段となる第一巻と第二巻を指すのが通例だが、ここではカンナエ合戦までのローマ史、したがって第三巻までと解さなければならない。写本になんらかの誤伝の可能性もある。

第六巻

序　文

二（1）……読者のなかには、なぜ私がここで歴史の動きを追うのを中断し、叙述の流れを途切れさせたのか、
わざわざこの時点を待ってローマの国制についての論考を差し挟んだのは何のためか、怪訝に思う者もある
2 だろうということは私も十分承知している。しかしこの論考が著作全体の構想において最初から必要不可欠
3 の一部分として計画されていたことは、これまでにもしばしば言明してきたことであり、とくにこの史書の
序説の初めのところではっきりと示しておいた（2）。そこで私が述べたのは、人の住むかぎりのほとんど全世界
が、いったいどのようにして、そしてどんな国家体制によって、わずか五三年にも満たない間に征服され、
ローマというただひとつの覇権のもとに屈するにいたったのか、史上かつてないこの大事件の真相について
学び知ることは、私のこの著作が読者に提供しうる最大の愉悦であると同時に最大の利益だということだっ
4 た。そこでその論題を取り上げることを決心した私は、国制についての私の論述を俎上にのせて吟味するた
5 めには、今のこの時（3）がもっともふさわしいと判断したのである。というのも、ちょうど私的な対人関係にお
いて、ある人が卑劣な人かそれとも誠実な人かを判定しようとするとき、もし真剣に吟味を行なうつもりな
ら、その人の生涯のうちで危難も苦労もない時期を材料にして診断を下すのではなく、好運に恵まれて順調
6 だったときと非運にみまわれて倒れたときの両方に目を向けなければならない。なぜなら運命が一転して牙

を向けてきたとき、それに雄々しくそして気高く耐えぬくことができたかどうか、それがその人の完成度をはかるための唯一の試金石なのだから。だからそれと同じ方法が、国制を観察するときにも適用されるべき
7 なのだ。当時ローマ人の身に起こった運命の転変は、われわれの時代において他に例が見つからないほどに
激しくそして大きなものだったから、それで私もあえてこの時を待ってローマの国制についての論考を持ち出したのである。その転変の大きさは、次のことからうかがい知れよう……。

『コンスタンティノス抜粋集――意見について』(4)

8 ……歴史を学ぶことから得られる感動と利益、それはすなわち事件の原因を考察し、「その考察にもとづい
9 て」どんなときにもより良い選択ができるようになることである。だが成功にせよ失敗にせよ、あらゆる出

---

(1) 底本校訂者は第六巻一として、本書の現存部分のなかから第六巻に言及する箇所を集めている。底本どおりの順にあげると、第三巻二-六、第三巻一一八-一一-一二、第一巻六四-一-二、第十巻一六-七、第二十一巻一三-一一であるが、本訳書では重複を避けるため、これらはそれぞれの箇所においてのみ訳出する。なお底本校訂者はあげていないが、第十八巻二八-一にも第六巻への言及がある。

(2) 第一巻一-五。

(3) ローマがカンナエの合戦で惨敗を喫し、最大の危機に立たされた時点。

(4) ビザンツ皇帝コンスタンティノス七世ポルピュロゲニトス（在位、九一三-五九年）が、国政をになう者の心得を古代のさまざまな歴史書から抜き出して編纂させた抜粋集。主題別に編集され「王の告示について」「習俗について」「結婚について」「狩猟について」などあわせて五三項目があったが、現存するのは「徳と不徳について」「意見について」「陰謀について」「戦術について」「ローマから諸国への使節について」「諸国からローマへの使節について」の六項目のみである。

10 来事の最大の原因は、実は国家のしくみなのである。このしくみこそは、いわば［その国民の］行動の原理と意図のすべてがそこから流れ出る源泉であるばかりか、それらを実現させる力の源でもあるのだ……。

『コンスタンティノス抜粋集――意見について』

11 ……虚偽のなかに不可能事が含まれていれば、［虚言という］過ちを犯した者にもおおかたは赦免の余地がある……。

『古代抜粋集[1]』

国家の諸形態

三　……ギリシアには幾度となく発展を遂げる一方で、その反対への激しい変化も幾度となく経験した国家がいくつか存在するけれども、それらがギリシア人の国家であるかぎり、その過去を説明するのも未来を
2 言い当てるのもたやすいことである。なぜなら過去はすでに分かっているからそれを話すのは容易であるし、
3 また未来について予測するのも、これまでの経歴から推測すれば難しいことではないからだ。ところがローマについてとなると、現在の事実を説明するのも、その国制の複雑[2]さゆえに簡単な仕事ではないし、また未来について予測するのも、公的領域であれ私的領域であれローマ人だけがもつ固有の歴史をわれわれが知ら
4 ない以上[3]、困難をきわめる。したがって、もしローマの国制がもつ特徴をはっきり見きわめようとするなら、並々ならぬ注意力と観察眼が必要とされるのである。

5 さて国制の問題について理論的に教えようとする人たちのほとんどは、国制には三つの種類があり、そのひとつは王制（バシレイア）、もうひとつは優秀者支配制（アリストクラティア）、そして三つめは民主制（デモク

6 ラティア）という名をもつと言う。しかしそのような人たちに対しては、当然のことながら次のように問い返してよいはずだ。すなわちこの人たちはこの三種の国制をこれ以外にはないものとして提示しているのか、
7 それともこの三種を最善の国制として提示しているのか、と。だが私の考えによれば、どちらにしても彼らは思い違いをしている。なぜならまず最善の国制とは［三種の国制のいずれでもなく］、いま述べた三種の形態
8 それぞれの特長を組み合わせた国制(4)だと見なすべきことは明白だからである。このような国制はたんなる言葉の上の存在ではなく、かつてリュクルゴスがこの方法を初めて実行してラケダイモン人の国家を組み立てたとき、われわれが現実に体験したことなのだ。

9 またこの三種以外に国制の種類はないというのも、とうてい認められない。なぜなら独裁制（モナルキア）や僭主制（テュランニス）という国制があることはすでに見たとおりであり、それらは王制とはたいへん大き
10 な相違があるものの、なにほどかの類似点はあると考えられている。だからこそあらゆる独裁者は、可能な
11 かぎり王制という名称を自らの体制を指すのに用いようとし、人の目を欺こうとするのである。さらに寡頭制（オリガルキア）の国家はこれまでに数多く生まれていて、これは優秀者支配制の国家となにほどかの共通

（1）作成された時代や状況は不明。写本によって第一巻以降を収録するものと、第六巻以降を収録するものがあるが、いずれも抜粋は第十八巻までで終わっている。

（2）第六巻一一―一八に説明されるように、ローマが単一の統治機構ではなく混合政体をもつことを指す。

（3）大多数のギリシア人が古い時代のローマの歴史に無知であることは、第一巻三-七―一〇でも言われた。その知識を補うために「ローマ古代史」（第六巻一一a）が書かれたが散逸した。

（4）すなわち混合制。

12 点をもっているようでも、実はその間には限りなく大きな隔たりがある。同じことが民主制についても言
える。
2 **四**　私の説明の正しさは、次のことから明らかである。すなわちすべての独裁制をただちに王制と呼ぶの
は誤りであり、ただ被支配者からの自発的な同意を得て、威嚇や暴力よりもむしろ良識によって運営される
3 独裁制だけが、王制の名にあたいする。またすべての寡頭制が優秀者支配制なのではなく、ただ公正さと賢
明さでもっともすぐれた人たちが選び出され国政に携わるような寡頭制だけを、優秀者支配制と見なすべき
4 である。同様に全群衆がなんであれ自分たちの欲することと計画することをすべて実行する権利をもっている
5 ような国制は、民主制とは呼べない。神々を崇め、親を敬い、年長者を尊び、法に従うことが伝統となり習
慣となっているような社会において、多数者の意見が優先されるとき、そのとき初めてその国を民主制国家
6 と呼べるのである。それゆえ国制には六つの種類があると言うべきである。そのうち三つはだれもが口にし、
たったいまも名をあげたもの［王制と優秀者支配制と民主制］、あとの三つはそれらと生まれを同じくするもの、
すなわち独裁制と寡頭制と衆愚制（オクロクラティア）である。

7 　まず初めに独裁制が、なんらの作為も経ず自然に成立する。[1] 次に独裁制から、それにある種の作為と是正
8 を加えた結果、王制が誕生する。ところが王制はやがて自らと生まれを同じくする邪悪な体制すなわち僣主
9 制に変質し、続いてこの僣主制が解体して優秀者支配制が生じる。そして優秀者支配制はいずれ寡頭制に堕
落するのが自然の理であるから、そうなると民衆が憤激して指導者たちの不正を追及し、ここに民主制が誕
10 生する。しかし民主制もまた放縦に走り法を侵犯するようになると衆愚制が出現し、こうして一連の移行が

完結する。
11 以上のことにかんして、私の言説がほんとうに正しいかどうかはっきりと確かめるためには、それぞれの
12 国制の起源と誕生と変質という自然の過程に注意を向ければよい。なぜならそれぞれの国制の発生のさまを
理解した者だけが、それらの成長と隆盛と変質と終焉についても、それがいつ、どのようにして、どこで起
13 こるかを理解できるのだから。とりわけローマ人の国制には、その起源の時点においてすでにその後の発達
と成長の契機が自然に宿っているので、この理解の道筋はローマの国制を知るためのもっとも適切な方法に
なるはずだと私は考える。

五　ある国制が別の国制に自然に変化することについては、プラトンを始めとする数人の哲学者たちがも
っと精緻な議論を展開しているけれども、その説明は錯綜していて長さもかなりあるため、それを会得でき
2 るのは少数の人に限られる。そこで私はその議論のうち、現実的歴史と一般的常識にかかわると判断したこ
3 とだけに限定して、その要点をたどっていくことにしたい。総体的な説明になるので、なにかもの足りない
点があると感じられるかもしれないが、そのときにはその後に続いて語る予定の詳細な説明(2)がそれを補い、

---

(1) 独裁制という用語は、本章で三つの異なる意味で使われている。二節では王制を含めてひとりの人物が統治する体制という意味であり、六節では王制が堕落したときに出現する体制、したがって八節の僭主制の同義語であり、そしてこの七節（および次章九節）では王制成立以前、人間が社会を作ったとき最初に自然に発生する体制を指す。独裁制という言葉が最初の自然発生支配の意味で使われるのは本書のなかで第六巻だけであり、他の巻では多くの場合僭主制あるいは専制支配の意味で使われる。

(2) 散逸した「ローマ古代史」の部分を指すか。

疑問に対する十分な解答を与えてくれるであろう。

4 さて国制というものがいったいどんな起源をもち、最初にどこから発生するのか、そのことから語り始め
5 よう。大洪水、疫病、穀物の凶作などなんらかの原因で人類が壊滅し――このようなことは過去に起こった
6 と言い伝えられ、今後も繰り返し起こるだろうと論理が教えてくれる――、そして人間とともにその文化も
技術もすべて滅び去ったとき、あとに生き残った人々がいわば種子となり、それが成長して時の経過ととも
7 に再び大勢の人間が現われる。そのとき他の動物と同じように人間もまた集団を作り――そのような状況に
おかれたとき、その本性上の脆弱さゆえに同種の個体が群れ集まるのは無理のないことだ(1)――、そうなると
8 必然のなりゆきとして、身体の力と精神の強さでまさる者が、他の者たちを統率し支配するようになる。こ
の現象は、思惟能力をもたない他の種の動物を観察すれば、まぎれもなく自然の所為だと納得できるはずだ。

というのも牛や猪や鶏などの場合、もっとも力の強い者が統率者の地位につくのをだれもが目にしているか
9 らである。だから人間も初めの頃は、これらの動物のように群れ集まり、最大の体力と能力をもつ人物に従
うという暮らし方をしていたと考えるべきであろう。この場合、支配者を選択する基準は力であり、これを
10 独裁制という名称で呼ぶことができる。

しかし時がたち、この集団のなかに寝食をともにし行動をともにしているという意識が芽生えたとき、そのときが王制の起源のときであり、そのとき初めて人間たちに美の観念と正義の観念が生まれ、同様にそれらと反対の観念も生まれる。

2 六　これらの観念がどこに起源し、どのように誕生したかといえばおよそ次のとおりである。まずあらゆ

る人間は自然の性質として交合への欲望をもっているから、その結果として子供ができる。ところが子供の
なかに、育てられて成年に達したあと、育ててくれた親に対して感謝もしなければ援助もせず、それどころ
3 か逆に親を罵倒したり虐待したりする者が現われると、周囲の人たちは、これまでその親が子供を養い育て
るためにどれほどの心配と苦労を重ねてきたかを見て知っているので、当然その子供に腹を立て憤りを感じ
4 るであろう。人間という生き物が他の種の動物と異なる点は、ただ人間だけに知性と理性が備わっていると
いう事実にあるのだから、この子供の異常なふるまいは、他の動物と違って人間の目にまちがいなく止まる
5 はずだ。そして人々は未来のことを思ったとき、それと似たことが将来自分の身にも降りかかるだろうと推
6 論して、目の前のこの事態を心に留め、この現状をとうてい容認できないと考えるにちがいない。またある
人が危機に陥ったとき、他人から助力や救援を受けておきながら、助けてくれた人に感謝せず、かえってそ
の人に危害を加えようとまでするなら、それを見ていた人たちは被害者とくやしさを共有し、似たことが自
身にも起こるかもしれないと想像して、そのような恩知らずの人間にきっと腹を立て憤りを感じるであろう。
7 そこから義務というものについて、そのはたらきと本質についてのある観念が、ひとりひとりの心中に芽生
えるのであり、そしてこの義務こそが、正義というものの出発点であり終着点でもあるのだ。
8 　またある人が全員の先頭に立って人々を危機から守ったり、獰猛きわまりない獣の突進に身をさらし、そ

(1) 集団生活の起源を人間の肉体的脆弱さに求める見方は、例えばプラトン『プロタゴラス』一二(三二二b)でプロタゴラスが語る説話に現われることから分かるように、前五世紀のソフィスト思想に遡る。

れを防ぎ止めたりするとき、そのような人は多数の人々から称賛され名誉を与えられ、逆にそれと反対の行
9 動をとる人は侮蔑と非難の的になる。すると当然ながらそこから今度は、醜いことと美しいこと、そしてそ
の両者の違いについての省察が多くの人々の心に芽生え、その結果その一方が有益性を認められて努力と模
倣の対象となり、もう一方が忌避の対象となる。
10 そのようなとき、指導者の地位にあって最大の力をもつ人物が常にこれら［正義と美］を体現し、多数の
人々の期待に応えるような行動をとるなら、そして従属する人々がその人物から各人に相応の報いを分配さ
れていると感じるなら、そのとき人々はもはや暴力への恐れから服従するのではなく、自らの判断によって
11 すすんで支配を受け入れるようになる。そしてその人物がすっかり年老いてしまっても、その支配権を擁護
するために協力を惜しまず、もしその権力の奪取をもくろむ者がいれば、心をひとつにしてその者と戦い、
12 支配者を守りぬこうとする。このように激情と暴力に代わって理性が先導役についたとき、それと気づかな
いうちに独裁者に代えて王が生まれ出たのである。

七　こうして人々の間に初めて美しいものと正しいものについての観念、およびその反対物の観念が自然
2 に生まれたのであり、真の王制の起源と誕生もここにある。というのも王の子として生まれ、王の手で育て
られた人物なら、性質もまた父と同じものをもっているはずだと人々は信じているから、初めの王だけでな
3 くその子孫についても代々のその支配権を擁護し続ける。もし仮にその家系の人物が不適格だと判断される
ときが来れば、今度は身体や気性の力強さを尺度にするのではなく、理知と洞察力を尺度にして――これら
二種類の尺度が一致しないものだということを、人々はそれまでの現実の経験から学び知っているから――

4 支配者となるべき王を選び出す。こうして往古の時代には、いったん王に選ばれて王の権力を与えられた者
は、王位についたまま老齢に達するのが常であり、その間にどこか好適地に砦を築いて城壁をめぐらせ、さ
らにその周辺の土地を獲得して、それによって臣下の安全を保障するとともに、生活物資の豊富な供給を確
5 保したものだった。そしてこうした事業に精を出しているあいだ、いかなる中傷や嫉妬にも無縁でいられた
のは、王が服装にせよ飲食にせよ格別に異なったことをせず、いつでも一般の人々と同じ水準の生活に満足
し、周囲となんら変わらない暮らしを送っていたからである。

6 ところが王位が父から息子へと受け継がれ、代を重ねるうちに、安全の備えも確保され、食糧生産も十分
7 すぎるほどに確保されるようになったとき、その物資の過剰が引き金となって王は自らの欲望を追求し始め
る。支配者たるものは臣下とは異なる特別の衣服を身に着け、食事や料理も数多くのものが特別に用意され
るのが当然であり、性愛の享楽と肉欲の追求も、たとえそれが道にはずれた行為であっても、制止されるべ
8 きではないと考えるようになったのである。その結果、王への妬みと恨みが生まれ、王が燃えるような怒り
と憎しみの的になって、ここに王制は終わり僭主制が誕生する。しかしそれは同時に〔僭主制の〕解体の始ま
9 りであり、支配者への陰謀が芽生える瞬間でもある。その陰謀の主導者が卑しい身分の者たちではなく、も
っとも高貴な家柄ともっとも高邁な精神をもつ人々であり、だれよりも勇敢な人々であったのは、彼らこそ
が専横な統治者への反抗心のもっとも強い人々だったからである。

八　民衆もいったん指導者を見つけると、先行した人々と同じ理由で権力者打倒の動きに足並みをそろえるから、そうなると王制と独裁制という国制の種類はすっかり姿を消し、代わって優秀者支配制がその起源

2 と誕生のときを迎える。というのも民衆は独裁者を追放してくれた人々への謝礼をさっそく手渡そうとする
3 かのように、その人々を治者と認め、自分たちの将来をその人々に託するからである。初めのうち、託され
た人々はその任務に満足し、公共の利益にまさる大事はなにひとつないという信念のもと、個人のことも民
衆全体のことも、万事に細心の注意と配慮をもって手がけていた。
4 　しかしまたしてもそのような権力が父から息子へと受け継がれたとき、権力を受け取ったのは、禍の体験
もなければ政治的平等と言論の自由もいっさい経験したことがなく、生まれたときから父のもつ特権と威勢
5 を見て育った者たちだった。彼らは過剰な欲望と不正な蓄財に走ったり、止めどない飲酒と饗宴にふけった
6 り、さらには婦女への暴虐と少年の拉致に手を染めたりして、優秀者支配制を寡頭制に変質させた。すると
たちまち、先の優秀者支配制誕生のときと同じ行動が今度は民衆の間から湧きおこり、かつて僭主の身にふ
りかかったのと同じ破滅の運命が彼らを襲って、寡頭制に最期をもたらした。
九　なぜならだれかひとりの人が、支配者たちへの妬みと憎しみが市民たちの間に広がっているのに気づ
き、そして勇気を出して支配者たちへの攻撃を言葉なり行動なりに表わしさえすれば、民衆はこぞってその
2 人のもとに馳せ参じ、協力を惜しまないからである。そして支配者たちを殺害したり、国外に追放したりし
たのだが、そのあと民衆はどうしたかと言えば、王を擁立することには、以前の王がはたらいた暴虐の記憶
がなお残っていたために踏みきれず、かといって少数者に国政をゆだねることは、その愚かさを見せつけら
3 れたばかりだったから思いも寄らなかった。するとなお手付かずで残っているのは民衆自身への期待しかな
かったので、民衆はそちらへ向かって押し出されると、国制を寡頭制から民主制に変革し、国事への配慮と

責任を自分たちの手に引き受けた。
4 そして［寡頭政権の］権力の増長ぶりを自ら体験した人たちがなお生き残っているあいだは、現在の秩序に
5 満足して、権利の平等と言論の自由[1]をなによりもたいせつにする。しかし新しい世代が生まれ、民主制もま
た［民主制を創設した世代の］孫の世代に受け継がれるようになったとき、民衆はすでに陳腐な価値になって
いた権利の平等と言論の自由に重きを置かず、大多数の者にまさる力を手に入れたいと競い合うようになる。
6 なかでもこの競争にもっとも熱心なのは、人並み以上の財産を所有する人たちである。そして権力が欲しく
て追い求めても、自分の努力や自分の資質だけではそれを獲得できないとき、財産をばらまきながら、あら
7 ゆる手段で民衆をおびき寄せ取り込もうとする。その結果、［国家の顕職という］名誉への狂おしい渇きから、
いったん民衆を物もらいと銭食らいの衆に変えてしまうと、そのときついに民主制国家も解体し、民主制は
8 力が君臨する暴力支配制（ケイロクラティア）へと変質する。すなわち民衆が他人の蓄えを自らの糧とするこ
とに慣れて、隣人の資産で生活するのを当然と考えるようになり、そしてその民衆が、貧困ゆえに国家の顕
9 職からは締め出されていても、野心と度胸だけは十分にもっているような人物を首領に迎えるとき、そこに
出現するのは暴力支配制であり、そのとき民衆は群れ集まって殺戮と国外追放と土地再分配[2]を実行し、つい

（1）アカイア連邦についての説明で、真の民主主義の原理とされたもの（第二巻三八-六、四二-三）。しかし前章四では優秀者支配制と結び付けて言及される。

（2）キュナイタ市で起こったように（第四巻一七-四）。

には獣と化して、最後には再び主君（デスポテス）と独裁者[1]を見出すにいたる。
10 以上が国制の循環（アナキュクロシス）であり、この自然の法則に従って国制は変化し交替し再びもとのか
11 たちに回帰する。このことを明確に認識すれば、ある国の制度の将来について語るとき、［それが変化するの
に要する］時間について予測を誤ることはあっても、しかしその国が成長あるいは衰弱のどの段階にあるか、
また次はどの国制に変化するかということについては、怒りや妬みの感情にとらわれずに判定を下すかぎり、
12 思い違いをすることはまずないと言ってよかろう。とりわけローマ人の国制について論じるとき、この理論
は、彼らの国制の成立と成長と隆盛を理解し、さらに将来起こるであろうそこから逆方向の［衰弱への］変化
13 について予知するための絶好の手段となるはずである。なぜなら他国の国制と同じように、ローマの国制も
またさきほど述べたように[2]最初から自然に従って成立し成長したのだから、このあとやはり自然に従って逆
14 方向の変化をとげるはずだからである。それにかんしては、このあとに続く説明[3]から判断してもらえるであ
ろう。

一〇　ただしその前にリュクルゴス[4]の立法について少しばかり触れておきたい。これはいま私が論じてい
2 る主題とも、おおいに関係があるからだ。リュクルゴスはここに述べた国制の移り変わりがいずれも必然か
つ自然な変化であることを見抜いていて、ただひとつの原理にもとづく単純な国制は、どんな種類のもので
あれ、それぞれが付随物として自然にもつ固有の邪悪の方へそれていくので必ず失敗するということを認識
3 していた。例えて言うと、鉄には錆が、また木材には各種の幼虫が腐食物として生来宿っていて、宿主の方
はたとえ外部からの破壊をことごとく退けたとしても、自らの内部にもつこれらの害悪のせいで朽ち果てて

4 しまう。それと同じように、どの国制にも生まれたときから一種の邪悪が自然と住み着いて離れず、王制に
5 は独裁制(5)、優秀者支配制には寡頭制、民主制には獣のような暴力による支配制度が必ず付きまとう。だから
これら三種の国制［王制と優秀者支配制と民主制］は、先述の論理のとおりに、時がたてばいずれそれぞれの邪
悪な形態へと推移するのが避けられないのである。
6 そのことを洞察していたリュクルゴスは、国制を創設するにあたって、単一種からなる純粋な形態を避け、
7 複数のすぐれた国家体制のもつ特長と利点をすべてひとつに寄せ集めた。こうしておけば、［国家内の］どれ
かひとつの部分が必要以上に増大して生来の邪悪の方へそれていくこともないだろう、またそれぞれの力が
互いに引き合うかたちになるから、いずれかひとつが重みを増して天秤を大きく傾けることもなく、国家は
相互作用(6)の原理により釣り合って常に平衡を保ち、末長く存続できるだろうとリュクルゴスは考えたのであ
8 る。まず王制的部分について言えば、民衆にも国政の一定の役割が与えられているから、そのような民衆に
9 対する恐れゆえに、王は専横のふるまいを阻まれる。一方民衆は、徳の高さを認められて選び出され、全員
が常に正義の側に立つ覚悟をもつ長老たちに対する恐れゆえに、慢心して王を侮蔑するような行動を控える。

---

(1) 力の強さによってその地位を得た独裁者（第六巻五-九）。

(2) 第六巻四-一三。

(3) 成立以来のローマの歴史の説明（第六巻一一a）を指すらしい。第六巻五七も参照。

(4) スパルタの国制を創設し法を定めたと伝えられる人物（前八世紀頃）。

(5) 僭主制の同義語として使われている。第六巻四-六参照。

(6) 写本に従う底本とは異なり、ヴェールと同じ語句訂正を採用する。

10 こうして伝統的習慣への執着が強いために貶められていた部分も、長老たちという重しを得て、力強さと重
11 要性を増す(1)。リュクルゴスはこのようにして国制を組織した結果、私たちの知るかぎりでもっとも長い期間
にわたって、ラケダイモン人のために独立を保障したのである(2)。
12 こうしてリュクルゴスは国制の自然推移の原因は何か、またそれがどのように起こるのかといったことを
13 理知のはたらきによって洞察し、現実の痛手を受けることなく以上の国制を作り上げた。一方ローマ人も祖
14 国の制度について、最後にはリュクルゴスの場合と同じ結果にたどり着いたのだが、しかしそれは理知のは
たらきではなく、数多くの闘争と経験から生まれたものであり、実際に惨禍にみまわれながらも、そこで得
た教訓をもとに常により良いものを選択していくという過程を経て(3)、最終的にリュクルゴスの場合と同じ結
論にいたり、現代の国家のうちで最善の制度を作り上げたのである……。

『古代抜粋集』

ローマ古代史(4)

一一a　彼ら［エウアンドロスらの植民者たち］はその村を、アルカディアにある自分たちの母市の名を取って、パランティオンと名付けた。……しかしメガロポリス人ポリュビオスを含む複数の著作家たちは、パラスという若者がこの地で死去したことにちなむ命名だと語っている。その伝によると、パラスというのはヘラクレスがエウアンドロスの娘ラウナとの間にもうけた子であり、母方の祖父［エウアンドロス］がこの若者

（1）リュクルゴスが定めたとされるスパルタの国制は、二人の王、三〇歳以上の男子市民全員が出席する民会、民会で選ば

れた六〇歳以上の長老と王からなる三〇人の長老会（ゲルシア）をもつ。長老会が優秀者支配制的部分を表わすとポリュビオスは考えている。

（2）ポリュビオスはレウクトラの戦い（前三七一年）からスパルタの衰退が始まったと考えているので（第四巻八一－一二）、リュクルゴスの国制はおよそ四〇〇年続いたことになる。

（3）ローマが現実から学びながら徐々に国制を作り上げ、混合制を完成させた過程を説明するために、以下の「ローマ古代史」が語られる。

（4）キケロは『国家について』において混合制が最善の国制であると述べたのち、その実例として建国以来の祖国ローマの歴史を取りあげ、さまざまな過程を経ながら混合制がいかにして成立にするにいたったかを語り始める（第一巻六九－七〇）。ポリュビオスの友人でもあったスキピオ・アエミリアヌスの口を借りて展開されるこのローマの歴史は、ポリュビオス『歴史』第六巻の「ローマ古代史」の部分を下敷きにして書かれたらしい。ポリュビオスは第六巻三－一〇で説いたような国制の変遷をローマ史にあてはめると同時に、しかもローマの場合には循環から逃れて安定した混合制を実現するにいたった過程を、散逸した「ローマ古代史」の部分で描いていたのであろう。それゆえキケロの記述をもとにして、散逸した部分の輪郭をある程度まで推測することができる。

それによれば、まず原初の状態にあったとき自らの力によって人々の信頼を得て独裁者の地位に就いたのがロムルスであり（『国家について』第二巻四）、それに続く正義にもとづいて統治する王にあたるのが、徳と英知のゆえに王に選ばれたヌマ・ポンピリウス（同書第二巻二四－二五）以下の王たちである。しかしやがて王制が堕落し、富と権力を得て傲慢なふるまいを重ねる第七代の王タルクイニウス・スペルブスの時代になったとき、王制は僭主制に変質する（同書第二巻四四－四八）。暴政はやがてルキウス・ブルトゥスらの決起を呼んで打倒され（前五〇九年のこととされる）、その結果生まれた体制では元老院がその徳の高さによって国民を導いたので（同書第二巻五九）、ここに優秀者支配制が実現する。その後、前四五一年とその翌年に平民と貴族の対立の解決策として、執政官と護民官を排除したうえで「法律制定のための十人委員」が選出されたが、二度目の委員たちは十二表法制定のあとも専制権力を手放そうとせず、過酷な圧政をしいた（同書第二巻六一－六三）。これが優秀者支配制の堕落形態として現われた寡頭制ということになる。ポリュビオスはこの十人委員の時代までをローマ国制の形成期と見なして、この間に民衆の権限が少しずつ強められながら混合制が形作られていったと考え（『歴史』第六巻一一－一参照）、キケロもその見方にならってローマ史をそこで打ち切っている。

のために丘の上に塚を築き、それにちなんでその場所をパランティオンと名付けたのだという。(1)

ディオニュシオス(2)『ローマ古代誌』第一巻三一-四―三二-一

2 メガロポリス人のポリュビオスのように、ローマは第七オリュンピア期の二年目(3)に建国されたと確信していると言うだけでとどめるべきではないし、また大神祇官(4)のもとにある一枚の板を唯一の証拠として、それを検証しないままに信用するべきではないと私は考えた。

ディオニュシオス『ローマ古代誌』第一巻七四-三

3 エリス人のアリストデモスが語るところによれば、第二十七回オリュンピア競技祭から競技者の名を、といってももちろん優勝者に限るが、その名を碑に刻み始めたという。それ以前にはだれもそのようなことに関心がなかったので、刻銘された者はいなかったのだ。ところが第二十八回オリュンピア競技祭(5)のスタディオン競走の優勝者エリス人のコロイボスが初めて名を刻まれ、そしてこのオリュンピア競技祭が第一回と見なされて、それ以降のギリシア人にとって年代表記の起点となった。ポリュビオスもアリストデモスと同じことを書いている。

エウセビオス(6)『年代記』一九四-一〇

4 ポリュビオスが第六巻で語るところによれば、ローマ人の間では女はぶどう酒を飲むことを禁止されていて、その代わりにパッスムというものを飲む。これは干しぶどうから作ったもので、飲んだときの感じは、アイゴステナ産の甘いぶどう酒やクレタ産ぶどう酒に似ている。だから女は喉が渇いたときにはこれを飲む。(7)女がこっそりとぶどう酒を飲もうとしても、それは不可能である。なぜならまず女にはぶどう酒の所有権さえも許されないからであり、そのうえ女は自分や夫の親族に対して、いとこの子にいたるまで全員に口づけをしなければならない、しかも毎日最初に会ったときには必ずそうする定めだからである。そしていつだれと出会うか分からないから、用心せざるをえない。少し味見をしただけでも、それだけで十分な告発理由となるのだ。

アテナイオス『食卓の賢人たち』第十巻四四〇a

こうして彼(8)は三九年間完全な平和と協調のうちに統治したあと——この点にかんしてはだれよりもまず友人ポリュビオスに、時代考証の厳密さにかけては右に出る者のいないあの史家に従うとしよう——、世を去

(1) ローマ市内の七つの丘のひとつで、ローマ建国の故地と伝えられるパラティウム丘の名の由来についての議論。ディオニュシオスによれば、エウアンドロスを指導者としてギリシアのアルカディア地方からイタリアに来た植民団がこの地を選んだという。ウェルギリウス『アエネイス』第八歌五一以下はパラスにちなむ地名縁起を伝える。

(2) 小アジアのハリカルナッソス出身の歴史家・修辞学者（前一世紀頃）。『ローマ古代誌』全二〇巻は、ポリュビオス『歴史』の開始時である第一次ポエニ戦争の始まりまでのローマ史を扱う。前半の一〇巻が現存する。

(3) 前七五一／五〇年。初代王ロムルスの即位年とされる。キケロ『国家について』第二巻一八はこの年代を追認している。ただし後代には建国を前七五三／五二年とする伝承が定着する。

(4) pontifex maximus　ローマの国家祭祀をつかさどる神祇官団の長。

(5) 前七七六年。通常はこのオリュンピア競技祭を第一回と見なし、これを起点としてオリュンピア期を数える。しかし前八八四年を第一回と見なす伝承もあったので、初めの二七回は「記録がなかった」と想定された。

(6) パレスティナのカエサレアの司教（二六〇頃—三四〇年頃）。『年代記』は断片のみ現存する。

(7) 古い時代のローマで女性がぶどう酒を飲むのを禁じられていたことは、プリニウス『博物誌』第十四巻八九にも記されていて、もし飲んだことが発覚すると厳しく処罰されたという。アイゴステナはメガラ領内、コリントス湾岸の村。

(8) ロムルスの後を継いで第二代のローマ王に就いたヌマ・ポンピリウス。

った。

キケロ『国家について』第二巻二七

6 彼[1]はティベリス河畔にオスティア市も建設した。ポリュビオスが第六巻に記す。

ビュザンティオンのステパノス[2]『地名事典』

7 ……コリントス人デマラトスの息子ルキウスは自身の力と財産を信じてローマへ向かった。彼には自分の能力をもってすれば、その国の政府においてだれにも劣らない地位を得られるという確信があり、しかもかたわらには、さまざまな才能をもち、いかなる企図においてもすぐれた協力者となってくれる妻がいた。ルキウスはローマに着いて市民権を得ると、さっそく王への追従に努めた。そして惜しみない贈与とそつのないふるまい、それになにより幼少期からの育ちの良さにより、たちまち王に気に入られ、格別の寵愛と信頼を獲得することに成功した。そして時がたつうちに地位も高まり、ついにはマルキウスと共同で王国の統治を取りしきり、行政をともにするようにまでなった。そういうときルキウスは全国民の幸福を目標とし、常に困っている人たちの味方になって物資を分け与えたほか、食糧の配給にしても時機を逸することなく、必要なときにいつでも気前よく実施した。その結果、多くの人に感謝されたうえに、すべての人から好感をもたれ、高徳の士という評判も得て、とうとう王位を手に入れた[3]……。

『コンスタンティノス抜粋集——徳と不徳について』

8 ……彼はヘシオドスの言葉を借りれば「半分が全体よりいかに大きいか」を知っていたのであり、これはまさに思慮と才知に富む人物の行動であった[4]……。

『古代抜粋集』

9 ……神々に嘘をつかないことを学ぶことは、人間どうしで真実を語り合うためのきっかけになる……。

『古代抜粋集』

10 ……人間というのは、たいていの場合、自分で手に入れたものはしっかりと守るけれども、与えられて受け取ったものは簡単に失うという性質をもっている(5)……。

『古代抜粋集』、『コンスタンティノス抜粋集――意見について』

位置不明の断片

11 ……いかなる徳にせよ、それをしっかりと訓練しようとするなら子供の頃から訓練しなければならないが、

（1）キケロ『国家について』第二巻五、三三、リウィウス『ローマ建国以来の歴史』第一巻三三-九などから、第四代のローマ王アンクス・マルキウスであることが分かる。オスティアはティベリス河口にあるローマの外港。

（2）六世紀前半の文法学者。『地名事典』で各地の地名をアルファベット順に並べ、その正書法や地名縁起などを記した。

（3）デマラトスは故国コリントスが僭主キュプセロス（前六五五頃－六二五年）の支配の下にあるのを逃れ、エトルリア人の都市タルクイニイに移住した。そこで生まれたルキウス（またはルクモ）は、タルクイニイ人の妻をめとったが、のちに立身の志を抱いて妻とともにローマに居を移した。ルキウスは当時のローマ王アンクス・マルキウスに取り入り、ローマ市民の支持も得て、王の死後、市民の投票により第五代の王に選ばれ、ルキウス・タルクイニウス・プリスクスと呼ばれた（リウィウス『ローマ建国以来の歴史』第一巻三四－三五、ディオニュシオス『ローマ古代誌』第三巻四六－四八、キケロ『国家について』第二巻三四－三六）。

（4）引用された言葉はヘシオドス『仕事と日』四〇にあり、ことわざのようにしてしばしば使われた。次の九節とともにいずれかのローマ王にかかわる記述らしいが、どの王かは不明。

（5）傲慢で残忍だったと伝えられるローマ最後の王タルクイニウス・スペルブスについて述べたものか。

とりわけ勇気の徳にはそれが当てはまる……。

『コンスタンティノス抜粋集――徳と不徳について』

12 ウルキ、エトルリア地方の都市。ポリュビオスが第六巻に記す。

ビュザンティオンのステパノス『地名事典』

盛期のローマ国制

一一 ……クセルクセスのギリシア渡航の年から三〇年と……ののち(1)、そのとき以来、ローマ国制は細かい部分で修正を重ね、そしてハンニバル戦争の時代に――そこから本書の記述が脇道に入ったわけだが――最高の完成度に達した。そこで、成立期のローマ国制についてはすでに解説し終えたから、ここからはあの
2 時期、つまりカンナエ近郊の合戦でローマ軍が敗れ、完膚なきまでに打ちのめされたあの時期に、ローマがどんな国制のしくみをもっていたか、その説明を試みることにしよう。
3 といってもローマ国家のなかで生まれ育った人から見れば、私がしばしば細部の解説を省いているために、
4 不十分な記述しかできていないと映るだろうことは、私も承知している。そういう人は子供の頃からローマの慣習や制度に慣れ親しみ、そのため国制のあらゆる点について知識もあり、また自身ですべて体験もしたのだから、私の説明にあらためて感嘆することはないだろうし、むしろ言い落とした点について補足を求め
5 るだろう。そしてこの著者は些細な特徴についての記述を意図的に省いたのではなく、むしろ基本的なこと
6 や枢要な点について無知ゆえに沈黙せざるをえなかったのだと見なすだろう。そしてもし省かずに書いてあれば、瑣末な細かい事だとばかりに感嘆もしないような事柄でも、それが省かれていると、必要不可欠な事

7 だと言い張って補足を要求するのは、自分の方が史家よりもよく知っていると思われたいからだ。だから良き審判者には、書物の著者を判定するにあたって、書かれていない事ではなく書かれている事をもとに判定

8 を下してもらいたい。そしてもし書かれている事のなかにひとつでも虚偽を発見したなら、書かれていない事は無知ゆえに書かれていないのだと考えればよい。だが書かれている事がすべて真実だと分かったときには、書かれていない事は無知ではなく選択の結果としてあえて取り上げていないのだと認定するべきである……。

『コンスタンティノス抜粋集――意見について』、『古代抜粋集』

9 ……このようなことを言ったのは、判断の公正よりも自身の評判を求めて史家を誹謗する人たちに聞いてほしかったからである……。

『コンスタンティノス抜粋集――意見について』

10 ……何事であれ、ふさわしい時期に観察してこそ、賛同するにせよ非難するにせよ、健全な批評をすることができる。だから時が移り、状況が変化してしまった時代に当てはめて判断されれば、史家がくり返しどんなすぐれた言説を述べようと、またどれほど真に迫った説明をしようと、賛成できないどころか、耐えが

し、それ以降を興隆の時代と考えているのは間違いない。

（1）ペルシアのクセルクセス王がヘレスポントス海峡を渡ったのは前四八〇年。前四五一年とその翌年にはローマで法律制定のための十人委員（decemviri legibus scribendis）が任命され、最初の成文法である十二表法を制定した。原典に一部脱落があり、抜粋の直前の部分との脈絡にも不明瞭な点があるが、ポリュビオスはこの出来事をローマ史の古代の区切りと見な

たい愚説とさえ映るであろう(1)……。

11 ……さてローマには国家を動かす力として、本書でもすでに言及した三つの部分(2)が存在していた。そして
その三つの部分によって、国家のあらゆる分野がきわめて公正かつ適切に組織し運営されていたため、当の
国民自身でさえだれひとりとして、はたしてこの国が全体として優秀者支配制なのか、それとも民主制なの
12 か、はたまた独裁制(3)なのか、はっきりと断言できなかったのである。だが人々がとまどったのも無理はない。
なぜなら執政官の権限に目を向ければ、この国は完全に独裁制であり王制であると思えるのだが、元老院の
権限に注目すれば、これが優秀者支配制に見えてくる。ところが民衆の権限に着目すれば、今度は明らかに
13 民主制だと映ったのである。そこで三つの機関のそれぞれが国政のどの分野にどんな権限を当時もっていた
か、また少々の変更はあっても現在ももち続けているか、それを以下に記そう。

一二　まず執政官（コンスル）は、軍団を率いて遠征に出るまで、ローマにとどまって国民にかかわるあら
2 ゆる職務の指揮をとる。護民官(4)を除くすべての役職者が執政官に従属し、執政官の命令に服するのである。
3 外国使節を元老院に招じ入れるのも執政官の役目である。それに加えて執政官は、緊急の案件を元老院の審
4 議に上程し、そこで決議されたことを実行に移す。そのほか国家活動にかかわる事柄のうち民衆の手で行な
うべきことを整理し、民会を招集し、そこに決議案を提出し、そこでの多数による可決事項が執行されるよ
5/6 う取りはからう。さらに執政官は戦争の準備と遠征軍の指揮全般について、無限定に近い権限をもつ。つま
り同盟国の軍隊に自分の思いどおりに命令するのも、軍団副官を任命するのも、兵役名簿を作成し、そこか
7 ら適当な人物を兵士として選び出すのも(5)、すべてが執政官の権限なのである。加えて遠征中、自分の指揮下

8 にある者ならだれでも任意の者を処罰することも許可されている。また遠征には財務官[6]が同行していて、執
9 政官の命令には無条件で従わねばならないから、執政官は国庫から望むだけの費用を引き出せる。だから国
家のこの部分だけを見た人が、ローマというのは純粋に独裁制あるいは王制の国家だと断言しても不思議で
10 はない。もし以上に述べた制度またこれから述べる制度が、現代あるいは将来において一部変更されることがあったとしても、私のこの見立てがそれによって揺らぐことはないであろう。

一三　次に元老院（セナトゥス）はというと、まず国庫の管理権所有者であり、収入と支出の両面にわたる

（1）これから説明するのはハンニバル戦争の時代のローマ国制であるから、この著作が書かれた現代のローマを見て、それをもとに批判しないでもらいたい、とポリュビオスは読者に求めている。

（2）王制的部分と優秀者支配制的部分と民主制的部分（第六巻三-五）。以下、第六巻一八までの執政官と元老院と民会の権限についての解説は、整った構成をもつ。導入部（一一-一一）に続いて、執政官の権限（一二）、元老院の権限（一三）、民衆の権限（一四）を述べる。次に執政官に対する元老院（一五-一-八）と民衆（一五-九-一一）の抑制機能、元老院に対する民衆の抑制機能（一六）、民衆に対する元老院（一七-一-八）と執政官（一七-九）の抑制機能を説明して、最後に総括を置く（一八）。元老院に対する執政官の抑制機能の説明は欠けている。

（3）ここでは王制の同義語として使われている。

（4）tribunus plebis　一〇名が任期一年で選ばれた。貴族の専横に対抗して平民の生命と財産を守ることを任務とし、執政官を含む各種政務官の職務行為と選出、法律制定、元老院決議に対して拒否権をもっていた。

（5）第六巻一九-二〇参照。

（6）quaestor　任期一年。国庫を管理する首都財務官二名のほか、執政官の遠征に随行する者、艦隊や穀物供給を管理する者がいた。

2 財政全般が元老院の裁量にゆだねられている。財務官はひとつひとつの必要項目について、元老院の許諾が
3 ないかぎりわずかの支出も認められないのであって、例外は執政官への資金拠出の場合に限られる。さまざまな支出のなかでもきわだって巨大で重要な支出、すなわち監察官[1]が五年ごとに公共建築物の修理と建造のために行なう支出も、やはり元老院が権限を握っていて、監察官は元老院の承認を得て初めて職務を執行で
4 きるのである。またイタリア域内で起こった犯罪のうち国家による捜査が必要なもの、すなわち[同盟への]
5 背信、謀略、毒殺、謀殺[2]もやはり元老院の管轄に入る。さらにイタリア域内の一個人あるいは一都市が調停、
6 戒告、援助、軍隊駐留を要請してきたときには[3]、そのいずれの場合も元老院が対処にあたる。またイタリア域外の住民に対して使節を派遣する必要が生じたときも、その目的が紛争の調停であれ、また勧告、要求、
7 [譲渡を申し出られた都市や領土などの]受け取り、宣戦布告であれ、元老院がその任務を担当する。逆にローマに外国から使節が来たときにも、それをどのように処遇するべきか、どのような返答を与えるべきか、そのすべてが元老院の裁量にまかされている。以上の権限については、民衆はいっさい口出しできないのであ
8 る。だから執政官のいないときにローマに逗留した人は、この国の政治制度が純粋に優秀者支配制だと判定
9 するに違いない。そしてこれは多くのギリシア人と多くの王の見立てとも一致するのであって、彼らはこの国の政治のほとんどすべてが元老院の権限のもとにあるのを見て、そのように確信しているのである。

一四　さてそうすると、民衆にはいったい何があるのか、国政のうちのいったいどんな部分が残されてい
2 るのか、と問い詰める人がいるのも当然であろう。なにしろ元老院はたった今述べたような領域について権限をもち、なかでももっとも重要なこととして、国庫の収入と支出にかんするすべての決定権を握る一方、

[3] 執政官は戦争の準備にかかわる絶対的権力と遠征中の絶対的指揮権を手にしているのだから。しかし実は民衆にも国政の一部が、[4] しかもきわめて重大な一部が残されているのである。それは名誉を授けることと刑罰を与えることであり、これらはこの国の制度においては民衆だけに認められた権限なのだが、この二つこそは実は徒党にせよ国家にせよ、あらゆる人間社会を結束させる唯一の手段なのだ。[5] なぜなら「名誉と刑罰による」差異化が認定されていない国、あるいは認定されていてもうまく実行されていない国では、何事であれ理にかなった統治を行なうのは不可能だからである。いったい善人と悪人が等しい評価を受けるようなところで、どうしてそのようなことが期待できるというのか。[6] そういうわけでローマの民衆は、罰金刑に相当する犯罪で、しかもその罰金額が多大にのぼるような裁判においてしばしば判決を下し、とくに被告人が高位の官職を経験した人物の場合には、たいてい民衆が裁判官を務める。そしてなにより死刑相当の裁判で判決を下せるのは民衆だけである。[7] ちなみにローマには、死刑判決について特筆し称賛するにあたいするある慣例がある。死刑裁判にかけられている者は、審理がまだ進行中で、判決を宣告する地区（トリブス）がまだひ

（1）censor　徴兵と課税を目的として五年ごとに実施される戸口調査のために、二名が任期一八ヵ月で選ばれた。元老院議員名簿を管理して、行状の良くない者を名簿から除く権限を有したほか、公共地の貸与や公共事業の請負契約も担当した。

（2）すなわちイタリア域内の同盟都市で、ローマとの同盟関係を危うくするような政治的陰謀や不穏な行動が起こったとき。

（3）例えば前一八六年、エトルリアに発して急激に拡大したバッコス祭祀が社会不安をあおるものと見なされ、元老院によって抑圧された。

（4）すなわちイタリア域内の同盟都市どうしが紛争を起こして、ローマにその解決を求めてきたとき。

とつでも投票をせずに残っているときであれば、[1] 自主的に自らを国外追放刑に処して、堂々と出国する権利
8 を認められているのである。追放刑を受けた者はネアポリス、プラエネステ、ティブルなど、ローマと条約
を交わした都市に行けば、安全を保障される。
9 そのほか民衆は高官職を——これこそは国家内で市民の徳に対して与えられる最良の褒賞である——それ
10 にふさわしい人物に授ける。[2] また法を審議する権限をもっているのに加え、[3] もっとも重要な権能として、和
11 平と開戦についての審議を行なう。[4] 加えて同盟締結と休戦決定と条約締結について、そのひとつひとつを批
12 准し発効させるか否かを決めるのも民衆である。したがってこれらの点を見れば、ローマの国制では民衆が
最大の比重を占めているから、この国は民主制の国だというのも、これまた無理のない結論なのである。

一五　さて以上で、国制を構成する三つの部分がそれぞれどのような機能を分け持っているかを語り終え
た。そこで次に、それら三つの部分が必要に応じて相互の間でどんなふうに対抗できるのか、またどんなふ
うに協同できるのかについて説明しよう。
2 まず執政官は前述のような権限をもって軍隊とともに遠征に出発するとき、計画を完遂するための絶対的
3 権力を握っているように見えるけれども、しかし実はここでも民衆と元老院がそれぞれの役割をもっていて、
4 この両者の協力なくしては執政官も任務を遂行できないのである。どういうことかというと、遠征軍に絶え
ず物資を補給する必要のあるのは言うまでもないことだが、元老院の決議がなければ、遠征中の兵士たちに
5 穀物も衣料も給与もいっさい送れない。だからもし元老院が執政官の成功を望まずその企図を妨害しようと
6 すれば、遠征軍の指揮官は身動きがとれなくなるのである。[5] また執政官が自らの作戦や計画を最後までやり

通せるかどうかも、元老院の意向にかかっている。なぜなら一年の任期が終わったとき、後任に別の執政官を戦地へ送り出すか、それとも現在の執政官を留任させるか、それを決定する権限は元老院にあるからだ。(6)

(1) 市民は居住地によりいずれかのトリブスに属する。トリブスの数は領土の拡大にともなって増加したが、前二四一年以後三五に固定されていた。民会には投票単位の区別によりクリア民会、ケントゥリア民会、トリブス民会(地区民会)の三種があり、このうち市民に対する死刑裁判を扱う権限をもつのは、トリブスごとに投票するトリブス民会ではなく、財産の多寡に応じた一九三のケントゥリアごとに投票するケントゥリア民会である。したがってポリュビオスがここで取り上げているのもケントゥリア民会のはずである。にもかかわらずポリュビオスがここで投票単位としてトリブスをあげているのは、おそらく前二四一年に最後のトリブス追加が行なわれたとき、それにともなってケントゥリア民会も改革され、ケントゥリアとトリブスの間になんらかの関連付けが行なわれたことに由来するらしい。しかしその改革の詳細については明らかでない。

(2) 執政官、法務官、監察官はケントゥリア民会で選出され、財務官はトリブス民会、街路整備や市場監督などを担う造営官(アエディリス)はトリブス民会と平民会、護民官は平民会で選出された。ただし民会に候補者の提案権はなく、賛否の意思表示をするだけだった。

(3) 法を制定するのはケントゥリア民会とトリブス民会、加えて前二八七年以後は平民会である。ただし民会を招集し、そこに法案を提出するのは執政官や法務官であり、出席者に意見陳述は許されず、ケントゥリアあるいはトリブスごとに法案の賛否を答えるだけだった。

(4) 和戦の決定はケントゥリア民会が行なう。第一次ポエニ戦争の開始と終結にかんする記述(第一巻一一-三、六三-一)を参照。

(5) 第六巻一二-八、一三-二参照。

(6) 遠征中に執政官の任期が切れたとき、元老院はその人物を執政官の権限を有する指揮官すなわち執政官代理(プロコンスル)に指名し、その後も引き続き指揮をとらせることができた。

7 ほかにも［戦場から帰国した］執政官の戦勝を盛大に祝い豪華に演出するか、それとも逆に粗末に扱い矮小化
8 するかも、やはり元老院の決めることである。というのも、ローマ人が凱旋式と呼ぶもの、つまり執政官が
自分のあげた赫々たる戦果を市民たちの目の前に繰り広げてみせる式典は、元老院がそれに同意し、開催に
要する出費を承認しないかぎり、ふさわしいかたちで挙行できないし、それどころか式典自体が取りやめに
なることさえあるのだ。

9 一方、民衆との関係について言えば、執政官はローマからどんなに遠い所に滞在していても、民衆の意向
を考慮しないわけにはいかない。なぜなら休戦協定や条約を有効にするのも無効にするのも、すでに述べた
10 ように(1)、民衆の一存だからである。そしてなによりも重要なのは、執政官はその職権を手離すとき、在任中
11 の行動について、民衆から審査を受けなければならないことである(2)。こういうわけで執政官というのは元老
院と民衆の双方から支持を得る必要があり、もしそれを怠れば、あらゆる点で危険を招くのである。

一六　しかし元老院にしても、これほどの権力をもっていながら、まず国全体にかかわる事柄については
2 一般市民の意向を考慮せねばならないのであって、民衆の意思を無視することは許されない。また国家に対
する反逆のようなきわめて深刻で重大な犯罪、つまり刑罰として死刑が予想されるような犯罪においては、
その査問にせよ処罰にせよ、元老院の予審判定に民衆が許諾を与えないかぎり、元老院はそれを実行するこ
3 とができない。元老院自体にかかわる事柄でも、事情は変わらない。すなわちもし元老院に伝統的に備わっ
ている権限の一部を廃止したり、元老院議員の特権や名誉を剥奪したり、さらには元老院議員の財産を削っ
たりする法律が提案された場合、それらの法案のいずれについても、それを制定するか否かを決定するのは

4 民衆なのである。[3] そしてなによりも重要なのは、護民官のうちのひとりでも阻止の意思表示をすれば、元老院は票決をそれ以上続けられないし、そもそも議会を開くことも議員が集まることもできないことである。
5 そして護民官には、常に民会の決定どおりに行動し、民衆の意思をなによりも尊重するという義務が課せられている。[4] これらもろもろの理由によって、元老院は一般市民を恐れ、民衆への配慮を怠らないのである。

一七　しかし民衆の方もやはり元老院の一定の制御のもとに置かれていて、全体としても個人としても、
2 元老院の意向に配慮せざるをえないしくみになっている。なぜならイタリア全土で公共建築物の新築や修理のために監察官から発注される仕事の量は莫大で、容易に数えきれないほどであり、それ以外にも河川、港、
3 庭園、鉱山、農地など、要するにローマの支配地域内にあるあらゆるものも膨大な量にのぼるのだが、それらすべての管理が民衆の請け負い仕事であり、これらの仕事にかかわってそこから利益を上げていない者は
4 ほとんどいないと言ってもよいほどなのである。というのも監察官から契約を受注する当事者のほか、その

（1）前章一一。
（2）護民官は執政官が退任したとき、在任中の行動について告発し、民会で裁判にかけることができた。前章六参照。
（3）これに当たる事例として、いずれもガイウス・フラミニウスの主導で成立したガリアのピケヌム地方の土地割り当て（前二三二年）と、元老院議員とその息子への大型船の所有禁止（前二一八年）がある。これらはいずれもトリブス民会で決定された。第二巻二一-八、第三巻七五-五参照。
（4）ただし貴族に対する平民の政治闘争がしだいに実を結んで、各種の官職への就任が平民にも認められ、平民会の決議も法律と同等の効力をもつようになると（前二八七年）、護民官は民衆利益の代弁者という本来の性格をしだいに薄めていく。そして前二世紀に入ると、護民官は他の高位官職と同様に、社会的名誉をめざすときの一段階と見なされるようになった。

5 共同事業者、受注者への保証提供者、国庫への資産提供者がいるからだ[1]。ところがこれらの仕事はすべて、
元老院の裁量のもとで行なわれる。期間の延長を認めるほか、なにか事故が起きたときに契約者の負担を軽
6 くしてやったり、執行が不可能になったときに契約を解除してやったりするのも元老院である。そのほかに
も、公共事業を請け負う者に対して大きな損害を与えたり、逆に利益を与えたりする手段を元老院は数多く
握っている。これらの事業にかんする訴えは、元老院が受け付けるしくみだからである。
7 そしてもっとも重要なのは、国家にかかわることであれ私人間のことであれ、重大な訴訟事件にかんして
8 は、ほとんどの場合に元老院議員のなかから裁判官が選ばれることである[2]。それゆえ市民のだれもが元老院
の保護を当てにしていて、必要なときに元老院の助力が得られるだろうかという不安から抜け出せないため、
元老院の決定に反抗したり異議を唱えたりすることには用心深くならざるをえないのである。
9 同じように執政官の意図に反する行動をとることも、いったん遠征に出れば市民のだれもが個人としても
全体としても執政官の権限のもとに入らねばならないのだから、軽率にできることではない。

一八　以上のように三つの各部分の力が抑えあったり助けあったりしながらひとつの調和を生み出し、そ
の結果いかなる状況にも適切に対処できる国制を作り上げる。これ以上にすぐれた国家制度を見つけるのは
2 不可能と言ってよい。実際、外部から国全体に脅威が迫ってきて、全市民の団結と協力が必要になったとき、
3 この国制が発揮する力の大きさと強さには測り知れないものがある。すべての市民が競い合うようにして危
機へのあらゆる対抗策を考案するから、なすべきことがなされないままに時が過ぎることはなく、まただれ
もが公の場でも個人としても計画の完遂のために協力を惜しまないから、決議の実行が時機を逸することも

4 ない。それゆえこの特殊な国制は、いったん決定したことは必ずやり抜く不撓不屈の力を備えている。

5 だがその後、外からの脅威から解放され、勝利が生み出した富と栄華に囲まれて暮らすようになると、ローマ人も好運に酔いしれ、他者の追従と自身の気の緩みから倨傲と慢心に陥りかけるが(3)——実際そうなりがちなものだから——、しかしそれは、この国制が自らを救う手段を自らの手のうちにもっていることを証し

6 立てる最良の機会でもある。なぜなら三つの部分のうちのいずれかひとつが膨れあがって他を圧迫し、度を

7 過ぎた力をふるおうとしても、さきに説明したように、いずれの部分も単独では存立しえず、各部分の意思は他の部分によって阻まれ引き戻される可能性があるのだから、結局どの部分もすっかり膨れあがることな

(1) 民衆のうち騎士身分(equites)と呼ばれる資産家は、監察官をとおしてさまざまな公共事業を請け負い、そのなかには港湾使用や鉱山採掘などにかかる各種の使用税の徴収も含まれていた。これらの公共事業は請け負い希望者のなかから最高金額を払った者に落札され、契約獲得者はその後の徴税から利益を得る。契約にあたっては、必要な資金を調達すると同時にリスク回避のために、契約者当人のほか、当人と共同で事業を行なう者、契約者のために出資して配当を得る者がいた。「国庫への資産提供者」の意味は不詳。ただしこれらを扱えるのは一定以上の資産家だけだから、ほとんどの民衆がそれにかかわっていたかのようなポリュビオスの説明は正確さに欠ける。

(2) 民事訴訟はまずある政務官職者(正式には法務官)の前で原告と被告の双方が争点を法的に確定したあと、ひとりまたは複数の裁判員(iudex)による判決が下される。裁判員は前一二三年のグラックスの改革以前は、元老院議員から選ばれた。

(3) 例えば前一六八年、ピュドナの戦いでペルセウス王の軍勢を破り、マケドニア王国を消滅させたあと、ローマで安逸の気風が広がったとポリュビオスは伝える(第三十一巻二五-二-八)。

8 く、慢心に陥ることもないのだ。したがって暴走しようとしても引き止められたり、また初めから他者によ
る叱正を恐れて動かなかったりして、すべてが現状のままにとどまり続ける……。

『古代抜粋集』

ローマの軍事制度

一九　……執政官の任命が終わると、次に軍団副官が指名される。[1] その人数は五年間の兵役経験のある者
2 から一四名、そして一〇年間の兵役経験者から一〇名である。それ以外の兵士について言えば、四六歳にな
るまでに騎兵なら一〇年間、歩兵なら一六年間の兵役勤務が義務づけられている。[2] ただし財産査定額が四〇
3 〇ドラクマに満たない者[3]はこの限りではなく、この者たちはすべて軍船の労役に使用される。国を取り巻く
4 状況が緊迫している場合は、歩兵の兵役期間は二〇年間に延長される。だれであれ兵役を一〇年間務めてか
らでないと、国の官職に就くことは許されない。[4]

5 　執政官職にある者は兵士の軍隊登録を実施するにあたって、まず兵役年齢にあるローマ市民全員が出頭す
6 るべき日を民会において告示する。これは毎年行なわれる。そしてその日が来ると、兵役適格者たちはロー
7 マ市内に現われ、カピトリウムに集合する。[5] そこでまず軍団副官のうちの年少組[6]が、民会あるいは執政官の
指名した順序にしたがって四つに分割される。これはローマでは軍全体が本来四つの軍団（レギオ）に分かれ
8 ているからである。最初に指名された四名が第一軍団に配属され、続いて指名された三名が第二軍団、続く
9 四名が第三軍団、最後の三名が第四軍団に配属される。軍団副官のうちの年長組は最初の二名が第一軍団、
続く三名が第二軍団、それに続く二名が第三軍団、最後の三名が第四軍団に割り当てられる。

2 二〇　こうして四つの軍団が同数の指揮官をかかえるように軍団副官の分割と配属が完了すると、軍団副
官たちはそれぞれの軍団ごとに分かれて席を取り、そのあと地区（トリブス）をひとつひとつ籤で引き当て、
3/4 当たった地区をそのたびに呼び出す。次にその地区から年齢も体格も相似の若者四名を選び出す。そしてそ
の四名を連れて来て、そのうちから最初に第一軍団の副官たちが一名を選び出し、二番目に第二軍団、三番
5 目に第三軍団、最後に第四軍団の副官たちが一名を選ぶ。それが終わると別の四名を連れて来て、今度は第
二軍団の副官たちが最初に選択権を行使し、その後はそれに続いて、最後は第一軍団の副官が残った一名を
6 引き取る。それが終わるとまた別の四名を連れて来て、今度は第三軍団の副官が最初に選び、最後は第二軍
7/8 団で終わる。この方法で選択権を順番に回していけば、各軍団に割り当てられる兵士の質は均等になる。こ

（1）通常の四軍団の軍団副官（tribunus militum）はトリブス民会で選出される。それ以上の軍団を編成したときには、その軍団副官は執政官によって指名される（第六巻一二-六、一九-七）。

（2）兵役年齢は一七歳から四六歳まで。その間に規定の年限を勤める。

（3）財産の多寡に応じて分けられる第一から第五の等級（classis）のさらに下に位置づけられる、武装具を自弁する財力のない市民。プロレタリイ（proletarii）と呼ばれる。

（4）家柄と資産に恵まれた青年はほとんどが騎士として従軍するから、彼らが出世をめざして各種官職の階段を昇ろうとするとき、最初の官職に就任するためには二七歳以上でなければならないことになる。

（5）兵役年齢に当たるすべてのローマ市民が同時に一箇所に集合するかのようなポリュビオスの説明は正確でない。実際には登録は各地区（トリブス）ごとに行なわれたようである。カピトリウムはローマ市内にあってローマ人の宗教的中心の機能を果たした丘。

（6）兵役経験五年の一四名。後出の年長組は兵役経験一〇年の一〇名。

うして選び出された歩兵の数が予定していた人数に達すると――その人数とは軍団一個につき通常は歩兵四
9 二〇〇〇人、ただし重大な危機が迫っているときには五〇〇〇人である――、歩兵に続いてその次に騎兵を選
定するのが昔のやり方だった。しかし現在では騎兵の選抜は監察官による財産評価にもとづいて行なわれる
ので、[1]歩兵に先立って実施される。騎兵は軍団一個につき三〇〇人が割り当てられる[2]。
二一　以上のようにして登録が完了すると、担当の軍団副官はそれぞれの軍団ごとに新しく選ばれた兵士
2 たちを集合させる。そしてそのなかから適任者一名を呼び出したのち、指揮官の命令に服従し任務の遂行に
3 全力を尽くすことを誓わせる。その他の者も全員ひとりずつ前に進み出て誓約するが、こちらの文言はただ、
自分もすべて最初の誓約者と同じように行動するということだけである。
4 　これと時を同じくして執政官権限の所有者は、イタリア内の同盟諸都市のうち同盟軍として遠征に参加さ
せたいと望む都市を選んで、そこの統治者に指令を発し、召集するべき兵士の人数とその兵士たちが集まる
5 べき日付と場所を告知する。指令を受けた都市は、ローマの場合と似た方法で兵士の選抜と誓約を行なった
うえで、指揮官と給与支払い担当者を付けて送り出す。
6 　ローマ市内では誓約の儀式が終わると、軍団副官がそれぞれの軍団の兵士たちに武装具不携帯のまま集合
7 するべき日付と場所を告知し、いったん帰宅させる。そして定められた日に兵士たちが集まってくると、副
官たちはそのなかからもっとも若くもっとも貧しい者たちを選んでウェリテスに分類する。そしてそれに次
ぐ年齢層の者をハスタティ、働きざかりの年齢の者をプリンキペス、もっとも年長の者たちをトリアリイと
8 して選び出す。この四つはローマの各軍団内の兵士種別を表わす呼称であって、年齢を基準にするが、それ

9 と同時に携行する武器の違いをも表わす。種別ごとの人数を言えば、トリアリイと呼ばれる最年長組が六〇〇人、プリンキペスが一二〇〇人、ハスタティも同じく一二〇〇人、そしてそれ以外の最年少組がウェリテ
10 ス[3]を構成する。軍団全体の人数が四〇〇〇人[4]を超える場合、超えた分の人数は［若年の三種別に］等分に分配されるが、トリアリイだけはどんなときにも一定数である。

2 二二　最年少組［ウェリテス］の兵士たちは剣と投槍と盾を持つよう指示される。盾（パルマ）は頑丈な造り
3 になっているばかりか、円形でその直径は三プース[5]あるから、大きさも身を守るのに不足はない。頭には飾りのない兜をかぶる。そして兜の上にさらに狼の皮またはそれに類するものを着けることもあり、これは防護の目的のほかに、部下が勇敢に戦っているかどうかを各部隊の指揮官がはっきり識別できるようにするた

（1）古い時代には騎士は国家から提供される馬に乗って出陣していたが、前三世紀頃から自己負担で馬を用意できるだけの資産をもつ市民も騎士の列に加えられるようになった。

（2）第一巻一六-二、第二巻二四-三参照。

（3）軍団歩兵の全体が標準的な四二〇〇人なら、やはり一二〇〇人になる。

（4）正確には四二〇〇人。これを超える軍団編成になった実例として、五〇〇〇人（第三巻一〇七-一〇）、五二〇〇人（第二巻二四-一三）、六〇〇〇人（リウィウス『ローマ建国以来の歴史』第四十二巻三一-二）、六二〇〇人（リウィウス同書第二十九巻二四-一四）がある。

（5）約九〇センチメートル。

4 めでもある。投槍は柄の部分が全長二ペキュス、太さ一ダクテュロス、穂の長さが一スピタメ(1)、その刃はき
わめて細く鋭く打ち伸ばされているため、一度投げ当てればすぐに曲がってしまい、敵がそれを投げ返すこ
とはできない。そうでなければ、投槍は両陣営の共通の武器になってしまう。

2 二三　ハスタティすなわち二番目の年齢層の兵士たちは、武具一式を装備するように指示される。ローマ
兵の武具一式とは、まず楕円形の盾（スクトゥム）、これは外側に湾曲していて幅が二プース半、高さが四プ
3 ース、そして厚さは外縁のところで一パライステである(2)。二枚の板を牛の膠で接着したもので、その外面をま
4 ず亜麻布で、次いで子牛皮で覆っている。上辺と下辺は鉄で縁取りされていて、これで振りおろされる剣を
5 受け止め、また盾を地面に降ろしたときの保護の役目をさせる。さらに盾の中心には鉄の覆いが付いていて、
6 これによって飛んでくる石や槍など重器の強い打撃から身を守る。盾とともに剣も携帯し、右腰に装着する
7 のだが、これはイベリア剣と呼ばれるものである。この剣は鋭い切っ先で突くのに適しているばかりか、丈
夫で折れにくい両刃を使って、どちら側でも切りつけることができる。
8/9 そのほかに二本の投槍、青銅製の兜、脛当てを装備する。投槍（ピルム）には太いものと細いものがある。
[太くて]頑丈な方の槍には、さらに柄が直径一パライステほどの丸いものと、柄が一辺一パライステほどの
四角いものがある(3)。細い槍は太い槍といっしょに携えるもので、ほどよい太さの狩猟用の投槍に似ている。
10 これらの投槍はいずれも柄の長さが三ペキュスくらい、その先の鉄製の穂は長さが柄と同じくらいで、返し
11 が付いている。穂はしっかりと固定されて使用しやすいように、その長さの半分くらいまで柄の中に差し込
まれていて(4)、しかもそこに多くの留め金を付けて動かないようにしている。だから投げるときに[穂と柄の]

西洋古典叢書

月報 66

第Ⅳ期＊第3回配本

クレタのイダ山
【イラクリオン（クノッソス）から「ゼウスの洞窟」への途次、主峰部の北東面を望む】

目次

2007年9月
京都大学学術出版会

ポリュビオスのポートレート

藤井　崇

ポリュビオスはどんな風貌をしていたのだろう。待望の日本語訳で彼の存在がぐっと身近になると、そんな下世話な興味もわいてくる。

ローマ時代にギリシア世界を旅した旅行作家パウサニアスは、ポリュビオスの姿を伝えるポートレートとして、五つの記念碑の存在に言及している。歴史家のふるさと、ギリシア本土、アルカディアはメガロポリスの石碑には、ポートレートに添えて彼の業績を称える詩が刻まれており、それは「彼は四海を旅し、ローマ人の味方になっては、彼らのギリシアへの怒りを静めた」（パウサニアス『ギリシア案内記』第八巻三〇-八）と歌っていた。パウサニアスによれば、アルカディア地方にはメガロポリスの他に、マンティネイア（第八巻九-一）、リュコスラ（第八巻三七-二）、パッランティオン（第八巻四四-五）、テゲア（第八巻四八-八）にポリュビオスの肖像が現存していたらしい。これらがポリュビオス存命中、もしくは彼の死後まもなく建立されたとして、さらにパウサニアスの時代に無事に残っていたと仮定するならば、軽く見積もって二〇〇年の間、アルカディアの諸都市はポリュビオスのポートレートを大切に保存していたということになる。彼らにとって、ポリュビオスは、第二の建国の父とでもいうべき存在であった。前一四六年にローマがコリントスを破壊し、アカイア同盟を解体して後、すでにローマでの抑留から解放されていたポリュビオスはギリシアに入り、新たに到来した「ローマ時代」を生き抜く方途を求めて、ローマとギリシア諸都市との折衝役を務めたのである。リュコスラの肖像にある碑文からは、アルカディアの人々のポリュビオスへの思いが伝わってくる。「はじめからポリュビオスに従っていたならば、ギリシアは没落することはなかっただろう。過ちを犯した時、この人だけが助言を与えることができた」。

しかし残念なことに、これらの記念碑はどれも現存していない。パウサニアスの伝えによって、その存在が知れるのみなのである。では、ポリュビオスの面影はもはや再現不可能かというとそうではなく、おそらくポリュビオスをあらわしているのだろうと考えられている人物像が現代に伝わっている。それが、ここに写真を掲げたカト・クリトリア出土の石碑である。石碑は、高さ二メートル二二センチ、幅一メートル八センチ、厚さ二八センチとかなり大きい。石碑いっぱいに刻まれた戦士像は、右手をあげてそちらに顔を向け、右足をやや開き気味にして直立している。顔の細かい造作ははっきりしないが、髭が無く、短い頭髪がカールしている様子は見て取ることができる。肩からかかる長いマントは、左の手でその裾がたぐり寄せられており、マントの下には、エクソミスと呼ばれるタイプの下着が左肩から膝上までを覆っている。右足付近の背景に見えるのは、大きな丸盾とかぶと、左の肩には長槍がかかっており、その穂は地面に刺さっている。

この石碑の発見地、カト・クリトリアはアルカディア地方の一都市であり、古くはクレイトルと呼ばれ、東の平野部と西の山間部とを結ぶ重要な交通の要衝であった。ただ、ローマ時代にはあまり栄えてはいなかったようで、ストラボン(『地誌』第八巻八-二)は没落した都市の姿に言及している。石碑は、このカト・クリトリアで、一八八〇年、アルトゥール・ミルヒヘーファーとヴィルヘルム、ルトウィヒのグルリット兄弟によって確認された。発見時、石碑はビザンツ時代の墓に使われていたそうである。一八七四年以降、オリュンピアでの発掘契約を機に、ギリシア所有の古遺物の複製を作成する権利を得ていたドイツ政府は、カト・クリトリアの石碑に関してもレプリカを作り本国に持ち帰った。ベルリン大学のウィンケルマン・インスティテュートに保管されていた石碑の複製は、第二次世界大戦中の爆撃で破壊されてしまうが、その前にこの複製からさらに複製が作られており、それらが現在でもボンとフライブルクに保存されている。カト・クリトリアに残されたオリジナルの石碑は、発見後早々に地震で破壊されてしまい、管理も劣悪であったため、石碑の上部と向かって左側の部分は永遠に失われてしまった。従って、一八八〇年の発見当時の姿を伝えるのは、もはやドイツに残された複製のみということになる。ここに引用した写真も、ボンに保管されている複製を筆者が撮影したものである（Akademisches Kunstmuseum Bonn, Inv. 1988）。

さて、ではこれがなぜ歴史家ポリュビオスのポートレートと考えられているのか。最大の根拠は、石碑を確認したミルヒヘーファーが、現在では消失した石碑最上部の碑文にポリュビオスの名前を読み取ったからである。ただこの部分は発見当初から保存が悪く、この読みには異論もある。筆者もボンの複製で解読を試みたが、ポリュビオスの名前に先行する一部分しか確認することができなかった。ともかく、推測を含めて最大限に復元した碑文を訳すと次のようになる。「本都市は、リュコルタスの子ポリュビオスに、その善行ゆえにこの大いなる栄誉を捧げる」（*IG* V. 2. 370）。つまり、先のアルカディア諸都市と同じように、クレイトルも、ポリュビオスの功績を称えておそらく前二世紀後半にこの石碑を建立したのである。

これで一件落着のようであるが、事はそう単純ではない。まず、図像の観点からの反論があって、それは、前二世紀後半に石碑が建てられたとするならば、当時確実に五〇の坂を越えていた歴史家にしては、このポートレートの人物は若々しすぎる、別人物だというものである。確かに、ヘラクレスほどではないにせよ、脚や腕の筋肉は質実で、胸のつくりもがっしりとしている。まだまだ槍を持って前線で活躍できそうなところを見ると、この人物は五〇代というよりも、三〇代、四〇代といった年の頃かもしれない。しかし、この考えには再反論があって、髪の様子や目や口には熟年の気配が漂っているというものである。ここまでくると、もはや観察者の感性の問題となってくるが、何といってもポリュビオスは八二歳で死ぬその時まで馬に乗っていた怪人物（ポリュビオスは落馬が原因で死去）、五〇やそこらで筋力の衰えは感じなかったと考えたい。

次なる問題は、碑文である。先に訳出した時に、「推測を含めて」と書いたが、これは碑文を復元する際に、他の碑文の文句を参照したという経緯があるからである。その参照された碑文というのは、オリュンピアで発見されたもので、二つあり、二つともティトス・フラウィオス・ポリュビオスという、歴史家と同じ名前を持つローマ時代（後二世紀後半）の地元の有力者を称えるものである（*IVO* 449; 450）。この二つの碑文とカト・クリトリアの碑文で、似通った箇所があったため、おそらく同じことをいっているのだろうという推定のもと、保存状態のよいオリュンピアのものから、カト・クリトリアのものが復元されたのである。この復元方法は、一見あまりにも乱暴に見えるかもしれないが、実は、あながちナンセンスなやり方ではない。まず、オリュンピア碑文では、先の訳出箇所が碑文の本文とまったく独立して冒頭、もしくは末尾に添えられていることに注意したい。つまり、この部分で「ポリュビオスに栄誉を捧げる」といっておきながら、本体部分でより具体的に「何某がこれこれのためにティトス・フラウィオス・ポリュビオスにこれこれを建立した」といい直しているのである。ここでは、先の訳出箇所はある種の決まり文句として用いられているといえるだろう。このやり方からは、「ローマ時代」を生きるギリシア人のメンタリティーが垣間見られる。歴史家ポリュビオスとフラウィオス・ポリュビオスの血のつながりはきわめてあやしいが、フラウィオス・ポリュビオスは三〇〇年前のギリシアの偉人と同じ名前を持つことを誇りに思い、おそらくはカト・クリトリアの石碑などを通じて、歴史家ポリュビオスを称える定型句として広く知られていた先の訳出箇所を、自分の栄誉碑文に付け加えたのだろう。フラウィオスに栄誉を与える共同体の側から考えるならば、歴史家ポリュビオスに捧げられた碑文をまねることで、彼らは郷土の有力者とアルカディアの英雄とを重ね合わせて見ていたのかもしれない。

最後にポリュビオスの取っているポーズの意味を考えよう。彼はなぜ右手をあげているのか。この点にも意見の対立があって、一つはローマ皇帝の軍隊用・儀礼用あいさつであったアドロクティオの先駆的形態と見なすもの、もう一つは天への祈りを示しているという宗教的文脈からの理解である。どちらか一方に決することは難しいが、ローマ支配確立直後のギリシアでポリュビオスによる軍隊指揮が強調されるのもやや不自然であるし、すでに大戸千之氏が明らかにしたように、合理的歴史家と呼ばれるポリュビオスにも、宗教的、宿命的歴史観の強い影響が見て取れる。ここでは、後者の見解に軍配をあげておきたい。

（西洋史学・京都大学／ハイデルベルク大学大学院）

連載

西洋古典ミニ事典 (20)

古代ギリシアの住居

古代ギリシア人は、主に天日干し煉瓦と石で造った家に住んでいた。近代の家と異なる最も大きな特徴は、居住者の視点が家の外にではなく、内側に向けられていたことである。家の窓は小さく、数も少なかったので、外からだと壁があるだけで、生活の様子は見えなかった。

ホメロスに登場するオデュッセウスの屋敷には、まず玄関（プロテュロン）があって、そこから前庭（アウレー）に通じていたが、周囲が柱で囲まれその中央には守り神ゼウス（ゼウス・ヘルケイオス）の祭壇があった。一家の主人はここで神に犠牲を捧げた。さらに行くと、また入口（アイトゥーサ）があって、トネリコの敷居をまたぐと、次の間が大広間（メガロン）である。そこには竈（ヘスティアー）が置かれていた。さらに奥には、妻ペネロペイアが機を織った部屋があったと考えられる。もっともオデュッセウスの館は特別なもので、一般の住居はもっと規模の小さなものであったことは言うまでもない。

古典時代の住居は、ホメロス時代のものと異なるところもあるが、基本的には同じような構想のもとに造られている。ギリシアの家が近代の家とは異なるもうひとつの特徴は、男が暮らす部屋と女が暮らす部屋があって、両者が明確に区分けされていたことである。ローマの建築家ウィトルウィウスは、男部屋と女部屋はそれぞれ andronitis と gynaeconitis と呼ばれたと言っている。リュシアスの『エラトステネス殺害に関する弁明』を見ると、二階建てに住む男が、子供が生まれて以来、妻が子供の世話で危ない目にあわぬように、男部屋を二階に、女部屋を一階にしたと述べている所がある。これは逆に言えば、二階建てなら男部屋は一階に、女部屋は二階にあったということであろう。

一般の家は、後図にあるように、入口にまず前扉（プロテュロン）があって、さらに中庭に通じる扉（アウレイオス・

テュラー）があった。中庭には周囲に柱の列があって、その中央に祭壇があったことはホメロスと同じであるが、奥の部屋から中庭に通じる扉もあって、これはメタウロス・テュラーと呼ばれた。ホメロスではこれは家畜を囲っておく小屋に使われた語である。この図では、男部屋と女部屋は同じ階にあるが、両者は厳格に区分けされ、その間に閂で閉ざした扉（バラノーテー・テュラー）があった。

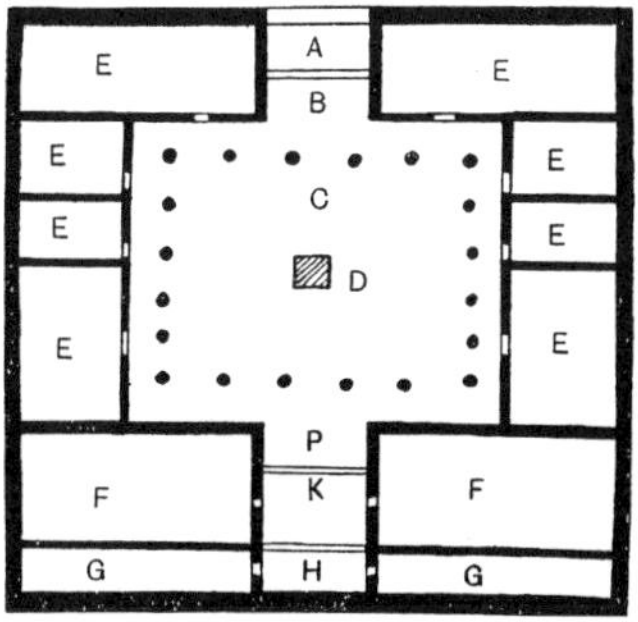

A　前扉　B　中庭に通じる扉　C　中庭
D　祭壇　E　各部屋　F　男部屋
G　女部屋　H　閂で閉ざした扉
K　奥から中庭への扉　P　奥の間（？）

ギリシア人は家の日当たりなど気にかけなかったかというとそうではない。夏は涼しく、冬は暖かい家が住みよいから、家は南向きに建てて、冬に太陽が奥の間（パスタス）まで射しこむように南側を高くして、寒い風が入らないように、北側を低く造るのが一番だと、ソクラテスは言っている（クセノポン『ソクラテスの思い出』）。

（前図はオデュッセウスの館の想像図、後図は後五世紀の住居の想像図で、いずれもB. C. Rider, *The Greek House*, 1965による）

（文／國方栄二）

●**月報表紙写真**　クレタ島中央に高く連なるイダ（イデ）山は、古代にあってはゼウスの聖地であった。最高峰（二四五六メートル）の北東側中腹に位置する「ゼウスの洞窟」は、同島の東寄りにある「ディクテ山の洞窟」などとともに、この神が父クロノスの目を逃れて密かに育てられたところと伝えられる。また撮影地点を含むルートは、プラトンの対話篇『法律』の舞台ともなったところ。ただし、「クノッソスからゼウスの洞窟と神殿までの道のり」（I 625B）はおよそ六、七〇キロメートルあり、対話の設定通りにゆっくり対話を交わしながら一日で歩き通すのはとうてい無理であろう。

（一九九五年五月撮影　高野義郎氏提供）

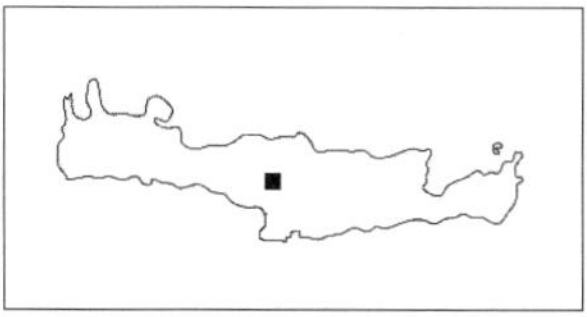

西洋古典叢書

［第Ⅳ期］全25冊

★印既刊　☆印次回配本

●ギリシア古典篇

アキレウス・タティオス　レウキッペとクレイトポン　中谷彩一郎 訳
アラトス他　ギリシア教訓叙事詩集☆　伊藤照夫 訳
アリストクセノス他　古代音楽論集　山本建郎 訳
アリストテレス　トピカ★　池田康男 訳
アルビノス他　プラトン哲学入門　中畑正志 編
ガレノス　ヒッポクラテスとプラトンの学説 2　内山勝利・木原志乃 訳
クイントス・スミュルナイオス　ホメロス後日譚　森岡紀子 訳
クセノポン　ソクラテス言行録　内山勝利 訳
セクストス・エンペイリコス　学者たちへの論駁 3　金山弥平・金山万里子 訳
テオプラストス　植物誌 1　小川洋子 訳
デモステネス　弁論集 2　北嶋美雪・木曽明子 訳
ピロストラトス　ギリシア図像解説集　川上　穣 訳
ピロストラトス　テュアナのアポロニオス伝 1　平山晃司 訳
ピロストラトス　テュアナのアポロニオス伝 2　平山晃司 訳
プラトン　饗宴／パイドン　朴　一功 訳
プルタルコス　英雄伝 1★　柳沼重剛 訳
プルタルコス　英雄伝 2　柳沼重剛 訳
プルタルコス　モラリア 1　瀬口昌久 訳
プルタルコス　モラリア 5　丸橋　裕 訳
プルタルコス　モラリア 7　田中龍山 訳
ポリュビオス　歴史 2★　城江良和 訳

●ラテン古典篇

クインティリアヌス　弁論家の教育 2　森谷宇一他 訳
スパルティアヌス他　ローマ皇帝群像 3　桑山由文・井上文則 訳
リウィウス　ローマ建国以来の歴史 1　岩谷　智 訳
リウィウス　ローマ建国以来の歴史 3　毛利　晶 訳

接合が緩むことはけっしてなく、むしろその前に鉄製の穂が――これは柄の中ほどの根元の部分では厚さが一ダクテュロス半もあるのだが――砕けてしまうかと思われるほどである。穂の固定にはそれほどの用心を払っているのだ。

12 そのほか兜の頂には羽毛冠を付け、さらに赤または黒の羽根、長さが一ペキュスほどのものを三本直立さ
13 せて飾りとする。兵士がこれを頭頂に付ければ、ほかの武装具とあわせて、実際の体格より二倍ほども大き
14 く見えるばかりか、堂々たる相貌で敵に威圧感を与えられる。また大半のハスタティ兵の装着するものとして一スピタメ四方の青銅板があり、これで胸の前を覆うので胸甲と呼ばれるこの防具を付ければ武装一式が
15 完了する。ただし財産査定が一万ドラクマ以上の者[5]は、胸甲の代わりに鎖帷子の鎧を着用する。
16 プリンキペスとトリアリイも武装の様式はハスタティと同じである。ただしトリアリイは投槍ではなく突

---

(1) 一ペキュスは約四四センチメートル、一ダクテュロスは約一・八センチメートル、一スピタメは約二二センチメートル。リウィウス『ローマ建国以来の歴史』第二十六巻四-四によれば、ウェリテスはこのような投槍を各人が七本携行していた。

(2)「厚さは……ある」の部分は写本が不完全。底本校訂者の補正にしたがって訳す。一パライステは手指四本の幅に由来し、およそ七・四センチメートル。

(3) 柄の全長にわたって直径あるいは一辺が一パライステという意味ではなく、穂との接合部にこれだけの厚みがあったということであろう。

(4) したがって穂先から柄の下端までの全長は四・五ペキュス、すなわち二メートルほどになる。

(5) すなわち財産査定による第一等級の市民。ポリュビオスはギリシアの一ドラクマをローマの一デナリウスに換算しているらしい。

き槍（ハスタ）を持つ。

二四　〔軍団内の組織について言うと〕先に述べた兵士種別のうち最年少兵たち〔ウェリテス〕を除く三種から、資質の高さにもとづいて〔各軍団につき〕一〇名ずつが百人隊長（ケントゥリオ）に選出される。そしてそれに
2 続いて、別の一〇名ずつの選出が行なわれる。これらの者は全員が百人隊長という名称で呼ばれるのだが、参謀会議に加われるのは最初に選ばれた者一名だけである。[1] 次にその百人隊長たちが自分たちと同数の助役[2]
3 （オプティオ）を選び出す。続いてウェリテス以外の年齢別三種の兵士たちが、百人隊長の協力のもとにそれぞれ一〇組に分割される。そして各組に、先に選出されていた指揮官〔百人隊長〕が二名ずつ、そして助役が
4/5 二名ずつ割り当てられる。ウェリテスも一〇等分されて、すべての組に同人数ずつ配属される。これらの組のことを隊列（オルド）または歩兵中隊（マニプルス）または隊旗（シグヌム）と呼び、その指揮官のことをケン
6 トゥリオと呼ぶ。その後、百人隊長自身が兵士たちのなかからすぐれて壮健かつ勇猛な者を歩兵中隊一個につき二名選び出し、旗手に任命する。[3]

7 各歩兵中隊に指揮官〔百人隊長〕を二名付けるのは、理にかなったやり方である。というのも指揮官が何をなすべきか、またその身に何が起こるか、いずれも予測のつかないのが戦場の常であり、しかも戦闘というのは容赦なく迫り来るものであるから、どんなときにも中隊がそれを指揮する隊長を失うことのないように
8 という配慮からこうしているのだ。両名ともいるときには、先に選ばれた方の百人隊長が中隊の右半分を指揮し、後に選ばれた方が中隊の左半分の兵士の指揮をとる。一名がいなくなれば、あとの一名が中隊全体の
9 指揮官となる。[4] 百人隊長に要求されるのはあえて危険を冒すような暴勇ではなく、むしろ何事にも動じない

冷静沈着な統率能力であり、先陣を切って突進したり戦闘の一番手になったりすることではなく、敵に押し込まれ潰されそうになったときに辛抱強く持ちこたえること、そして死を恐れずに陣地を守りぬくことである。

二五　騎兵もまた同じように一〇個の騎兵中隊（トゥルマ）に分割され、続いて各中隊からまず三名の騎兵
2 中隊長（デクリオ）が選ばれると、今度はその騎兵中隊長が三名の助役（オプティオ）を任命する。三名の騎兵中隊長のうち最初に選ばれた人物が騎兵中隊全体の指揮をとる。しかしあとの二名も騎兵中隊長の位をもっていて、三名ともデクリオと呼ばれる。最初の騎兵中隊長が倒されたときには、二番目の騎兵中隊長が指揮権を継承するのである。

3 騎兵の武装具はというと、現在ではギリシアの騎兵とほとんど同じだが、昔はそうではなかった。まず胴
4 鎧を着用せず、薄布を身に巻いただけで戦いにのぞんでいた。そのおかげで馬から下りるときも、また急い

（1）おそらくトリアリイの第一歩兵中隊の百人隊長二名のうちの先に選ばれた方。なお百人隊長（centurio）は百（centum）に由来する語だが、必ずしも一〇〇人の兵士を率いるわけではない。

（2）optio は百人隊長、または後出のように騎兵中隊長に付いてその任務を補佐する役割を負う。

（3）隊旗（signum）は歩兵中隊一個に一本だけだが、一人目の旗手（signifer）が倒れたときの代替として二人目をあらかじめ選んでおく。

（4）一個の歩兵中隊（manipulus）は二個の百人隊（ceturia）からなり、それぞれの百人隊を百人隊長が指揮する。ただし両方の百人隊長がいるときでも、先に選ばれた方の百人隊長が常に両名のうちの上位を占め、歩兵中隊全体の動きに指令を与える。

で馬に跳び乗るときも、身軽で敏捷な動きができたが、しかしその反面で戦闘のさいには、防具を着けてい
5 ないため危険にじかに身をさらすことになった。槍には二つの点で欠陥があった。ひとつには柄が細すぎて
揺れるので目の前の的にもねらいをつけられず、穂先を的に突き刺す前に、馬の動きに揺すられてほとんど
6 の場合に柄が折れてしまった。それに加えて、石突きに刃を取り付けていないので、穂先で最初の一突きを
7 して槍が折れてしまうと、その後はもはや使いものにならず、なんの役にも立たないのである。盾は牛革製
の楕円形盾を使っていたが、これは犠牲式のときの供え物にする中央に突起の付いた練り菓子のような形を
していた。しかしこの盾は強度に欠けるために投弾類を防げないばかりか、雨に濡れると革が剝がれてしま
い、それでなくても使いにくかったのが、まるで用をなさない代物になってしまった。
8 それゆえローマ人は実戦に耐えないことが証明ずみだった従来の武装に代えて、躊躇なくギリシア式の武
9 装を採用した。ギリシア式の槍は丈夫で揺れないような造りになっているから、穂先の第一撃でねらいをつ
10 けやすく威力も大きいし、その後も槍の向きを変えて石突きを使えば、激しい攻撃を続けられる。盾につい
ても同じようなことが言える。つまりギリシア式の盾は頑丈なので、投弾類を防ぐにも打撃を受け止めるに
11 も有効なのだ。ローマ人はこれらの武器の優秀性に気づくと、すぐさまそれを模倣した。旧来の習慣を改め、
より良いものを採り入れることに並々ならぬ熱意をもつ民族はいくつかあるけれども、ローマ人はまちがい
なくそのうちのひとつである。

二六　以上のように軍隊分割を完了し、武装についての指示を終えたところで、軍団副官はひとまず兵士
2 たちを帰宅させる。そして再度の集合を誓約した日が来ると、兵士全員が執政官から指定された場所へ参集

3 するのだが――二人の執政官は自分の指揮下の軍団に、それぞれ別の集合場所を指示するのが通例である。
4 ひとりの執政官に与えられるのは、同盟国軍の一部とローマ市民軍団二個だからである――、このとき兵士登録者はひとり残らず全員が参集する。占いの凶兆など不可抗力の発生がないかぎり、誓約の履行を免れるための理由はいっさい容認されない。

5 同盟軍もローマ軍と同じ場所に集合する。同盟軍の編成と指揮は、執政官によって任命され、同盟軍副官
6 (プラエフェクトゥス)という呼称をもつ一二人の士官にまかされる。(1) 同盟軍副官たちはまず執政官のために、集まった全同盟軍のうちから秀でた活躍が期待できる騎兵と歩兵を選抜する。これらの兵士は[ラテン語で]エクストラオルディナリイと呼ばれるのだが、これは翻訳すれば「選り抜かれた者たち」という意味である。
7/8 同盟軍の全兵力はというと、歩兵は多くの場合ローマ市民軍団と同数だが、騎兵はローマ軍の三倍ある。(2) そ
9 のなかから騎兵の場合は三分の一、歩兵の場合は五分の一が選抜隊に引き抜かれる。残りの同盟軍は二つに分割され、それぞれ右翼、左翼という名称で呼ばれる。

10 以上の編成が完了すると、軍団副官はローマ市民軍と同盟軍を合わせて受け取り、野営陣を設置する。野営陣の形式は単純なものがただ一種類あるだけで、どんな時でも、そしてどんな場所でもこの形式が用いら

(1) プラエフェクトゥス(praefectus)はそのほとんどがローマ市民のなかから選ばれて、軍団副官がローマ市民軍団に対して行なうのと同様の任務を同盟軍に対して行なう(第六巻三四-四、三七-八)。同盟軍はローマ市民軍団と遠征をともにし、プラエフェクトゥス一二人が各軍団に三人ずつ同行する。

(2) 第三巻一〇七-一二、第六巻三〇-二参照。

11 れる。それではここでちょうど良い機会が訪れたようだから、ローマ軍が行軍のとき、野営のとき、戦列を
組んだとき（1）、それぞれどのような配置をとるのか読者に知ってもらえるよう、言葉で伝えられる範囲で可能
12 なかぎりの説明を試みよう。なぜなら調査し考究する価値のある問題のひとつについて、いちど聞いただけ
でおおいに知識を高められるような事例を目の前にしながら、それに対してほんの少しの注意さえ払うこと
を拒むような人、瞠目すべきこの見事な作品に対して、それほどまでに無関心でいられる人がはたしている
だろうか。

二七　ローマ軍の野営陣設置の方法について説明しよう（2）。野営する場所が決まったあと、まず行なうのは、
2 その一帯のうちで周囲を見渡すにも命令を発するにも最適の地点に執政官の幕舎を設けることである。その
ためにまず陣幕を張ろうとする地点に軍旗を立てたあと、軍旗を中心として各辺が軍旗から一〇〇プース離
3 れているような正方形を描き、その面積が四プレトロンになるようにする（3）。その後その正方形の四辺のうち、
水汲みと糧秣調達にもっとも都合のよい方面を選んで、そこにローマ市民軍団の野営陣を次のような方法で
配置する。

4 前述したように各軍団には六名の軍団副官が付いていて、そして軍団二個がいつでも執政官一名の指揮下
5 にあるのだから、当然ながら各執政官には一二名の軍団副官が遠征をともにすることになる。そこでまず
［プラエトリウムの］正方形の選ばれた一辺と平行する一本の直線を引き、それに沿ってこれら軍団副官たち
の幕舎を一列に並べる。ただし［プラエトリウムの］辺からは五〇プースの間隔をあけておき、馬や荷役獣の
6 ほか軍団副官の荷物類を置くための場所とする。副官たちの幕舎は［プラエトリウムの］正方形に背を向け、

〔野営陣全体の〕外側に顔を向けるかたちで設置されるので、この方向をこれからは常に野営陣全体の前方と7いう呼び方で表わすことにする。副官の幕舎どうしは等間隔をおいて並び、しかもその列の全長が常にローマ市民軍団の列の広がりと一致するように配置される。

二八　これら軍団副官たちの幕舎の列の前には幅一〇〇プースの空き地をとる。そしてその空き地をへだてて副官たちの幕舎の列と平行する真っ直ぐな線を基準線とし、その線から始めて軍団の陣営を作り上げる。2その手順は次のとおり。まずこの基準線の中央点から基準線と直角の方向に伸びる線を引き、その線を真ん中に挟んで、両軍団それぞれの騎兵を顔が向き合うかたちで二列に並べていく。列と列の間には五〇プース3の間隔をあける。陣営の形態については騎兵と歩兵との間に違いはなく、歩兵中隊も騎兵中隊もそれぞれが4ひとつの方形を作る。この方形陣〔の兵士たち〕は〔基準線と直角の方向に走る〕通路に顔を向けていて、通路に面するその幅は一〇〇プースと定められているほか、方形陣の奥行き〔すなわち基準線と平行する辺の長さ〕も5できるだけそれと同じにするのが通例である。ただし同盟軍についてはこの限りではない。軍団の規模が通常よりも大きい場合は、幅と深さを同じ割合で延長する。

（1）行軍隊形についての説明は第六巻四〇にある。戦列の組み方についての説明は散逸した。

（2）軍団二個からなり、執政官一名の指揮下に置かれる遠征軍の野営の方法が以下に説明される。ただし第六巻三一-八参照。8図参照。

（3）一辺が一〇〇プース（約三〇メートル）の正方形の面積が一プレトロン。二〇〇プース四方のこの執政官の居所はプラエトリウム（praetorium）と呼ばれる。

二九　だから両軍団の騎兵隊は、いわば軍団副官の幕舎の列の中央を起点として、それらの幕舎の前の空
2 き地や基準線と直角に交わる街路のようなものの両側に並ぶことになる。実際、全陣の間を走る幾本もの通
路に沿って、こちら側には歩兵隊が居並び、あちら側には騎兵隊が馬を連ねるといったぐあいであるから、
3 全体として見ればあたかも街路に区切られた町のような様相を呈するのである。騎兵隊の背後にはそれぞれ
の軍団のトリアリイを、ひとつの騎兵中隊にひとつの歩兵中隊が続くかたちで、いずれも同じように配置す
4 る。そのさい歩兵隊は騎兵隊との間に隙間をあけず、しかも騎兵とは逆の方向に正面を向けて陣取る。トリ
アリイは他の兵士種別と比べて人数が半分しかないのが通例であるから、(1) トリアリイの歩兵中隊の陣営は、
5 いずれも奥行き［基準線と同じ方向］を幅［基準線と直角の方向］の半分にする。中隊によって兵員数が異なるこ
とはしばしばあるが、その場合でも奥行きだけを変えて、幅はどの中隊も常に同じにする。
6 次に［両軍団の］トリアリイの外側に五〇プースの間隔をあけて、トリアリイと顔を向き合わせてプリンキ
7 ペスを配置する。プリンキペスも［トリアリイと同様に］この間隔の方を向いているから、ここにさらに二本
の街路ができ上がることになる。この二本は起点も終点も騎兵隊の間の街路と同じであって、つまり軍団副
官幕舎の前の一〇〇プース幅の空き地が作る直線から始まり、軍団副官幕舎の反対側、すなわち初めに私が
8 定めた用語法によれば野営陣全体の前面の防御柵にいたる。次にプリンキペスの背後に、プリンキペスと背
9 を向けあうかたちで、間隔をあけずにハスタティを配置する。いずれの兵士種別も当初の編成方針にしたが
って一〇個の中隊に分かれているから、街路はすべて等しい長さになり、野営陣全体の前面まで伸びて横一
線で途切れることになる。端［すなわち陣のいちばん前］に位置する中隊だけは［街路の方向ではなく］前方［すな

わち陣地の外側］を向いて野営する。
三〇　次にハスタティからやはり五〇プースの間隔をおいて、それと向き合うかたちで同盟軍の騎兵を並
2 べる。その列は［ローマ市民軍団と］同じ線から始まり同じ線で終わる。同盟軍の兵員数は前述したように(2)、
歩兵の場合、選抜隊（エクストラオルディナリイ）を含めてローマ市民軍と同等であり、騎兵では三分の一を選
3 抜隊に引き抜かれたあとで数えれば、ローマ市民軍の二倍になる。したがって陣営もそれに比例して大きく
なるが、その分は奥行きを伸ばすことによって確保し、幅はローマ市民軍団と同じになるように配慮する。
4 こうして合計五本の通路ができ上がったところで、続けて騎兵と背を向けあうかたちで同盟軍の歩兵隊を配
置する。歩兵隊もその人数に比例した奥行きを与えられ、陣地の両側面の防御柵に相対して、陣の外をに
らむ。
5 ［ローマ市民軍団の］それぞれの歩兵中隊のなかでは、両脇に百人隊長の幕舎が位置を占める。また中隊を
先に述べたような方法で［軍団副官の手前から陣の前方に向かって］並べて列を作るとき、騎兵の列でも歩兵の
6 列でも、五つめの中隊と六つめの中隊の間に五〇プースの間隔をあけておく。だからここにもう一本、軍団
全体を貫く通路が生まれる。他の街路と直角に交わり、軍団副官の幕舎の列と平行して走るこの通路は、五
つめの中隊のかたわらを通るので、第五路と呼ばれる。

三一　軍団副官の幕舎の背後にあって、執政官の居所（プラエトリウム）の両側にあいた空間は、一方の側

（1）第六巻二一－九参照。
（2）第六巻二六－七。

2 が広場（フォルム）として使用され、もう一方の側が財務官とその管理下の補給物資のための区域（クアエスト
リウム）になる。そして軍団副官の幕舎の列の両端から、この列を後方に向けて曲げたような位置［列の斜め
後方］に陣取るのが、選抜騎兵隊（エクストラオルディナリイ）のなかの精鋭兵と、執政官への敬愛から自発的
に従軍した兵士たち(1)の一部である。この者たちは全員が野営陣全体の両側面に沿って陣を構え、一方の側で
3 は物資の置き場である財務官区域の方を向き、もう一方の側では広場の方を向いている。通常この一団は、
陣営を置くとき執政官の近くに位置を占めるだけでなく、行軍中などさまざまな場面においても、常に執政
4 官と財務官のそばを離れずにその指令を果たす。そしてこの一団と背中合わせになって、外側の防御柵に相
対するのが、これら精鋭騎兵隊と同様の役割を受け持つ歩兵隊である。
5 　そしてこれらの兵士のかたわらには幅一〇〇プースの通路が走っていて、これは軍団副官の幕舎の列と平
行するが、その列とは執政官と財務官の区域や広場を挟んで反対側にあり、野営陣の全体を横断している。
6 そしてこの通路の向こう側には、通路に沿って同盟軍の選抜騎兵隊が、執政官と財務官の区域や広場の方を
7 向いて居並ぶ。この騎兵隊の区域はその中央、ちょうど執政官区域の真後ろにある五〇プース幅の道によっ
て隔てられ、この道が先ほどの［一〇〇プース幅の］通路から垂直の方向に伸びて、陣全体の背面の防御柵に
8 通じている。これらの騎兵隊と背中合わせに配置されるのが同盟軍の選抜歩兵隊であり、背面の外柵に相対
9 する。こうすると選抜隊の左右の側面に空き地ができるが、ここは外国軍や臨時参加の同盟軍に割り当てら
れる。(2)
10 　さて以上のように配置すると、野営陣全体としてひとつの正方形ができあがり、そこに街路による区切り

11 などを加えてできあがったそのありさまは、まるでひとつの都市のような景観を呈する。防御柵は四辺の全
面にめぐらせるが、幕舎からは二〇〇プースの間隔をあけておく。この空き地にはいくつかの重要な効用が
12 ある。そのひとつは軍隊を陣の中に入れるとき、そして陣の外に出すときに必要な空間をうまいぐあいに提
供してくれることである。つまり各部隊はそれぞれが近くの街路を通ってこの広い空き地に出て行けるから、
13 一箇所に殺到して押し合いへし合いすることがないのである(3)。さらに同行している家畜や敵から分捕った戦
14 利品をここに引き入れておけば、夜間でもそれらの安全を確保できる。しかしなににもまさる最大の効用は、
この空き地のおかげで、夜間に攻めてくる敵の投げ込む火や弓槍のたぐいが、ほんのわずかしか兵士たちに
届かないことである。幕舎の周囲にめぐらせた幅広い空間のために、それらの飛び具はほとんど威力を失っ
てしまうのだ。

三二　さて以上で歩兵と騎兵の総数を二つの場合について示し——つまり歩兵を軍団一個につき四〇〇〇人にするときと五〇〇〇人にするときである(4)——、また各中隊の奥行きと幅と兵員数についても述べ、さら

---

(1) 兵役を終えたあとに志願して従軍した兵士たち。

(2) ウェリテスの居所がどこにあったのか、ポリュビオスはこれまでどこにも言及していない。他の三種別の軍団兵士たちの間に分散していたと考えるべきか。それとも外周すなわち防御柵と幕舎の間の空き地がウェリテスの居所なのか(第六巻三五-五)。

(3) 軍隊が出入りするための門は野営陣の四辺のそれぞれに一箇所ずつあるだけなので、外周の空き地のおかげで混雑が避けられる。

(4) 第六巻二〇-八、二一-一〇参照。四二〇〇人を概数で四〇〇〇人と表現した。

2 に陣営内の各通路と空き地の幅など必要なことはすべて説明し終えたわけだから、それらの数字から計算す
れば、野営陣全体の占める面積も周囲の全長も分かるはずである(1)。
3 なお同盟軍の兵士が、遠征当初からの参加にせよ、また途中から臨時に加わったにせよ、通例の数を超え
4 た場合はどうするかというと、まず臨時参加の兵士については前述の場所のほか、執政官幕舎の両側にある
5 広場と財務官区域を任務に必要な最小限にまで切り詰めて、そのあいた場所に導き入れる。当初から遠征に
加わる同盟軍兵士については、その数が相当に大きい場合、ローマ市民軍団の両側面に沿って、通常の道路
に加えてもう一本の道路を作り、その外に居場所を確保する。
6 両執政官の率いる四個軍団が一致してひとつの野営陣を作るときには、それぞれにいま述べたような配置
をした二つの遠征軍が、背中合わせにひとつに結び合わされるのだと考えればよい。つまり陣営の後方をに
7 らんでいると先ほど述べた選抜歩兵隊が(2)、互いに顔を向け合うかたちで接するのである。すると全体の形は
8 長方形になり、面積はもとの二倍、周囲の長さは一・五倍になる。両執政官が同じ場所に野営する場合は、
常にこの形を採用する。しかし両執政官が別々の場所に野営する場合は、ほかの配置は変えないままで、た
だ広場と財務官区域を二つの軍団の間に移動する(3)。

三三　野営陣の設置が終わると軍団副官たちが集まり、自由市民と奴隷の別なく陣営内の全員にひとりず
2 つ誓約を立てさせる。誓約の内容は、一物たりとも陣内のものを盗み出さない、陣内で見つけたものは、な
3 んであれすべて軍団副官のもとへ届ける、というものである。続いて副官たちは各軍団のプリンキペスとハ
スタティの歩兵中隊に野営中の任務を与えるのだが、そのうちまず歩兵中隊二個に命じられるのが、副官た

4 ちの幕舎の前の空き地を手入れすることである。そこは日中、ローマ兵の大部分が時を過ごす場所であり、

(1) 同盟軍陣地についての明確な記述がないので正確な計算はできないが、選抜隊を除いたあとの同盟軍兵員数をローマ市民軍団と比較して推論で補えば、基準線と平行する辺の長さは次のように推計できる。ローマ軍団騎兵とトリアリイ一五〇プース（第六巻二八-三、二九-四）＋通路幅五〇プース（二九-六）＋プリンキペスとハスタティ二〇〇プース（二八-三）＋通路幅五〇プース（三〇-一）＋同盟軍騎兵と歩兵四〇〇プース＋外周の空き地幅二〇〇プース（三一-一二）＝一〇五〇プースが半分の長さ。これが左右にあって、それに中央の通路幅五〇プース（二八-二）を加えれば二一五〇プース、すなわち約六四五メートルになる。そして陣全体は正方形である（三一-一〇）。

(2) 第六巻三一-八参照。

(3)「しかし両執政官が別々の……移動する」の一文は不可解。第六巻二七―三一-五の解説は、一名の執政官に率いられて二個軍団からなるひとつの遠征軍の野営陣について説明しているかのような書き方だった。そして三一-六―八前半で、そのような遠征軍ふたつが合体した場合について補説した。ところがこの一文では、執政官一名の二個軍団で行動する場合、広場と財務官区域と執政官区域が「二つの軍団の間」に置かれると述べて、二七―三一-五とは異なる説明をしている。もしポリュビオスの原文がこのとおりであったとすれば、明らかな矛盾である。この点については多くの議論があるが、ウォルバンクは次のように解釈する。すなわち古い時代には四個軍団でひとつの遠征隊を作り、野営も四個軍団がいっしょに行なうのが通例だった。ポリュビオスが二七―三一-五で描いたのはそのような野営陣の同形の半分だけだった。ポリュビオスは陣配置をローマ人のための簡便な手引書から学んだのだが、手引書ではそれが半分だけだというローマ人にとって自明の説明は省略されていたためである。しかしポリュビオスの時代には、むしろ二個軍団だけで行動し野営する方が一般的になり、その場合、軍隊の中枢部分である執政官区域などは安全のために両軍団の間に置かれるようになった、と。しかしローマの軍制に通じていたポリュビオスが、ギリシア人を読者に想定する本書のなかで肝心の説明をあいまいにしたまま、ただ手引書を引き写しただけのような書き方をしたというのも首肯しがたい。

それゆえそこを常時きれいに保つために、水を撒いたり清掃したりして細心の注意を払うのが彼らの仕事に
5 なる。それ以外の歩兵中隊一八個は、軍団副官たちに各人三個ずつが割り当てられる。ひとつの軍団にはハ
スタティとプリンキペスの歩兵中隊が合わせて二〇個、軍団副官が六人配属されると以前に述べたことを思
6 い起こしてほしい(1)。この三個の中隊が一個ずつ日替わりで軍団副官の身辺に仕えるのだが、その用務には次
のようなものがある。まず陣営を設置するときには、副官のための幕舎を張り、その周囲の地面を平坦にす
7 る。物資のなかに特別に安全確保の必要なものがあれば、そのまわりに柵をめぐらせる。さらに一班が四人
からなる警護班を二班提供し、そのうちひとつは副官の幕舎の前、もうひとつは幕舎の後ろの馬のそばで警
8 戒にあたる。副官ひとりに歩兵中隊三個が割り当てられ、しかも中隊一個は一〇〇人以上の兵士から構成さ
れているのだから――このほかにトリアリイとウェリテスもいるが、これらの兵士はこの用務を免除されて
9 いる――、各歩兵中隊から見れば三日ごとに回ってくるこの当番は大きな負担ではないが、しかし軍団副官
はこのおかげで任務に必要な物を手に入れられるし、士官にふさわしい威厳と偉容も保てるのである。

10 トリアリイは軍団副官のための用務からは除外されるが、その代わりに毎日、いずれの歩兵中隊もそれぞ
11 れ自分たちの背後にいる騎兵中隊の護衛にあたる。トリアリイの監視の対象はいくつかあるが、なかでも重
点を置くのが馬である。馬が留め綱にからまって、使用に支障の出るようなけがをしないように、また綱を
振りほどいて他の馬とぶつかり合い、陣営内に混乱と動揺を引き起こさないように見張るのである。

12 そのほか全歩兵中隊からひとつが毎日交替で執政官の身辺警護にあたる。陰謀の試みから執政官の身の安
全を守るためであり、また最高権力者の威光を増すためでもある。

三四　［野営陣の外周の］壕の掘削と柵の構築について言うと、左右に分かれて陣取る同盟軍に沿う二辺はそ
2 の方面の同盟軍兵士が担当し、他の二辺［手前と奥］はローマ軍の各軍団が一辺ずつを担当する。［ローマ軍担
当の］各辺は分割されて全歩兵中隊に割り当てられ、その各部分で百人隊長が現場に立って監督するほか、
二人の軍団副官が全体の検査を行なう。
3 　軍団副官はそのほかにも陣営内の監督をまかせられていて、［各軍団の副官六人が］二人ずつの組に分かれ、
六ヵ月間を二ヵ月ずつ交替で任務にあたる。当番の副官には遠征中のあらゆる用務において指揮をとること
4/5 が求められる。同盟軍副官（プラエフェクトゥス）も同じ方式で同盟軍の指揮にあたる。騎兵と百人隊長は夜(2)
6 明けと同時に全員が軍団副官の幕舎の前に集合し、軍団副官は執政官のもとに集合する。執政官はそのたび
に軍団副官に必要事項を指示し、軍団副官は騎兵と百人隊長にこれを伝達し、騎兵と百人隊長はこれを適当
な時期に一般兵士に伝える。
7/8 　夜間の合言葉については、これを安全確実に陣営全体に伝達するために次のような方法が用いられる。ま
ず騎兵および歩兵の各部類(3)のなかで十番目の中隊、つまり各街路の先端部に陣を張っている中隊からひとり
ずつ選び出す。その者は歩哨の任務を免除される代わりに、毎日の日没時に軍団副官の幕舎の前に参集し、

（1）第六巻一九-八、二四-三参照。

（2）ローマ軍団の騎兵。ただしその全員ではなく、おそらく騎兵中隊長であろう。

（3）ローマ騎兵、トリアリイ、プリンキペス、ハスタティ、同盟軍騎兵と歩兵。

9 符丁札――板のうえに合言葉を書いたもの――を受け取ってから解散する。そして各自が自分の歩兵中隊にもどると、合言葉を書いたその札を証人の立会いのもとで隣の中隊の指揮官に手渡す。すると受け取った指10 揮官は、同じようにしてその隣の中隊の指揮官にそれを渡す。これをすべての中隊が順々にくり返して、最後は軍団副官の目の前に陣を張る第一の中隊に届くまで続ける。この中隊の指揮官は、夜のとばりの落ちる11 前に軍団副官のもとに札を戻さねばならない。副官は配った札がすべて戻ってくれば、合言葉が陣営全体を12 経めぐってすべての兵士に伝わったことを確認できる。だがひとつでも戻ってこなければ、札に付された記号からどの部門の札が欠けているかが分かるから、ただちに調査にかかる。そして札を止めた人物が発覚すれば、その者は規定にしたがって処罰される。

2 三五　次に夜間の哨戒態勢について述べよう。執政官とその幕舎の警護にはその当番の歩兵中隊があたり、3 軍団副官の幕舎と騎兵中隊にも、先ほど説明したように(1)それぞれに割り当てられた兵士が守衛につく。各部4 隊でも隊内の兵士を立たせて、哨戒にあたらせる。それ以外の地点については執政官が指示を出すが、通例で言うと、財務官のそばには三箇所、補佐官(レガトゥス)(2)などの参謀たちにはひとりにつき二箇所に哨戒地5 点が設けられる。陣の外周にはウェリテスが位置を占めていて、この兵士たちが防御柵の全体にわたって連日警戒を続ける。ウェリテスの任務としてはそのほかに、野営陣の入り口(3)をひとつにつき一〇人で守ること6 も定められている。歩哨に任じられた兵士たちのうち、それぞれの哨戒地点でその夜の最初の番(4)を務める者7 は、夕方、各歩兵中隊の助役(オプティオ)のひとりによって軍団副官のもとへ連れて行かれる。軍団副官は各哨戒地点の兵士ひとりひとりに、記号の付いたきわめて小さな札を手渡す。兵士の方はその札を受け取ると、それぞれが指定された場所へ散っていく。
8 各所の哨戒地点を巡察する役目は騎兵にゆだねられる。規定によれば、まず各軍団の第一騎兵中隊の筆頭
中隊長（デクリオ）[5]が早朝に配下の助役のひとりに指示して、朝食までに自分の騎兵中隊に属する若手兵士か
9 らその日の巡回を務める四人を選ぶよう命じる。その後、夕方になってからこの騎兵中隊長は今度は隣の騎
兵中隊の指揮官に指示して、翌日には巡察の当番がそちらに回るからその準備をしておくようにと伝える。
10 すると伝えられた方の中隊長は、次の日にこれと同じ指示と伝達を行なう。こうして次々に同じ手順がくり
11 返される。第一騎兵中隊から助役の指令を受けて選ばれた四人の兵士は、当直の順番をくじで決めたあと、
12 軍団副官のもとに参上し、何時にどの箇所を巡察するかを指示する書付を受け取る。その後四人はトリアリ
イの第一歩兵中隊のそばで巡回の準備につく。この歩兵中隊の百人隊長は毎時の始めに角笛を吹く役目を与
えられているのである。

2 三六　定めの時刻が来ると、第一時の当番兵士が友人数人を証人として従えながら巡察に出発する。そし
3 て指示されたとおり、周囲の柵や入り口はもちろん、歩兵中隊と騎兵中隊のすべての哨戒地点を訪れる。そ

（1）第六巻二二-五-七（軍団副官）、一〇（騎兵中隊）、一二（執政官）。

（2）legatus　遠征中の執政官の相談役として元老院議員から選ばれる。

（3）野営陣の入り口は四辺のそれぞれに一箇所ずつある。

（4）夜は第一時から第四時までに四等分され、四班が交替で歩哨を務める。

（5）第六巻二五-二参照。

のとき第一時の夜警当番の兵士が眠らずに番を務めていれば、その兵士から札を受け取る。しかしもし当番
の兵士が居眠りをしていたり持ち場を離れたりしていれば、同行の友人たちを目撃者としたうえでその場を
4/5 離れる。第二時以降の巡察当番も同様の方法で進められる。毎時の角笛の合図は、巡察使が哨戒地点の各所
を訪れる時刻に間違いがないようにするためのものであり、前述のように各軍団のトリアリイ第一中隊の百
人隊長が日替わりで担当する。

6 夜が明けると、巡察を終えた者全員が軍団副官に［各所の夜警当番から集めた］札を手渡す。すべての札がそ
7 ろっていれば、巡察使は査問を受けることなく退出を許される。しかしだれかの持ってきた札の数が哨戒地
8 点の数よりも少なければ、札の記号からどの地点の札が欠けているかを調べ、それが確認できると、軍団副
官が担当の百人隊長を呼び出す。呼び出された百人隊長は、問題の地点の夜警当番兵士をともなって現われ
9 る。当番兵士は巡察使の前に引き出される。もし当番兵士の方に非があるなら、巡察使は同行していた者た
ちを証人に立て、規定に従って、その場で自らの潔白を証明する。だがもしその証明ができなければ、巡察
使の方が責任を問われることになる。

三七 ［任務の過怠があった場合］ただちに軍団副官の会議が開かれ、裁決が下される。そこで罪を認定され
2 た者は、棒打ちの刑を受ける。棒打ちの刑とは次のようなものである。まず軍団副官が棒を手に取って、そ
3 れで罪人に軽く触れるだけのしぐさをする。その後、陣営内の兵士たち全員が棒や石でその男をたたきのめ
4 し、たいていの場合はその陣内で息の根を止める。仮にその場から逃げ出すことに成功しても、安全な場所
はどこにもない。どうしてそんなものがありえようか。祖国に帰ることなど不可能であり、また親類縁者も

だれひとりそのような男を家に迎え入れようとはしないであろう。だからいったんこのような状況に放り込
5 まれた者は、いずれにせよ生きてゆけないのである。騎兵中隊の隊長や助役も、巡察使に対して、また隣接
する騎兵中隊の隊長に対して、所定の刻限に必要な報告をするのを怠れば、同様の刑罰を受けねばならない。
6 これほどに厳しくしかも免れるすべのない刑罰が定められているおかげで、ローマ野営陣の夜間警戒は一分
の隙もないものにしあがるのである。

7/8 兵士が軍団副官から責任を問われるのと同様に、軍団副官は執政官から責任を問われる。また軍団副官は
軍団兵士に対して罰金を科したり、財産を差し押さえたり、鞭打ちの刑を科したりする権限ももっている。
9 同盟軍兵士に対しては同盟軍副官がこの権限をもつ。陣営内の物品を盗んだ者も、やはり棒打ちの刑に処せ
られる。[1] そのほかにこの刑罰を受けるのは、虚偽の証言をした者、若々しい肉体を淫らな行為のために供し
10 た者、同一の咎で三度目の裁きを受ける者である。これらは犯罪として処罰の対象になる。一方、次のよう
な種類の非行は、戦士として恥ずべき卑劣な行ないと見なされる。すなわち栄誉を得たいがために戦功を捏
11 造して軍団副官に報告すること、戦場で待機を命じられていながら臆病心ゆえに持ち場を離れてしまうこと、[2]
12 戦闘の最中に怖じ気づいて武器を投げ捨てること、などである。それゆえ待機部隊の兵士のなかには、味方
の幾倍にものぼる敵兵力を目の前にしながらも、同僚から受けるであろう刑罰への恐れから隊列に踏みとど

（1）第六巻三三-一参照。
（2）戦場での持ち場放棄に対しては、死刑が定められていた（第一巻一七-一一）。

13 まり、あえて戦死する道を選ぶ者も少なくない。また戦闘の最中に盾や剣などの武器類を失ってしまった兵
士は、絶望のあまりに敵陣へ単身突入することがしばしばある。失った武器を取り戻したい、さもなければ
いっそ生命を終えることによって、予想される味方からの嘲弄と辱しめを逃れたいと思うのである。
三八　一方これらと同じ行動を多数の兵士がとった場合、例えばある歩兵中隊が敵の圧力に抗しきれず、
隊全体で持ち場を放棄したような場合、その全員を棒打ちの刑に処したり死刑にしたりするのは控えるが、
2 その代わりに効き目も恐ろしさも十分なある方策が用意されている。まず軍団副官が軍団全兵士を集合させ
てから、そこへ戦線から離脱した兵士たちを引き出し、厳しく叱責する。その後、そのなかからときには五
人、ときには八人、ときには二〇人というふうに、要するにそのときの逃亡兵士の総数によって、そのほぼ
3 一割に当たる人数をくじで選び出す。[1] そしてくじに当たった兵士を前述のやり方で容赦なく棒打ちにする一
方、それを免れた兵士には小麦の代わりに大麦で定量の食糧配給を与えたうえ、[2] 陣の外の危険な場所で野営
4 するよう命じる。くじの結果が偶然にゆだねられている以上、自分がその運命に当たることへの恐れと怯え
はどの兵士にも等しく取りつき、さらに大麦配給という見せしめもすべての兵士に例外なく科せられるので
2 あるから、ローマ軍の採用するこの習慣は、乱れを是正し軍紀を粛清するための最善の方法だと言えよう。
三九　若年兵士に危険に立ち向かう勇気を与えるための方策もよく工夫されている。若い兵士がめざまし
い戦いぶりを見せて多大の貢献をしたとき、執政官は全軍集会を開いて、功績著しいという評価を得たその
兵士たちを呼び出す。そしてまずひとりひとりにその勲功への頌辞を呈し、さらにこれまでの生涯において
3 他にも賞賛にあたいするような行為があればそれにも言及する。それが終わると各種の褒賞が授与される。

褒賞の品物は、本来はどんな場合にも投槍だったが、現在では敵に傷を負わせた者には投槍、討ち取ってそ
4 の遺体から武具をはぎ取った者には、歩兵なら杯、騎兵なら馬の頬当てが贈られる。ただしこれらの褒賞の対象になるのは、前哨戦などのとき、つまりひとりだけであえて危険に身をさらすことを強いられる状況ではないときに、それにもかかわらず兵士が自らの判断によってすすんで敵に立ち向かっていったような場合に限られ、それ以外の陣列衝突や城砦攻略のときには、たとえ敵に傷を負わせたり遺体から武具をはぎ取っ
5 たりしてもこれらの褒賞はもらえない。その代わり城砦攻略のときに城壁登攀で一番乗りを果たした兵士に
6 は、黄金の冠(3)が下賜される。また同胞市民や同盟国市民に盾を差し出して命を救った兵士には、執政官が賞品を贈って顕彰するほか、救ってもらった者自身が冠(4)を贈呈する。もし救われた者が自発的に贈呈しない場
7 合、軍団副官が裁定を下して、命令によって冠を贈らせる。救ってもらった者はその恩人を生涯にわたって父のように敬い、すべてにおいて実の親のように接しなければならない。

8 このような奨励策によって戦いへの意欲と功名心をかきたてられるのは、顕彰の場に居合わせて頌辞を耳
9 にした兵士たちだけではなく、故国に残っていた者たちもまたその意を強くする。なぜならこれらの褒賞に

---

(1) 十分の一処罰（decimatio）と呼ばれる方法。早い適用例はリウィウス『ローマ建国以来の歴史』第二巻五九-一一に見られる。

(2) 通常、大麦は馬の飼料として支給される（次章一三）。

(3) corona muralis　城壁をかたどった冠。

(4) corona civica　オークの葉で編んだ冠。ただしこの冠の贈呈は、ローマ市民兵を救った場合に限られると伝える史料がほとんどである。

あずかった者は、そのときに軍隊内で誉れを勝ち取り、故国で声価を高めるにとどまらず、のちに祖国に帰
還するときにも凱旋行列によってその武勲を称えられるのであって、このときに盛装を身にまとうのは、執
10 政官から勲功を表彰された人物だけに許される特権なのである。そして自宅では、もっとも目立つ場所に戦
11 利品を飾り、自身の勇敢さの証拠とし記念とする。ローマ人が兵士の顕彰と懲罰にこれほどの重要性を認め、
熱心に取り組んでいることを思えば、ローマ軍の戦績が勝利と光輝で満ちているのも当然のことと言えよう。
12 兵士の給与について言うと、歩兵は一日につき二オボロス、百人隊長はその二倍、騎兵は一ドラクマを支
13 給される[1]。穀物の配給は、歩兵が一ヵ月につき小麦をおよそ三分の二アッティカ・メディムノス、騎兵が大
14 麦七メディムノスと小麦二メディムノス、ただし同盟国兵士の場合、歩兵は［ローマ人歩兵と］同じだが、騎
15 兵は小麦が一と三分の一メディムノス、大麦が五メディムノスになる[2]。これらの穀物は同盟国兵士に対して
は無料で支給されるが、ローマ人兵士の場合、穀物と衣服の代金、さらにほかにも武器類を供与したときは
それも含めてすべての代金を、財務官が兵士の給与から差し引く。
2 四〇　野営地を出発する方法は次のとおり。まず一回目の合図が告げられると、全員が幕舎をたたんで荷
物をまとめる。ただし撤収するときも設営するときと同様に、まず軍団副官と執政官の幕舎から始め、その
3 他はその後にするのが決まりである。二回目の合図があると、資材を荷役獣の背に乗せる。そして三回目の
合図で先頭部隊が出発し、全軍が移動を始めることになっている。
4 行軍の先頭に立つのは、ほとんどの場合、同盟軍選抜隊である。その後ろには同盟軍の右翼部隊が続き、
5 それを追ってその同盟軍の荷役獣が進む。それに続いてローマ市民軍の第一軍団が、後方にその軍団の輜重

6 部隊を従えながら行進する。そしてそのあとに第二軍団が続き、それを追ってその軍団の荷役獣、さらにそ
の後方には、しんがりに置かれた同盟軍の輜重部隊がいる。最後尾をまかされる同盟軍とは、その左翼部隊
7 である。騎兵隊はそれぞれの属する軍の後方を行くこともあれば、荷役獣の集団の側面に付いて、その散開
8 を防ぐと同時に安全を確保する役目を果たすこともある。行軍の背後から敵の襲撃が予想される場合には、
通常の順列と異なる点がひとつだけあって、それはふだん先頭を進む同盟軍の選抜隊が位置を変えて最後尾
9 に回ることである。二つの軍団と［同盟軍の］左右の両翼とは、それぞれに一日交替で前方に出たり後方に下
がったりする。行列の先鋒の位置を絶えず入れ替わりで占めることによって、新しい水と食糧を入手する機
会を全員が平等に得られるようにするためである。
10 しかしこれとは別に、広い平地を行軍中、とくに危険が迫っているときに採用する次のような行進隊形も
11 ある。ハスタティとプリンキペスとトリアリイがそれぞれに縦列を作って横三列に並び、そして各列の先頭
の歩兵中隊の前にはその中隊の荷役獣、第二の歩兵中隊の前にはその中隊の荷役獣、第三の歩兵中隊の前に
12 はその中隊の荷役獣というふうに、歩兵中隊と荷役獣を交互に並べる。(3) このような行軍隊形をとっていれば、

---

(1) オボロスとドラクマはギリシアの貨幣単位。一ドラクマは六オボロス。ポリュビオスがローマ貨幣単位との換算をどのように考えていたのか断定できないが、おそらく一ドラクマを一デナリウスと算定していたらしい。第六巻二三－一五参照。

(2) メディムノスはギリシアの容量単位。一アッティカ・メディムノスは約四〇リットル。

(3) トリアリイはハスタティやプリンキペスの半数の兵力しかないから、この行軍隊形をとる場合、トリアリイの縦列が真ん中になると考えるべきであろう。

たとえ［左右どちらの側面から］攻撃を受けても、あるいは盾の方へ［つまり左手の方へ］、あるいは槍の方へ［つまり右手の方へ］と歩兵中隊を荷役獣のかたわらまで進ませて、そこで向き直れば敵に正面から相対すること
13 ができる。ときにはハスタティが旋回移動しなければならない場合もあるけれども[1]、そうでないかぎり歩兵
14 軍はただひとつの動きで短時間のうちに戦闘隊形を組める。しかも荷役獣やその従者の集団は戦闘隊列の背後に隠れて、危険を避けるための好位置に立てるのである。

四一 行進していた軍隊に野営する時刻が近づいてくると、軍団副官一名のほかとくにこの任務を与えら
2 れた百人隊長数名が本隊を離れて先に進む。そして陣営を置く予定の土地一帯を見渡したうえで、前述のように[2]まずその一帯のどこに執政官の幕舎を設営するべきか、そしてその幕舎を取り巻くどの方向に軍団兵士
3 の野営地を展開するべきかを決定する。その決定が終わると、距離を測ってその幕舎を中心とする区域を画定し、次に軍団副官の幕舎の列の基準となる直線を引き、続いてそれに平行する直線を引いて、そこから軍
4 団兵士の陣営を連ねるための起線とする。執政官幕舎を囲むそれ以外の方面も、同じように計測のうえ線で
5 画定するが、その詳細についてはさきほど詳しく説明したとおりである。これらの距離はすべて規定されて
6 いて周知のものであるから、測量はいたって容易であり、したがって一連の作業は短時間で完了する。その後、執政官の幕舎を設営するべき区域のなかに最初の軍旗を一本立て、続いて二本目を［軍団展開の方向として］選んだ辺の上に、三本目を軍団副官の幕舎の列の基準線上の中央に、四本目を軍団の列を並べるための
7 中央線上に掲げる。二本目以下は深紅色だが、執政官の旗だけは白色にする。執政官区域のそれ以外の方面
8 には、ただ槍だけを突き立てるときもあれば、他の色の旗を掲げるときもある。それが終わると、続いて測

9 量にもとづいて街路の位置を定め、その街路ごとに槍を突き立てる。この結果、行進してきた軍隊は、野営地を一望できる地点にまで到達すると、執政官区域の旗を見てそれをもとにだれもが頭の中に構図を描き、
10 たちどころにすべての位置を把握できるのである。陣営内では全員が常に同じ位置を占めるから、兵士のひとりひとりが自分はどの街路のどの場所に幕を張ればよいかをはっきりと認識していて、そのためあたかも
11 遠征軍が故郷の都市に帰ってきたかのような光景が展開する。つまり帰還兵士というのは、自分の住居が市内のどこにあるかを全体的にも個別的にも十分に承知しているから、市門を通り抜けるとだれもがまっすぐ
12 に自宅に向かい、過つことなくその前にたどり着く。それと同じことがローマ軍の野営地入りのときにも見られるのである。

四二　このようにローマ人は野営陣設置においてどこまでも利便性を追求するから、その点でギリシア人
2 とは正反対の道を歩んでいると言ってよかろう。ギリシア人は野営地の選択にあたって、その土地自体のもつ防御の地形を利用するのを最善の方法と考える。その理由としては壕の掘削にともなう労苦をいとう気持ちもあるが、それと同時に人の手で造った防護物は、その土地の自然そのものから生み出された堅固の特質
3 にはとうていかなわないと考えるためでもある。だから野営陣設置のさいには、その土地の形状に合わせて陣全体の輪郭を変化させねばならないし、各部分の配置にも定型がなく、その時々でいろいろな部隊が隣り

（1）仮にハスタティの縦列がいちばん右にいて、そして敵が左から現われた場合、ハスタティは敵に向きあう最前列に出るために、他の兵士たちを避けて迂回しなければならない。

（2）第六巻二七-一。

4 合わせにならざるをえない。その結果、各兵士たちは、陣内で自分の占めるべき場所も各部隊の所在もおよ
5 そ予測がつかないということになる。それに対してローマ人は、陣営の構図が常に一定していて既知のものであることから生じる利便性を優先し、その代償としての壕の掘削やそれにともなう労苦のかずかずにあえて耐えようとするのである。

6 以上でローマ人の軍事にかんする定則、とくに陣営設置の方法にかんして、その主要な点を説明し終えたことになる……。

『古代抜粋集』

他国の国制との比較

四三 ……ほとんどすべての著作家たちは、ラケダイモン、クレタ、マンティネイア、さらにはカルタゴといった国々の制度について、それがいかに優秀であるかという声価を私たちに伝えている。そのほかにア
2 テナイとテバイの国制について言及した著作家も幾人かいるが、このふたつの国については本書では触れないことにしたい。この両国の国家制度には、あえて詳細な検討を加える必要はないというのが私の確信なのだ。なぜならアテナイとテバイは通常の論理を超えるような興隆を遂げた国であり、そしてその盛期は長続
3 きせず、衰退への変化のさまも常軌を逸していた[1]。まるで運命の一撃を受けて、突然の好機がめぐってきたかのように輝きを放ち、そして見たところまだ繁栄の最中にあり、これからもそれが続くだろうと評されて
4 いたまさにそのとき、一気の形勢逆転にみまわれたのである。実際のところテバイ人はラケダイモン人が策を誤り、同盟諸国からも憎しみをかっていた状況にうまく乗じたにすぎないのであって、敵のそのような失

策を見て取ったほんの一人か二人の英断のおかげで、ギリシア人の間で無双の勇者と評されるにいたったの
5 である。このときのテバイ隆盛の原因が国制の優秀さにあったのではなく、指導者たちの敏腕にあったこと
6 は、その後ただちに運命が万人の目の前に示してみせた。なぜならテバイの偉業はだれが見てもエパミノンダスとペロピダス、この両者の生涯と時を同じくして興隆し、盛期に達し、そして終焉を迎えたからである。(2)
7 それゆえ当時テバイ人の国家を包んだきらめきは、その成員のなせるわざであって、国制が原因となって生じたのではないと考えねばならない。

四四　アテナイ人の国家体制についても同様の判断を下すべきである。アテナイは幾度か繁栄のときを迎
2 え、とくにテミストクレスの活躍と時を同じくして最高度の輝きを放ったけれども、(3)その浮ついた国民性の
3 ゆえにたちまち逆境の淵に突き落とされた。実際アテナイの民衆というのは、船長のいない船に似ている。
4 こういう船は、荒海に乗り出したり嵐に遭遇したりしたときには、乗組員たちも団結して操舵手の指示を素

(1) 第六巻四-七-一二で説いたような、発生と成長と衰弱という生物の比喩にもとづく国家の盛衰の理論からはずれるということ。
(2) テバイは前三七一年、エパミノンダスとペロピダスが指揮したレウクトラの戦いでスパルタを破りギリシアの覇権を握った。しかしペロピダスは前三六四年にペライの僭主アレクサンドロスとの戦いで戦死し、エパミノンダスも前三六二年のマンティネイアでのスパルタ軍との戦いで命を落とした。そしてそれと同時にテバイは覇者の地位を失った。
(3) 侵攻してきたペルシア軍をテミストクレスの指導によりサラミスの海戦で破った前四八〇年の前後の時代を指す。テミストクレスは前四七一年頃に陶片追放されてアテナイを去った。

5 直に聞くので、適切な操縦のもとに見事に危機を乗り切る。ところがそうなると自信が頭をもたげてきて、
6 だれもが指導者を蔑むようになるばかりか、互いの間でも意思が統一できなくなってけんかを始める。このまま航海を続けようとする者もいれば、港に入るよう操舵手に無理強いする者もいるから、ある者が帆を張ろうとすれば、別の者がそれを押しとどめて帆を収めさせようとする。争い合いいがみ合うそのありさまは、外から見ればまことに恥ずべき光景である一方、その船に乗り合わせて航海をともにしている人にしてみれ
7 ば、危険きわまりない行動である。こうして果てしない大海とまれに見る大嵐を無事に乗り切っておきながら、港に近づいて陸地を目の前にしたところで難破する船が後を絶たない。

　これはアテナイという国家がこれまでに幾度となく経験した事態である。最大にして最悪の危機を民衆と
8 指導層の双方の奮闘によって乗り越えておきながら、その後平穏無事の境遇に入ったとたんに、不用意と油
9 断のために足をすくわれるというのがこの国の習性なのだ。したがってアテナイとテバイの国家体制については、これ以上のことを語る必要はなかろう。この両国においては、群衆がおのれの衝動のままに国全体を動かしているのであって、ただその群衆が一方［アテナイ］では鋭気と邪心できわだち、他方［テバイ］では暴力と激情を友として育てられたという違いがあるにすぎない。

四五　さてクレタ人の国家体制に話を移すにあたって、まず二つの問題を提示することから議論を始めるのがよかろう。二つともに昔の著作家のうちでもとりわけ学識豊かな人たち、つまりエポロス[1]、クセノポン、カリステネス[2]、プラトン[3]といった人たちがクレタの国制について述べたことにかかわるのだが、まずこの人たちはなぜそれがラケダイモンの国制に類似している、あるいは同一であると述べたのかということ、次に

2 なぜそれが賞賛にあたいする国制だと主張したのかということである。私の見るところでは、この二つの主張はどちらも的外れであって、そのことは次の事実から確認できる。初めにこの両国の国制の相違点を説明

3 しよう。ラケダイモンの国制に固有の特徴としてこれらの著作家たちがあげることが三つあり、第一が土地所有にかんする規則、つまり国有地をいかなる市民であれ他の市民より多く所有することは許されず、全員

4 が等しい分け前に与らねばならないと定められていることである。(4) 第二は貨幣の所有にかんすることで、貨

---

(1) 前四世紀の歴史家エポロスは『歴史』の第四巻「エウロペ」でクレタ人の国制について論じた（ストラボン『地誌』第十巻四-九、一六-二二）。

(2) カリステネスはオリュントス出身の歴史家で、アレクサンドロスの東征に同行して王の事績を記した。しかしカリステネスにもクセノポンにも、クレタの国制を扱った著作は現在知られていない。

(3) プラトンは『国家』第八巻一（五四四c）でクレタとスパルタに代表される国制を多くの人に称賛される国制と述べたほか、『法律』の多くの箇所でもこの両国の制度を同一のものとして扱っている。なおポリュビオスはアリストテレスの名をあげていないが、アリストテレス『政治学』第二巻一〇は、クレタの国制をスパルタの国制に近いもの、そしてスパルタの国制の起源にあたるものとして解説し、かつ批判している。

(4) 市民間に広がった貧富の差を解消するため土地を全市民に平等に分配したことを、リュクルゴスの改革のひとつとする伝えがある（プルタルコス『リュクルゴス伝』八）。ポリュビオスも次章六にあるように、これをリュクルゴスの立法に帰しているらしい。一方アリストテレスは、立法家（おそらくリュクルゴスを指す）が土地の売買を禁止しておきながら、譲渡と遺贈については認めたことを、のちにスパルタで財産が少数者の手に集中したことの原因としてあげている（『政治学』第二巻九）。実際に前四世紀以後のスパルタでは市民間の財産格差が拡大し、前三世紀後半のアギスとクレオメネスによる改革の試みもそれを正すことはできなかった。

幣というのはラケダイモン人たちのもとではまるで欲望の対象になっていないから、それの多寡をめぐる競
5 争もこの国にはいっさい入りこむ余地がない[1]。第三に、ラケダイモンの国政全般の運営にあたって主体とな
り協力者となる人々について言えば、王は無期限にその権力を保有し、長老と呼ばれる者たちは生涯にわた
ってその地位を保つ[2]。
四六 ところがクレタ人のもとでは、これらすべてが正反対の状況にある。まず土地は資力にまかせて
2 ――慣用句を借りれば「地の果てまでも」――所有してよいというのが法律の定めであるし、貨幣への崇拝
の強さは、それを獲得することが必要とされるにとどまらず、この世でなによりもすばらしい行為と考えら
3 れているほどである。実のところ、利得のためには手段を選ばず貪欲を恥としない風潮は、この国の隅々に
4 まで行きわたっていて、クレタ人を利益獲得に一片の羞恥も感じない世界で唯一の国民にしているのだ。そ
5 して国政の官職について言えば、クレタでは任期一年で、しかも民衆の手で選ばれるのが決まりである[3]。だ
からまるで正反対の性質をもつこれら二つの国家が、いったいどうして同族あるいは類縁関係にあるなどと
評されるのか、何度考えても私には理解できない。
6 ところがあの著作家たちはこれほど大きな違いを見過ごす一方で、余計なことに筆を費やし、リュクルゴ
7 スは事の本質を見抜いた史上唯一の人間だったと書き加えている。あの人たちはこう言うのだ――およそ国
家というものが存続するのに必要なものが二つあって、それは外の敵に向かっていく勇気と内の味方どうし
の協調である[4]。ところがリュクルゴスは財産欲を国内から一掃することによって、同時に国民間の不和と抗
8 争をもことごとく掃き出した。そのおかげでラケダイモン人はこの悪弊を免れ、ギリシア中のどこよりもり

9 っぱに国内の政治を運営し融和を実現している、と。ところがそのように解説する一方で、あの著作家たちは現実のクレタ人がラケダイモン人とは対照的に、持って生まれた財産欲にわざわいされ、私的と公的とを問わず繰り返し起こる抗争と殺人と内乱に痛めつけられていることを認めている。にもかかわらずその事実
10 には目をつむり、この二つの国制は相似していると断言してはばからないのである。なかでもエポロスは、二つの国制を記述するにあたって、それらに同じ名称を適用するばかりか、同じ語句を用いて解説している

---

(1) プルタルコス『リュクルゴス伝』九によれば、リュクルゴスは国内から金貨と銀貨をすべて追放し、代わりに鉄の貨幣のみを公認することによって貨幣の流通を止めたという。しかしアリストテレスは、監督官(エポロス)を始めとして、しばしば賄賂を受け取るスパルタ人の当時のありさまを評して「金銭愛好者」と呼び、そのような悪弊の責めを立法者の不明に帰している(『政治学』第二巻九)。

(2) スパルタでは二人の王が別々の王家から選ばれ、終身その位を保つ。しかし前三世紀末にスパルタの王位は途絶えた。長老会(ゲルシア)を構成するのは、六〇歳以上で民会によって選ばれた終身議員二八名と二人の王であり、民会への提出議案を決定する役割をもつ。

(3) アリストテレス『政治学』第二巻一〇によれば、クレタの諸都市ではコスモスと呼ばれる一〇人の最高行政官と、コスモス経験者から選ばれた長老が作る評議会が国政を主導していた。民会にはコスモスと評議会議員の任命を承認するだけの権限しかなかった。このうち評議会議員は終身制、コスモスは任期途中の辞任が可能だったというが、一年任期だったかどうかの記述はない。アリストテレスの時代以後に民会の権限を強める改革が行なわれ、ポリュビオスの時代には評議会議員が終身制から一年任期に変わっていたらしい。

(4) ここでポリュビオスはエポロスの記述を追っているらしい。エポロスによれば、クレタの国制は協調と勇気をめざしていて、それを目標に少年の訓練が行なわれ、全市民の共同食事制が実施された、そしてそのようなクレタの国制がリュクルゴスの手でスパルタに移植された、だから両国の国制は似ているのだという(ストラボン『地誌』第十巻四-一六-一九)。

ので、読者は具体的な国名に目を向けないかぎり、筆者がいまどちらの国について説明しているのか、とう
てい見分けられないほどである。[1]
11 さて以上が、両国の国家制度の相違と私が考える点である。それでは次に、クレタの国制が賞賛にも模範
にもあたいしないと私が見なすのはなぜか、その理由について説明しよう。
四七 私の考えによれば、いかなる国制であれ、その特質や構成が望ましいものかそれとも忌避するべき
2 ものかを決定するための基準が二つある。それは慣習と法律である。それらが良いものであれば、住民個人
の生活を敬虔と節度で満たし、国家全体の行動を寛容と正義に導く。悪いものであれば、その逆の結果を招
3 く。それゆえある国の慣習と法律が優良であれば、そこで育った人々もそしてその人々のもつ国制も優良で
4 あると、ためらうことなく断言できる。逆にある国で住民個人の生活が財産欲で満たされていて、国家の行
動が不正義に通じていると分かれば、その国の法律のみならず個人の習性も国制全般も劣悪であると宣言す
5 るのが妥当であろう。ところが各個人の習性における不誠実において、そして国家の政策における不正義に
6 おいて、クレタ人にまさる国民はほんのわずかの例外を除いてどこにも見当たらない。[2] したがってクレタ人
の国制がラケダイモン人の国制にまるで似ておらず、またそれ自体としても目標あるいは模範とするべき国
制ではないと判明した以上、これを先に述べた国制比較の対象からはずすことにしたい。
7 またプラトンの国家制度についても、哲学者たちのなかにはそれに頌詞を捧げる者もいるけれども、これ
8 を私たちの議論のなかに招き入れるのは不当であろう。なぜなら技芸や運動の競技の場合、［技芸者組合に］
登録していない者や身体訓練をしていない者には競技祭典への参加を許さないものだが、それと同じように

プラトンの国制も、まずそれが現実に動いているところを見せてくれないかぎり、優勝をかけた競争に参加
9 を認めるわけにはいかないのだ。現在までのところ、プラトンの国制をスパルタやローマやカルタゴの国制
と比較して論じることは、ちょうど彫像をひとつ持ち出して、それを生きて息をしている人間と比較するよ
10 うなものだと言ってよかろう。彫像は技を尽くせば無類の傑作に仕上げることもできるだろうが、しかし生
命のないものを生命のあるものと比べて競わせたのでは、観衆の目に適格性を欠いた奇異な比較と映るのも
やむをえない(3)。

四八　だからそういう国制には別れを告げて、ラケダイモンの国制に戻ろう。私の見るところ、リュクル
2 ゴスは市民相互の和合、ラコニア地域の安全保障、スパルタの独立維持、これらについてはゆきとどいた配
3 慮とすぐれた立法を実現し、その用意周到ぶりは人間の域を超えて神業かと思えるほどであった。財産の平
等、そして共同で過ごす質素な生活、これらの制度が各個人の生活に節度をもたせるため、また国政の場か

---

(1) エポロスはスパルタの長老会(ゲルシア)の議員を表わす長老(ゲロン)という言葉を、クレタの評議会(ブーレー)の議員を表わすのに用いた(ストラボン『地誌』第十巻四-二二)。アリストテレスも長老という表現をスパルタとクレタの両方について使っているが、エポロスの著作を直接または間接に参照したらしい(『政治学』第二巻一〇)。

(2) クレタ人の悪評はギリシア・ローマ世界に定着していたが、その原因のひとつはクレタ人が海賊行為をしばしば行なったことにある。ポリュビオス自身もそのような偏見をもつひとりである。第八巻一六-四参照。

(3) プラトンが『国家』や『法律』で構想したような国家制度は言葉のうえで作り出したものにすぎないから、現実に存在した国制と比較するのは不当だということ。

ら抗争を締め出すために定められた。それと同時に過酷で危険な役務の訓練が、壮健で勇気ある男子を作り
4 出すために制定された。節度と勇気というこの二つの美徳が出会ってひとつの魂あるいはひとつの国家を作
5 るとき、そこから悪弊が生まれ出るのは至難であり、そこを隣国が征服するのは容易でない。このような材
料と方法で国家を組み立てることによって、リュクルゴスはラコニア全土の安全を保障し、スパルタ市民に
末長い独立を遺産として残した[1]。

6 ところが一方、隣国の領土を獲得して覇を唱える、つまり他国と争って勢力を拡大する、そういった方面
についての施策となると、国制の各部門にかんしても全般にかんしても、ただ一片の配慮さえなされていな
7 いと断ぜざるをえない。リュクルゴスがなさねばならなかったのは、ちょうど個人生活において自足と質素
を旨とする人間を作ろうとしたのと同様に、国家全体としてふるまうさいにも自足と節度をもって行動する
8 ような人間を作ることであり、そのための義務なり規則なりを市民たちに課すことであった。ところが現実
にリュクルゴスが作り出したのは、各自の生活と国内のしきたりにかんしては節制を重んじ野心のかけらも
見せない一方で、国外のギリシア人に対しては、野心満々で征服欲と財産欲のかたまりのような人間であ
った。

四九 実際、ラケダイモン人こそは財産欲から隣人の土地に目を付けたギリシアでほとんど最初の国民で
あり、あのとき彼らがメッセニア人に戦争をしかけたのは奴隷獲得が目的であったことを、知らない者がい
2 るだろうか。またメッセネの城砦を攻め取るまでは、けっしてその包囲を解かないと誓いを立てたラケダイ
3 モン人のあの侵略性を、語らなかった史家がいるだろうか[2]。さらにギリシアを支配したいという欲望に抗し

きれず、戦いで打ち負かしたはずの人々に膝を屈し、その命令のままに動くことを選んだのがラケダイモン
4 人であったことは、だれひとり知らない者のない事実である。あのときラケダイモン人は侵攻してきたペル
5 シア軍に、ギリシアの独立をかけて戦いを挑み撃退した。ところがその後、敗れて逃げ帰ったペルシア人と
の間でアンタルキダスによる和約を結び、ギリシア人の諸都市を裏切って売り渡してしまった。(3) ギリシアに
6 覇を唱えるための資金を手に入れようとしたのだが、しかしこの出来事によって、この国の法律にひとつの
欠陥があることが露見したのである。
7 　つまりラケダイモンという国は、隣人の領土か、あるいはせいぜいペロポンネソス域内の支配をめざして
いるうちは、ラコニア地方からもたらされる収益と資産だけで足りていて、必要な物資はすぐに手に入った
8 し、遠征先からの帰国も本国からの物資補給も短時間で可能だった。ところが海上に艦隊を送り出したり、

---

(1) 第六巻一〇-一一参照。

(2) 前八世紀後半の第一次メッセニア戦争でスパルタはメッセニア地方を征服し、住民を国有農奴（ヘイロタイ）にした。メッセニアを奪い取るまではけっして戦争をやめないとスパルタ人が誓ったことは、パウサニアス『ギリシア案内記』第四巻五-八にも伝えられている。

(3) スパルタはコリントス・アテナイ・テバイなどとの間で前三九五年から続いていた戦争（コリントス戦争と呼ばれる）を終わらせるため、アンタルキダスをペルシア王アルタクセルクセスとの会談のために派遣した。アンタルキダスは王の支持を取り付けることに成功し、前三八七／八六年に王の提示する和平条件をギリシア諸都市に受諾させた。和平の内容は、小アジアのギリシア人諸都市がペルシア王に帰属することを認めるというものだった。クセノポン『ギリシア史』第五巻一-三一参照。

ペロポンネソス域外に陸軍を遠征させたりするようになると、リュクルゴスの法律にしたがって鉄の貨幣を使ったり(1)、その年の収穫物と交換で物資の不足を補ったりするだけでは、もはや必要をまかないきれないこ
9 とが明白になった。新たな展開のために、共通の貨幣と域外からの物資調達が不可欠の条件となったのであ
10 る。そこでリュクルゴスの法律を守っていては、ギリシアの覇権はおろかいかなる勢力獲得もおぼつかないと悟ったラケダイモン人は、やむなくペルシア人の戸口に物乞いに出かけたり、島々の住民に貢税を課したり、ギリシア全土から献金を要求したりし始めたのである(2)。

五〇　さて何のためにこんな話を持ち出したかというと、事実そのものによって次のことを明らかにしたかったからだ。つまりリュクルゴスの定めた法というのは、故国の安全を保障し独立を守るためには申し分
2 のない出来ばえであり、したがってそのようなことを国制の目的と見なす人にとっては、ラケダイモンの政
3 治制度と法体系にもましてすばらしいものは現在と過去を通じてどこにもないと認めねばならない。しかしそれよりもっと多くを望む人がいるなら、そして広域に覇を唱え、多くの国に支配と権力を及ぼし、世界中
4 から伏して仰ぎ見られることを、もっと美しくもっと尊い行為と考える人がいるなら、その人から見てラケダイモン人の国制には足りないところがあり、それと比べてローマ人の国制は数段すぐれていて、より大き
5 な力を発揮するしくみを備えていることも、やはり認めないわけにはいかない。そのことは事実そのものによって証明されている。というのもラケダイモン人は、ギリシアの覇権を手に入れようと立ち上がったとた
6 んに、たちまち自分たちの独立まで危機に陥れてしまった(3)。ところが逆にローマ人は、イタリア制覇を企図していただけなのに、それを達成して間もないうちに全世界を足下に従えてしまったのであり、そしてその

偉業を成し遂げるにあたって少なからぬ貢献をしたのは、物資の豊富さとその調達の容易さだったのである。

五一　カルタゴの国家制度はどうかというと、その発足当初においては、その主要な特徴を見るかぎりす
2 ぐれたしくみをもっていたと思う。まず王がいて、そして元老院が優秀者支配制にあたる権力を行使し、さらに民衆が自分たちにかかわる事柄について決定権を握っていた(4)。要するに全体の枠組みとしては、ローマ
3 やラケダイモンの国制に似かよっていたのである。しかしハンニバル戦争に突入しようとする時代には、カ
4 ルタゴの国力は下降しつつあり、逆にローマの国力は上昇しつつあった(5)。身体であれ国家であれ、またなん

---

(1) プルタルコス『リュクルゴス伝』九参照。

(2) スパルタはペロポンネソス戦争末期、とくにペルシア王子キュロスが小アジアに派遣されてきてからは、ペルシア宮廷からの資金を十分に利用できるようになった（クセノポン『ギリシア史』第一巻五-三）。また終戦後は、ペロポンネソス同盟への拠出金を加盟国から徴収し始めた（ディオドロス『歴史文庫』第十四巻一〇-二、アリストテレス『アテナイ人の国制』三九）。

(3) スパルタはペロポンネソス戦争後に全ギリシアを制覇する勢いだったが、前三七一年のレウクトラの戦いでテバイ軍に敗れた。この戦いでスパルタ軍は王が戦死したうえ、市民兵四〇〇人を失った（クセノポン『ギリシア史』第六巻四-一五）。そしてその翌年にはテバイ軍のペロポンネソス侵攻の結果、メッセニアがスパルタの支配から離れ、スパルタは重要な経済的基盤を失った。

(4) 王と呼ばれているのは最高行政官であるスフェスを指す。二人が任期一年で（おそらく民会で）選ばれた（第三巻三三-三）。アリストテレス『政治学』第二巻一一はカルタゴの国制がスパルタやクレタの国制に似ていると述べて、カルタゴの王（スフェス）と元老院をスパルタの王と長老会に引き比べる。

(5) 第一次ポエニ戦争の頃には両国の力は拮抗していた（第一巻一三-一二）。

らかの活動であれ、すべてのものには成長があり、それに続いて盛期があり、その後に衰弱が来る。それが
自然の理であり、そしてなににせよ盛期にあるときが、そのものもっとも強壮なときである。当時の両国
5 家に力の差があったのも、この原理による。つまりカルタゴ人の国家の方がローマ人の国家よりも先に力を
つけ、先に繁栄したのだから、その分の時間差によって、少なくとも政治のしくみにかんするかぎりでは、
6 カルタゴ国家は当時すでに盛期を過ぎ、ローマ国家は盛期の頂点にあった。それゆえ国政審議における最高
7 権力は、カルタゴではすでに民衆の手に渡っていたが、ローマではまだ元老院の手中にあった(1)。一方では民
衆が審議し、他方では優秀者が審議するのだから、当然ローマの政策の方が国家活動により良い結果をもた
8 らした。それだからこそ、ローマはいったん完膚なきまでに打ちのめされながらも(2)、最後にはすぐれた政策
によってカルタゴ軍を破り覇者となったのである。
五二　次に国家活動の各部門に目を向けることにして、まず軍事についての比較から始めよう。海上の軍
事力にかんして言えば、カルタゴ人は遠い祖先の時代から航海の経験を積み、海上活動にかけては他の追随
2 を許さない民族であるから、当然のことながら、カルタゴの方が技量の点でも装備の点でも優位にある。し
かし陸上の軍事力にかんしては、カルタゴよりもローマの方がはるかに強力な軍隊の養成に成功している。
3 実際、ローマ人は陸軍力の強化に全精力を傾けているのに対して、カルタゴ人はまったくこの方面を軽んじ
4 ていて、騎兵戦力にわずかばかりの注意を払っているにすぎない。この違いの原因は、カルタゴでは外国人
5 を傭兵として雇っているのに対して、ローマでは国内の市民で軍隊を編成していることにある。したがって
この点でも、カルタゴの国制と比べてローマの国制の優秀さが認められる。カルタゴの方は傭兵の士気に独

立維持の希望を託するのが常であるが、ローマの方は同胞の勇気と同盟国の応援に支えられているからであ
6 る。それゆえ開戦当初打ちのめされながら、なお全力をふりしぼって戦い続けることもローマ人だからこそ
7 できたのであり、カルタゴ人にはとうてい不可能であろう。ローマ人のように祖国と子女の生き残りをかけて戦う者には、闘志を捨てることなどできるはずもなく、敵を倒すまで不屈の精神力で戦い続けるしかない
8 のである。だから海上戦力についても、ローマ軍はいまも言ったように経験の点ではるかに遅れをとってい
9 たにもかかわらず、兵士の勇気によって結局は勝利を収めた。なぜなら海戦において操船技術が大きな役割を果たすのは確かだが、しかし勝敗の天秤を傾ける最大の要因はといえば、やはり乗組員の闘志だからであ
10 る。ローマ人に限らずイタリアの人間というのは、身体のたくましさにせよ精神の強靭さにせよ、生まれもった特質でフェニキア人やリビュア人にまさっているのだが、それに加えて慣習の面でも、若者をいっそう
11 勇敢にするための工夫がこらされている。祖国において勇士の誉れを得るためならどんなことでも耐え忍ぼうとする人間を作り出すべく、ローマ国家がどれほどの精力を傾けているか、そのことを証拠立てるためには次の一事を述べれば十分であろう。

(1) 古い時代のカルタゴはローマやスパルタとよく似た混合制をもっていて、王と元老院と民衆が力の均衡を保っていた、しかし第二次ポエニ戦争の頃には審議機能が民衆の手に移って、国制が民主制に傾いていた、とポリュビオスは考える。戦争末期に民会の力が強まっていたのは確かなようだが、民主制的変革の内容が何なのかは明白でない。

(2) カンナエの合戦における敗北を指す。第三巻一一八‐八―九参照。

五三　ローマではだれか貴顕の人士が亡くなると、葬送の礼を執り行ない、盛大な儀式とともに中央広場
のなかの演壇（ロストラ）という場所へ運ぶ。そしてよく見えるように座った姿勢で、まれには寝かせたまま
2 でそこに置く。そして人々がいっせいにその周りに集まってきたところで、もし故人に成年の息子があって
市内にいれば息子が、もしいなければ親族のだれかが演壇に登って、故人の徳行と生前の偉業について演説
3 する。それを聞いた人々は——それらの偉業にかかわった人だけでなく、かかわらなかった人も——故人の
活躍ぶりを思い起こし、そしてまぶたに浮かべるうちに、その場でひとつの感情に溶け合い、こうして悲嘆
4 は縁者の枠を超えて市民全体の共有するところとなる。その後、埋葬と葬儀が終わると、故人の肖像を木製
5 の小祠に納めて屋敷内のいちばん目立つ場所に置く。この肖像というのは、形も色つやも本人にきわめてよ
6 く似せて作られた面である[1]。官費による供犠式のさいには、小祠を開いてこの面をうやうやしく飾り立てる
ほか、親族のうちで高名な人が逝去したときには、これを背丈や格好が本人にいちばんよく似ているとされ
る者が顔にかぶって、葬送礼の場に持ち出す。
7 　このとき面をかぶる者は、身に着ける衣装も決まっていて、［肖像に表わされた］故人が執政官や法務官の
経験者なら深紅色の縁取りの付いた服、監察官なら深紅色の服、凱旋式の栄に浴したあるいはそれに匹敵す
8 る功績を上げた人物なら、金の縫い目の付いた服をまとう[2]。しかもこの者たちだけは戦車に乗って行進し、
その戦車の前には、生前に国家内で占めていた位階の高さに応じて、棒束（ファスケス）や儀斧などそれぞれ
9 の官職に付きものの儀礼品が進んで行く。そして演壇の前に着くと、全員が一列になって象牙製のいす[3]に座
10 る。立身を願い名誉にあこがれる若者にとって、これ以上に感動的な光景はめったにあるものではない。偉

業を成し名を上げた人々の肖像がいちどうに並び、まるで生命を吹き込まれたかのような姿を見せているそのありさまを見て、恍惚としない者がいるだろうか。これにまさる景観が、いったいどこにありえよう。

五四　そのうえ今回埋葬される人物について演説していた人も、その死者について語り終えると、今度は
その場にやって来た［肖像の］死者たちについて古い時代から順次語り出し、そのひとりひとりの殊勲と功績
2 を称揚する。こうして偉人たちの徳の記憶が絶えず呼び起こされることによって、偉業を成し遂げた人々の
名誉は不死の生命を獲得し、祖国に貢献した人々の名声はあまねく行き渡って、後世にまで語り継がれる。
3 そしてなにより重要なことは、これら一連の儀礼が若者たちを奮い立たせ、自分もまた偉人たちに与えら
れる栄誉を手に入れるために、国家に貢献できるならどんなことでも耐え忍ぼうという気概を起こさせるこ
4 とである。私の話が正しいことは、事実が証明してくれる。というのも数多くのローマ人が戦争に決着をつ
けるために、志願して一対一の決闘に臨んだのであり、また少なからぬ市民が戦場で味方を救うために、あ
5 るいは平和時に国家の安全を守るために、眼前の死に向かってあえて進んだのである。そればかりか何人か
の者たちは、官職在任中、家族への自然な愛情よりも祖国の利益の方がたいせつだという信念から、慣習と

---

(1) 彩色された蠟製の仮面。祠に納められて玄関広間（アトリウム）に置かれた（プリニウス『博物誌』第三十五巻六）。

(2) それぞれ順にトガ・プラエテクスタ、トガ・プルプレア、トガ・ピクタと呼ばれる市民服。

(3) セラ・クルリスと呼ばれ、執政官や法務官など高等官職にある者だけが使用できる。

6 習俗に挑戦するかのように、自分の息子に死を命じた。[1] この種の出来事は、ローマ史上、多数の人について
多数の事例が伝えられているのだが、さしあたって読者の信用を得るためには、ひとつの例を名前とともに
あげれば足りるであろう。
五五　言い伝えによると、コクレスの添え名をもつホラティウスという男は、ローマ市のすぐ外、ティベ
リス川に架かる橋の向こう側で二人の敵と戦っているとき、敵の大規模な援軍がこちらに向かってくるのに
気づいた。このままでは敵が城門を破って市内になだれ込んでしまうと考えたコクレスは、後ろにいた味方
2 の方を振り返ると、すぐさま後退して橋を切り落とせと叫んだ。味方が命令に従って橋を切り落としている
あいだ、コクレスは体じゅうに傷を受けながら踏みとどまって、敵の突進を阻み続けた。敵はこの男の頑丈
3 さもさることながら、その忍耐強さと肝の太さに驚くばかりであった。やがて橋が落とされ、敵が前進の道
を絶たれたところで、コクレスは甲冑を着けたまま川に飛び込み、自らの意志で生涯を終えた。現在の命と
4 残余の生よりも、祖国の安寧と将来手にするはずの名誉を選んだのである。[2] 種々の儀礼を通してローマの若
者たちの心に芽生える勲功へのあこがれと渇望がいかに大きいか、それを表わす良い例だと思う。
五六　金銭にかんする法と習俗について比べた場合も、カルタゴよりもローマの方がすぐれている。カル
2 タゴ人は利益を得るためであれば、いかなる行為も恥ずべきものと見なさないが、ローマ人は賄賂を受け取
3 ることや不当な手段で儲けることを、なによりも恥ずべきことと考える。非の打ちどころのない方法で手に
入れた金銭をこのうえなくだいじにするのと同じように、禁じられた手段による儲けを最大の醜悪と見なす
4 のが、ローマ人の流儀である。例をあげると、カルタゴでは官職を得るために金品を贈ることは公然と行な

われるが、ローマではこの行為に対して死刑が定められている。(3) このように両国では徳行に対する報酬として正反対のものが定められているのだから、それを得るための手段も異なって当然なのだ。

だが私の見るところ、ローマの制度が他の国と比べてすぐれている点がいくつかあるうちで、もっとも顕著なのは宗教の扱いである。他の民族(4)においては軽蔑の対象となっているもの、つまり鬼神への怖れというものが、ローマでは国民を団結させるための手段として使われているようなのである。実際、鬼神への怖れは芝居のような装飾をほどこされて、ローマ人の私生活にも国家活動の場にも、これ以上は不可能と思われ

(1) 例えば伝承によると、タルクイニウス王の追放後、共和政体の執政官に就任したユニウス・ブルトゥスは、息子たちが王家復活の陰謀に加わったのを捕らえると、処刑を命じた。また前三四〇年、執政官マンリウス・トルクアトゥスはラテン同盟軍との戦争のさいに、息子が命令に反して敵と交戦したことを理由に処刑した（リウィウス『ローマ建国以来の歴史』第二巻五、第八巻七）。

(2) 伝承によればクルシウムの王ポルセンナは、追放されたタルクイニウス王の要請に応え、エトルリア軍を率いてローマに進軍した。それを阻止したのがホラティウスの英雄的な奮闘であったという。ただしリウィウスは、ホラティウスが無事に川を泳ぎ渡って味方陣営に戻ったと記す。「隻眼」を意味するコクレスという名は、このときに片目を失ったことに由来するとも伝えられる（リウィウス『ローマ建国以来の歴史』第二巻一〇、ディオニュシオス『ローマ古代誌』第五巻二三―二四、プルタルコス『プブリコラ伝』一六）。

(3) 選挙立候補者による投票買収の禁止については、前三五八年に法令で定められ、そのあと前一八一年と前一五九年にもあらたに禁令が出された（リウィウス『ローマ建国以来の歴史』第七巻一五―一二、第四十巻一九―一一、第四十七巻梗概）。しかしくり返しの禁令が示すように前二世紀には賄賂が横行し、ポリュビオスも今では昔のような高潔なローマ人ばかりではないことを認めている（第十八巻三五）。

(4) ポリュビオスはギリシア人を念頭に置いている。

9 るほどに広く行き渡っている。この事実を多くの人は奇異の念をもって受け止めるだろうが、しかし私が思
10 うに、ローマ人がこの習慣を広めたのは一般民衆のためだったのであろう。というのは、もし賢者だけの国
11 家を作るとでもいうのなら、そのような方途はいっさい必要なかっただろう。ところが民衆というのはどこ
でも、無法な欲求と不条理な衝動と粗暴な情念でいっぱいの軽佻浮薄な生き物であるから、民衆をおとなし
12 くさせるためには、不可思議な恐怖のような芝居じみた手段を使うしかない。それゆえ私の考えでは、昔の
人々が神々への信仰や冥界の観念を民衆の間に広めたのは、遠謀と深慮の結果であって、浅慮と不明の責め
13 は、むしろそれらを今になって投げ捨てようとする現代人の方に向けられるべきなのだ。この種の信仰の効
用はいくつかあるが、そのうちのひとつを述べよう。ギリシアでは公金を扱う役人が一タラントンでも預か
ると、たとえ一〇人の監査人と一〇回の封印とその倍の証人に囲まれていようと、信義を守ることはできな
14 い。ところがローマでは政府の官職や大使職に就いて、多額の公金を預かった者も、宣誓に背くことはでき
15 ないというだけの理由で、義務を守るのである。ほかの国では公金に手を出さず、身を潔白に保っている者
はまれにしか見つからないものだが、ローマでは逆にそのたぐいの行為に手を染める者はまれにしか見つか
らない(1)……。

『古代抜粋集』

結　語

五七　……存在するものはすべて衰弱と変質を免れない、そのことはとくに説明する必要もなかろう。た
2 えまない自然の移ろいがそのことを十分に納得させてくれる。国家もまたいかなる種類の国制であれ、いず

れ衰弱の時が訪れるものだが、それには二つの由来がある。外から来るものと、それ自体のなかに生まれ出
るものである。外から来る衰弱については、その過程について一定の法則はないが、それ自体から生じるも
3 のにはひとつの定式がある。(2) ところでさまざまな種類の国制のうち最初に生じるのはどれか、二番目はどれ
4 か、またいかにしてひとつの国制から別の国制に移行するか、それらの問題についてはすでに述べた。(3) だか
らこの論考の冒頭を結末に関連付けることのできる人なら、もはや私の説明を待つまでもなく未来について
5 の予想を語れるはずだ。思うにそれは自明のことなのだから。すなわち国家が次々に現われる重大な危機を
切り抜けて、無敵の覇者になり絶頂に達すると、当然のことながら、長く続く繁栄に浮かされて生活はしだ

(1) ローマ人の宗教意識と、それに対するポリュビオスの観察については、第三巻一一二-六一九参照。信仰の社会的効用を認める合理主義的宗教擁護論は、ギリシアでは前五世紀後半のクリティアスのサテュロス劇『シシュポス』のなかにもっとも早い例が見られる。

(2) あらゆる国制がその内部に害悪をもつことについて、第六巻一〇-二参照。国家を滅ぼす原因として、外来の敵と区別して内発の腐敗を考える思想は、前六世紀初めのソロンの詩(ウエスト編、断片番号四)にすでに見られる。アリストテレス『政治学』第五巻七(一三〇七b)、一〇(一三一二b)も参照。

(3) 第六巻四-九の国制循環論を指す。ただしそこではローマのような混合制国家の変化と衰退については述べられていない。国制を成長と盛期と衰弱の生物的比喩で説明する理論と、国制循環の理論との間に、ポリュビオスは厳密な整合性を提示していない。

6 いに贅沢に傾き、人々は官職獲得などさまざまな競争に過度に熱を上げるようになる。[1] いずれ将来[2]この病弊が進行するとき、劣悪への変化の最初の兆候となるはずのものは、官権への欲望と無名であることの不満で7 あり、それに加えて日常生活のなかの虚栄と奢侈である。そして民衆は貪欲の犠牲になって正当な権利を奪われたと感じたり、官職志願者の阿諛に乗せられてうぬぼれたりしたとき、この変化の先導役を務めるであ8 ろう。そのとき民衆は怒りに駆られ、激情のなかでしか判断を下すことができなくなり、もはや指導者の命令に従うことはおろか対等の立場に立つことさえ拒絶して、ほとんどすべてを自分たちの一手に収めようと9 するだろう。そうなったとき国制は名を変え、自由と民主制というなによりも麗しい名称を獲得するだろうが、事実上はなによりも劣悪な体制、すなわち衆愚制に姿を変えていることだろう。[3]

10 さて以上でローマの国家制度の成立と成長、さらにその盛期とそのときの状況について述べ、そしてそれが他の国制と比べて良いにせよ悪いにせよどう異なるかについての説明を終えたから、このあたりでローマ国制論を閉じることにしよう。

五八 ただし以前に歴史叙述の流れを止めた時点[4]に立ち戻る前に、その直後に起こったあるひとつの事件について簡単にその要点だけを紹介しておきたい。ちょうどある芸術家の力量を示すために、その人の作品のなかからひとつだけを取り出して見せるように、当時盛期にあったこの国の実力がどれほどのものであったかを、言葉だけでなく事実を示すことによって証明したいと思うのだ。

2 ハンニバルはカンナエの戦いに勝利を収めたあと、自陣の守備についていたローマ兵八〇〇〇人を拘束し、その全員を捕虜に取ったのだが[5]、この者たちに釈放のための身代金支払いを懇請するため代表者をローマ市

3 に送ることを許した。そこで捕虜たちが地位の高い者一〇人を代表として選び出すと、ハンニバルはその一
4 〇人を必ず戻ってくると誓約させたうえで送り出した。ところがそのうちのひとりがカルタゴ陣を出てしば
らく行ったところで、忘れ物をしたと言って引き返し、そして忘れ物を持って再び陣から出てきた。いった
5 ん戻ったことによって約束を果たし、誓約の義務から解放されたつもりだったのである。一行はローマに着
くと元老院に現われて、捕らわれの身となった者たちに釈放の機会を恵んでくれるよう請願し、ひとりにつ
き三ムナを支払って無事に家族のもとへ帰ることを認めてほしい、ハンニバルもそこまで譲歩しているのだ
6 から、と願い出た。そして、われわれは釈放してもらって当然なのだ、というわけは——と捕虜代表たちは
続けた——われわれは戦場で卑怯なふるまいをしたわけではなく、ローマの名に恥じるような行為をしたわ

---

(1) ローマが前一六七年にマケドニア王国を倒して覇者の地位についたあと、ローマ人が贅沢に流れ、習俗が劣化したことを述べた第三十一巻二五-二-七を参照。

(2) 本章一-五節は一般論として現在時制で語られるが、以下の六-九節の習俗劣化のありさまは、未来の予言として未来時制で語られる。ローマについても将来は六-九節のような状態が現われるとポリュビオスは考えている。

(3) 国制循環論では衆愚制は民主制の崩壊後に生まれる体制だが（第六巻四-一〇、九-七）、混合制が腐敗したときもやはり衆愚制に行き着く、というのがここでのポリュビオスの考えである。

(4) 第三巻一一八-一一参照。

(5) 第三巻一一七-一一参照。以下のエピソードはリウィウス『ローマ建国以来の歴史』第二十二巻五八-六一にもある。キケロ『義務について』第三巻一一三は、ポリュビオスの記述を参照しながらこの話を紹介したあと、誓約逃れの策略を弄した使者がひとりではなく多数あったというガイウス・アキリウス（前二世紀）による別伝を書き添えている。

けでもない。自陣の守備のために残されていたとき、戦闘に出た味方が全滅してしまったために、やむをえ
7 ない状況から敵の手中に落ちただけなのだ、と。ローマ人はこのころ戦場で手痛い敗北を重ねていたばかりか、同盟国もすべてと言ってよいくらい敵方に奪い取られ、祖国の存亡をかけた決戦の日の遠くないことを
8 覚悟していたにもかかわらず、[1] 一行の請願を聞き終えたあとも、逆境に膝を屈してローマの品格を汚すこと
9 なく、またなすべきことを見誤ることもなかった。そしてこのような策をしかけてきたハンニバルのねらいが、資金の調達にとどまらず、敗れてもなお生存の希望が残されていると宣伝することによって、ローマ側
10 陣営の闘志を鈍らせることにあると見て取ると、縁者への哀れみを振り捨て、釈放された捕虜たちが将来な
11 すであろう貢献への期待をも断ち切って、要請を拒絶した。こうして捕虜の買い戻しを断ることによって、それに託したハンニバルの思惑と希望を打ち砕くと同時に、自軍の兵士たちには、戦って勝つかさもなけれ
12 ば死ぬか、二つにひとつ、負けて生存の望みはない、という掟を示したのである。元老院はこの決定を下したのち、ハンニバルとの誓約に従い自らの意志で帰路に着こうとする代表者九人を見送る一方、誓約逃れの
13 ための小細工をした男には縄をかけたうえでカルタゴ陣に送り返した。この結果ハンニバルは、ローマ人との戦いに勝ったことを喜ぶよりも、むしろこのような決定を下す国民の剛気と不屈の精神に驚き、暗澹たる気持ちになったのである……。

『古代抜粋集』

地理断片

五九　ポリュビオスが『歴史』第六巻で語るところによると、アイトリア地方のストラトス近辺にはリュ

ンコスという名の場所がある。(2)

アテナイオス『食卓の賢人たち』第三巻九五d

(1) 第三巻一一八-二一-五参照。アプリア、サムニウム、ルカニア、ブルッティウムの各地方の多くの都市がカンナエ合戦後にローマとの同盟から離反した。

(2) 第六巻で言及されそうな場所ではない。アテナイオスの誤記か。

第七巻

イタリア史

一　ポリュビオスは第七巻で次のように語っている――カンパニア地方のカプア市民は、豊穣な土地のお
かげで富を積み上げ、語り伝えられるところのクロトンやシュバリスの人々をも上回るほどの奢侈と贅沢に
2 ふけった(1)。ところがそのために自身の栄華を支えるだけの力を失って、ハンニバルを呼び込んでしまい、そ
3 の結果ローマから取り返しのつかない惨禍をこうむった(2)。逆にペテリアの人々は都市をハンニバルに包囲さ
れたときも、ローマへの信義を守って容易に降伏しようとせず、最後は市中にある皮革をすべて食べ尽くし、
市中にあるすべての木々の樹皮と若芽を残らず腹に入れて、一一ヵ月間の攻囲に耐えた末に、なおも救援軍の
いっこうに現われないのを見て、ローマの承認のもとにようやく城門を開いた(3)。

アテナイオス『食卓の賢人たち』第十二巻五二八a―c

4 ……カプアはカルタゴ側に移ったとき、その重みによって他のいくつかの都市もいっしょに引きずってい
った(4)……。

『スダ事典(5)』

シキリア史

二　……シュラクサエの王ヒエロニュモスを標的とする陰謀事件が終息し、トラソンが姿を消すと、ゾイ

ッポスとアドラノドロスはヒエロニュモスに進言して、ただちにハンニバルのもとへ使節を派遣することを

(1) カプア周辺の土地の豊かさについては、第二巻一七-一、第三巻九一-二も参照。プリニウス『博物誌』第十八巻一一一、一九一、ストラボン『地誌』第五巻四-三によれば、麦など各種作物を植えて一年に三回から四回の収穫が可能だったという。クロトンとシュバリスはともにイタリアのマグナ・グラエキアに前七二〇年から七一〇年頃に建設されたギリシア人植民都市。シュバリスは貿易などによって栄えたが、前五一〇年に市内抗争に乗じたクロトンに破壊された。そのころに最盛期を迎えたクロトンも、その後まもなくしてロクリに敗れてから衰退し始めた。

(2) カプアはカンナエの合戦の直後、前二一六年のうちにローマから離反した。しかし前二一一年、ローマ軍の一年に及ぶ包囲の末、ハンニバル軍による救援の望みも絶たれて降伏した。ローマは離反を主導したカプアの元老院議員たちを処刑し、多数の市民を奴隷に売り、家屋や土地を没収した（第九巻三。リウィウス『ローマ建国以来の歴史』第二十三巻二-一〇、第二十六巻四-一六、三三-三四）。

(3) ペテリアはクロトンの北およそ二〇キロメートルの都市。ただしこの都市が陥落したときに包囲軍を指揮していたのは、ハンニバルの部下のヒミルコまたはハンノだったらしい（リウィウス『ローマ建国以来の歴史』第二十三巻三〇-一、アッピアノス『ローマ史』第七巻二九）。

(4) カンパニア地方ではカプアに続いて、アテラとカラティアがカルタゴ側への参入を決定し、ヌケリアとアケラがハンニバル軍に攻略された。しかしネアポリス、ノラ、クマエは抵抗して、ローマ陣営にとどまった。カンパニアの諸都市については第三巻九一を参照。

(5) 一〇世紀末頃にコンスタンティノープルの学者たちによって編纂された古代世界についての百科事典。現在では散逸した作品からの引用を多く含む。

2 決定させた(1)。王はキュレネ人のポリュクレイトスとアルゴス人のピロデモスを使節に任命すると、カルタゴ
軍との共闘について協議せよという命令とともにイタリアに送り出す一方、アレクサンドレイアにも自分の
3 弟たちを派遣した(2)。ハンニバルはポリュクレイトスとピロデモスの一行を暖かく迎え、この若い王に多大の
希望を抱かせる言葉を述べたうえ、使節の帰路にはカルタゴ人で三段櫂船長のハンニバルのほか、シュラク
4 サエ出身のヒッポクラテスとその弟エピキュデスも同行させて、ただちに送り出した。この兄弟は、かつて
祖父がアガトクレスの息子たちのひとりアガタルコスを殺害したという嫌疑をかけられて(3)、シュラクサエか
ら亡命を余儀なくされたために、二人ともカルタゴの国民として生活していて、それゆえハンニバルの遠征
5 にもずっと以前から参加していたのである。シュラクサエ帰着後、ポリュクレイトスたちが結果の報告を行
ない、同行してきたカルタゴ人もハンニバルに指示されたとおりの口上を伝えると、それを聞いたヒエロニ
6 ユモス王はさっそくカルタゴ軍との共同行動に乗り気になった。そして今ここにいる[三段櫂船長]ハンニバ
ルに、至急カルタゴ本国に赴くように要請すると同時に、そのさいにはカルタゴ政府と協議するための使節
をいっしょに遣わすつもりだと約束した。

三　そのころリリュバエウム駐在のローマ法務官(4)は、以上の動きを聞きつけるとヒエロニュモス王のもと
2 に使節を派遣し、王の祖父との間に交わした条約(5)を更新しようとした。しかしヒエロニュモスは、まだ滞在
中だったカルタゴ側の使節がそばに控えているなかで、ローマ側使節に向かって、ローマ軍がイタリアでの
3 戦闘でカルタゴ軍に大敗と惨敗を重ね潰え去ったことに同情申し上げると言い放った。ローマ側使節がこの
ぶしつけな物言いに驚きあきれながらも、誰からそんなことを聞いたのかと尋ねると、王はそばにいたカル

タゴ人たちの方を指差し、あの者たちが嘘を言ったかどうかおまえたち自身が問いただしてみるがよいと答
4 えた。ローマ側使節は、敵の言葉を信用するのはわれらが祖国の伝統ではないと返したのち、王に条約に違
反する行為をしないように要求し、それが正義にかなうと同時に王自身にとっても利益になるのだからと付
け加えた。王はその点についてはよく考えたうえであらためて返答しようと言ったあと、続けて問いかけ、
5 祖父が亡くなる前に、ローマ艦隊五〇隻がパキュヌス岬まで進んできたのちに引き返したのは、いったいど

---

(1) シュラクサエではローマと友好関係を保ったヒエロン王が前二一五年に世を去ったとき、ヒエロンの息子ゲロンはすでに死んでいたので、ゲロンの息子ヒエロニュモスが一五歳で王位を継いだ。しかし暴慢なヒエロニュモス王に対して、宮廷内で暗殺が計画されたが発覚し、王の参謀役で親ローマ派のトラソンがその加担者と名指されて処刑された。ゾイッポスとアドラノドロスはともにヒエロンの婿で、ヒエロニュモス王の後見役を務めた親カルタゴ派の人物。リウィウス『ローマ建国以来の歴史』第二十四巻四―七参照。

(2) エジプトへの使節派遣は、反ローマ政策のためにプトレマイオス四世に協力を求めるためだったらしい。

(3) シュラクサエの僭主アガトクレスは前三一〇年に続いて前三〇七年にもアフリカに上陸し、カルタゴ攻略をめざしたが果たせなかった。そして長男のアガタルコス（またはアルカガトス）を軍隊とともに残し、自身はシュラクサエに引き上げた。しかしまもなくして軍隊内に反乱が起こり、アガタルコスは殺害された（ディオドロス『歴史文庫』第二十巻六四―六九）。

(4) シキリア総督アッピウス・クラウディウス（リウィウス『ローマ建国以来の歴史』第二十四巻六―四）。前二二七年にローマは法務官をそれまでの二名から四名に増員し、そのうちの一名を、この年からローマの属州（プロウィンキア）となったシキリアに駐留させていた。ただしローマと条約を結んでいたシュラクサエは、シキリア島内にあって独立した主権を認められていた。

(5) 前二六三年にヒエロニュモスの祖父ヒエロンがローマと交わした条約（第一巻一六―五）。

6 ういうことなのかと問いただした。これはその少し前のこと、ヒエロン死去の報が流れたとき、ローマはシ
ュラクサエ人が遺児の弱齢なのを侮り、なんらかの変革に動き出すのではないかという懸念から、艦隊を進
7 めたのだが、ヒエロンがまだ生きていると知ってリリュバエウムに帰航したのである。それゆえ使節は艦隊
を進めたことは認めたものの、それは年若いヒエロニュモスを庇護し、その王権を守ってあげるためであり、
8 だから祖父生存の報を受けたときに引き返したのだと答えた。するとそれを聞いたこの若者は使節たちの言
葉じりをとらえて、「ローマの人たちよ、それなら今のこの僕にも許してほしいものだ、カルタゴへの期待
9 の方へ引き返して、王権を守ることを」と言い放った。ローマ使節はこの王の気性を悟ると、もはや口をつ
ぐんで帰路に着き、法務官に会談のもようを報告した。そしてそれ以降、ローマはヒエロニュモスを敵と見
なして、その動向に監視の目を光らせるようになった。

四　その後ヒエロニュモスはアガタルコスとオネシゲネスとヒッポステネスを使節に任命すると、次のよ
2 うな条件で条約を締結するよう命令したうえで、［三段櫂船長］ハンニバルとともにカルタゴへ派遣した。そ
の条件とは、カルタゴは陸海両軍によってヒエロニュモスを援助すること、そしてローマ軍をシキリア島内
から追い出したのちは、島全体をほぼ二分するヒメラ川[1]を支配圏の境界として双方が島を分けあうこと、と
3 いうものであった。使節たちがカルタゴに着いて用件を切り出すと、カルタゴ側もこの条件にいっさい異存
はなく、合意に積極的だったので、このとおりの条約が成立するかに見えた。

4 ところがその間にヒッポクラテスたち兄弟は、王を掌中に取り込んで、まずイタリアでのハンニバルの行
5 軍と陣列指揮と戦闘のさまを語り聞かせては、この若者の心に火をつけた。そしてそれに続けて、シキリア

全島の支配権を握るにふさわしい人物はヒエロニュモスをおいてほかにはないと吹き込み、その理由として第一に、彼がピュロスの娘ネレイスの息子であり、そしてピュロスこそはシキリアの全住民がこの島の指導者としてそして王として自分たちの意思と選択にもとづいて迎え入れた唯一の人物であること[2]、第二に彼が
6 祖父ヒエロンの王統を受け継ぐこと、をあげた。そしてとうとう兄弟以外のだれにも耳を貸そうとしないほどにまで王の心を虜にできたのは、この若者が生来節操に欠ける性分であったのに加え、このときはこの二
7 人の話を聞かされていっそう浮かれていたからである。それでカルタゴではアガタルコスたちがまださきほど述べた交渉をしているとき、王はあらためて使節を送りなおして、シキリア全島の支配権は自分に帰属すると主張し、カルタゴが自分のシキリア制覇のために援軍を送るよう求める一方、イタリア戦線ではカルタ
8 ゴ軍のために支援することを約束した。それを聞いたカルタゴ人たちは、この若者の無節操と無分別がどれ

(1) 島の北中部に発し、現在のエンナとカルタニセッタの間を南に流れて、南岸のリカータに河口をもつサルソ川と、北岸のテルミニ・イメレーゼの東一三キロメートルに河口をもつグランデ川（別称、北のイメラ川）であるが、この二つの川は水源が近いので同一の川と見なされた。島のほぼ中央を流れて、島を東西に二分するこの川がヒメラ川と呼ばれた。

(2) エペイロス地方の王ピュロスは前二八〇年にイタリアに侵攻したあと、前二七八年にシュラクサエの求めに応じてシキリアに渡った。シキリアでは、島内のギリシア人都市をカルタゴの支配から解放するという名目を掲げてカルタゴ軍と戦った。カルタゴはピュロスに対抗するためにローマと協約を結んだが、ピュロスは島の大部分を制圧し、カルタゴ軍を西端のリリュバエウムに封じ込めた。しかし強権的支配を嫌う島内諸都市の不満にさらされ、前二七六年にイタリアに戻った。

ほどのものかをまざまざと思い知らされたけれども、いまシキリアを見放せば多くの点でカルタゴの利益が
9 損なわれると考えたので、この要求をすべて受け入れた。そして以前から準備していた軍船と兵士をシキリ
アへ渡す段取りを始めた。

五　ローマ人たちはこの情報を得ると、ヒエロニュモスのもとに再度使節を派遣し、かつて祖父が結んだ
2 条約を踏みにじってはならないと抗議した。そこでヒエロニュモスは御前会議を召集し、いかに対処するべ
3 きかを審議にかけた。参集者のうち地元の者たちは、主君の妄断への怖れから沈黙を守っていた。しかしコ
リントス人のアリストマコス、ラケダイモン人のダミッポス、テッサリア人のアウトヌスの三人は、ローマ
4 との条約を守るよう助言した。そしてアドラノドロスひとりが、好機を逃してはならない、今この時がシキ
5 リア制覇のための最初で最後の機会なのだ、と主張した。アドラノドロスの発言のあと、王はヒッポクラテ
スたちに、おまえたちはどちらの意見に賛成するかと尋ねた。兄弟がアドラノドロスの方にと答えたとき、
審議は終わった。こうしてローマとの開戦の方針が決定した。

6 　王はローマ使節には如才ない返答をしておきたかったのだが、結局はローマ人の満足を得られないどころ
7 か、相手の顔を張るかのようなあからさまな無礼に及んでしまった。王はローマとの条約を維持してもよい
が、それには条件があると言って、次の三つをあげたのである。第一にローマは祖父ヒエロンから受け取っ
た黄金をすべて返還すること、第二にやはり祖父が在位中の全期間に贈った穀物その他の物品を弁済するこ
と、[1]第三にヒメラ川のこちら側［東側］の土地と都市がシュラクサエに帰属することに同意すること。この
8 言葉を最後に、使節と会議参集者は別れた。そのとき以降、ヒエロニュモスは戦争準備に取りかかり、兵士

の招集と武装に、さらに各種物資の調達にと全精力を傾けた……。

『コンスタンティノス抜粋集――使節について』

2 六　……レオンティニ(2)は市街全体の傾斜によって北の方角に面している。そしてその市街の中央を底の平
3 らな谷間が貫いていて、そこに政府や裁判所の建物のほか、中央広場の多くの部分が位置する。谷に沿って
その両側を走る尾根の手前には屏風のような断崖が続き、その斜面のところどころに張り出した段の上には、
4 家屋と神殿があふれんばかりにひしめき合っている。市の城門は二つあって、そのうちのひとつはいま言っ
た谷の南端に位置し、シュラクサエ方面にいたる門、もうひとつは北端に位置し、レオンティニ平野と農耕
5/6 地域にいたる門である。両側の断崖のうち西側の断崖の下には、リッソスという名の川が流れている。その
川に沿って断崖の真下に、たくさんの家屋が綿々と連なっていて、それらの家屋の列と川の間を前述の道路(3)
が走っている……。

『古代抜粋集』

---

(1) ヒエロンからローマへの軍事援助については、第一巻一六-一〇、一八-一一、第三巻七五-七に言及がある。

(2) シキリア島東部、カタニア平野の南端に位置する都市。現在のレンティニの南にある。

(3) この道路に言及した部分は現存しない。リウィウス『ローマ建国以来の歴史』第二十四巻七-一-九によれば、ヒエロニュモスは歩兵と騎兵あわせて一万五〇〇〇人を率いてシュラクサエを出発し、レオンティニに入ろうとした。しかし中央広場に続くある狭い道路の途中の空き家に、王の命をねらう陰謀者たちが潜んでいて、しかも軍内の共謀者が王を主力軍から引き離していたため、王は暗殺者の刃を受け、まもなくして死んだ。以上はヒエロニュモス殺害の現場を説明する部分らしい。暗殺は前二一四年。

七　……ヒエロニュモスの最期について書いた歴史家たちのなかには、この王にまつわるさまざまな怪異を書き連ね、その異常さをことこまかく記した者もいる。彼らはヒエロニュモス即位の前にシュラクサエ市
2 内で見られた怪奇や市民の身に起こった不幸を数え上げる一方、この王の残忍な性格と不敬虔な行動を芝居じみた筆致で描き出し、仕上げには王の死にさいして生じた不可解な戦慄の事件を語って、まるでこの男が
3 パラリスやアポロドロス[1]などいかなる僭主にもまさる冷血漢だったかのような書きぶりである。しかしヒエ
4 ロニュモスは少年のときに王権を受け継ぎ、そのあとはわずか一三ヵ月間生きただけで世を去ったのだ。その在位期間中に、一人か二人を拷問にかけたり、友人を含むシュラクサエ市民を数人処刑したりといったこ
5 とは実際にあったかもしれないが、並外れた専横や異常なまでの瀆神を犯したというのは真実とは思えない。たしかに放恣で専横な性格の持ち主だったことは認めざるをえないけれども、いま名を上げた僭主たちと同
6 列に置くのは不適当である。思うに個別の事件を書く歴史家[2]というのは、狭く限定された主題を扱おうとするから、史料の不足のためにやむなく小を大にふくらませたり、言及する価値もないような出来事に多言を費やしたりせざるをえないのだろう。またこれと同種の誤謬が、歴史家の選択能力の欠如から生じることも
7 ある。もしそれらの著作からヒエロニュモスを放り出して、ただ紙数を増やすだけの余分な文章を削り取り、代わりにその分をヒエロンとゲロンに振り向ければ、どれほど読みごたえのある作品ができあがることだろ
8 う。そしてそれは娯楽を求める読者にとって快い読み物になるばかりでなく、学徒にとってもはるかに有益な作品になるはずだ。

八　なぜならヒエロンはシュラクサエとその同盟諸国の支配権を自分の力だけでつかみ取ったのであり、

2 財産にせよ名声にせよ、運に恵まれて与えられたものはなにひとつない[3]。そればかりか市民のだれひとり殺
害したり国外追放したりせず、また傷つけもせず、自分ひとりでシュラクサエの王位に就いたのだから、こ
3 れはおよそ通念に反する壮挙であった。しかもこれは支配権の獲得のしかただけでなく、その維持のしかた
4 にも当てはまる。というのもヒエロンは、王位にとどまっていた五四年のあいだ[4]、祖国の平和を守り通した
5 ばかりか、自身の王権を陰謀の埒外に保ち続け、絶対権力に集まりがちな嫉妬とも無縁に過ごした。それど
ころか、王座を譲ろうとしたことは幾度もあったのに、そのたびに国民の総意によってそれを押しとどめら
6 れたのである。ギリシア人に最大の恩恵を与えると同時にギリシア人のあいだで最大の名望を追求したヒエ
7 ロンは、自身には大きな名声を、そしてシュラクサエには世界中からの深い感謝を遺産として残した。そし
て贅沢と豪奢と栄華に囲まれた暮らしのなかで九〇歳を超える生涯を送りながら、すべての知覚に少しの衰
8 えもなく、肉体もあらゆる部分が健全な力を保ち続けた。これは節度ある生活の確実にして動かしがたい証

---

(1) パラリスはアグリゲントゥム（アクラガス）の僭主（前五七〇－五五四年）。残酷な所業で知られ、敵対者を青銅製の中空の牛のなかに入れて炙り殺したと伝えられる。アポロドロスはエーゲ海の北のカルキディケ半島のカッサンドレイア（前三一六年頃にポテイダイアが再建されてできた都市）の僭主（前二七九－二七六年頃）。

(2) ポリュビオスが批判する、世界全体の歴史ではなく個別地域あるいは個別事件の歴史を書く歴史家。第一巻四、第三巻三二、第八巻二参照。

(3) ヒエロンが権力を掌握する過程については第一巻八－九参照。

(4) 権力掌握が前二七五年だったから、その六年後に王に即位したことになる。しかし即位の年代については異説もある。

拠だと私は思う……。

『コンスタンティノス抜粋集――徳と不徳について』

9 ……ゲロンは五〇年を超える生涯を送ったが、その一生を通じてこのうえなく美しい目標を定めた。すなわち父の命に従うこと、そして財産や王権よりもなによりも、親に対する感謝と信頼をだいじにすること、である[1]……。

『コンスタンティノス抜粋集――徳と不徳について』

ギリシア史

九[2] ……総司令官ハンニバル、マゴ、ミュルカノス、バルモカル、そしてハンニバルとともにいるすべてのカルタゴ元老院議員、そしてハンニバルとともに遠征するすべてのカルタゴ人が、デメトリオスの子ピリッポス王から王自身とマケドニア人と同盟諸国民を代表してわが方［カルタゴ側］に送られてきた使節、アテ
2 ナイ人でクレオマコスの子クセノパネスに対して、ゼウス、ヘラ、アポロン[3]の立会いのもとで、カルタゴ人の神とヘラクレスとイオラオス[4]の立会いのもとで、アレス、トリトン、ポセイドンの立会いのもとで、遠征
3 をともにする神々、ヘリオス、セレネ、ゲー[5]の立会いのもとで、河と入り江と水の立会いのもとで、カルタゴを領するすべての神々の立会いのもとで、マケドニアとその他のギリシアを領するすべての神々の立会いのもとで、どなたであれこの宣誓を主宰するすべての遠征の神々の立会いのもとで立てた誓約。

4 総司令官ハンニバル、ハンニバルとともにいるすべてのカルタゴ元老院議員、ハンニバルとともに遠征するすべてのカルタゴ人は、良き友好と善隣のために、貴方［マケドニア側］とわが方が賛成するいかなることにかんしても、以下の条件により友人であり縁者であり兄弟であることを誓約すると述べた。

5 王ピリッポスとマケドニア人、およびマケドニアと同盟するギリシア人によって、カルタゴ市民、総司令

（1）ゲロンは前二一六年に死んだが、それまで父ヒエロンと共同で王位に就いていた。リウィウスはポリュビオスと異なり、ゲロンが父の老齢を侮り、その親ローマ政策を転換してカルタゴ側と協力しようとしたと伝える（『ローマ建国以来の歴史』第二十三巻三〇-一〇-一二）。

（2）前二一五年の夏、ピリッポス五世は使節クセノパネスをイタリアに派遣し、当時カンパニア地方にいたハンニバルとの間に同盟条約を締結した。本章はその条約の内容であり、ハンニバル側のカルタゴ諸神を証しとする誓約に続いて、双方の相互援助義務、それが対ローマ戦の勝利まで継続されること、またその講和条約にはイリュリア諸地域のマケドニアへの帰属が盛り込まれるべきことなどが定められている。条約のねらいはハンニバルにとっては、ローマ軍がイリュリア方面にも力を割かねばならないような事態が生じてくれることであり、ピリッポスにとってはイリュリアの確保であって、具体的な共同軍事行動を想定したものではなかった。リウィウスはマケドニア軍のイタリア来援や、カルタゴ軍の対ローマ戦勝利後のイリュリア遠征を視野に入れた条約であったと記すが、これはハンニバルの脅威を誇張しようとする後代のローマ年代記作者による捏造であろう。クセノパネスはハンニバル陣営からの帰路、カルタゴ代表団とともにクロトン付近の海岸から船出したところでローマの沿岸警備隊に発見され捕縛されたという。捕縛した使節から条約文を入手したローマ元老院は、あらたな二五隻を加えた五〇隻の船で海岸警備にあたることを決定した（リウィウス『ローマ建国以来の歴史』第二十三巻三三-三四、三八）。ハンニバルが遠征先で結んだこの条約に、カルタゴ本国の政府がどう関与していたかについては定かでない。条約文はカルタゴ人のフェニキア語で書かれていて、ローマの公文書館に保管されていたものを、ポリュビオスがギリシア語に翻訳したらしい。ピリッポスのイタリアへの関心については、第五巻一〇一-一〇五参照。

（3）いずれもカルタゴ人の神で、ゼウスはバール・ハモン、ヘラはタニト、アポロンはレシェフを指すらしいが、これらの同定には異論もある。

（4）ヘラクレスはメルカルトを指す。イオラオスはエシュモンを指すらしい。

（5）ヘリオスは太陽の神、セレネは月の神、ゲーは大地の神。

官ハンニバル、ハンニバルとともにいる者、カルタゴに従属してカルタゴと同じ法律を用いる者[1]、ウティカ
6 人、カルタゴに服属するすべての都市と民族、［カルタゴ側の］兵士と同盟者、イタリアまたはガリア[2]または
リグリアにあってわが方と友好を約するすべての都市と民族、またそれらの地域にあって将来わが方と友好
および同盟を約するすべての都市と民族は、保護されること。
7 　王ピリッポスとマケドニア人、およびマケドニアと同盟するギリシア人は、遠征に参加するカルタゴ人、
ウティカ人、カルタゴに服属するすべての都市と民族、［カルタゴ側の］同盟者と兵士、イタリアまたはガリ
アまたはリグリアにあるすべての民族と都市、イタリア一帯の地域にあって将来同盟を約するすべての民族
と都市によって、保護され防衛されること。
8 　われわれ［カルタゴ側とマケドニア側］は互いに対して陰謀をたくらむことなく、また互いに対して罠をしか
けることもない。そして、われわれと誓約と友好を結ぶ王と都市と民族を除く、カルタゴへの敵対勢力に対
9 しては、相互の姦計と陰謀を排し、欠けるところなき信頼と誠意をもって戦う。われわれはまた、われわれ
との間に誓約と友好を結ぶ王と都市と民族を除く、王ピリッポスへの敵対勢力に対して戦う。
10 　わが方とローマとの戦争にかんして、神々がわが方と貴方に良き日を賜るまで、貴方はわが方を援助する。
11 貴方からわが方への援助は、［わが方の］必要とするやり方で、また双方の合意するやり方で行なわれる。
12 　ローマおよびその同盟国との戦争において、神々がわれわれに良き日を賜り、ローマから講和条約締結の
13 申し出があったなら、わが方は貴方と共同して、以下の条件を含む講和を約する。すなわちローマは貴方に
対して戦争を企図する行為をいっさい許されないこと。またローマはケルキュラ、アポロニア、エピダムノ

14 ス、パロス、ディマレ、パルティノイ、アティンタニアの領有を放棄すること(3)。そしてローマはパロス人デ
メトリオスの友人で、ローマ領内にいる者を全員返還する(4)。
15 もしローマが貴方あるいはわが方に対して戦争をしかけてきた場合(5)、われわれはそれぞれ相手方の必要と
するやり方で、その戦争のために相互を援助する。われわれとの間に誓約と友好を結ぶ王と都市と民族を除
16 く、ローマ以外のなんらかの勢力が戦争をしかけてきたときも、ローマの場合と同様である。
17 この誓約に削除または追加すべき事項があると判断した場合、われわれは双方の合意により、それを削除
または追加する……。

『古代抜粋集』

一〇 ……メッセネでは民衆が権力を掌握し、高貴な市民たちが国外に追放されて、国政の権限は追放された市民たちの財産を山分けした者たちの手に握られていた。旧来の市民たちのうちで市内にとどまってい

(1) アフリカ北岸にあってカルタゴと同盟を結んでいたフェニキア人諸都市の住民を指すらしい。

(2) アルプス山脈の南のガリア。

(3) ケルキュラ、アポロニア、エピダムノス、パルティノイ、アティンタニアは第一次イリュリア戦争(前二二九―二二八年)により、またパロスとディマレは第二次イリュリア戦争(前二一九年)により、いずれもローマの保護下に入った。第二巻一一、第三巻一八―一九参照。

(4) 前二一九年のパロス陥落後、デメトリオスの縁者たちがイタリアに連行され抑留されていたらしい。

(5) 今回の戦争が上記の講和条約によって終わったあとを想定した条項だから、ハンニバルは戦争に勝ってもローマ国家の消滅を意図していたわけではないことになる。この点でリウィウスの記す後代のローマ側の伝承が、ハンニバルの脅威を誇張していたことがわかる。

た人々は、この者たちの平等主義に憤懣をつのらせながら忍従していた[1]……。

『スダ事典』

2 ……メッセニア人のゴルゴス[2]は、資産と血筋においてメッセニア中でいちばんの名士であったばかりか、体力旺盛だった頃には、そのすぐれた競技能力によって、運動競技会で栄冠をめざす者たちのなかで最大の
3 誉れを勝ち得た人物であった。容姿の点でも、生き方全般に漂う威風の点でも、さらに優勝冠の数の点でも、
4 同時代でこの男の右に出る者はだれひとりいなかった。そして競技生活から身を引いたあと、祖国の政治運営に献身するようになってからも、それまでの競技者としての誉れにまさるとも劣らぬ名声を国政の分野で
5 博した。運動家にありがちな品の悪さとは無縁で、国政にかんしても実務能力と知性を備えた人物だという評価を得たのである……。

『コンスタンティノス抜粋集——徳と不徳について』、『スダ事典』

一一 ……ここで私はいったん叙述の流れを止め、ピリッポスという人物について簡単な批評を加えておきたい[3]。というのも、この時期はピリッポスがそれまでとは逆の方に向きを変え、一転して劣化への道をた
2 どり始める転換点となったからである。私の見るところ、およそ国政にたずさわる者がたとえわずかでも歴史から教訓を汲み取ろうとするとき、ピリッポスの事例は他のなににもまさる絶好の材料を提供してくれる。
3 なぜならこの王は、善悪いずれの方向に走り出したときも、手にした権力の大きさと素質のすばらしさのゆえに、全ギリシア人の目と耳を一身に集めていたのであり、さらに走り出したあとに生じた結果についても、
4 この王ほど［善悪両方向の］対照のはっきり現われた例はほかにないからだ。実際のところ、ピリッポスがマケドニア王権を受け継いだとき、まだほんの若い身の王位継承であったにもかかわらず、テッサリアとマケドニアの全域が、要するに王国内にあるいっさいのものが、それ以前のいかなる王のときにもなかったほど

に、すすんでこの王の支配に服し、喜んで身をゆだねたのであり、そのことを知るには次の事実に目を向け
5 さえすればよい。すなわちピリッポスはアイトリアやラケダイモンとの戦い(4)のために、始終マケドニアを留守にせねばならなかったにもかかわらず、前述地域の諸民族のどれひとつとしてマケドニアに反乱を起こさ
6 なかったし、それればかりか周辺の夷狄たちもマケドニアの領土に指一本触れようとしなかった(5)。さらにアレクサンドロスやクリュソゴノス(6)を始めとする廷友たちから寄せられる好感と期待の大きさについては、それ

---

(1) 前二一五年または二一四年、寡頭制支持派の市民と民衆とが抗争を繰り広げていたメッセネ市に、ピリッポスとアラトスが介入した。アラトスよりも一日先にメッセネに乗り込んだピリッポスは市民間の争いを扇動して、市民の大量殺戮を助長した。その結果、民衆派が市内を制圧した。ここに述べられるのは、富裕市民が追放され民衆派が権力を掌握している状況だから、時間的には以下の城山での相談（一二章）よりもあとのことである。ピリッポスのメッセネ介入と性格変化については、プルタルコス『アラトス伝』四九－五一を参照。プルタルコスは、現在散逸した部分を含むポリュビオスの記述を典拠にしている。

(2) 第五巻五-四では、ピリッポスにメッセニアへの来援を要請する使者として現われる。ゴルゴスは名門の富裕な市民であるから、彼が国政で活躍したというこの箇所の記述は、メッセネに民主制が行なわれる前の時期のことであろう。

(3) 以下は第四巻七七-一－四で予告されたピリッポスの道徳的堕落についての説明。ほかに第五巻一〇-一一、第十巻二六-七－八、第十八巻三三-六も参照。

(4) 王位継承の翌年から四年間続いた同盟戦争。

(5) しかし北方のダルダニア人の脅威はつねにあり、ピリッポスはその侵攻に備える必要があったとポリュビオスは記している（第四巻二九-一、六六-一、第五巻九七-一－二）。

(6) ともにピリッポスの側近。アレクサンドロスについては第二巻六六-七、六八-一、第四巻八七、クリュソゴノスについては第五巻九四-四、第九巻二三-九を参照。

7 を表わす適当な言葉が見つからないほどである。またペロポンネソス人とボイオティア人、さらにはエペイロス人とアカルナニア人から捧げられた感謝の大きさは、これらの人々のためにピリッポスがわずかの間に
8 どれほど多くの恩恵を施したか[1]〔の表われである〕[2]。つまりひとことでピリッポスを評するなら、少しばかりおおげさな言い方になるけれども、この王は恵み深いふるまいによって全ギリシア人の愛慕の的になった、
9 というのがもっとも適切な評言であろう。ピリッポスの高潔なふるまいと信義のほどを示す、なによりも確実で明白な証拠をひとつあげよう。それは全クレタ人が一致してひとつの同盟に加わり、ピリッポスを全島を代表するただひとりの統領に選出したこと、しかもそれが武器や戦いによらずに達成されたことであって、これは容易に前例を見つけることのできない快挙なのである[3]。

10 ところがメッセネでの出来事を境として、ピリッポスをめぐる状況はすべてがそれまでとは正反対になり
11 始めた。それは無理もないことだった。なぜならピリッポス自身がそれ以前とは正反対のふるまいに進路をとり、そこから生まれる結果を次々に積み重ねていったのだから、当然ながら人々のピリッポスに対する見方も正反対の方向に動くだろうし、ピリッポスの行動が引き起こす反応もそれまでとは正反対になると予想
12 できたのである。そしてそれが現実になったというわけだ。そのことは以下に述べる事実を注意深く観察すれば、はっきりと分かるであろう……。

『コンスタンティノス抜粋集――徳と不徳について』

一二　……マケドニア王ピリッポスはメッセネ市の城山（アクロポリス）を占拠しようという企図をもっていた。そこでこの都市の代表者たちに、城山を検分してそこでゼウスに犠牲を献じたいと告げると、警護隊とともに城山に登って供犠式を執り行なった[4]。そして慣例にしたがって犠牲獣の臓腑が王の前に持参される

と、王はそれを手に取ってかたわらに身を寄せ、アラトスたちの方にそれを差し出して問いかけた。「この
2 犠牲をどう判定する、城山から退去するべきか、それとも占領するべきか」。するとデメトリオスが間髪を
入れずとっさに答を返した。「もしあなたが占い師の心をもっておられるなら、いっこくも早く退去するべ
きだと。だがもし行動力あふれる王の心をもっておられるなら、手離すべきではないと。この時を逃せば、
3 もっとよい機会を見つけるために苦労せねばなりませんから。両方の角をしっかりとつかんだとき、初めて
牛を押さえ込むこともできるのです」。つまり両方の角とはイトメ山とアクロコリントス、牛とはペロポン
4 ネソスを暗に指していたのである。そこでピリッポスはアラトスの方を向いて、「おまえも同じ意見か」と
5 たずねた。アラトスが返答を控えていたので、王は思うとおりのことを言ってみよと促した。アラトスはし
ばらく迷ったあとで答えた。「もしメッセニア人との誓約に背くことなくこの場所を占領できるなら、占領
6 するべきだというのが私の意見です。しかしもしここを奪い取ったあとそれを保持するために駐留軍を置き、

（1）ピリッポスの攻略のおかげで、ペロポンネソス人（アカイア人）はプソピスとラシオンとストラトスとテイコスを、エペイロス人はアンブラコスを、アカルナニア人はオイニアダイとポイティアイを手に入れた（第四巻六三、七二―六、七三―二、八三―五）。

（2）原典に欠損があるので文意を補う。

（3）多くのクレタ都市がピリッポスの同盟に加わったが（第四巻五三―五五、第七巻一四―四）、全島の都市が参加したというのは事実ではない。

（4）民衆派が市内を制圧した直後（プルタルコスによればアラトスが到着した日）、イトメ山上のゼウス・イトマタスの神域での出来事。イトメ山は標高八〇二メートルで平原に孤立する。メッセネ市はこの山の西麓に建設された。

そしてその結果ほかのすべての城山を失い、またアンティゴノスから受け継いだ同盟諸国を保持するための
7 軍隊を――つまり信頼を、とアラトスは言ったのだ――失うことになるとすれば、どうかよく考えていただ
きたい、今は兵士たちをここから退去させて、代わりに信頼をこの場に残し置き、そしてその信頼によって
8 メッセニアばかりか各地の同盟諸国をしっかりと保持する方がむしろ得策ではないかと」。ピリッポス自身
の気持ちは、誓約に背いてもかまわないという方に傾いていて、そのことはその後の王の行動がはっきりと
9 示すとおりだった。しかしこのときは若い方のアラトスから、市民殺戮(1)について痛烈な非難を受けたばかり
だったし、父のアラトスも率直でしかも威厳のある物言いで忠告に耳を傾けるよう迫ったので、ピリッポス
10 も気が咎めた。そこでアラトスの右手を取ると、「よし、来た道を引き返すことにしよう」と答えた……。

『古代抜粋集』、『コンスタンティノス抜粋集――意見について』

一三　……ピリッポスがローマとの戦争に乗り出そうとしていること、そして同盟諸国に対する政策もすっかり変わってしまったことは、だれの目にも明らかだったから、それを見たアラトスは、[イトメ占領の結果生じる]多くの困難を数え上げ、さまざまな理由を持ち出して、やっとのことでピリッポスに[イトメ占領
2 を]思いとどまらせることができた。さてこうして、第五巻で予告したときにはたんに言葉の上の主張に終わっていた事柄が(2)、いま事実そのものによって証し立てられたわけだから、私は本書の読者にその箇所を思い起こしてもらい、そうすることによって私の言明が証拠による支えのないまま異論の攻勢のなかに捨て置かれることのないようにしたいと思う。
3 あのとき私はアイトリアとの戦争を記述しながら、ピリッポスが憤怒のあまりにテルモスの回廊をそこに

置かれた奉納物ともども破壊した場面に筆を進めたあと、しかしその行為の罪を問われるべきは、王の年齢
4 を考慮すれば王自身ではなく、王を囲む廷友たちだと述べた。そしてアラトスについてはその生き方自体が
証拠となって、いかなる邪悪な行為にも無罪であると断定できるけれども、パロス出身のデメトリオスには
5 この種のふるまいがまさに似つかわしいと主張した。ただしその主張の正しさの証明については、いずれ語
る事実によって立証するつもりだと約束したまま先に延ばしていたのだが、今ようやくその機会が訪れたよ
6 うだ。つまりメッセネでの出来事についてのさきほどの説明にもあったように、デメトリオスが［ピリッポ
スとともに］一日だけ先にメッセネに着き、そのあいだアラトスは不在だった、まさにそのときにピリッポ
7 スはこのうえない瀆神行為に踏み込んだのだ。このときいわば人間の血を味わい、殺戮と同盟者への誓約違
反に手を染めたピリッポスは、プラトンが語ったように[3]、アルカディア地方の伝説にあるような人間から狼
8 への変身ではなく、王から残忍な僭主への変身を遂げたのである。こうして［アラトスとデメトリオスの］両者
の考え方の差についての明瞭な証拠として、メッセネの城山をめぐる意見の相違があるのだから、もはやア
イトリアでの事件について判定を迷うことはないはずだ。

（1）アラトスの到着前にピリッポスの扇動によって起こった市民指導層二〇〇人の殺戮（プルタルコス『アラトス伝』四九）。

（2）第五巻一二-五－八。

（3）プラトン『国家』第八巻一六（五六五d）。アルカディアのリュカイオス・ゼウスの神殿にまつわる伝説によれば、さまざまの犠牲獣の臓腑のなかに人間の臓腑が一片混ざっていて、それを食べた人は狼になるといわれた。

一四　以上のことに同意してもらえるなら、両者の行動のしかたの違いについて判断を下すのももはや難
2 しいことではない。つまりピリッポスは一方で、城山の処置についてはアラトスの忠告に従ってメッセニア
人への信義を守ったのであり、ことわざを借りれば、大量殺戮によって生じた大きな傷に小さな治療をほど
3 こした。しかしもう一方のアイトリアでの事件においては、デメトリオスに言われるままに、神聖な奉献物
の破壊という神への冒瀆をはたらいたばかりか、戦争の法を踏みにじって人類への大罪を犯し、そうしてピ
リッポス自身の行動規範からも逸脱して、敵対者に対して容赦ない冷酷な男として世に現われたのである。
4 　クレタ島での行動にかんしても同じことが言える。クレタでもピリッポスは、アラトスを政策全般の指南
役として用いていたときには、島内のあらゆる人に対して公正にふるまったばかりか、一片の痛苦を与えた
こともなく、その結果すべてのクレタ人がピリッポスに臣従したのはもちろん、全ギリシア人が王の誠実な
5 治世方針を慕って支持を寄せてきた。ところがデメトリオスに付き従って、前述のメッセニア人の惨禍の元
凶となったとたんに、同盟諸国からの支持もそれ以外のギリシア人からの信頼もいっきょに失ってしまった
6 のである。年若い王にとって、誰を側近に採用するかという選択と判断はこれほどの重みをもつ大事であり、
それによって治世が失敗するか成功するかが決まるのだが、それにもかかわらずこの点について、大多数の
人はどういうわけか無関心で、ほんの少しの注意も向けようとしない……。
『コンスタンティノス抜粋集―徳と不徳について』

シキリア史

一四b　……〔ヒッポクラテスたちは〕数人のクレタ人に捏造した書簡を持たせたうえで、強盗のためという名目で送り出した(1)……。　『スダ事典』

イベリア史

一四c　マシュリオイ族、リビュアの一部族。ポリュビオスは第七巻において、彼らのことをマシュレイス族と呼んでいる。

ビュザンティオンのステパノス『地名事典』、エウスタティオス『ディオニュシオスの地理書のための注釈』

(1) 第七巻二―七参照。ヒエロニュモス暗殺後のシュラクサエでは、ハンニバルから遣わされたヒッポクラテスとエピキュデスの兄弟がシュラクサエの反ローマ政策を強化するための策動を続けた。兄弟は市の評議会内でシュラクサエをローマに引き渡そうとする陰謀が進められていると主張して、自分たちを評議員に選出させた。そして陰謀を証拠立てるために、市の有力者たちがローマ執政官マルクス・クラウディウス・マルケルスに送った書簡なるものを捏造し、それを奪い取ったと称して読み上げた(リウィウス『ローマ建国以来の歴史』第二十四巻三一―六)。これは前二一四年または前二一三年の出来事である。もし前二一三年だとすれば、この断片はむしろ第八巻のシュラクサエ攻防戦の記述の前に置かれるべきであろう。

ギリシア史

一四d　ポリュビオスの第七巻によれば、［オリコスは］男性名詞である。［その箇所を引用すると］オリコスの住民は、［ギリシア西岸を北上するとき］アドリア海への入り口の近辺に住んでいて、船で進んで行ったとき右手に見える最初の人々である(1)。

ビュザンティオンのステパノス『地名事典』、エウスタティオス『ディオニュシオスの地理書のための注釈』

アジア史

一五　……サルデイスの周辺では小競り合いと合戦とが、夜となく昼となくかたときの休みもおかずに続
けられ、双方の軍隊は伏兵攻撃、さらにはそれを迎え撃つための伏兵攻撃など、ありとあらゆる形態の襲撃
に知恵をしぼりあった(2)。しかしそれらの戦いを逐一書き記しても益がないばかりか、冗長な読み物を作るだ
2 けであろう。だがその都市包囲も、二年目に入ったときにクレタ人のラゴラス(3)のおかげでようやく決着がつ
くことになった。ラゴラスは軍事にかけては豊富な経験の持ち主だったから、どこよりも堅固な城砦という
のは守り手に油断が生まれるために、おうおうにしてどこよりもたやすく敵の手に落ちるものだというのを
知っていて、天然にせよ人工にせよ防御物に信頼をおくあまりに警戒を怠り、気を緩めてしまうという守備
3 側の落とし穴を心得ていた。したがってそのような場合、攻撃側がおよそ期待をかけないようなもっとも堅
4 固な箇所に攻略の手がかりがあることも、この男には分かっていた。このときもサルデイスが評判どおりの
堅固な城なので、攻囲軍は武力による奪取をもはやだれもがあきらめてしまい、兵糧攻めにする以外にはこ

5 の城市を占領できる見込みはないと思っていた。そのようすを見たラゴラスはなおいっそう注意を集中し、
6 どこかにその種の攻略の手がかりがないかと、あらゆる方面を熱心に探しまわった。そして城山と市内の連結部にあって、鋸《のこぎり》と呼ばれる場所の城壁に守備兵がいないのに気づくと、そこに期待をかけて作戦を立て

（1）オリコスはイリュリア地方、アポロニアの南で北向きに口を開く現ヴローネ湾の南の奥に位置する都市（第1分冊2図参照）。前二一四年の夏、ピリッポスの艦隊はエペイロス海岸を北上してオリコスを占領したのち、次の目的地のアポロニアをめざした。しかしその間にオリコスからの要請に応えてローマ艦隊が来援し、オリコスを奪い返した。海路を絶たれたピリッポスは、艦隊を焼き捨てて陸路でマケドニアに帰還した（リウィウス『ローマ建国以来の歴史』第二十四巻四〇）。法務官マルクス・ウァレリウス・ラエウィヌスの率いるローマ艦隊がイリュリアに来援したこの年が第一次マケドニア戦争の始まりとされるが、結局大規模な衝突は起こらないまま、前二〇五年のポイニケの和約に至る。

（2）アンティオコス三世はアカイオス征討をめざして、前二一六年にタウロス山脈を越えた（第五巻一〇七-四）。リュディア地方のサルデイスに立てこもったアカイオスの包囲を始めたのはおそらく前二一五年の早い時期で、以下に記されるサルデイス陥落は前二一四年のことであろう。サルデイスはリュディア王国以来の古都で、ヘルモス川（現ゲディズ川）の南を東西に走るトモロス山脈（現ボズ山脈）の北麓、ヘルモス川に流れ込むパクトロス川（現サルト川）の右岸に位置する。

（3）前二一九年にはプトレマイオス四世の軍隊の将ニコラオスに仕えていた（第五巻六一-九）。ニコラオスはアンティオコス三世の側に身を転じているから（第十巻二九-六）、ラゴラスもそれと行動をともにしたのであろう。

7/8 た[1]。この地点の守備がおろそかになっているのに気づいたのは、次のような光景を見たからである。そこは
険しい崖になっていて、その下には谷間が口を開けているのだが、その谷間に市内から人間の死体のほか、
死んだ馬や驢馬の臓物を投げ捨てるのが習慣になっていた。だからそこにはいつも鷹などの鳥の群れが集ま
9 っていた。そしてその鳥たちが腹を満たしたあと崖や城壁の上にいつまでも翼を休めているのを見たとき、
ラゴラスはそこの城壁に守備兵が配置されておらず、ほとんどの時間は無人であるに違いないと悟ったので
10 ある。そこで夜になってからその場所まで用心しながら足を進めると、どこから接近してどこに梯子を架け
11 られるかを調査してまわった。そして崖のうちのある地点でそれが可能だと発見すると、その作
戦を［アンティオコス］王の前で披瀝した。

一六　王がこの計画を有望と認め、ラゴラスにその実行を命じたので、ラゴラスは自分でも全力を尽くす
2 ことを約束すると同時に、アイトリア人テオドトス[2]と近衛部隊の隊長ディオニュシオスにこの作戦への協力
と参加を命令してほしい、二人ともこの計画を遂行するのに必要な能力と勇気を備えた人物と見受けられる
3 から、と王に願い出た。王は喜んでその申し出を受け入れた。そこで集まった三人の将軍は相談に入り、万
事の打ち合わせを終えると、明け方に月の出ていない夜が来るのを待った。
4 そしていよいよ作戦決行の夜を前にして、前日の夕方に全軍から体力と気力ともに旺盛な兵士一五人を選
5 抜したのは、梯子を架けてそれをよじ登るという強襲の本隊に加えるためだった。またそれとは別に三〇人
を選び出し、本隊から離れた場所に潜伏するように指示した。これは本隊が城壁を乗り越えて近辺の城門に
たどり着いたとき、この三〇人が外からそこに駆けつけて門の蝶番と扉をたたき割る、一方本隊は内側から

6 かんぬきとその止めくぎを打ち壊す、という作戦だった。そしてその後に二〇〇〇人の兵士が続いて市内になだれ込み、劇場の上辺(3)を占拠して、守備軍が城山から来ても市内から来てもうまく迎え撃てるこの場所に
7 陣取る予定だった。ただしこれらの兵士を選抜したときも、その時点で真の意図を感づかれたくなかったので、兵士たちへの説明では、アイトリア軍(4)が谷間を通って市内に入り込もうとしているという情報があるから、それを防ぐための厳重な警戒が必要なのだと伝えておいた。

一七　準備がすべて完了したところで、月が沈むと同時にラゴラスたちは梯子を抱えて出発し、ひそかに
2 崖のそばまでたどり着くと、ある突き出た岩のかげに身を隠した。やがて日が昇り始めると、[攻城側の]夜警兵は任務を終えてその付近から離れ、王はいつもどおり軍の一部を前方拠点に送り出す一方、多数兵士を
3 競馬場に連れ出して戦列を組み始めた。初めのうちは何が起こっているのかだれにもわからなかった。しかし梯子が二本架けられ、そのうちの一本にはディオニュシオスが、もう一本にはラゴラスが先頭に立って登
4 っていくのが見えたとき、軍隊中にざわめきと動揺が広がった。なぜなら市内に侵入しようとする者たちの

(1) 前六世紀にリュディア王国の最後の王クロイソスが、キュロスのペルシア軍に追われてサルデイスに立てこもった。このときサルデイス陥落の原因になったのも、城山のもっとも攻めにくいと見えた崖の部分の守備をおろそかにしていて、そこから攻城軍の侵入を許したことだった（ヘロドトス『歴史』第一巻八四）。

(2) やはりプトレマイオスを裏切ってアンティオコスの側に転じた将軍（第五巻六一・三―六二・二）。

(3) 山の斜面に造成された劇場の階段状観客席の後方。

(4) プトレマイオス宮廷の資金によってアカイオス救援のために差し向けられた傭兵軍。

姿は、市内からもまたアカイオスのいる城山からも、崖の上に突き出た岩に隠れて見えなかったけれども、
攻囲軍のいる場所からは、危険をかえりみず登っていく勇ましい光景が手に取るように見えたからである。
5 このため思ってもいなかった事態に呆然とする者もいれば、このあと何が起こるのかと考えて不安がる者も
6 いたが、いちように息をのんで、しかし同時に歓喜を感じながらその場に立ちつくした。全軍内に騒ぎが広
がるのを見た王は、自軍の兵士と市内の守備兵の双方の注意を目の前の出来事からそらせようと考え、軍隊
7 を率いて前進すると、市の反対側にあってペルシア門と呼ばれる門の方へ攻め寄せた。城山にいたアカイオ
スは、敵軍内に広がった異常な騒ぎに気づいたけれども、いったい何が起こったのか見当がつかず、事態を
8 把握できないままとまどうばかりだった。それでも敵の襲来を予想して部隊を[1]門の方へ送り出したのだが、
9 しかし狭くて急な坂道を下っていかねばならなかったので、部隊の移動は遅々としていた。その一方で市内
で指揮をとっていたアリバゾス[2]は、アンティオコスがペルシア門に向けて攻めかかるのを見ると、なんの疑
いももたないままそちらへ駆けつけ、一部の兵士を城壁上に配置するとともに、残りの兵士を門から外へ出
撃させ、押し寄せてくる敵と戦いを交えてその勢いを止めろと命令した。

一八　その頃ラゴラスとテオドトスとディオニュシオスの部隊はすでに崖を越えて、その下にある門に到
2 達したところだった。部隊の一部が応戦に現われた守備兵と刃を交えているあいだに、他の者がかんぬきを
たたき割り始めた。それと時を同じくして外側からも、そこに配備されていた兵士たちが門の破壊にとりか
3/4 かった。門はたちまち破られ、そこから侵入した二〇〇〇人の兵士が劇場の上辺を占拠した。このため、ア
リバゾスの部隊が防衛していたペルシア門からも城壁上からも、守備兵たちの全員が劇場方面に転進を命じ

5 られ、侵入軍を追い落とすためにあわててそちらへ向かおうとした。ところが守備兵を撤退させるために門
6 を開いたために、王の軍隊の一部が、引き返そうとする守備兵の後を追って門の内側に入り込んだ。入って
きた兵士たちが門を制圧したので、もはや攻撃軍はとどまることなく市内になだれ込み、他の兵士たちも隣
7 接する他の門を次々に破っていった。アリバゾス配下の部隊のほか市中の兵士たちは総勢をあげて侵入軍に
8 抵抗を試みたけれども、やがて敗走を始め城山の方へ退避した。その後テオドトスとラゴラスたちは劇場近
辺に陣取ったまま、全軍の動きを慎重にそして注意深く見守りながら待機していたが、その間に攻撃軍はあ
9 らゆる方面からいっせいに市内に突入して、市域全体を占領してしまった。それが終わると、あとは見つけ
た者を殺戮する、家屋に火を放つ、戦利品の強奪をめざして駆け出す、といったふうに市の破壊と略奪が容
10 赦なく繰り広げられた。こうしてサルディスはアンティオコスの軍門に下った(3)……。『古代抜粋集』

(1) ペルシア門ではなく、ラゴラスたちが破ろうとしていた門。結局この部隊の到着は間に合わなかった(第七巻一六-五、一八-一)。

(2) イラン人。

(3) 城山に立てこもったアカイオスたちのその後の運命については、第八巻一五―二一に記される。

第八巻

序文（？）

一　……ローマとカルタゴという二つの国家の志した目標の高邁さについて、そして成し遂げた事績の壮
大さについて読者の注意を促しておくことは、本書の構想全体にとっても冒頭に提示した主題[1]にとっても、
2 けっして欠くことのできない重要事だと思う。実際、この両国の壮挙を前にして讃嘆の声を上げずにいられ
るだろうか。なぜならイタリア全土をめぐるこれほど大きな戦争を背負いこみ、そのうえそれに劣らぬ規模
の戦争をイベリア全土をめぐって繰り広げていたというのに、しかも双方ともこれらの戦いがこの先どう展
3 開するのかいまだ予想もつかず、眼前の危機がどちらに矛先を向けるか測りかねていたというのに、それに
もかかわらずなお現行の事業だけで満足しようとせず、サルディニア[2]とシキリアをめぐる闘争にまで手を広
げ、全世界制覇をたんなる願望ではなく現実の資力と戦力の問題として考え始めたのだから。
4 　その点は具体的な事実に目を向けてみたとき、もっとも明白に感得できるはずだ。まずローマ側について
言えば、イタリア防衛のために両執政官の指揮する正規の軍隊が二隊[3]駐留していたほか、イベリアにも別に
5 二隊の軍隊が留まり、そのうちの陸軍をグナエウスが、海軍をプブリウスが率いていた[4]。カルタゴ側にもそ
6 れに匹敵する戦力が動員された。それに加えて、［ローマ側には］ギリシア沿岸に停泊してピリッポスの動き
を牽制するための艦隊があり、初めはマルクス・ウァレリウスが、のちにはプブリウス・スルピキウスがそ

7 の指揮をとった。さらにアッピウス(5)が五段櫂船一〇〇隻を、マルクス・クラウディウス(6)が歩兵軍をそれぞれ
8 率いて、シキリア防衛にあたっていた。カルタゴ側でもハミルカル(7)が同様の軍隊を動かしていた。
二 それゆえ本書の初めでたびたび述べた私の主張が、いま事実そのものによってその真実性を証明され
2 たと言ってよかろう。その主張とは、個別の歴史を記した書物から全体の連関を見渡すのは不可能だという
3 ことである(8)。たんにシキリア史やイベリア史をそれ単独で読んだだけであれば、その出来事がどれほどの広

(1) ローマがわずか五三年の間に、いかにして世界制覇を成し遂げたかということ(第一巻一-五)。

(2) サルディニアは第一次ポエニ戦争後にローマの支配下に入り(第一巻八八-一二)、前二二七年に法務官の管轄する属州になっていた。しかし住民の反抗は根強く、前二一五年にハンプシコラを首領とする反乱が起こり、カルタゴの応援を受けて拡大した。ローマは法務官代理ティトゥス・マンリウス・トルクアトゥスを派遣して、反乱住民とカルタゴの連合軍を破り、島内の安定を回復した(リウィウス『ローマ建国以来の歴史』第二十三巻三二、三四、四〇-四一)。

(3) 二人の執政官がそれぞれ二個軍団からなる軍隊を率いる体制。

(4) グナエウス・コルネリウス・スキピオとプブリウス・コルネリウス・スキピオの兄弟。第三巻九七参照。

(5) 前二一五年の法務官アッピウス・クラウディウス・プルケル(第七巻三-一)。前二一三年までマルケルスのもとで指揮権を握った。

(6) 前二一四年の執政官マルクス・クラウディウス・マルケルス。前二二二年の執政官就任時には、クラスティディウム近郊の戦いでガリア人を破る武勲をあげた(第二巻三四-一九)。

(7) 前二一七年のイベル河口付近の海戦で艦隊を指揮した将軍と同一人物か(第三巻九五-二)。リウィウス『ローマ建国以来の歴史』第二十四巻三五-三六によれば、前二一三年にヒミルコという将軍が大軍を率いてシキリアに上陸し、アグリゲントゥムなどの都市を奪取した。

(8) 世界全体を対象とする歴史の重要性について、第一巻四、第三巻三二参照。

がりをもつのか、そしてまた――さらに重要なことだが――いったいどんな方法でまたどんな国家体制によ
4 って、現代における最大の奇跡を運命が完成させたのか(1)、どうして学び知ることができようか。つまり知ら
れているかぎりの世界の全域をただひとつの覇権と支配のもとに収めるという、かつて例の見られないこの
5 奇跡の真相を、どうして理解しえようか。たしかに、ローマがどのようにしてシュラクサエを占領したか、
またどのようにしてイベリアを征服したかということなら、個別の歴史からでもある程度の知識を得るのは
6 不可能ではない。しかしどのようにして全世界の制覇を成し遂げたのか、またどんな事情がローマ人の壮大
な計画を妨げたのか、そしてその後どんな状況のどんな出来事が計画を後押ししたのかといったことになる
と、総合的な歴史の研究なくしては容易に把握できないのである。

7/8 事績の偉大さや国家の力量についても、同じ理由による理解の困難がある。ローマがイベリアやシキリア
に手を伸ばし、陸海両面の戦力をそれらの地に送り込んだことは、そのことだけを取り上げるなら、とくに
9 驚嘆するほどの行動ではない。しかしながらそれらの遠征が実施される一方で、それと同じ時期に、同じ国
家権力の手でその数倍の規模の事業が別に遂行されつつあり、しかもそれら遠隔地での戦いと並行して、そ
10 の遠征軍を送り出した人々の祖国自体に戦火が押し寄せ危機が迫っていたことをも考えあわせたとき、その
ときに初めて、出来事の真相が明らかになると同時に驚嘆の的ともなるのであり、そうしてこそこの事績が
11 正当な評価を受けられるのだ。各地個別の歴史書を読めば、それで世界全体の総合的な歴史にかんする知見
を得られると思っている人たちに対して、私が言いたいことは以上である……。

『古代抜粋集』

シキリア史

三a　……このように、ほとんどの人間にとって背負うのがもっとも難しいのは、もっとも軽いもの、すなわち沈黙である[2]……。　『古代抜粋集』

2

三　……エピキュデスとヒッポクラテスがシュラクサエを掌中に収め[3]、自分たちだけでなく他の市民をもローマとの友好から引き離したとき、ローマはシュラクサエ僭主ヒエロニュモスの横死についてもすでに報告を受けていたので、アッピウス・クラウディウスを法務官代理に任命し、彼に陸軍の指揮をゆだねる一方、海軍の司令官にはマルクス・クラウディウスをあてた。二人の将軍はシュラクサエ市から少し離れた場所に陣営を置くと、ヘクサピュラ門の方面から陸軍で攻撃をかけると同時に、アクラディネ地区の靴屋回廊と呼ばれる所へ――そこは海岸沿いの城壁が波止場のすぐそばまで迫っている区域である――海軍で攻め寄せる

(1) ローマの世界征服と運命(テュケー)について、第一巻四-一-五参照。

(2) ヒエロニュモス暗殺後の不安定な情勢のなかで、アドラノドロス(第七巻二-一、五-四)はシュラクサエの政権を奪取しようと企てたが、隠密に進めるべきこの計画をある悲劇役者に洩らしてしまった。悲劇役者がこの情報を評議会に伝えたために、アドラノドロスは暗殺される(リウィウス『ローマ建国以来の歴史』第二十四巻二四)。この断片はそのことに関連して発せられた教訓であろう。

(3) エピキュデスとヒッポクラテスについては、第七巻二-五、一四b参照。以下のシュラクサエ包囲戦が始まったのは、前二一三年春のことである。

3 という作戦を決定した。[1] そして防護網[2]や投弾類など攻城戦に必要な武器の準備を完了すると、人手は十分に
そろっているから五日間もあれば圧倒的戦力によって優勢に立てるだろうと予想した。アルキメデス[3]の能力
を計算に入れておらず、たったひとつの頭脳が無数の人手よりも大きな働きをする場合があるのを知らなか
4 ったのである。[4] だがこの格言の正しさを、二人はこのとき身をもって体験することになった。この城市が難
攻不落である所以は、台地とそこから張り出した崖を城壁が丸く取り囲んでいて、それゆえある限られた地
5 点以外では、たとえ防衛する者がひとりもいなくても容易に近づけないという点にあるのだが、アルキメデ
スはこの城壁内に、[陸上からの攻撃ばかりか]海上からの攻撃をもはね返せるような機械を備えつけたのであ
る。その機械のおかげで守備側は不意を突かれてあわてることもなく、敵がどんな攻城手段を繰り出そうと
6 も、余裕をもって対処できた。だがそれでもアッピウスは防護網と梯子を手離そうとせず、ヘクサピュラ門
の東に連なる城壁にそれらを差しかけようと奮闘を続けた。

四　一方マルクスも、六〇隻の五段櫂船でアクラディネ地区に向けて攻勢を開始した。それらの船はいず
れも弓と投石具と投槍を手に持った兵士たちを満載していて、胸壁から迎え撃つ守備兵をそれらの武器で圧
2 倒しようとねらっていた。さらにそれとは別に五段櫂船八隻を従えていたのだが、これらはどれも右側また
は左側の櫂を取り除いたうえで、むき出しになった側の船べりを二隻ずつつなぎ合わせてあり、外側の櫂で
3 漕ぎながら[船に乗せた]サンブカと呼ばれる機器を城壁に向けて前進させていた。この機械の構造は次のよ
うなものである。
4 まず幅が四プース[5]の梯子で、高さは立てかけたときに城壁と同じになるようなのを用意し、その両側に十

分な背丈のある衝立を作りつけて防御とする。そしてその梯子を、つなぎ合わせた二隻の船の接しあう舷の
5 上に、梯子の先端が舳先よりもかなり前に突き出すかたちで、平らに寝かせて置く。帆柱の頂上にはロープ
6 をかけた滑車を固定しておく。ロープの先は梯子の先端に結び付けてあり、いよいよ機器を使用するときに
なると、船の後方に立った乗組員たちが滑車にかけたそのロープを引っ張る。その一方で別の乗組員たちが
7 船の前方に立ち、下から棒で支えながら、機械が無事に持ち上がるように手助けする。それが完了すると、
8 両方の船の外側の櫂を漕いで船を海岸に近づけ、この兵器を城壁に架ける作業に入る。梯子の先端には、三
方面を防護網で囲まれた立ち台が作りつけてあり、その上に四人の兵士が立って、胸壁からサンブカの着壁
9 を阻もうとする守備兵と戦う。そして城壁上の掃討を終え、梯子を城壁に着けることに成功したなら、台上

（1）シュラクサエの北西には市に隣接してエピポラエと呼ばれる台地が広がっていて、その台地を囲い込むかたちで城壁が建設されている。ヘクサピュラ門はその台地の北面の城壁にある。アクラディネ地区は小港湾と大港湾をへだてる半島の北に位置する。以下のアルキメデスを巻き込んだシュラクサエ攻略の試みと、それをマルケルスがいったんあきらめるまでについては、リウィウス『ローマ建国以来の歴史』第二十四巻三三-九―三四、プルタルコス『マルケルス伝』一四―一七参照。リウィウスもプルタルコスも、ポリュビオスを史料にしているらしい。

（2）矢や石弾などから身を守るために枝を編み合わせて作った衝立。

（3）数学者・物理学者（前二八七頃―二一二年）。シュラクサエ出身で、ヒエロン王とは懇意の仲だった。プルタルコスによれば、アルキメデスを説得してその機械技術を兵器発明のために応用させたのはヒエロンだった。「見つけた（ヘウレカ）」と叫んで浴槽から跳び出したのも、ヒエロンから課された冠の組成の分析法を思いついたときのことである。

（4）第八巻七-七も参照。第一巻三五-四にも同様の考察がある。

（5）約一二〇センチメートル。

10 の兵士たちは防護網を三方面とも取り外して、胸壁や塔に乗り込む。その後を追ってほかの兵士たちもサン
11 ブカを登っていくのだが、そのあいだ梯子はロープで両方の船にしっかりと固定しておく。このしかけに付
けられたサンブカという呼び名は、まことに適切なものである。なぜなら梯子が持ち上げられたとき、船と
梯子の形を全体として見るとサンブカにそっくりだからだ[1]。
2 **五**　このような兵器を用意して塔を攻めたてるというのが、ローマ側の描いていた作戦だった。ところが
アルキメデスの方は、どんな距離にでも発射できるように各種の攻撃機械を取りそろえていて、まずまだ遠
くにいる船に対しては、大型で強力な投石機と石弓を使って船体を射抜き、敵の出足を止めて恐怖の淵に引
3 きずり込んだ。そしてこれらの石弾が飛び越えてしまうような近距離にまで船が来ると、今度はその距離に
合わせて順次小型の発射機に切り替えながら攻め続けたため、とうとうローマ艦隊は収拾がつかなくなり、
4 それ以上の前進は不可能になった。そこでマルクスはこの日の攻撃をあきらめ、あらためて未明に闇にかく
れて接近を試みた。
5 　しかし艦隊が着弾範囲を突破して、ようやく陸の間近まで来たとき、船上の戦闘員を標的としてアルキメ
6 デスが考案した新たな兵器が待ち受けていた。城壁の人の目の高さのあたりにおびただしい数の穴が開けて
あり、穴の大きさは壁の外側で手のひらの幅ほど、その壁の内側に弓兵と小型蠍[2]を並べ、穴から弓を射させ
7 て、船上の乗組員の動きを封じてしまったのである。このためローマ軍は城壁の遠くにいようと近くにいよ
うと、予定の攻撃にかかるどころではなくなり、逆に多くの兵士が命を落とすことになった。
8 　またサンブカを持ち上げる作業に入ろうとしても、城壁のいたるところにある種の機械が備えつけられて

いて、それまでは隠れていたのが、サンブカを使おうとする瞬間にその機械が内側から運び上げられて城壁
9 上にそびえ立ち、胸壁から長い腕を突き出した。それらの腕のあるものには一〇タラントン(3)を超える岩が、
10 あるものには鉛の塊が取り付けてあった。そしてサンブカが接近してくるたびに、その方向へ軸を中心に腕
11 を転回させ、ある種の解除装置を用いて岩石を攻城機の上に落とした。このため攻城機自体が破壊されただけでなく、船やその乗組員も極度の危険にさらされた。

六　一方防護網を前にかざし、それによって城壁の間から飛んでくる投弾から身を守りながら近づいてくる［船上の］兵士たちに対しても、やはりそのための機械が用意されていて、それが撃ち出す石の威力により、
2 船首付近に構えていた兵士も後方へ退散せざるをえなかった。するとその瞬間に、守備側は鎖につないだ鉄鉤を投げ下ろし、操作者が［機械の］腕をあやつりながらその鉄鉤で舳先をつかんだところで、城壁内にある
3 機械の下端を押し下げた。そして舳先が空中に吊り上げられ、船が艫を下にして立ち上がるかっこうになったのを確認すると、機械の下端を動かないように固定してから、ある種の解除装置を使って鉤と鎖を機械か
4 ら切り離した。この結果、船は横腹から落ちたり、宙返りしたりするときもあったが、たいていの場合は、舳先が高所から投げ落とされたはずみで胴体まで海中に沈み込み、船内は海水と混乱であふれかえった。

---

(1) サンブカとは三角形の竪琴。その外枠の一辺が梯子、もう一辺が船の胴体、そしてその二辺の間に張り渡された弦が梯子を支えるつっかい棒、ということらしい。

(2) 「蠍（さそり）」は石弓の一種。

(3) 約三七〇キログラム。

5 こうしてマルクスはアルキメデスのしかけた対抗策を前にしてなすすべなく、どんな攻め手もはね返され
て、いたずらに味方の被害と敵の嘲笑を招くだけだった。この惨状を見てマルクスは暗澹たる気持ちになっ
たが、しかし一方で自らの敗北を冗談の種にしてこんなことも言った「アルキメデスは私の船を柄杓がわり
6 にして〔酒壺からぶどう酒を汲み出すように〕海から水を汲み出し、サンブカは〔酒宴に闖入したサンブカ奏者のよ
うに〕闖入者として杖で打たれ、みじめにつまみ出された」。海上からの城攻めは以上のような結果に終わ
った。

2 **七** 一方、陸上のアッピウスたちも同じような苦境に追い込まれ、攻撃を断念せざるをえなくなった。ま
ず城壁から遠く離れているときには、投石機と石弓の弾丸が襲ってきて次々に倒されていった。というのも
この発射機はヒエロンの資材提供を受けてアルキメデスが開発し製造したもので、規模といい威力といい桁
3 外れの大きさだったのである。そして城壁の近くまでたどり着いても、前に述べたとおり、壁の狭間から絶
え間なく浴びせられる矢に苦しめられ、それ以上の前進を阻まれた。防護網をかざして突進を試みる者もい
4 たが、頭上から降ってくる石と木材の雨を防ぎきれず命を落とした。前述の機械から繰り出される鉤も、容
易ならぬ脅威となった。攻め寄せる兵士たちをこの鉄の手を使って吊り上げては、投げ落としたのである。
5 このためアッピウスはとうとう陣地まで退却し、軍団副官たちと協議した結果、シュラクサエ奪取のために
今後もあらゆる可能性を試みるが、それは武力攻撃以外の手段によるという意見で全員が一致した。そして
6 結局、そのとおりに実行された。実際にローマ軍はその後も八ヵ月間[1]にわたって城市の包囲を続け、その間
あらゆる戦術と奇襲を試みたけれども、正面からの総攻撃だけは、もはや敢行する勇気がなかったのである。

7 これを見れば、たったひとりの人間のたったひとつの頭脳でも、ふさわしい活躍の場を与えられれば、驚
8 くほど大きな力になることが分かるであろう。事実、陸上と海上の両面で圧倒的な戦力を擁していたローマ
軍は、シュラクサエからひとりの老人がいなくなってくれさえすれば、すぐにでもこの都市を攻略できるだ
9 ろうと予想していたのだが、しかしアルキメデスというこの老人がいるかぎり、少なくとも彼が防御手段を
10 講じられるような方法では、城壁に近づくことさえ怖くてできなかったのである。だが一方で、市内の人口
の多さを考えれば、食糧の欠乏に追い込むのがこの都市を陥落させる最良の方法だと判断したローマ軍は、
そこに希望を託した。そこで海上では船を使い、陸上では陸兵を使って、市内への物資補給を絶つ作戦を始
11 めた。しかしシュラクサエ包囲を続けているあいだ、残りの軍隊に無為の時間を過ごさせるのを好まず、こ
12 こ以外の土地でもなんらかの成果を上げたいと考えたので、将軍たちは軍隊を二つに分割した。そしてアッ
ピウスは全軍の三分の二の指揮官としてシュラクサエ包囲のために残り、マルクスはあとの三分の一を率い
て、シキリア島内でカルタゴ支持に転じた都市の征討に出た[2]……。

（1）前二一三年春の包囲開始から数えて、アッピウスが同年初冬に翌年の執政官就任のためローマに帰国するまで（リウィウス『ローマ建国以来の歴史』第二十四巻三九-一二）。シュラクサエが陥落するのは前二一二年の秋である（第八巻三七）。

（2）遠征に出たマルケルスはメガラ（シュラクサエの北方）などを奪取したあと、シュラクサエ西方でヒッポクラテスの軍隊を破るなどの戦果を上げた。そして前二一三年の冬の始まる前にシュラクサエ包囲陣にもどり、それと同時にアッピウスは帰国した（リウィウス『ローマ建国以来の歴史』第二十四巻三五-三九）。

『コンスタンティノス抜粋集――戦術について』、『古代抜粋集』

ギリシア史

八　……ピリッポスはメッセネに到着後、この地を敵国と見なし、理性よりも感情に突き動かされつつ郊
2 外の土地を荒らし始めた[1]。そうやって危害を加え続けても、被害者からは恨まれることも憎まれることもけ
3 っしてないと思っていたらしい。ピリッポスの行動について、前巻に続いてここでもまた明瞭すぎるほどの
説明をせざるをえないのは、先に述べた理由[2]だけではなく、歴史家たちの記述方法に問題があるからでもあ
4 る。というのも歴史家たちは、メッセニア人の身に起こったことに一顧もせずに通り過ぎるか、さもなけれ
ば独裁者への好感からか、あるいは逆に恐れからか、ピリッポスがメッセニア人に対して見せた瀆神と非道
5 のふるまいを過ちとして非難するどころか、逆に偉業として賛美しているのだ。しかもピリッポスの事績を
扱った歴史家たちがこのような態度をとるのは、メッセニアの事件に限らないのであって、ほかの箇所でも
6 やはり同種のことを行なっている。その結果として、彼らの著作は歴史というものの特質とはおよそほど遠
く、むしろ頌詞になってしまっている。
7 　しかし私に言わせれば、歴史家というのは独裁者を批判するにせよ称賛するにせよ、けっして事実に反す
ることを書いてはいけないのであり――多くの歴史家がこの点で過ちを犯している――、どんなときもそれ
8 までの記述と矛盾せず、各人物の性格とも背馳しないような一貫した叙述を心がけねばならない。といって
もこれは言うに易しく、行なうに難いことであろう。なぜなら人間は数多くのさまざまな外的条件や状況に

9 譲歩しながら生きていかねばならず、そのために思ったことを言ったり書いたりできないような場合も少な
くないからだ。したがって歴史家のなかにも寛恕してやるべき者はいるけれども、そうでない者もたしかに
存在する。
九　この点にかんしてだれよりも厳しく咎めを受けるべきはテオポンポス(3)であろう。この歴史家はピリッ
ポス［二世］を扱った史書の冒頭において、自分を駆ってこの著作の執筆に向かわせた最大の動機は、有史
以来ヨーロッパの地にアミュンタスの子ピリッポスに比肩しうる人物はひとりも現われていないという事実
2 だったと述べている。にもかかわらずその後の序説とそれに続く史書全編にわたって書いているところによ
れば、ピリッポスは女に対してまるで自制のきかない性格で、この種の情動の激しさとそれを誇示する大胆
3 さによって、自身の家系を最大の危険にさらしたという。しかも友好や同盟を結ぶにあたっては正義のかけ
らも見せない極悪非道の男であり、また偽計によってあるいは武力によって、奴隷の境遇に落としたり掠め

(1) ピリッポスはメッセネの市内抗争に介入したが（第七巻一〇—一二）、結局市民と敵対し、前二一三年にメッセニア地方に侵攻した。

(2) ピリッポスの犯罪的行為にかんしてアラトスには責任がないと証明する必要を意味するらしい（第七巻一三—一四）。

(3) キオス（エーゲ海東部の島国）出身の歴史家（前三七八年頃生まれ）。前三二四年頃に親スパルタ派と見なされて父とともに故国を追放されたが、アレクサンドロス大王のはからいによって復帰した。『ギリシア史』全一二巻はトゥキュディデス『歴史』の後を受けて前四一一年から始まり、前三九四年のクニドス沖の海戦までをスパルタの覇権を中心に記述する。その後アレクサンドロス大王の父ピリッポス二世の治世（前三五九—三三六年）を扱った『ピリッポス史』全五八巻を書き始めた。

4 取ったりした都市は数知れない。そのうえ生粋の酒への嗜好から抜け出せず、昼間に酔っ払ったまま友人の
5 前に現われたこともたびたびあったという。そしてだれであれテオポンポスの著作の第四十九巻の初めの部
分を読んでみれば、この史家のでたらめぶりにきっと驚かされるはずだ。なにしろこんな言葉を臆面もなく
書きつけ、しかもそれがほんの一例にすぎないのだから。テオポンポス自身がつづった文章を、そのまま以
下に引用しよう(1)。

6 ギリシア人と夷狄とを問わず、どこかに自堕落で驕慢な性格の持ち主がいれば、そのことごとくがマケ
7 ドニアのピリッポスのもとに集められ、王の近侍と呼ばれていた。生活の規律を重んじて自己の財産に
配慮する者を宮廷から遠ざけ、逆に酒と賭博に明け暮れて贅沢三昧にふける者を丁重に迎え、敬意をも
8 って遇する、それがピリッポスの習慣だった。それゆえ王は、集まってきた者たちにそういった遊興の
9 場を与えてやったばかりか、それ以外のおぞましい背徳行為を競わせることまでした。そこには醜なる
もの不義なるものの何が欠けていたか、また美なるもの篤実なるものの何が存していたか。あちらには
男でありながら肌の毛をきれいに剃りあげるのに余念のない連中がいれば、こちらには鬚を生やした者
10 どうしで乗りかかりあう手合いがいた。さきほどは情を尽くしてくれる男を二、三人連れまわしていた
11 かと思うと、今度は自分が別の男のためにその役を務めていた。それゆえ彼らは近侍というよりもむし
12 ろ情夫と考えた方がよいであろうし、戦士というよりもむしろ寝業師と呼んだ方が正しいであろう。な
ぜなら男と戦うことを本来の任務とするはずの者が、男と交わることを現実の生業としているのだから。
13 つまりひと言で言えば——長話は禁物であるし、しかも私の前には語るべき素材が波のように押し寄せ
ているのだから——、ピリッポスの友人とか近侍とか言われる者たちは一種の獣であり、しかもその習

性はペリオン山に住むケンタウロス(2)やレオンティニ平野を領するライストリュゴン(3)にも、その他いかなる怪物にも劣るものだと断言して間違いない。

2 一〇　テオポンポスのこの悪罵と野放図な物言いには、だれしも顔をそむけたくなるのではないか。この史家は自ら提示した構想を打ち消すかのような文言を書きつけているのだから、それだけでも十分に批判にあたいするのだが、それに加えて王とその友人にいわれなき中傷を投げつけたこと、そしてなによりもその
3 中傷を下品かつ醜悪な言葉にして並べたことは、非難するに余りある。仮にサルダナパロス(4)とその取り巻きたちを描写するとしても、これほど野卑な表現を使うだけの度胸をもった人物はなかなか見つかるものでは
4 ない。このサルダナパロス王の生涯にわたる放蕩ぶりについては、その墓碑銘が証言してくれる。墓碑銘にはこう記されている。

我が食したるもの、我が愛欲のかぎりにむさぼりたる喜び

---

(1) 以下の『ピリッポス史』からの逸文は、アテナイオス『食卓の賢人たち』第四巻一六七b、第六巻二六〇d－fにほぼ同じものが引用されている。

(2) 人間の上半身と馬の体をもって山野を駆けまわり、酒と色への奔放な欲望を特徴とする伝説の獣。ペリオン山はテッサリア地方にある。

(3) トロイアからの漂流途中のオデュッセウス一行を襲った、人間を食べる粗暴きわまりない巨人族（ホメロス『オデュッセイア』第十歌七七－一三二）。後代の伝説においてその住地はシキリア島内とくにレオンティニに限定された（トゥキュディデス『歴史』第六巻二）。

(4) アッシリアのニネヴェの伝説的王。ヘロドトス（『歴史』第二巻一五〇）以来、贅沢と享楽の限りを尽くしたと伝えられる。

すべて我が手中にあり(1)。
5 しかしピリッポスとその友人たちにかんして、柔弱や臆病だとかさらには淫行だとかを口にするのは、よほ
ど躊躇せざるをえないであろう。それどころかこの人たちに賛辞を捧げようとしても、その勇敢さや勤勉さ
を、要するにその美徳のすべてを、十分に表現できるだけの言葉が見つからないのではないかと心配するほ
6 どだ。なにしろこの人たちは、勤勉かつ大胆な力行を重ねた結果、マケドニア王国をどこよりも弱小な国か
ら、どこよりも強大で高名な国へとまちがいなく変貌させたのだから(2)。

7 さらにピリッポス存命中の業績とは別に、ピリッポスの死後にアレクサンドロスとともに実現した偉業が、
8 ピリッポスの友人たちの美徳に異論の余地のない評価を与えて後世に伝えている。なぜならアレクサンドロ
スがほんの若者にすぎなかったとはいえ総大将の地位にあった以上、偉業の多くの部分がアレクサンドロス
の功績に帰せられるべきは当然だが、しかし遠征をともにした友人たちにもそれに劣らぬ貢献を認めてやる
9 べきであろう。この人たちは世を驚かせたあまたの会戦で敵を打ち破り、命を賭けたあまたの危険と困苦と
難行に耐え抜いたのであり、そしてその結果いかなる国をもしのぐほどの富を手に入れ、いかなる欲望をも
満たせるほどの権力を握ったのであるが、しかしだからといって身体の力にいささかの劣化も許さなかった
10 し、心の動きを不義や放埓の誘いにゆだねることもなかった。そうして彼らは――そのひとりひとりの名を
あげる必要はないであろう――ピリッポスそしてその後はアレクサンドロスと行動をともにしているあいだ
に、気宇の壮大さと節制心の強さそして勇敢さによって、だれもがいわば王者にふさわしい人物であること
11 を証し立てたのである。さらにアレクサンドロス死後は、世界の大部分をめぐって闘争を繰り広げ、それに

12 より数多くの史書にその名声をとどめた。それゆえ歴史家ティマイオスがシキリアの覇者アガトクレスを責
めるときの罵言の激しさは、やや度が過ぎているように感じられるとはいえ、それなりの理由のあることだ
が——弾劾する相手が仇敵であり悪人であり僭主であるのだから(3)——、それと違ってテオポンポスの悪罵に
はいかなる正当な理由もない。

一一　というのもテオポンポスは、生まれつき最高の美徳を備えた王について語るつもりだと前置きして
2 おきながら、実際には醜いことと汚らわしいことをひとつ残らず書き並べたのだから。したがってこの歴史
家は著作の冒頭に置いた序説の部分において嘘つきの追従者であるか、あるいは本文の個別の記述において
子供にも劣る痴者であるか、どちらかに違いない。それとも、常軌を逸した故なき誹謗を書き連ねることに
よって、著者自身の信頼が増すだろう、そしてピリッポスを称賛する言葉も読者に受け入れられやすくなる

(1) 以上の二行を含む五行あるいは七行の墓碑銘が、ディオドロス『歴史文庫』第二巻二三-二、アテナイオス『食卓の賢人たち』第八巻三三六aに引用されている。それによれば、この世の人間に死の定めゆえの享楽的人生を勧めたあとにこの二行が続く。有名な銘で、しばしば引用された。キケロ『トゥスクルム荘対談集』第五巻一〇一はこの二行を侮蔑とともに翻訳引用する。

(2) ポリュビオス自身はピリッポス二世を、スパルタの圧制からペロポンネソスを解放し、敗者アテナイに寛容な態度でのぞんだ善君と評価する（第五巻一〇-一―五、第十八巻一四、第二十二巻一六）。

(3) ティマイオスについては第一巻五-一参照。ティマイオスはシュラクサエの僭主アガトクレスによって故郷タウロメニウムから追放されたことへの恨みから、仇敵アガトクレスを激しく罵倒した。

だろうとでも期待したのだろうか[1]。
3 それ以外に著作全体の構成についても、テオポンポスに賛成できる人はいないであろう。この史家はギリ
シアの歴史をトゥキュディデスが筆を止めた時点から書き始めておきながら、時代がレウクトラの戦いに、
そしてギリシア人の成し遂げたもっとも輝かしい事績に近づいたところで[2]、ギリシアをその大志もろとも途
4 中で投げ出してしまい、計画を変更してピリッポスの行動を叙述の中心にすえた。しかし実のところ、ギリ
シア史のなかにピリッポスの動向を編み込む方が、〔実際にテオポンポスがしたように〕ピリッポス史のなかに
5 ギリシアの動向を編み込むよりも、はるかに誠実かつ正当な書き方だったはずだ。なぜならたとえ〔ピリッ
ポスの〕王権の記述をしばらく優先させていたとしても、ふさわしい機会がめぐって来たときに、そこで著
作の題目と主役の座を〔ピリッポスから〕ギリシアに戻すのに、なんの不都合もなかったはずなのである。ま
たギリシア史を書き始めて、それがいくらか進んだ時点で、そこから独裁者の生涯の仰々しい記録に移行す
6 ることなど、正気の人間であればとうてい選択しないやり方である。それではいったい何がテオポンポスの
背中を押して、これほど大きな不合理を看過させたのだろう。それはほかでもない、当初の計画どおりの部
分は誉れをめざして書かれたのに対し、後のピリッポスを扱った部分は利益をめざしていたということだ。
7 それでも、計画を変更したということの過ちについては、もしだれかから問いただされれば、なんらかの弁
8 解をすることも可能だろう。しかしピリッポスの友人たちへの口汚い罵りにかんしては、とうてい弁解の余
地があるとは思えないし、テオポンポス本人も節度を大きく踏み越えてしまったと認めるに違いない……。

『コンスタンティノス抜粋集――徳と不徳について』

一二　……ピリッポス［五世］はすでに明白な敵となっていたメッセニア人の領土に危害を加えようと行動
を起こし(3)、そして結局そちらに対してはたいした損害を与えることもできないままに終わったのだが、しか
2 し逆に廷友のなかのだれよりも貴重な人物に対して、このうえない暴虐をやり遂げてしまった。父の方のア
ラトスがメッセネにおける王の行動に苦言を呈したのをきっかけに、その後まもなくしてこのアラトスを、
3 ペロポンネソス管轄の任にあたっていたタウリオンと共謀して毒殺したのである。当初ほかの人々は事の真
相を知らなかった。使用された毒がその場でいきなり死を引き起こすような劇薬ではなく、長時間をかけて
4 危篤状態を作り出していく種類のものだったからである。ただしアラトス自身がこの犯罪に感づいていたこ
5 とは、次の一事から明らかである。アラトスはだれにも真実を口にしなかったのだが、従者のひとりでとく

（1）ピリッポスを痛罵してみせることによって、著者がピリッポスを公平かつ客観的に見ていると印象付け、結果的にピリッポスへの賛辞を読者が素直に受け入れるようにしくんだ、それがテオポンポスのねらいだったのだろうか、ということ。

（2）レウクトラの戦いは前三七一年だから、テオポンポスが『ギリシア史』を打ち切った前三九四年から見て「近づいた」とは言いがたい。しかしこの戦いの結果、敗者のスパルタはペロポンネソスでの影響力を失い、それがアルカディア連邦創設とメガロポリス市建設につながった。ポリュビオスが「ギリシア人の成し遂げたもっとも輝かしい事績」として考えていたのはこの二つの事件であろう。するとメガロポリス出身のポリュビオスにとって見過ごすべからざるこれらの偉業を、テオポンポスが記述せずに終わった、そのことを遺憾に思うポリュビオスの心情が「近づいた」という言葉を引き出したのであろう。

（3）第八巻八-一参照。ピリッポスに先立っておそらく前二一四年秋に、パロス出身のデメトリオスがメッセネ攻略を企て、それ以来メッセニア人ははっきりとピリッポスに敵対するようになっていた。デメトリオスはこのときに命を落とした（第三巻一九-一〇-一一）。

に懇意の間柄であったケパロンにだけは隠しとおせなかった。病み衰えたアラトスに付き添ってかいがいし
く介護していたケパロンが、あるとき壁に吐き出された痰に血の混じっているのに気づいて、そう告げたと
き、アラトスは「ケパロン、私がピリッポスに捧げた友情の報酬として、ピリッポスが贈ってくれたのがそ
6 れだ」と語ったのである。自制というのはまことに偉大ですばらしいものだ。だからピリッポスと力を合わ
せピリッポスのためにあれほど多くのあれほど大きな功績を果たした男が、その忠義に対してこのような報
酬を受け取ったというのに、それを恥じたのは破滅を贈った方ではなく受けた方だったのである。

7 こうしてアラトスは、幾度もアカイア人を指揮する任務に就き、それによって成した連邦への貢献の大き
さと深さを認められて、死後は祖国においてもアカイア連邦においてもそれにふさわしい名誉をもって遇せ
8 られた[1]。アラトスのために供犠だけでなく英雄を祀る祭式を執り行なうこと、要するに永遠の記憶にとどめ
るためのあらゆる儀礼を尽くすことが決議されたのである。それゆえもしこの世を去った人にも感覚という
ものがあるとすれば、アラトスはきっとアカイア人からの感謝はもちろん、生前の苦難と危機の数々をも思
い返して幸せを感じているに違いない[2]……。

『古代抜粋集』、『コンスタンティノス抜粋集——徳と不徳について』

一三 ……ピリッポスはずっと以前からリッソスとアクロリッソス[3]に目を付けていて、ここを制圧したい
2 と願っていたので、軍隊を率いてこの地への道を急いだ。そして二日間の行路を終え、谷間を抜けたところ
3 で、リッソス市に近いアルダクサノス川のほとりに陣営を置いた。しかしよく観察してみると、リッソスの
周囲は海の方面も内陸の方面も、自然の地形と人口の構築物によってきわめて堅固に防衛されているほか、

そのそばにあるアクロリッソスにしても位置の高さなど多くの利をもつ要害の地で、この山を武力で攻め取
ろうなどと期待することすらためらわれるような威容をもっていた。このためアクロリッソス攻略の望みは
4 きっぱりと断ち切ったけれども、リッソス市本体の方にはなおいくばくかの希望を捨てなかった。そこでア
クロリッソスの麓とリッソスとの間の区域がリッソス攻略の拠点として都合が良いのを看取すると、そこか
5 らの軽装兵部隊による攻めを想定し、この状況にもっとも適した戦術を求めて策を練った。ピリッポスはま
ずマケドニア兵たちに一日間の休息を与え、その間にしかるべき激励の演説を行なった。その後軽装兵部隊

(1) プルタルコス『アラトス伝』五三によれば、アラトスが毒殺されたのは彼が十七回目のアカイア連邦司令長官職にあったときで、アイギオンで息を引き取ったという。前二一三年のことだから、このとき五八歳だった。最初の司令長官職は前二四五／四四年(第二巻四三-四)。遺骸は祖国シキュオンに埋葬され、以降毎年二回祭礼が営まれたという。

(2) プルタルコス『アラトス伝』五四によれば、のちにピリッポスは息子の方のアラトスにも毒を盛って狂乱死させたというが、それについてのポリュビオスの記述は現存しない。ただしポリュビオスとプルタルコスの記す衰弱のようすから、アラトス父子の死は毒殺ではなく、なんらかの病気、おそらくは肺結核ではなかったかという推測が現在ある。

(3) リッソス市は現ドリン川(後出のアルダクサノス川と呼ばれるのはおそらくこの川)の河口から南東へ二〇キロメートルほど、ドリン川の支流のほとりに位置する。その南東側に城山のアクロリッソス(標高四一〇メートル)がある。第1分冊2図参照。前二一四年以来イリュリア海岸にはローマ艦隊が駐留していて、ピリッポスは海路でこの方面に進むことは不可能だった(第七巻一四d)。しかし前二一三年から翌年にかけて、陸路でイリュリア諸部族を征討しながらリッソスに達したピリッポスは、この拠点都市を奪取することによってアドリア海へ出る道を取り戻す。それに加えて、ハンニバルとの条約でピリッポスの勢力圏と定められた地域の支配を確立する足がかりにもなるはずだった(第七巻九-一三)。

のなかから大半の優秀な兵士たちを選んで、まだ夜の明けないうちに、例の中間区域の上方、内陸に面する
6 側にあるいくつかの木深い地溝に潜ませておいた。そしてピリッポス自身は朝になってから、残りの軽装兵
7 に軽盾兵を加えた一隊を引き連れ、市の反対側にあたる海岸に沿って進んだ。そうしてリッソス市を迂回し
て、例の中間区域に達したときには、この方面から市の方へ攻め上ろうとする気配が明白に見て取れた。
8 リッソス市民の方もすでにピリッポス来寇の知らせを受けていたので、市内には周辺のイリュリア全土か
9 らかなりの兵力が集結していた。その一方でアクロリッソスについては、その要害の地形から安全を確信し
ていたために、そちらにはほんのわずかの守備隊しか配備していなかった。

一四　それゆえマケドニア軍が接近を開始するやいなや、それを待ちかねたように市内から大軍があふれ
2 出してきたのは、兵力の優位と地形の堅固に自信をもっていたからだった。それを見たピリッポスは軽盾兵
を平坦地に停止させる一方で、軽装兵にはこのまま市のある高台に向けて前進し、全力を尽くして敵軍と戦
3 闘を交えよと命令した。命令は実行され、しばらくのあいだ互角の戦いが続いたが、やがてピリッポス側の
4 軍勢が地勢の不利と人数の劣勢に押され、背を向けて逃げ戻ってきた。その軍勢が軽盾兵のところまで戻っ
たのを見ると、市内から出撃してきた兵士たちは敵を侮ってそのまま前進を続け、平坦地まで降りてきたと
5 ころで軽盾兵との交戦に突入した。一方アクロリッソスの守備兵たちも、ピリッポス側の各部隊があちらで
もこちらでも一歩また一歩と後ずさりするのを見ているうちに、敵がすっかり押し込まれているものと思い
6 込み、地形の利への信頼もあって、わずかの者がいつのまにか誘われるようにして外に出た。するとそれに
続いて少人数の塊が次から次へとアクロリッソスを後にして、道のない急坂を流れ下り、平坦な場所にまで

7 下りてきたのは、すぐにでも敵が退却して戦利品が手に入るはずと期待したからだった。ところがその瞬間、
内陸側に潜伏していたマケドニア兵が虚を突いて立ち上がり、猛烈な攻撃を始めた。それと同時に軽盾兵も
8 反転し、いっしょになって一気に襲いかかった。この結果、イリュリア勢は大混乱に陥り、リッソス市内か
ら出撃してきた兵士たちは算を乱して壊走を始め、市内に逃げ帰った。だがアクロリッソスを放置してきた
9 兵士たちは、潜伏場所から現われた部隊によって退路を絶たれてしまった。このためマケドニア側はアクロ
リッソスには槍一本使うことなく、またたくまに入城を果たすという望外の展開になった。リッソスの方も、
マケドニア軍の息をもつかせぬ熾烈な攻撃を受け、激しい攻防戦の末、翌日には占領された。
10 こうして二箇所ともに制圧という予想もしなかった戦果を上げ、それによってリッソス周辺の全住民を支
11 配下に収めたピリッポスのもとに、イリュリア中のほとんどの都市は進んで帰順を申し出た。これらの要衝
が攻め取られた今となっては、ピリッポスに敵対しようにも、マケドニアの戦力に抵抗できるだけの軍事拠
点も避難場所ももはや見つからなかったからである……。

『古代抜粋集』

一四b　ダッサレティス人、イリュリアの一部族。ポリュビオスが第八巻に記す。
2 ヒュスカナ、イリュリアの一都市。中性名詞である。ポリュビオスが第八巻に記す(1)。

ビュザンティオンのステパノス『地名事典』

(1) ダッサレティス地方は前二一七年にピリッポスがスケルデイライダスから奪い返した地域である（第五巻一〇八）。ヒュスカナは位置不詳。いずれも前二一三―二一一年のピリッポスのイリュリア遠征の記述への言及であろう。

一五　……クレタ島出身のボリスという男がいて、［プトレマイオスの］宮廷ではずっと以前から部隊の指揮
官の地位にあったのだが、これが知恵と勇気を兼ね備え、軍事にかけてはだれにも負けない豊かな経験の持
2 ち主と評判の人物だった(1)。ソシビオス(2)はこのボリスとたびたび言葉を交わして信頼をかちとり、心からの忠
誠を捧げられていたので、この男に今回の作戦を任せることに決め、どんな方法で何をすればアカイオスを
救い出せるかを案出すること、それが現在のところ王［プトレマイオス］のためにできる最大の貢献なのだと
3/4 告げた。ボリスはそれを聞くと、このときは、よく検討してみましょうと答えただけでその場を辞した。そ
して思案を重ねた末に、二日か三日たってからソシビオスのもとに出向き、任務を引き受ける旨を伝えた。
そして、自分はサルデイスにはしばらく滞在したことがあって、この城市一帯の地理も心得ている、しかも
アンティオコス軍内のクレタ人部隊の指揮官カンビュロスとは出身市が同じであるばかりか、親戚でもあり
5 友人でもある、と付け加えた(3)。カンビュロスの率いるクレタ人部隊というのは、城山の背後をにらむ警戒拠
点のひとつを受け持っているのだが、そこは攻城機をいっさい寄せ付けない地形であり、カンビュロス麾下
6 の兵士たちが隙間なく並んで見張りを続けていた。ソシビオスは、アカイオスを現在の窮地から救出するの
は不可能かもしれない、しかしもし可能だとすれば、この難事を遂行できるのはボリスをおいてほかにいな
いと考えていたから、ボリスの計画を喜んで受け入れた。これにボリス自身の懸命の働きも加わったので、
7 事態は順調に動き始めた。ソシビオスは計画実現のためにいささかの不如意もないように資金を潤沢に提供
8 したばかりでなく、成功のあかつきには多額の報奨を与えようと約束したほか、加えて王からもまた救出を

待つアカイオスからももらえるはずの褒美の多さをおおげさに伝え、ボリスの心にあふれんばかりの希望を吹き込んだ。
9 ボリスの方は早く行動に移りたくてしようがなかったので、いっこくの遅滞ももどかしいとばかりに船に飛び乗り、暗号文書と信任状をたずさえてロドスのニコマコスのもとへ――この人のアカイオスに対する情愛と信頼の深さは、まるで父が子に対するようだと評されていた――そしてまたエペソス[4]のメランコマスの
10 もとへと急いだ。この二人は、それ以前からアカイオスがプトレマイオスとの連絡のほか、外国との交渉をいっさい任せていた人物だった。

一六　ボリスがまずロドスへ、続いてそこからエペソスへと赴いて、この二人に計画を打ち明けたところ、二人ともおおいに乗り気を見せた。そこでボリスは部下のひとりでアリアノスという男をカンビュロスのも
2 とに送り出し、次のような伝言を届けさせた――自分は傭兵徴募の任を帯びてアレクサンドレイアから遣わ

---

(1) サルディス市本体が奪取されたあとも、アカイオスは隣接の城山（アクロポリス）にたてこもり、アンティオコス王の率いる包囲軍に抵抗を続けていた（第七巻一五―一八）。以下の城山陥落は前二一三年のことである。

(2) プトレマイオス四世の宮廷の最高実力者（第五巻三五―三八、六三―六六、八三―八七）。アカイオスの反乱をプトレマイオス宮廷が支援していたことについては、第五巻四二―七、五七―二、六六―三、六七―一三参照。

(3) カンビュロスはやはりクレタ人のラゴラス（第五巻六一―九、第七巻一五―二）と同じく、かつてプトレマイオスの軍隊で働いていて、のちにアンティオコスのもとに転じたのかもしれない。するとエジプトにいたときにボリスと同僚だったということであろう。

(4) 小アジア西岸、イオニアの港町。

されたのだが、ある緊急の用件のためにカンビュロスと話がしたい、ついてはだれにも見つからずに会談で
3 きる時と場所を取り決める必要がある、と。アリアノスが急いでカンビュロスに面会し、命じられたとおり
の口上を伝えると、カンビュロスは要請をこころよく受け入れ、双方のよく知る場所と日を指定したうえで、
そこに夜に行くからと言ってアリアノスを帰した。

4 　ところがボリスは、クレタ人のひとりとして生来の狡猾な人間であるから(1)、その間に今回の企図をあらた
5 めて吟味し、その全体をくまなく点検してみた。それで結局アリアノスの取り決めたとおりにカンビュロス
と会談し、[ソシビオスからの]書簡を手渡したものの、それを間にはさんで二人はクレタ風に考察を始めた。
6 つまり二人の頭にあったのは、危機に陥った人物の救出ではなく、また計画の実行を託した人物への信義で
7 もなく、自分たちの身の安全であり自分たちの利益であった。だからともにクレタ人であるこの両者は、す
みやかに同じ結論にたどり着いた。その結論とは、ソシビオスから提供された一〇タラントンは二人で山分
8 けすること、そして今回の計画をアンティオコスに明かしてこの王と手を組むこと、そしてこの謀略に見合
うだけの賞金と将来の約束を得たうえで、アカイオスの引き渡しを請け負うことであった。

9 　そこでそのように決定すると、アンティオコスとの折衝についてはカンビュロスが引き受けたので、ボリ
スの方はアリアノスにニコマコスとメランコマスからの暗号文書を持たせて、数日後にアカイオスのもとへ
10 派遣するという段取りを決めた。そのさいアリアノスが無事に[サルディスの]城山に侵入し、再び帰って来
11 られるよう手配してほしいということも、カンビュロスに頼んでおいた。そしてもしアカイオスが計画を承
諾して、ニコマコスとメランコマスの提案に応じるようすを見せたなら、そのときは自分も謀略の進展に力

12 を尽くし、カンビュロスにもそのことを伝えるつもりだとボリスは約束した。役割の分担が以上のように決
まったところで二人は別れ、それぞれの仕事に取りかかった。
2 一七　カンビュロスは最初にやってきた機会をつかまえて、アンティオコスに話を持ちかけた。王の方は
ありがたいとはいえ唐突なこの申し出を聞いたとき、喜び勇んですぐにも応諾しようとしたが、しかし信頼
3 しきれない気持ちもあったので、企ての細部と実現手段について問いただした。その結果信頼できると判断
すると、まるで神から与えられた僥倖であるかのように思いなし、カンビュロスにぜひ成功させるよう何度
4 も頼み励ました。ボリスのニコマコスとメランコマスへのはたらきかけの方も、同じように進んだ。この二
人はこれが信義を破る行動とは思いもよらず、アカイオスにボリスとカンビュロスを信用するよう促す内容
5 の書簡を慣例に従って暗号で記すと――もしだれかが書簡を手に入れても、その内容をなにひとつ理解でき
ないようにするためである――すぐさまアリアノスに手渡し出発させた。
6 アリアノスはカンビュロスの手引きによって城山への侵入に成功すると、書簡をアカイオスに届けた。ア
カイオスはソシビオスとボリスについて、またニコマコスとメランコマスについて、そしてとりわけカンビ
ユロスについて幾度も質問を繰り返したが、アリアノスは今回の一連の工作について最初から立ち会ってい
る男であるから、どんな質問を受けようとそのたびに的確な答えを返し、細かな点にいたるまで精緻な説明

（1）ポリュビオスはクレタ人に対して一貫して強い偏見をもっている（第四巻五三-五、第六巻四六-四七、第二十四巻三、第二十八巻一四、第三十三巻一六-五）。

7 を加えた。このようにアリアノスが尋問を浴びせられながらも、自分を偽らずに堂々と受け答えできたのは、
8 なんといってもこの使者がカンビュロスとボリスの思惑の核心部分を知らなかったからである。このためアカイオスはアリアノスの返答からも、またそれ以上にニコマコスとメランコマスが寄越した暗号文書からも
9 この話の信憑性を認め応諾の意を伝えると、ただちにアリアノスを送り返した。このような往還が幾度か繰り返されたのち、とうとうアカイオスがニコマコスに一身をゆだねる決意をしたのは、これ以外にもはや助かる道はいっさい残されていなかったからである。そこでアカイオスはニコマコスに命じて[1]、月の出ていな
10 い夜にアリアノスとともにボリスを城山に来させよ、そこで自分の身をあずけるから、と指示した。このときアカイオスの胸中にはひとつのもくろみがあって、とりあえず現在の窮地から脱出したあとは、従者を連
11 れずにシリア方面に急行しようと考えていた。というのもアカイオスの予想では、アンティオコスがサルデイス付近で時を費やしているうちに、シリアの住民たちの前に意表を突いて忽然と現われれば、アンティオケイアにもコイレ・シリア[2]とフェニキアにも広範な動揺を引き起こし、多くの住民から迎え入れられると期待していたのである。

2 一八　およそこのような算段と思惑に望みをかけながら、アカイオスはボリスの到着を待った。一方メランコマスは戻ってきたアリアノスから書簡を受け取ってそれを読み終えると、ボリスに長々と激励を与え、
3 計画成功のあかつきに得られる多大の褒美にも言い及んだのちに出発させた。ボリスはまずアリアノスを先に立たせ、カンビュロスにあらかじめ自身の到着を告げ知らせてから、夜の間に約束どおりの場所に現われ
4 た。落ち合った者たちは一日間そこでいっしょに過ごし、ひとつひとつの手順の進め方について打ち合わせ

5 をすませたのち、夜になって陣営に入った[3]。彼らの決めた段取りはおよそ次のようなものである。もしアカイオスが城山から出るとき、ボリスとアリアノス以外にだれも連れていないか、あるいはせいぜいひとりの
6 供しかいなければ、なんら気遣う必要はなく、アカイオスは容易に待ち伏せ兵たちに捕まるだろう。だがもしもっと多くの供を率いてきた場合、謀略を進める側にとって事はたいへん厄介になる。しかもアカイオスを生きたまま捕捉するのがアンティオコスにとってもっとも好ましいことであり、ボリスたちもそれをねら
7 っていたのだからなおさらであった。そこでそのような場合、アリアノスはこれまでに何度となく城山を出
8 入りした経験から経路を熟知しているので、アカイオスを連れ出すときに列の先頭を進むこと、一方ボリスは列の後ろに付いて行くこと、と手はずを決めた。これは一行がカンビュロスの指示を受けた伏兵たちの待ち構えている場所にさしかかったとき、ボリスがアカイオスにつかみかかって取り押さえられるようにという用心であり、肝心の目標が混乱のなか夜陰にまぎれて林の間を走り抜け逃亡したり、追いつめられて崖から身を投げたりすることなく、計画どおり生きたまま捕り手の網の中に落ちるようにするためであった。
9 以上の打ち合わせを終え、ボリスとカンビュロスがそろったところで、カンビュロスはボリスを、ボリス
10 が陣営に着いたその夜のうちにアンティオコスの前に連れ出して、三人だけの会談を行なった。王はボリス

(1) ニコマコスはロドスを出て、もっとサルディスに近いところまで来ていたのであろう。

(2) この地域はラピアの戦い(前二一七年)以後、プトレマイオスの支配領域になっている(第五巻八七-六)。ポリュビオスの思い違いか。

(3) 城山の背後をにらむカンビュロスの陣営(第八巻一五-五)。

11 を心から歓迎し、報奨について確証を与えるとともに、両者に向かってもはやいたずらに時を過ごすことな
く、すぐさま実行に移るようにとしきりに急き立てた。そこで二人は陣営に戻ると、夜明け前にボリスがア
リアノスをともなって城山への登り道に足を踏み入れ、まだ暗いうちに城壁内に入り込んだ。
一九　アカイオスはボリスを友人として暖かく迎え入れると、細かい点についてていねいにひとつひとつ
2 尋ね始めた。そして目の前のこの男が、風采といい話しぶりといい、事の重みに十分釣り合う人物であるの
を見とどけると、脱出の望みに喜びが湧く反面、これから起こることの重大さに怖じ気と震えを覚えずには
3 いられなかった。それでもアカイオスは洞察力において右に出る者なく、現実の経験においても足らざると
4 ころのない男だったから、まだ全幅の信頼をボリスに置くのは控えたほうがよいと判断していた。そこでボ
リスに向かってこんなことを言った――今すぐ私が出て行くことはできないので、従者のなかから三人か四
人を選んでボリスに付いて行かせよう。彼らがメランコマスと合流したなら、そのときに私もここを出る用
5 意をするつもりだ、と。たしかにアカイオスは彼なりに手を尽くしたわけだが、しかし「クレタ人に向かっ
てクレタ人になる」[1]というあの諺を知らなかったようだ。なぜならボリスは起こりうるすべての場合につい
て、ひとつ残らず検討済みだったのである。
6 　だがとにかくアカイオスは従者たちを送り出すと約束したその夜が来ると、アリアノスとボリスだけを先
に出発させたうえで、いっしょに山を下りる者たちが追いつくまで城山の出口で待っているようにと指示し
7 た。ボリスたちがそれに従って出発したのを見とどけると、アカイオスは最後の瞬間になってようやくラオ
ディケに計画を打ち明け、突然の知らせによって妻に気が触れそうなほどの衝撃を与えた。このためアカイ

オスは妻を落ち着かせようと、しばらくのあいだ予想される明るい未来についてあれこれ説き聞かせ、なん
8 とかして平静を取り戻させた。そしていよいよ従者四人を呼び出すと、彼らには相応にりっぱな服装を着せ
9 る一方、自身はありふれた粗末な服を身に着け、低い身分の人間をよそおってから歩み出した。このとき従
者のひとりに命じて、アリアノスたちから問いかけられて答えるときも、また必要があってなにか尋ねると
きも、どんなときでも必ずおまえが口を開け、他の者はギリシア語が話せないのだと言え、と指示してお
いた。

二〇　一行がアリアノスたちと合流したあと、そこからは道をよく知っているアリアノスが先頭に立ち、
ボリスが最初の計画どおり最後尾を進んだのだが、このときボリスの心中にはとまどいと疑念が広がってい
2 た。というのもボリスはクレタ人であり、それゆえ他者からのどんな策略でも見抜く力をもった男であるが、
しかしこのときばかりは闇夜に妨げられて、いったいどれがアカイオスなのか見分けられないばかりか、そ
3 もそもこのなかにアカイオスがいるのかどうかさえ判然としなかったのである。ところが下り道はそのほと
んどが歩きにくい急な坂であり、しかもところどころに足を滑らせそうな危険な斜面があったので、アカイ
オスがそのような箇所にさしかかるたびに、供の者たちはアカイオスのために手を貸したり支えになったり
4 した。このようなときでも、ふだんから身についたアカイオスへの慇懃なふるまいを完全に抑えることはで
5 きなかったのだ。このためボリスは、だれがアカイオスか、そしてどんな服装をしているかを悟った。やが

（1）狡猾な策略をめぐらせても、相手が狡猾の権化のようなクレタ人ではしょせん勝ち目はない、ということ。

6 て一行がカンビュロスと示し合わせた箇所まで来たとき、ボリスが吹き鳴らした笛の合図とともに待ち伏せ
場所から兵士たちが跳び出し、アカイオスを除く四人を取り押さえた。アカイオス本人はボリス自身が捕ま
えたのだが、そのときアカイオスの両手を衣服のなかに包み込むようにして動きを封じたのは、事態に気づ
いたアカイオスが自ら命を絶とうとするのを防ぐためであった。実際、そのための短剣をアカイオスは用意
7 していたのである。アカイオスはたちまちまわりを取り囲まれて捕囚の身に落ち、即刻に従者たちとともに
アンティオコスの前に引き出された。
8 幕舎では王が早くから事の成り行きを待ちかねて気もそぞろの状態にあり、侍従たちを退出させたあとは、
9 側近の二、三人だけをともなって、まんじりともせずに夜を明かしていた。そこへカンビュロスたちが入っ
てきて、縛られたアカイオスを地面に座らせた。それがあまりに突然のことだったので、アンティオコスは
10 言葉を失い、そのまま長い間沈黙を続けていたが、とうとう同情を抑えきれず涙を流し始めた。これはおそ
らく、運命の営みに対する防御の難しさと理知のあさはかさを目の当たりにして、心を動かされたのだろう
11 と思う。なぜならアカイオスはセレウコスの妻ラオディケの兄弟アンドロマコスの息子であり[1]、ミトリダテ
12 ス王の娘ラオディケを娶り[2]、タウロス山脈のこちら側の全域に覇を唱えた人物であった。そして世界でこれ
以上に堅固な所はないと味方も敵も一致して認める城砦に立てこもっていたさなかに敵の手に落ち、いった
い何が起こったのか首謀者を除いてだれひとり知らないまま、今こうして縛られて地面に座らされているの
である。

二一　やがて朝の光が差し、慣例どおり廷友たちが幕舎に集まってきて、落とした視線の先にアカイオス

の姿をとらえたとき、彼らの心にも王と同様の感慨が湧きおこった。あまりの驚愕のために目の前の光景が
2 信じられなかったのである。しかしとにかく御前会議が開かれ、この男をどのような刑罰に処するべきかに
3 ついてさまざまな意見が出された。その結果決定されたのは、まず哀れなこの男の耳鼻をそぎ落とし、次に
4 首を切断して驢馬の革に縫い付け、胴体は杭に串刺しするというものだった。決定が実行され、その報知が
包囲軍の兵士たちに入ると、全軍内にただならぬ興奮と高揚が湧き上がった。敵軍内に広がったこの異常な
喧騒と喚声は、夫が城山を出たのをただひとり知っていたラオディケに、何が起こったかを悟らせるのに十
5 分だった。まもなくしてラオディケの前にアンティオコスからの伝令が現われ、アカイオスの死を告げると
6 ともに、抵抗の終結と城山の明け渡しを勧告した。しかししばらくはそれへの返答もままならず、城内のだ
れもがただ嗚咽を漏らし嘆声を響かせるばかりであった。アカイオスへの思慕もさることながら、むしろ予
7 想もしなかったあまりに唐突な結末に言葉が出なかったのである。そしてその後には、とまどいと迷いのよ
8 うなものが城内に広がっていった。アンティオコスの方はアカイオスを片付けたあとも、城山に立てこもる
軍勢への圧力をいっときも緩めようとしなかったが、それはこうしていれば敵の方から攻略のきっかけを与
9 えてくれるだろう、とくに一般兵卒からなにかあるに違いないと確信していたからである。結局それは現実

（1）アンドロマコスに姉妹ラオディケがいるのと同様に、アカイオスにも姉妹ラオディケがいるので、ポリュビオスは二人のラオディケを取り違えているらしい（第四巻五一-四）。ポリュビオスは前者がセレウコス二世の妻になったと考えているが、実際にはおそらく後者である。

（2）ポントスの王ミトリダテス二世の娘。第五巻七四-五参照。

になった。城内はアリバゾス[1]支持派とラオディケ支持派に分裂して内紛に陥り、その結果双方が互いに疑心
暗鬼になってしまい、ほどなくして自分たちの身柄と城山全体をアンティオコスに引き渡したのである。
10 こうしてアカイオスは、考えうるかぎりの対策を実行したにもかかわらず、信頼していた人物の裏切りに
11 屈して命を落としたわけだが、その死は二つの点で後世の人々に貴重な教訓となった。ひとつはいかなる人
物もたやすく信用してはならないということ、もうひとつは隆盛のときにも驕ってはならない、人間である
以上将来なにがあるか予測はできない[2]、ということである……。

『古代抜粋集』

二二 ……トラキア地方のガリア人の王カウアロスは、君主にふさわしい寛大な性格の持ち主であり、ポ
2 ントス海［黒海］へ向かう貿易船のために十分な安全を確保してやったほか、ビュザンティオンがトラキア
人とビテュニア人を相手に戦ったときには、ビュザンティオンのためにおおいに便宜を図ってやった[3]……。

『コンスタンティノス抜粋集──徳と不徳について』

3 ポリュビオスが『歴史』の第八巻で語るところによれば、ガリア人のカウアロスはすぐれた人物だったが、
カルケドン出身でへつらい上手なソストラトスによって歪められてしまった。

アテナイオス『食卓の賢人たち』第六巻二五二c

二三 ……クセルクセスがアルモサタ市を王として統治していたころ──アルモサタ[4]というのはユーフラ
テス川とティグリス川の間にあって、「美しき平野」という名をもつ平野に接する市である──、アンティ
2 オコス王がこの都市のそばに陣営を置いて、ここの攻囲に着手した。クセルクセスは攻城軍の戦備を見て、
初めのうちそれを気にも留めなかったが、しばらくしてから、もしこの王都が敵の手に渡るようなことがあ

れば王国全体が傾いてしまうという心配が頭をもたげ、思い直してアンティオコスのもとに使者を送り、会
3 談したいと申し入れた。アンティオコスの廷友たちのうちでも信頼の厚い者たちは、この年若い君公をいったん掌中に収めたからには逃がすべきではないと主張し、この都市を占領してミトリダテスに――これはア
4 ンティオコスの姉妹の息子である――その支配権を引き渡すべきだと王に建議した。しかし王はそれらの意見には耳を貸さず、この若者を会談に呼んで敵対関係を解いたばかりか、［クセルクセスの］父が貢納を滞ら
5 せていた金額の大半を免除した。そして三〇〇タラントン、馬一〇〇〇頭、装具付き騾馬一〇〇〇頭をその場でもらい受けた代わりに、統治をすっかり立て直してやったほか、妹のアンティオキスを妻として与え、それによってこの地方の住民からも君主にふさわしい寛大な措置と称えられて、人々の心をつかみ味方に付

---

(1) サルディス市陥落のときの市内の指揮官（第七巻一七-九）。

(2) 勝者から敗者への予期せぬ転落のなかに人間の思惑を超えた運命のはたらきを認め、そのような事例から驕りへの戒めを教訓として引き出すことをポリュビオスはしばしば行なう。例えば第一巻三五、第二巻四-三、第二十九巻二〇、第三十八巻二〇-一-四参照。

(3) カウアロスは前二二〇年にビュザンティオンがロドス、プルシアス王のビテュニア、トラキア人の連合と戦ったとき、仲裁を申し出て、劣勢にあったビュザンティオンを救った（第四巻四六-四、四七-四、五一-八、五二-一）。この断片はカウアロスの治めるガリア人王国がトラキア人に滅ぼされた事件（おそらく前二一二年）に関連するものであろう。

(4) むしろアルサモサタと呼ばれる。ユーフラテス川上流、現トルコ共和国東部、古代にはアルメニアの一部とされる地域の都市だが、正確な位置は不明。この地域のアルメニア人はセレウコス朝の支配下にあって貢納義務を課せられていたが、クセルクセスはそれに抵抗していた。

けた……。

『コンスタンティノス抜粋集――徳と不徳について』

イタリア史

二四 ……タレントゥム市民は栄華に驕りたかぶったあげくに、エペイロスのピュロスを呼び寄せた[1]。自由な政治制度というのは長期間権力を握っていると、現在あるものに飽きてしまうという性質をもっていて、やがて独裁者を渇望するようになる。ところがいったん独裁者を迎え入れると、事態が悪い方へ大きく変化してしまったのに気づき、一転してその独裁者に憎しみを向ける。このときタレントゥム市民に起こったのも、まさにこれであった[2]……。

『コンスタンティノス抜粋集――意見について』

2 ……未来はいつでも現在よりも良いものに見える……。

『コンスタンティノス抜粋集――意見について』

3 ……この知らせがタレントゥムとトゥリイにもたらされると民衆は憤慨した[3]……。

『スダ事典』

4 ……彼らは[4]まず略奪に出るふりをしてタレントゥム市を離れ、夜間にカルタゴ陣営の間近までやって来た[5]。
そして他の者たちは路傍のある木立ちのなかに身を隠し、ピレメノスとニコンだけが陣営に向かって足を進
5 めた。二人は歩哨の兵士たちに発見されても、自分たちがだれか、またどこから来たのかをいっさい明かさ
6 ないまま、ただ総大将と会談したいと訴え、陣内に連れていってもらった。そしてすぐにハンニバルの前に
7 引き出されると、内密に話をしたいという希望を告げた。ハンニバルがこころよくその願いを聞き入れたの
で、二人は自分たちの計画や祖国の現況について説明を始め、さらに自分たちがこのような行動に立ち上が

8

ったのは正当な理由のあることだと認めてもらうために、ローマ人による暴虐のあれこれを数えあげた。ハンニバルはこの者たちをほめ称え、その勇気ある行動に心からの敬意を表わしたのち、再度の会談のためで

(1) カンナエの合戦のあと、ハンニバルはカプアを占領し（第七巻一）、前二一五年にカシリヌム（カンパニア地方）、クロトン、ロクリ（ブルッティウム地方）を奪取したが、カンパニア地方全域の掌握にはほど遠く、逆に前二一四年にはカシリヌム、前二一三年にはアルピ（アプリア地方）をローマに奪い返された。しかし前二一三年の夏にはタレントゥムにねらいを定めて、その近郊に陣営を置いていた。以下のタレントゥム市の奪取は前二一三年から翌年にかけての冬の間のことである。

(2) 前二一三年以前のタレントゥムの歴史を記す断片。ローマとの緊張が高まったタレントゥムは、前二八〇年にピュロスに来援を要請した（第一巻六-五）。タレントゥムは優良な港と地の利によって繁栄し、市民たちの贅沢と饗宴への耽溺は、例えばアテナイオス『食卓の賢人たち』第四巻一六六e－fが引用するテオポンポスの断片にも語られる。繁栄と自由が専制権力を呼び込むというポリュビオスの描く定式は、カプアの場合と同じである（第七巻一-一－二）。プルタルコス『ピュロス伝』一三、一六も、民主制下で安楽で自由な生活を送るタレントゥム市民が、現在の快楽を守ろうとしてピュロスを呼び寄せたと語り、民衆に敵対的な伝承を伝えている。

(3) ローマは忠誠の保証としてタレントゥムとトゥリイ（タラント湾岸）の名家から人質を取り、ローマ市内に抑留していた。ところがあるタレントゥム人がこの人質をそそのかして脱走させた。人質たちはすぐに捕捉され、ローマに連れ戻されて、鞭打ちのうえ崖から投げ落とされて死んだ。この仕打ちがこれら二都市の市民の怒りを呼び、次節以下の反ローマ派の決起を呼び起こした。トゥリイもタレントゥムに続いて、前二一二年にローマから離れ、ハンニバル配下の将軍を迎え入れる（リウィウス『ローマ建国以来の歴史』第二十五巻七－八、一五-七－一七）。

(4) ピレメノスとニコンを始めとするタレントゥムの青年たち。リウィウス『ローマ建国以来の歴史』第二十五巻八-三によれば、人数は一三人ほどでいずれも名家の出身であった。

(5) 後述のようにカルタゴ陣営はタレントゥム市から東へ三日行程のところにある。

9 きるだけ早い機会にここに戻ってくるよう指示して、いったん帰らせることにした。そして退出する二人に
告げて、陣営から十分離れた所まで行ったなら、立ち去る前に、早朝いちばんに放牧に出る家畜とその番人
10 たちを遠慮なく捕獲するがよい、あなたたちの安全は私が保障するから、と言い添えた。ハンニバルがなぜ
このように言ったかというと、これらの青年たちの申し出をゆっくりと吟味するための時間が欲しかったか
らであり、また彼らがほんとうに家畜略奪のために出かけたのだと市民(1)たちに信じさせるための証拠をもた
せてやりたいと思ったからである。
11 ニコンたちが指示どおりにして帰って行ったあと、ハンニバルは目標を実現するための手立てをようやく
12 手に入れたという思いから喜びを抑えきれないでいた。一方ピレメノスたちも、会談が無事に終わりハンニ
バルも乗り気であるのが分かったのに加え、略奪物を豊富に持ち帰ったことで同胞市民たちからも十分な信
13 用を得られたのに気を良くして、決起への意欲をなおいっそう強めた。そして持ち帰った家畜の一部は売り
払い、残りを饗宴の食卓にのせて、タレントゥム市内の人々の信頼を集めたばかりか、少なからぬ数の同志
を獲得した。
二五　その後ピレメノスたちは再び市を脱け出して、同様の方法で会談を行ない具体的な手順を決めると
2 ともに、ハンニバルとの間で次のような誓約を取り交わした。すなわちカルタゴ側はタレントゥムに自治独
立を認めること、いかなるかたちであれ貢納を課さないこと、またその他のいかなる義務も負わせないこと、
ただし市内にあるローマ人の住宅や宿舎にかんしては、市の制圧完了後カルタゴ兵による略奪が許可される
3 べきこと。それに加えて、今後は歩哨に制止されずに、いつでも望むときにカルタゴ陣営内に入れるように

4 合言葉も定めておいた。これによって、略奪なり狩猟なりをよそおって市外に出れば、何度でもハンニバルに会えるという利便を手にしたわけである。

5 今後に向けて以上の調整を終えると、狩猟に出る役割はピレメノスにまかせ、それ以外のほとんどの者は
6 静かに実行の機会を待つことにした。というのも狩猟にかけてはピレメノスは並々ならぬ情熱をもっていて、
7 生涯なにをおいてもまず狩猟を優先する男だというのが、この人に対する一般の世評だったのである。そこで狩りの獲物をえさにして、まず市を管轄する［駐留ローマ軍］司令官ガイウス・リウィウスに取り入る、続
8 いてテメニデス門(2)の下方にある門の塔の衛兵たちを手なずける、という方策が決められた。ピレメノスはこの任務を託されると、自分で狩りをしたりハンニバルの用意した獲物を貰い受けたりしながら、ひんぱんにそれらを持ち込んでは、あるときはガイウスにまたあるときは門塔の衛兵たちにと贈答を重ね、それによっ
9 ていつでも脇戸を開けてもらえるような状況を作っておこうとした。そのために市から出て行くのも帰ってくるのも、たいていは夜間に行ない、その口実として敵の襲撃が怖いからと言っておいたが、実際には将来
10 の計画の準備を進めていたのである。こうして工作を続けた結果、門の衛兵たちはピレメノスが夜間に城壁

---

(1) リウィウスもポリュビオスと同じように事件の経過を追っているが、リウィウスはここに「民衆派（の市民たち）」という言葉を使っている（『ローマ建国以来の歴史』第二十五巻八-六）。ローマ支持に傾く民衆派と、ハンニバルに期待する青年貴族たちの対立がうかがえるが、ポリュビオスはこのような階層間対立の要素に言及しない。

(2) 市の東側の城壁にあって、のちにハンニバルが侵入する門（第八巻二八-二）。ピレメノスが衛兵を手なずけ侵入するのは、テメニデス門とは別の門（第八巻二九-四）。7図参照。

11 に近づいて笛を吹きさえすれば、なんのためらいもなくただちに脇戸を開ける習慣ができた。こうして準備
が整ったあるとき、ピレメノスたちは市内の駐留ローマ軍司令官が近々中央広場のそばのムセイオンという
所で、昼から大勢で酒宴を催すという情報を得ると、その日を決行の日と定めてハンニバルに知らせた。

二六　そのころハンニバルは、いつになく長い期間同じ場所に留まったままでいるのをローマ軍に感知さ
2 れ、不審に思われないための用心として、ずっと以前から体調がすぐれないふりをよそおっていた。それで
この知らせを受けたときも、病いがますます重くなったかのように偽って敵を欺こうとした。カルタゴ陣営
3 はタレントゥムから三日の行程にあった。いよいよ決行の日が来ると、ハンニバルは騎兵と歩兵から俊敏な
動きと果敢な精神できわだった力をもつ者たち、数にしておよそ一万人に出撃を告げ、四日間の食糧を携行
4 するように命じた。そして明け方に陣営を出ると、懸命の駆け足で道を急いだ。そのさいヌミディア騎兵の
なかからおよそ八〇騎を選び、本隊から三〇スタディオン[1]ほど前方を道の両側に分かれて進むよう指示して
5 おいた。こうしておけばだれにも軍勢全体を目撃されずにすむ、というのもヌミディア騎兵隊に出くわした
者はそのまま捕虜になってしまうか、または仮に逃げおおせた場合でも、市内に帰ってヌミディア兵が物資
略奪に現われたと報告するだけだから、というねらいだった。

6 ヌミディア騎兵隊が市から約一二〇スタディオンの距離まで来たところで、ハンニバルは深い溝になって
7 いて視界に入りにくいある川の畔で食事をとった。そして将官たちを呼び集めたが、まだ計画についてはほ
とんど明かさず、ただ次のことだけを厳命しておいた。第一に、これ以上にすばらしい報奨の待つ戦いは二
8 度とないものと心得て、全員が勇を鼓して戦いにのぞむこと、第二に行軍中、各指揮官は麾下の兵士たちの

9 隊列をしっかりと取りまとめ、もし列から離脱する兵士があれば例外なく厳罰に処すること、そして最後に、
10 命令への服従を肝に銘じ、指示されたことを超えて個人の考えで行動してはならないこと。以上の訓令を終
えると、ハンニバルは将官たちを解散させ、暗くなりかけた頃に前進を再開した。夜半には城壁にたどり着
く必要があったのだ。道案内にはピレメノスを立て、ある目的のために用意された一頭の猪を運んでいた。
二七　一方ガイウス・リウィウスは、青年たちが予想したとおり、昼から仲間たちとムセイオンで遊び興
じていて、今や酒宴もたけなわに入っていたそのとき、日の沈む頃になって、ヌミディア兵が近辺の土地を
2 劫略しまわっているという報告を受けた。知らされたのはそれだけだったので、リウィウスは将官たちの一
部を呼び集めて指令を発し、騎兵隊の半分を明け方に出動させて敵軍による領地壊乱を阻止するよう命じた
3 だけで終わり、そのために事態の全容についてはかえって目をふさいでしまう結果になった。ニコンやトラ
ギスコスたちは、夜のとばりが降りると同時に全員が市内に集合して、リウィウスが家路に着くときを待っ
4 た。酒宴は昼に始まっていたから、人々が席を立つのも早かった。青年たちの多くはある場所に退いて待ち
続け、数人だけが陽気に冗談を言い合いながら、あたかも宴会から帰る途中のようなふりをしてリウィウス
5 たちに行き会った。リウィウスたちはまだ酔いからさめていなかったので、二つの集団が出会うと、たちま
6 ち双方から笑いと軽口があふれ出た。青年たちが相手に付いて道を引き返し、リウィウスを自宅まで送り届
けると、リウィウスは昼から飲んでいたので当然とはいえ、すっかり酩酊してそのまま寝台に倒れこんでし

---

(1) 五キロメートル余り。

7 まい、不審に思うことも異変を感じることもなく、愉しく安らかな休息に身をゆだねた。ニコンとトラギス
コスの一団は待っていた青年たちと再び合流すると、三つの班に分かれ、まず中央広場に入る主要な街路を
占拠して見張りを始めた。市外で起こる出来事も市内の動きも、すべての情報を洩らさず捕らえようという
8 のである。またガイウスの自宅のそばにも哨戒を立てたのは、もし計画を感づかれるようなことがあれば、
まっさきにリウィウスのもとに一報が入るだろう、そしてなにを行なうにしてもまずこの人物の指令で始ま
9 るはずだと予期していたからである。そうして夕食から帰宅する人たちの姿もあたりの喧騒もようやく途絶
え、市民たちの大部分が床について、決起への期待をひそませたまま夜の刻だけが歩みを進めていったとき、
青年たちは再度集まり、目的の行動へ向けて足を踏み出した。

二八　青年たちはカルタゴ側との間にあらかじめ次のような手順を決めていた。まずハンニバルが市の内
2 陸側すなわち東側から城壁に近づいて、テメニデス門に向かう位置に軍隊を止めたのち、ヒュアキントス塚
3 ともアポロン・ヒュアキントス塚とも呼ばれる墳丘[1]の上で火をともす。トラギスコスたちはその火を見つけ
4 たら、すぐに市内から灯火の合図を返す。合図の確認が終わったところで、ハンニバルたちは火を消して城
5 門に向けて進軍を開始する、というものである。以上の予定に合わせて、青年たちは市内の住居地区を通り
6 抜けて墓域にやって来た。タレントゥムでは今でも死者は例外なく城壁の内側に埋葬されるのが習慣になっ
ていて、そのために市内の東側の地区は墓碑で埋め尽くされている。それについてはある古い言い伝えがあ
7 る。その伝えによると、あるときタレントゥム市民に神託が下され、もっと多くの人といっしょに住居をも
8 つならば、より良くより豊かな生活ができるであろうと告げられた。そこで市民たちはこれまでに世を去っ

た人々も城壁のなかに囲い込めば、もっとも良い生活ができる、それが神託の意味だと解した。そういうわけで今でも死者を城壁の内側に葬っている、というわけである。

9/10 ともかく青年たちはピュティオニコスの墳墓の前に足を止めて、次の展開を待ち受けた。まもなくハンニ
バルがすぐ近くに現われ、約束どおりの信号を発したとき、ニコンとトラギスコスの一団は火を目にするや
いなや勇気が胸いっぱいに湧いてきて、こちらからも松明の灯を送り返した。そしてあちら側の火が消える
11 のを確認してから、テメニデス門の方へ一目散に駆け出した。カルタゴ軍はゆっくりと時間をかけて歩いて
12 くる手はずになっていて、それまでに門塔の衛兵たちを片付けておかねばならなかったのである。事は順調
に進み、ニコンたちが衛兵たちの不意を襲って残らず殺害しているあいだに、他の仲間がかんぬきをたたき
13 割った。たちまち門が開き、そしてちょうどそれに間合いをあわせてハンニバル軍が到着したのは、城門へ
向けて進軍してくるあいだ、途中で停止する必要がないようにうまく速度を調節したからである。

（1）ヒュアキントスは神話ではアポロンに愛され、誤って殺されたと語られる少年。しかし本来はギリシア人到来以前にラコニア地方で崇拝されていた神であり、アミュクライではヒュアキンティアと呼ばれる祭礼でアポロンとヒュアキントスが並んで祭られていた。タレントゥムはスパルタの植民市なので（第八巻三三-九）、ラコニアの宗教的伝統を受け継いでいる。

二九　市内侵入を予定どおりわずかの混乱も騒動もなく完了したことによって、計画のうちの最大の難関
を越えたものと自信を深めたハンニバルは、今や意気揚々と中央広場をめざし、「低い道」から続く大通り
2 を進んで行った。ただし二〇〇〇騎を上回る騎兵隊を城壁の外に残しておいたのは、市外から現われる敵へ
3 の警戒でもあり、またこの種の作戦に起こりがちな予想外の事態への備えでもあった。ハンニバルは中央広
場のすぐそばまで来たところで兵士たちを行進隊形のまま停止させ、そこでピレメノスの方の作戦がうまく
運ぶかどうかに気をもみながら、この男の到着を待ち受けた。

4 　というのもハンニバルは合図の火をつけたあと、［テメニデス］門をめざして進軍を開始する直前に、ピレ
メノスを担架にのせた猪とリビュア兵約一〇〇〇人とともに［テメニデス門に］隣接する城門の方へ向かわせ
ていたのである。これは事前に立てた計画どおりの行動であり、作戦全体の成否をただ一本の綱に託するの
5 ではなく、複数の綱を持っておきたいというハンニバルの用心の表われであった。ピレメノスがこれまでの
習慣どおり城壁に近づいて笛を吹き鳴らすと、すぐにひとりの衛兵が門塔から降りてきて脇戸の向こうに立
6 った。ピレメノスが、早く開けてほしい、猪を運んでいるので重くてしようがないから、と外から声をかけ
ると、それを聞いた衛兵はうれしそうにいそいそと戸を開けた。ピレメノスの収獲からいつも一部を分けて
7 もらっていたので、今夜もいくらかはこの大物の分け前にあずかれるだろうと期待していたのである。ピレ
メノスが担架にのせた猪を運ぶ列の先頭に立って入ってきた。それといっしょに牧夫の身なりをした男がひ
とり、近郊から出てきたような風体で付いてきた。その後ろにはさらに二人の男が、担架の後ろを持ちなが
8 ら続いた。こうして四人が脇戸の内側にそろったところで、ピレメノスたちは無心に猪を眺め手でなでてい

たこの衛兵にいきなり殴打を浴びせて殺した。それから後方で待機していたリビュア兵のうち約三〇人を他
9 に先立って招き寄せ、ゆっくりと静かに脇戸を通過させた。それが完了するとただちにそれらの兵士たちが
手分けして、ある者は門のかんぬきをたたき割り、ある者は門の衛兵たちを殺害し、そうして外で待つリビ
10 ュア兵に合図を送って城内に呼び入れた。そして全員が無事に入り終えたところで、かねての打ち合わせど
11 おり中央広場へ向けて前進を始めた。ハンニバルは待っていた兵士たちが現われたのを見て、計画が思惑ど
おりに進行していることにおおいに満足し、次の段階に取りかかった。

三〇　ハンニバルはまずケルト兵およそ二〇〇〇人を他から切り離し、それを三つの部隊に分割すると、
2 仲間の青年市民たちのなかから二人ずつを各部隊に随行させた。また側近の将官からも数名を選んでそれら
3 の部隊の指揮をまかせ、中央広場に通じる主要な街路を占拠せよという命令とともに送り出した。それがす
むと残りの青年たちを市民の保全と保護のために市中に向かわせ、市民を見かけたら、タレントゥム人には
4 安全を保障するから今いる場所から動くな、と遠くから呼びかけるよう指示した。そしてその一方でカルタ
ゴ人とケルト人の将軍たちに、見かけたローマ人はすべて殺せと命令した。これらの者たちはみなそれぞれ
に分かれて、命令を遂行していった。

5 敵の市内侵入のうわさがタレントゥムの住民たちの耳に入ったとき、市内は異様な混乱と悲鳴に包まれた。
6 ガイウスはといえば、敵軍侵入の報を受けると、酒に負けて力を失ったという自覚から、すぐさま従僕数人
を引き連れて自宅をとび出し、港の方に続く城門に向かった。そして衛兵に脇戸を開けさせ、そこをくぐり
抜けると、港に泊めてあった小舟を一艘つかまえて、従僕たちとともにそれに乗り込み、岸に沿って城山を

めざした(1)。
7 それと同じ頃ピレメノスたちはローマ軍用ラッパを用意し、さらにその吹き方を習い覚えた者たちを従え
8 て劇場の上方に立つと、招集の合図を吹き鳴らした。ローマ兵たちは慣行どおり武器を着用して城山へ駆け
9 出そうとしたが、これはカルタゴ側の思い描いていたとおりの展開だった。統制もなく思い思いに大通りに
出てきたローマ兵たちは、あちらではカルタゴ兵に捕まり、こちらではケルト兵の手中に落ちて次々に敵刃
の餌食となり、大勢が命を奪われた。
10 太陽が現われる頃になっても、タレントゥム市民は今いったい何が起きているのかはっきりと把握しかね
11 て、自宅にとどまったまま鳴りをひそめていた。招集ラッパが鳴り響く一方、市内のどこにも暴行や略奪が
12 発生していないことから推し量って、市民たちはローマ軍自体が騒動の原因だろうと考えた。しかしローマ
兵の死体が大通りにころがり、ガリア兵がそこから武具を剝ぎ取っているのを目にしたとき、ようやくカル
タゴ軍来襲の想念が心中に忍び込み始めた。
三一 やがてハンニバルが中央広場に軍隊を入れて陣営を設け、その一方でローマ軍が以前から哨戒兵を
2 配備していた城山に退去を完了したのは、すでに朝の光が明るく輝き始めた頃だった。ハンニバルはタレン
トゥム市民に、全員武器を持たずに中央広場に集合するよう布告を発した。一方で青年たちは市中を駆けめ
ぐりながら自由への呼びかけを続け、カルタゴ軍が来たのはタレントゥム市民のためであるから安心せよと
3 声をかぎりに叫んだ。するとタレントゥム市民のなかでもローマ支持を捨てようとしない者は、事態を認識
すると城山へ退去を始めたけれども、それ以外の市民は布告に従って武器を持たずに寄り集まってきた。そ

4 してそこでハンニバルから寛大な言葉を耳にしたとき、集まった市民たちは思いがけない希望を与えられた
ことに歓喜し、それらの言葉のひとつひとつにだれもかれもが賛意を表わした。それを聞いてハンニバルは
集会を解散させたが、そのさい全員すぐに自宅に戻り、入口の扉に「タレントゥム人」と書きつけておくよ
5 うに指示した。(2) そしてその一方で、ローマ人の宿舎にこの語を書きつけた者は死刑に処すると申し渡した。
6 その後配下の士官のなかから適当な人物を選び出して、ローマ人の住居の略奪を命じ、書きつけのない家は
敵の家と見なせという指令とともに送り出した。

三二　略奪の結果集められた各種の家財類は膨大な量に達し、その収益はカルタゴ側の期待を裏切らない
2 すばらしいものだった。その日の夜はカルタゴ軍は武具を着けたまま就寝した。翌日、ハンニバルはタレン
トゥム市民と協議したうえで、城山を占拠するローマ軍(3)が今後タレントゥム市民に脅威を及ぼさないように、
3 市と城山をへだてる防御物を構築することを決定した。そしてその第一段階として、城山の囲壁とその前の
4 壕の両方に並行する柵を築くことにした。しかしローマ軍はそれをけっして見過ごさないだろう、なんらか
の方法で戦力を誇示する行動に出てくるに違いないという確かな予想をもっていたハンニバルは、ここでロ

（1）南北を海に挟まれた半島に位置するタレントゥム市の西端に城山がある。リウィウスは市の北岸の港に出て、城山に向かった。

（2）リウィウス『ローマ建国以来の歴史』第二十五巻一〇-九によれば、タレントゥム市民は各自の自宅に自分の名前を書きつけるよう命じられる。

（3）このとき城山に立てこもったローマ兵はアッピアノス『ローマ史』第七巻三三によれば約五〇〇〇人だった。

ーマ兵の戦意を挫き、逆にタレントゥム市民の士気を高めることが今後のためにはなによりも必要だという
5 判断から、選りすぐりの兵士たちに出撃態勢をとらせておいた。すると案の定、最初の柵の設置に取りかか
ると同時に、ローマ軍が勢いよく果敢に襲いかかってきたので、ハンニバルは少しばかり抵抗を試みてロー
マ軍の突進を誘い出し、その大部分が壕のこちら側まで走り込んできたときを見はからって、待機していた
6 軍勢に一斉攻撃の命令を出した。衝突が壁でさえぎられた狭い区域で発生したため戦いは熾烈をきわめたが、
7 最後にはローマ軍が力負けし、背を向けて敗走に転じた。ローマ兵のなかには敵の手にかかって倒れた者も
多かったけれども、大半は押し込まれたあげくに仲間もろとも壕に転落して命を落とした。

三三 その後ハンニバルは無事に柵を築き終えると、計画が思いどおりに進んだことに満足していったん
2 動きを止めた。というのもこの戦いの結果、ローマ兵たちは自身の生存ばかりか城山の確保さえおぼつかな
3 くなり、そのために囲壁の内側から出られなくなってしまったからであり、逆にタレントゥム市民は、この
さきカルタゴ軍の助けを借りなくても自分たちだけで十分ローマ軍に対抗できるという自信を得たからで
ある。

4 その後ハンニバルは、先の柵から少し間をあけて市の方に寄った所で、城山の囲壁と柵に並行するあらた
5 な壕の掘削に着手した。掘り出した土は［先の柵とは］反対側に、つまり壕の市に近い方の縁に積み上げ、さ
らにその積んだ土の上にあらたな柵を築いたので、そこに出現した防御物の威力は一枚の城壁と比べても見
6 劣りしないほどであった。それに続いて今度はこの壕のさらに内側つまり市に近い側に、壕から適当な間隔
をあけてそれに並行するかたちで防壁を築き始め、この壁を「救いの道」から「低い道」まで伸びる長壁に

7 仕立てようとした。こうして仮に駐留兵士がいなくても、構築物だけで十分にタレントゥム市民の安全を確
8 保できるような堅固な防御を作っておきたかったのである。そうして市と防壁の守りにふさわしい十分な戦
力の騎兵隊を駐留軍として後に残し、ハンニバルは市から四〇スタディオンほど離れた所、ある川のほとり
に陣営を置いた。この川はガライソス川という名ももつが、多くの場合はエウロタス川と呼ばれていて、こ
9 の別名はラケダイモンのそばを流れるエウロタス川にちなんで付けられた名称である。これに類することは
タレントゥムの郊外でも市内でもしばしば見られるのだが、これはタレントゥムが周知のとおりラケダイモ
10 ンの植民市であり、住民が血縁関係にあるからだ(1)。防壁はタレントゥム市民の懸命の努力とカルタゴ兵の協
力のおかげでたちまち完成し、それ以降ハンニバルの目標は城山奪取にまで向けられるようになった。
三四　ところが城山攻略のための準備をすっかり整えた頃になって、メタポントゥム(2)から援軍が海路で城
山に運び込まれ、ローマ軍も少しばかり士気を回復した。そして夜のうちに攻城機械に攻めかかり、準備さ
2 れていたそれらの機械や仕掛けなどをすべて破壊してしまった。このためハンニバルは城山攻囲を断念せざ
るをえなくなったが、防壁の構築はすでに完了していたので、この機にタレントゥム市民の集会を開き、現

(1) タレントゥムは前八世紀末、第一次メッセニア戦争後の混乱のなかでスパルタを去った「処女の子たち」（パルテニアイ）と呼ばれる人々（その出自については市民出征時に国有農奴を父として生まれたなどの伝承がある）によって建設されたと伝えられる（ストラボン『地誌』第六巻三-二-三）。

(2) タレントゥムからタラント湾岸を四〇キロメートルほど南西に進んだ所にあるメタポントゥムは、当時はローマに協力していたが、直後、前二一二年のうちにハンニバル側に移った（リウィウス『ローマ建国以来の歴史』第二十五巻一五-六）。

3 状においてなによりも重要なのは制海権を奪い取ることだと教え諭した。先に述べたように、城山が港湾へ
の入口ににらみを利かせる位置にあるために[1]、タレントゥム市民は船をいっさい使えず、港から船を出すこ
4 ともできないでいる一方、ローマ軍は自在に必要物資を海上から補給していたのである。そのような状況で
5 は、市の独立を確保することなどとうてい不可能だった。そのことを十分に承知していたハンニバルはタレ
ントゥム市民に語りかけ、城山の占領軍はいったん海路への望みを断ち切られれば、自分たちの方から身を
6 引いて、さっさと城山を退去し、市民たちに引き渡すだろうと説いた。それを聞いていたタレントゥム市民
は、その説明の正しさは認めながらも、この状況でどうすればそれを実現できるのか、その方法をどうして
も思いつけなかった。カルタゴ本国から艦隊が来援でもすれば別だろうが、しかし当時の状況ではそれも望
7 めなかった[2]。だから市民たちは、ハンニバルがいったい何を当てにしてそんなことを口にするのか理解でき
8 なかった。しかもハンニバルがそれに続けて、カルタゴ艦隊の助けなど必要ない、タレントゥム市民だけで
すでに制海権を握っているようなものだと言ったときには、その真意を測りかねてただ呆然とするばかりで
9 あった。しかしハンニバルは一本の大通りにかねてから目を付けていて、横断壁の内側でそれに並行し、港
10 から外海まで続くこの道を使って、船を港から市の南側まで曳いていくという構想を練っていた。そこでハ
ンニバルがこの案を披露すると、市民たちはそれに一も二もなく賛成したばかりか、このハンニバルという
11 男を驚嘆の目で眺め、この将軍の知略と豪胆にまさるものはひとつとしてあるまいと感心した。運搬用の台
車はたちどころに製作を完了し、その後も豊富な人手と熱心な努力が計画の後押しをしたので、構想は言葉
に出るが早いか現実になった。

12 このようにして船を外海へ曳き出すことに成功したタレントゥム市民は、敵方への外からの援助を断ち切
13 り、それ以降、城山に立てこもる軍隊の包囲を確実に進めていった。一方ハンニバルは市内に守備隊だけを残し、その他の全軍を率いて出立すると、三日間をかけて最初の陣営に到着した。[3] そしてその冬[4]の残りの期間をその場所に滞在して過ごした……。『古代抜粋集』

三五[5] ……ローマの執政官〔代理〕ティベリウスは待ち伏せの罠にはまり、勇敢な抵抗を試みた末に、麾下

（1）あらかじめタレントゥム周辺の地理を説明する部分があったようだが散逸した。城山の西側の水路は幅約一五〇メートル。船はここを通り抜けて湾内（現マレピッコロ）に入り、市の北側にある港に着く。水路には橋が架けられていた（アッピアノス『ローマ史』第七巻三四）。

（2）この頃カルタゴ艦隊はシキリア島に展開していた。

（3）第八巻二六-二参照。

（4）前二一三／一二年の冬。このあとタレントゥム市は前二一〇九年に、守備軍のなかのあるブルッティウム人隊長の裏切りによって再びローマ軍の手に落ちる。しかしその事件についてのポリュビオスの記述は、第十巻一にその導入部が残るのみである。

（5）底本校訂者はティベリウス・グラックスの死が前二一二年であることを理由に、以下の断片（三五－三六）をこの位置に置いたが、この判断は誤りで、正しくは『古代抜粋集』に収録された順序どおり第八巻の初めの部分にあったとする見解が有力である（ウォルバンク、ヴェール）。

の全軍勢とともに命を落とした[1]。このような不慮の失敗にかんしては、死んだ者の非を責めるべきか、それ
とも寛容に見るべきか、いちがいに判定を下すのは賢明ではない。なぜならたとえ考えうるすべての策を講
じていても、人間に定められた正義というものを平然と踏みにじる輩を相手にして、その手中に落ちてしま
2 った人たちは数多くいるからだ。とはいえなんの検分もしないまま、ただちに判定をあきらめるのではなく、
指揮官が置かれたその時々の状況に目をこらして、ある場合には責め、ある場合には寛容に見ることが必要
である。その点を明らかにするために、いくつかの実例をあげよう。
3 ラケダイモンの王アルキダモスは、クレオメネスが権力への野心をもっているのに気づいていったんスパ
4 ルタから逃亡しておきながら、しばらくして説得を受け入れ、再びクレオメネスの手に身をゆだねた[2]。だか
らその結果として王権ばかりか命までも奪われても、アルキダモスは後世の人々に対して自らの行動を弁明
5 することはできない。なぜなら状況は以前と変わりがなく、それどころかクレオメネスの野心と勢威はむし
ろ拡大していたにもかかわらず、アルキダモスはかつてそこから逃げ出すことによってようやく身の安全を
図れたその相手の懐に飛び込んだのだから、あんな目に遭ったところで、いったいどうして予期せぬ結果だ
ったと言えようか。
6 テバイ人ペロピダス[3]にしても、僭主アレクサンドロス[4]の暴戻ぶりは十分に承知していたはずだし、僭主と
いうのは自由の擁護者を最大の敵と見なすという事実もわきまえていたはずである。にもかかわらず、エパ
ミノンダスを説得してテバイのみならず全ギリシアの民主制を擁護するために立ち上がらせただけでなく、
7 自らアレクサンドロスの専制政治を打ち倒すためにテッサリアに敵として遠征したあと、再びそのアレクサ

ンドロスのもとへ使節として赴くという無謀をおかした。そして当然ながらアレクサンドロス側に拘禁されたペロピダスは、けっして信用するべきでない男をよく考えもせず軽はずみに信用したばかりに、テバイをはなはだしい苦境に追い込み、そのうえそれまで築き上げてきた自身の名声もすっかり地に落としてしまった。 8

(1) 前二一二年、ルカニア地方の指導者のひとりフラウスは、カルタゴの将軍とあらかじめ意を通じたうえで、前年の執政官ティベリウス・センプロニウス・グラックスをルカニアの首領たちとの会談によりローマとの和解を固めるためと偽って誘い出した。これを信用したグラックスは少数の手勢だけを連れて指定された場所に現われ、そこに待ち伏せしていたカルタゴ軍に襲われて討ち取られた。ただしベネウェントゥム近郊で水浴中に奇襲を受けたという別伝もあった(リウィウス『ローマ建国以来の歴史』第二十五巻一六―一七)。

(2) 第五巻三七参照。

(3) ペロピダスは前三七九年にテバイのカドメイア城砦をスパルタから奪い返し、その後も幾度かスパルタを破ったほか、前三七〇年にはエパミノンダスとともにペロポンネソスに侵攻するなどして名声を上げた。しかし前三六八年、ペライの僭主アレクサンドロスの横暴に悩まされていたテッサリア地方の諸都市から来援を要請され、テッサリアに遠征したとき、アレクサンドロスと会談するつもりで友人ひとりだけを連れてパルサロスにおもむき拘束された。しかし翌年にはエパミノンダスがテッサリア侵攻の構えを見せたため、アレクサンドロスは怖れてペロピダスを解放した。その後ペロピダスは前三六四年にテバイ軍を率いてキュノスケパライの戦いでアレクサンドロスの軍勢を破ったが、自身は戦場で命を落とした(プルタルコス『ペロピダス伝』二六―三三)。

(4) テッサリア地方の都市ペライの僭主(前三六九―三五八年)。おじのポリュプロンを殺害して僭主の地位に就いた(ディオドロス『歴史文庫』第十五巻六一―二)。政敵を生き埋めにしたり、猪の毛皮を着せてそれに猟犬をけしかけたりなどの残虐が伝えられる(プルタルコス『ペロピダス伝』二九)。

9 シキリア戦争のおり、軽率な行動から敵の捕虜になったローマ執政官グナエウスも、やはり同じ部類に入
る(1)。ほかにもこの種の事例は数多い。

三六　それゆえ自身の不注意から敵の手中に落ちた者は責められて当然であるが、しかし可能なかぎりの
2 用心をしていた者については、その非を咎めるべきではない。だれひとり信用しないなどというのは現実に
はとうてい不可能なのだから、相手からできるかぎりの担保を取りつけたうえで理にかなった行動をとった
3 のなら、それを責めるわけにはいかない。その種の担保には誓約を立てさせる、子供や婦人を人質に取るな
4 どがあるが、もっとも有効なのは相手のそれまでの生き方を検討することである。そしてこのような手段を
とったうえでなお欺かれて危地に陥れられたなら、咎められるべきは陥れられた方ではなく陥れた方である。
5/6 したがって最善の方法は、信用する相手が破棄できないような担保を要求することだが、そのような担保は
めったにあるものではないから、取るべき次善の道は、思慮をはたらかせて万全の用心をすることである。
そうすればたとえ相手に足をすくわれても、必ずや世の人々から寛大に見てもらえるであろう。
7 　その実例は過去にいくつもあるけれども、そのうちでももっとも紛れがなく、そして私がいま叙述している
8 時代にもっとも近いのは、アカイオスの例であろう(2)。アカイオスは自身の安全に万全を期し、そのためにで
きることはなにひとつ怠らず、人間の思慮が及ぶかぎりのあらゆる場合に備えて予防手段を尽くしたが、そ
9 れにもかかわらず敵のしかけた罠に落ちてしまった。だからこそこの出来事は、世の人々から罠をしかけら
れた方への憐憫と寛容を引き出し、逆に罠を仕掛けた方への非難と嫌悪を呼び起こしたのである……。

『古代抜粋集』

2

シキリア史

三七　……彼は〔塔の〕石積みが何段あるかを数えた。〔塔は〕等しい高さの石で建造されていたので、地上から胸壁までの高さはいとも容易に算出できた(3)……。『スダ事典』

……ところが〔城壁の高さについての情報が入った〕数日後、ひとりの〔シュラクサエからの〕逃亡者から、シュラクサエ市内では三日前から全員総出でアルテミス女神の祭礼が催されているという情報が得られた。しか

(1) 前二六〇／五九年の執政官グナエウス・コルネリウス・スキピオ・アシナはリパラ港でカルタゴ艦隊に封じ込められ、投降をよぎなくされた(第一巻二一-四-八)。

(2) 第八巻一五-二一参照。

(3) 第八巻七から続くシュラクサエ包囲についての断片。本章のエピポラエ(市域の北西の台地)占領は前二一二年春の出来事。その後のシュラクサエ市域本体の占領(前二一二年秋)についての説明は散逸し、それに続く市内略奪にかかわる記述だけが第九巻一〇に残る。逸失したシュラクサエ陥落のいきさつについては、リウィウス『ローマ建国以来の歴史』第二十五巻二三-三一に記されている。プルタルコス『マルケルス伝』一八-一九も参照。それによると包囲中のシュラクサエから、スパルタ人ダミッポスがマケドニア王ピリッポスへの使節として出発したが、途中でローマ軍の手に落ちた。ローマ側はギリシアでのスパルタの協力を期待していたので、ダミッポス返還の要請に応じ、そのためにシュラクサエの城壁近くで幾度か交渉をもった。その交渉のあいだにあるローマ人がその地点の城壁が思っていたより低いのに気づき、その高さを目算したという。

もそれによると、穀物は不足しているので倹約しながら食べているが、ぶどう酒はエピキュデスからもシュ
ラクサエ市民からもふんだんに提供されるので、腹いっぱいに飲んでいるという。それを聞いたマルクスは、
城壁の低くなった箇所があったのを思い起こし、しかも市内の人々が深酒と食糧不足のために酔いしれてい
3 るに違いないと推測して、この好機にかけてみようと決断した。そこでさっそく城壁の高さに見合った梯子
を二本用意し、それに続けて、不意を突いての城壁登攀というこの危険きわまりない作戦を実行するのにふ
4 さわしい兵士を選び出し、計画を告げるとともに、成功したときの多大の報奨を約束した。また梯子を運ん
で登攀の援助をするための部隊も選んだが、この者たちにはただ命令どおりに行動するよう指示しただけで、
詳細は明かさなかった。そして兵士たちが指令に服するのを確認すると、マルクスは夜間の適切な時刻を見
5 はからって登攀班の兵士たちを起床させた。そしてまず梯子部隊を歩兵中隊一個と軍団副官一名とともに出
発させたが、そのさい勲功を立てた者には報奨が贈られることを想起させておいた。その後、全軍に起床を
6 命じたあと、先行の部隊を歩兵中隊ごとに間隔をおきながら送り出した。こうして出発した兵士が一〇〇〇
7 人に達したところで、しばらく間をおいてから、マルクス自身も残余の軍隊とともに後を追った。そして梯
子運搬兵が敵に見つかることなく、無事に城壁に梯子をかけ終えたとみるや、登攀任務に指名された兵士た
8 ちがそれを一気に駆け上がった。そしてこちらも敵に気づかれることなく城壁上にしっかりと足を置くと、
9 続いて全兵士がもはや出陣時の隊列にかまわず、各人の体力にまかせて梯子を駆け登った。その後まず城壁
上の通路を進んでいったが、そこにはひとりの衛兵もいなかった。塔のなかには供犠のために市民たちが集
10 まっていたのだが、まだ酒を飲んでいるか、そうでなければとうに酔いつぶれて眠りこんでいたのだ。それ

ゆえローマ兵は、いちばん手前の塔とその次の塔のなかにいた市民の眼前に音もなく突然に姿を現わすと、
11 そのほとんどを他所に気づかれないままに殺害した。それからヘクサピュラ門(1)までやって来たところで城壁
から下り、そのすぐそばに造られた小門を破ると、そこから総司令官に率いられた残余の軍隊を導き入れた。

こうしてローマ軍はシュラクサエを占領した(2)……。『コンスタンティノス抜粋集——戦術について』
12 ……市域が広大で、距離が遠かったために、市民のうちのだれひとりそのとき起こっている出来事に気づ
かなかった(3)……。『スダ事典』
13 ……エピポラエ一帯を制圧して、ローマ軍は意気揚々としていた……。『スダ事典』

イベリア史

三八 ……［グナエウス・スキピオは］歩兵たちに、荷物を荷鞍にくくり付けたまま後ろから持ってきて自分たちの前に置くよう命じた。兵士たちがそのとおりにすると、いかなる防柵と比べても見劣りしない堅固な

(1) 第八巻三-二参照。
(2) 実際に市全体を占領するのはこの数ヵ月後だから、「こうして……占領した」の一文は抜粋集作成者による説明であろう。
(3) ローマ軍が登ったのはエピポラエの北面の城壁で、市域本体はエピポラエの南にある。

防御物ができ上がった(1)……。

『スダ事典』

2

位置不明の断片

三八b　アンカラ、イタリアの都市。そこの住民の名称はアンカラテス人。ポリュビオスが第八巻に記す(2)。

ビュザンティオンのステパノス『地名事典』

……彼は罰を受けるのが確かなので、不確かな望みにすがりながらどんなことにも耐える覚悟を固めた(3)……。

『コンスタンティノス抜粋集――意見について』

（1）グナエウス・スキピオは前二一八年に艦隊を率いてイベリアのカルタゴ勢力駆逐のために遠征に出て、前二一七年にはイベル河口付近の海戦でカルタゴ艦隊を破るなどした。同年に弟のプブリウス・スキピオも増援軍とともにイベリアに来て、兄弟でこの地のローマ勢力拡大を進めた（第三巻四九–四、七六、九五–九七）。その後もカルタゴ軍がイベリアからイタリアに援軍を送るのを許さず、前二一二年にはサグントゥムを奪い返すなどの戦果を上げた。しかし前二一一年、イベリア南部で兄弟が二手に分かれてそれぞれに指揮をとっていたとき、地元ケルトイベリア族の兵士たちがハスドルバルの誘いに乗ってローマ陣営から離脱したのをきっかけに、まずプブリウスが倒れ、続いてグナエウスも討たれた（リウィウス『ローマ建国以来の歴史』第二十五巻三二–三六）。この断片はグナエウスが軍勢を丘の上に集めたあと、ハスドルバルらの率いる敵の大軍に取り囲まれたとき、自陣の中央に置いていた荷物を防壁代わりに前面に積み上げるよう指示する箇所である（同書第二十五巻三六–七）。このあとこの壁がカルタゴ軍に崩されてグナエウスは最期を遂げたが、ローマ兵の多くは逃げのびた。なおこの断片は前二一一年という年代を考慮すれば、むしろ第九巻一一の前に位置づけられるべきかもしれない。

（2）アンカラという名の都市については不明。

（3）この断片の前後の文脈は不明。

ポントス海
トラキア
ボスポロス海峡
ビュザンティオン
カルケドン
ヘブロス川
アイノス
プロポンティス海
リュシマケイア
ミュシア
ビテュニア
セストス
ランプサコス
ヘレスポントス海峡
アリスバ
キュジコス
アビュドス
メギストス川
イリオン
トロアス
ミュシア
アレクサンドレイア
ペレカス山
アピア平野
ペルガモン
カイコス川
レスボス島

2図. 小アジア北部

ミュシア
ペルガモン
カイコス川
リュコス川
キュメ
アイガイ
ポカイア
キオス島
リュディア
ヘルモス川
スミュルナ
サルデイス
テオス
コロポン
エペソス
サモス島
プリュギア
アパメイア
マイアンドロス川
ラオディケイア
アリンダ
カリア
ロドス
リュキア
カッパドキア
リュカオニア
エウリュメドン川
ピシディア
ミリュアス?
パンピュリア
セルゲ?
アスペンドス
ペルゲ
セルゲ?
シデ
タウロス山脈
キリキア

3図．小アジア南部

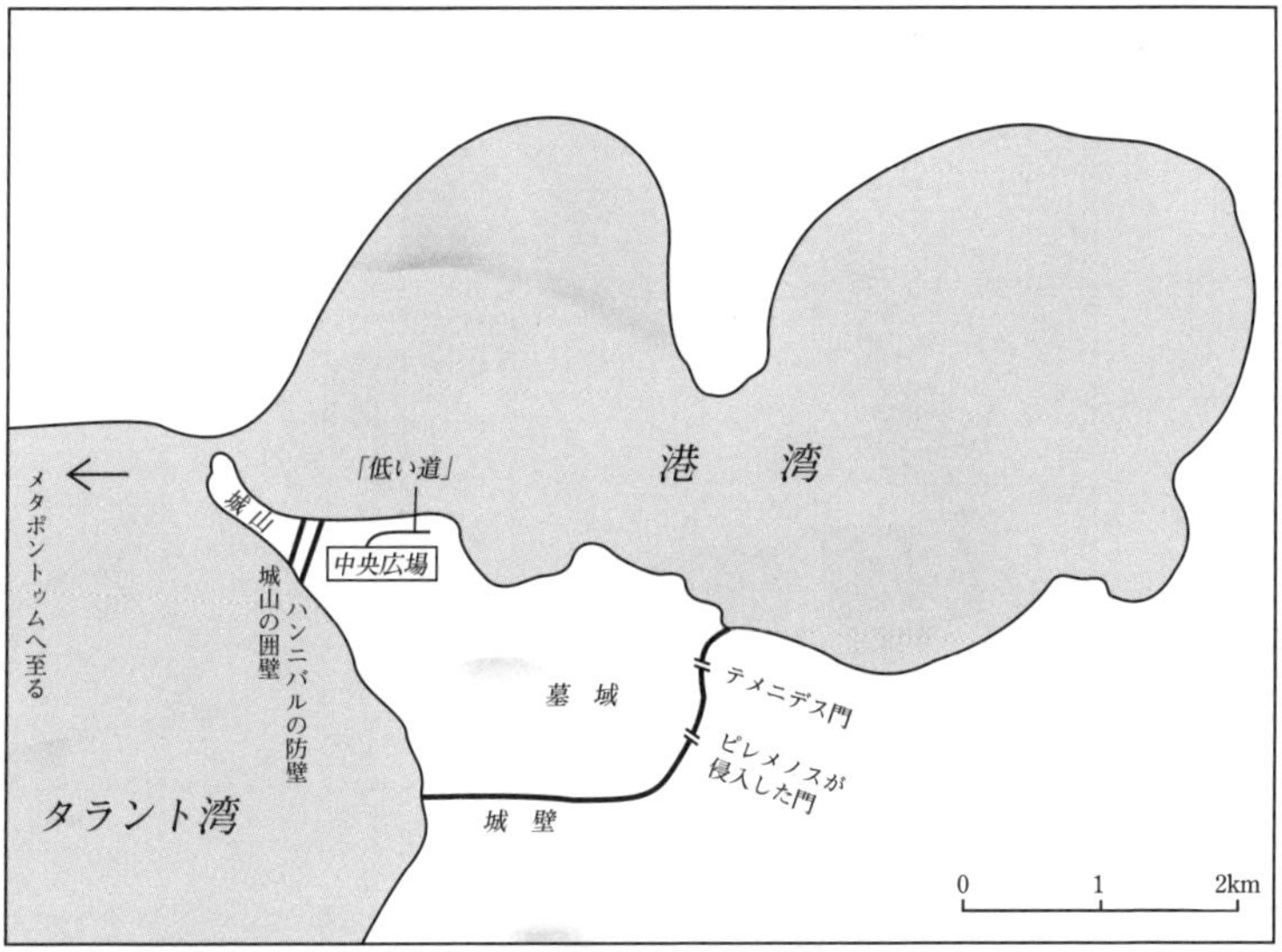

7図．タレントゥム

Walbank, *A Historical Commentary on Polybius*, Ⅱ p.103をもとに作成

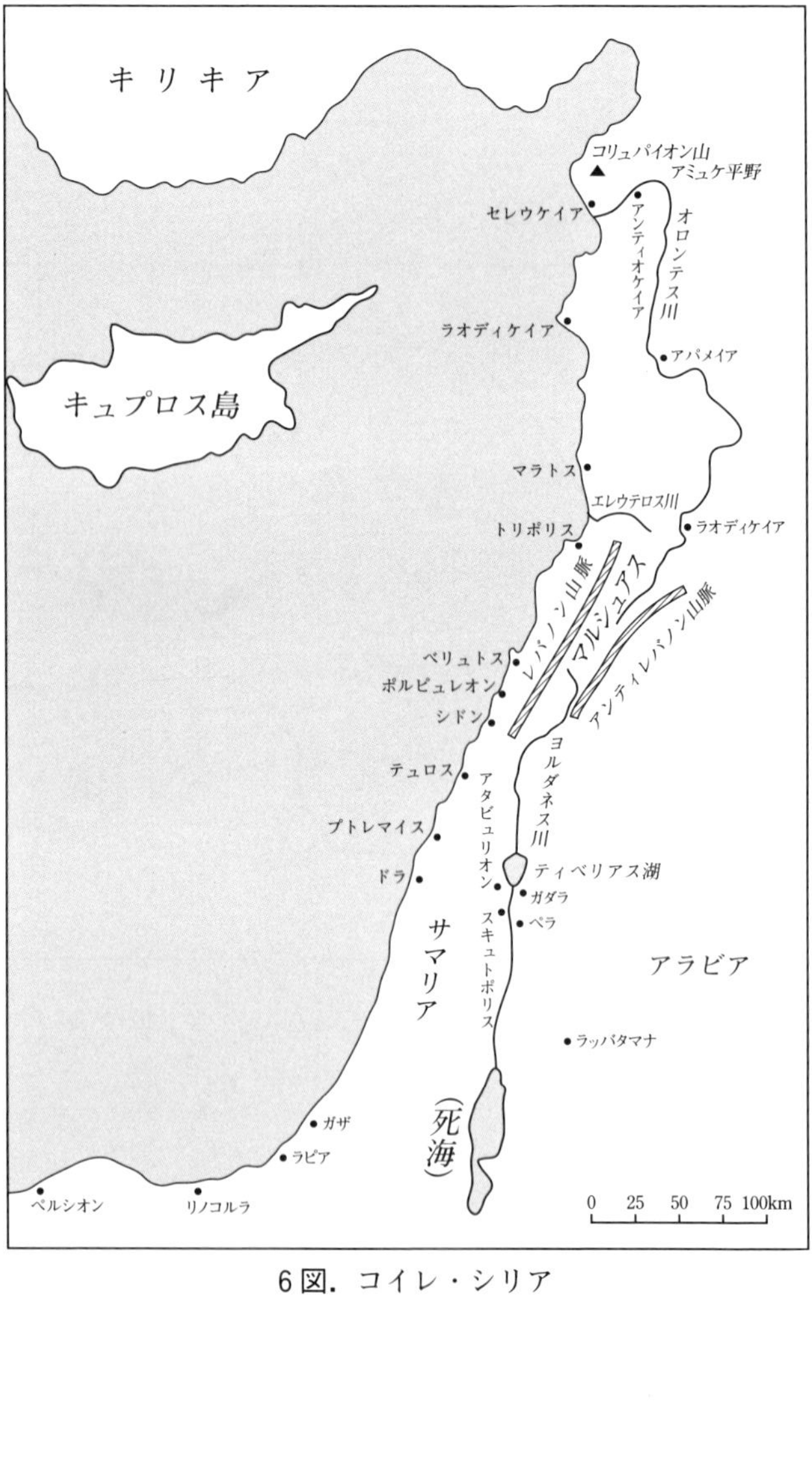

キリキア
コリュパイオン山
アミュケ平野
セレウケイア
アンティオケイア
オロンテス川
ラオディケイア
アパメイア
キュプロス島
マラトス
エレウテロス川
トリポリス
ラオディケイア
レバノン山脈
マルシュアス
アンティレバノン山脈
ベリュトス
ポルピュレオン
シドン
テュロス
アタビュリオン
ヨルダネス川
プトレマイス
ドラ
ティベリアス湖
ガダラ
ペラ
スキュトポリス
サマリア
アラビア
ラッバタマナ
(死海)
ガザ
ラピア
ペルシオン
リノコルラ
0 25 50 75 100km

6図. コイレ・シリア

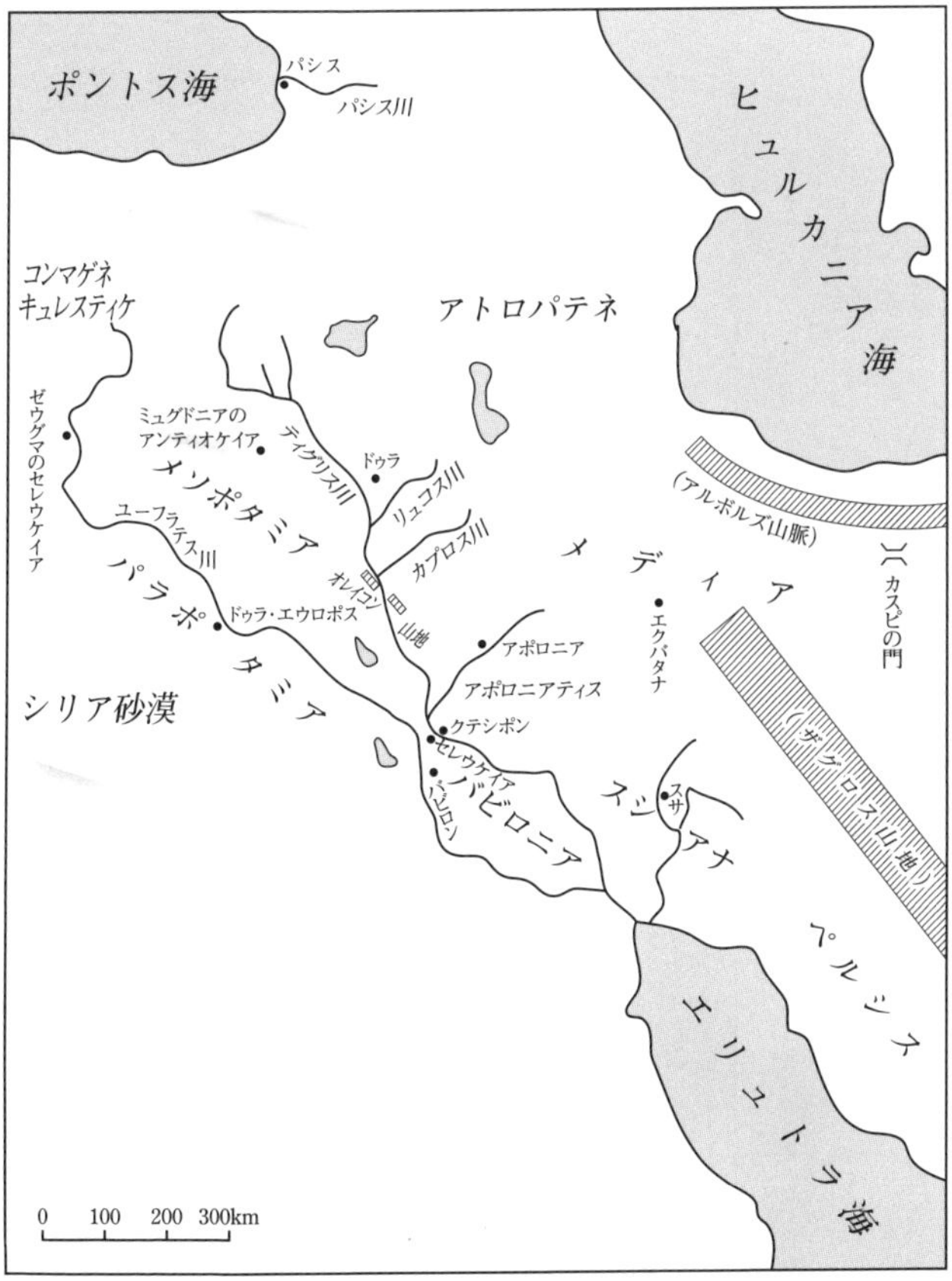

5図．メディア・メソポタミア

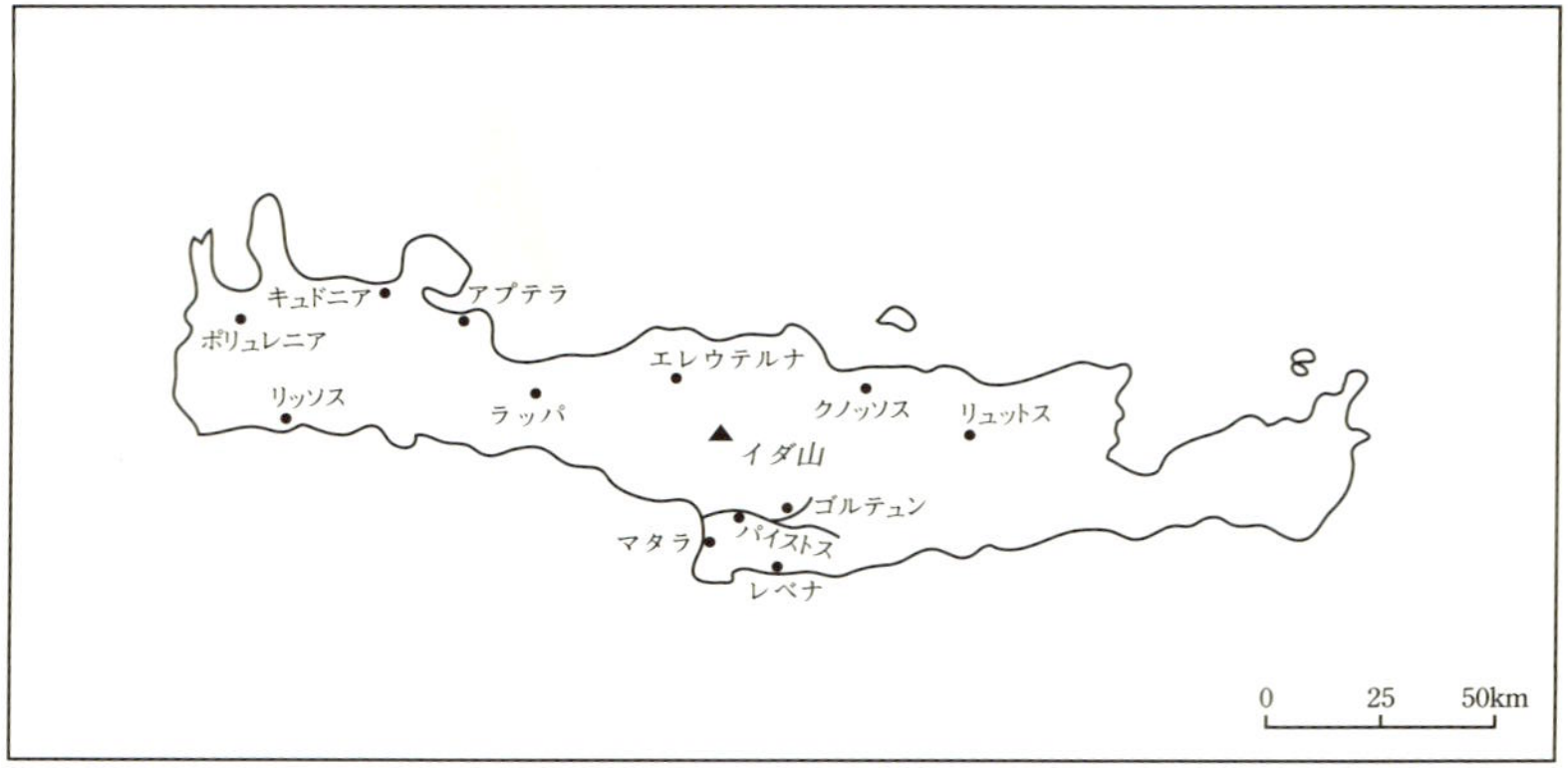
キュドニア
アプテラ
ポリュレニア
エレウテルナ
リッソス
ラッパ
クノッソス
リュットス
イダ山
ゴルテュン
マタラ
パイストス
レベナ
0
25
50km

4 図. クレタ島

ミュシア
ペルガモン
カイコス川
リュコス川
キオス島
キュメ
アイガイ
ポカイア
リュディア
ヘルモス川
スミュルナ
サルデイス
テオス
コロポン
エペソス
プリュギア
アパメイア
カッパドキア
マイアンドロス川
ラオディケイア
サモス島
アリンダ
エウリュメドン川
リュカオニア
ピシディア
セルゲ?
タウロス山脈
カリア
ミリュアス?
パンピュリア
アスペンドス
ペルゲ
セルゲ?
シデ
キリキア
ロドス
リュキア

3図. 小アジア南部

ポントス海
トラキア
ボスポロス海峡
ビュザンティオン
カルケドン
ヘブロス川
アイノス
プロポンティス海
リュシマケイア
ミュシア
ビテュニア
セストス
ランプサコス
ヘレスポントス海峡
キュジコス
アリスバ
アビュドス
イリオン
トロアス
ミュシア
ペレカス山
アレクサンドレイア
アピア平野
ペルガモン
カイコス川
レスボス島

2図．小アジア北部

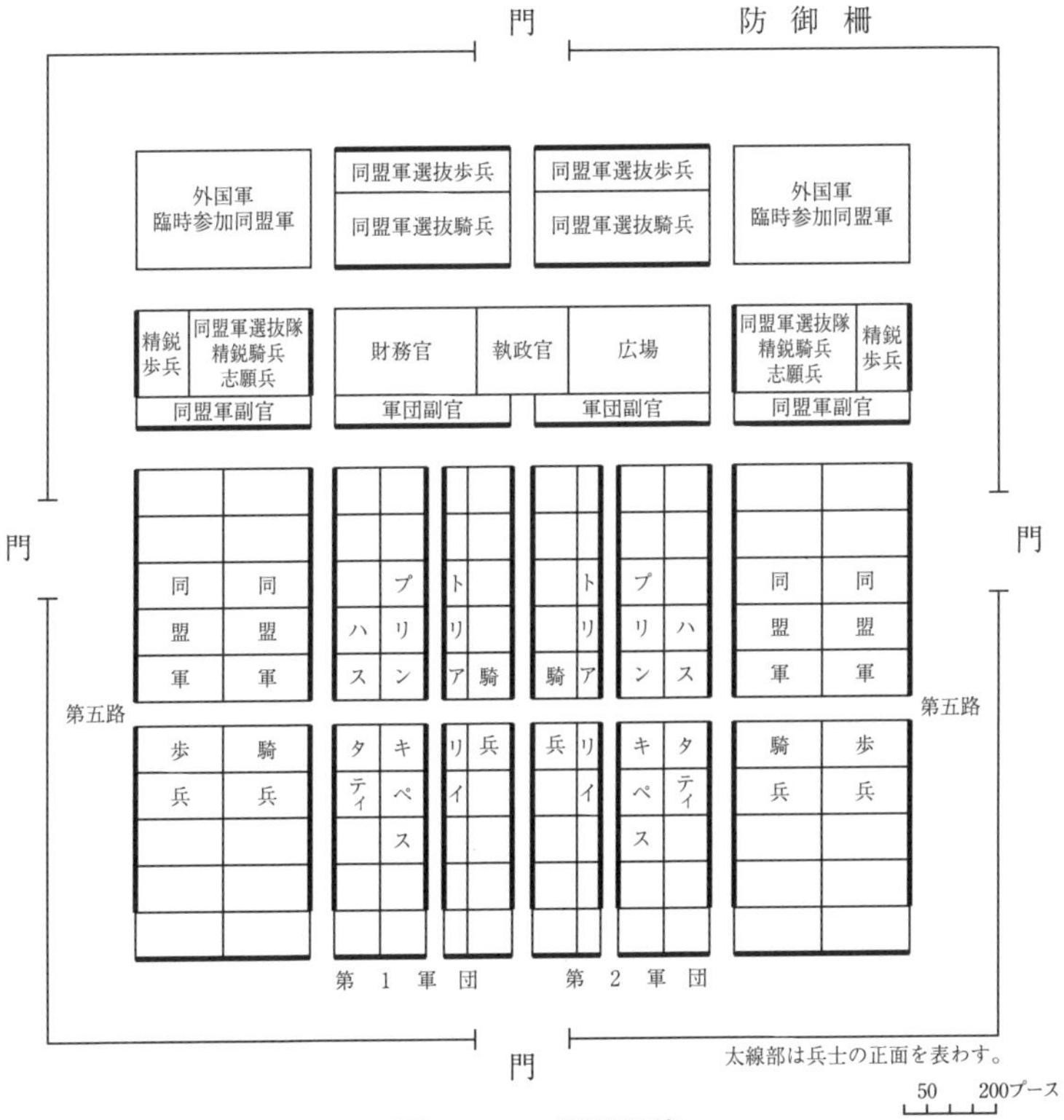

8図．ローマ軍野営陣

Walbank, *A Historical Commentary on Polybius*, Ⅰ p.710をもとに作成

解説

国制論

ポリュビオスは「人の住むかぎりのほとんど全世界が、いったいどのようにして、そしてどんな国家体制によって、わずか五三年にも満たない間に征服され、ローマというただひとつの覇権のもとに屈するにいたったのか」という「史上かつてない大事件」を記述するために本書の筆をとった(1)。国の採用する政治原理がすばらしければ、それが国の発展を促すというポリュビオスの信念は、アカイア連邦発展の原因が「権利の平等と表現の自由、要するに真の民主主義の制度と原理(2)」にあると解釈したときから一貫している。したがってローマの国家体制の問題は本書のなかできわめて重要な意味をもっていて、だからこそポリュビオス自身も「事のついでに語るべき問題ではないし、読者の方も不注意に聞き流してはいけない問題だ(3)」と警告するのだが、残念ながら第六巻以降は完全なかたちでは伝えられておらず、後代の抜粋集や引用や要約などから拾い集めて不完全な復元を試みざるをえない。復元のしかたについては、当然ながら確定的な判断のしにくい場合がしばしばあり、なかには第八巻三五のように底本の排列順がほとんどの研究者から否定されている例もある。しかし第六巻にかんして言えば、おそらくその内容が多くの人々の興味を引いたためであろう、比較的多くの部分が保存されていて、断片の排列の順序についても異論はない。以下、第六巻の国制論について解説する。

国制の循環――アナキュクロシス

ポリュビオスはまず正しい国制を統治者が一人か少数か多数かによって王制（バシレイア）と優秀者支配制（アリストクラティア）と民主制（デモクラティア）に区別し、さらにそれぞれの堕落形態としての三種の国制、すなわち僭主制（テュランニス）、寡頭制（オリガルキア）、衆愚制（オクロクラティア）を加えて六種の国制に分類する。衆愚制は暴力支配制（ケイロクラティア）とも呼ばれる。[4] この六種分類法は、プラトン『ポリティコス』三〇一（二九一d―e）のほか、アリストテレス『政治学』第三巻七（一二七九a―b）、『ニコマコス倫理学』第八巻一〇（一一六〇a―b）においてもほぼ同じかたちで繰り返されている。このことが示すように、この理論はギリシア政治思想の伝統のなかで、ポリュビオス以前に広く知られたものだった。

また国制の変遷の思想についても、プラトンの著作の中にその先例が見いだせる。ポリュビオスも前置きとして、国制は自然に変化するものだという考えが、プラトンおよびその他の幾人かの哲学者たちのすでに

（1）第一巻一-五、第六巻二-三。
（2）第一巻三八-六。
（3）第一巻六四-一。
（4）第六巻四-六、九-七。

述べたことであり、自分はそれを理解しやすい簡潔なかたちで提示するだけだと断っている。[1] プラトンは『国家』第八巻で、彼が理想的国制として規定する種類の優秀者支配制がスパルタやクレタのような名誉支配制（ティモクラティア）に変化し、それが寡頭制に変化して、そのあとさらに民主制、そして最後に僭主制にと順に変化するさまを語った。そしてこのときプラトンは、変化の順序としてこのひととおりだけを想定していたようである。アリストテレスはこの点についてプラトンを批判し、国制の変化は寡頭制から民主制への変化だけでなく、逆に民主制から寡頭制に変化することもあるし、さらに僭主制や優秀者支配制をも含めたあらゆる国制の間で多様な変化が起こりうると異議を唱えている。[2] 確かに現実の歴史を見れば、プラトンの定型的変化は実情に合致しないから、プラトンの描き出した変化の順序は歴史的現実というよりも、それぞれの国制の原理から導き出された理念的関係の表現と考えるべきであろう。

　ポリュビオスは国制変化の順序を固定的に考える点で、プラトンの説を継承している。しかし国制変化が循環するという思想はプラトンにはなく、現存文献に限っていえばポリュビオスにおいて初めて現われる。プラトンは自身の理論のなかで最後に現われる僭主制が、その後どのようにしてどんな国制に変化するのかを説明していない。アリストテレスはこの点についても批判を加え、もしプラトンの国制変遷論をおしすすめれば、僭主制は初めにあった理想の国制に変化して、国制の変化が環（キュクロス）をなすであろうと付け加えた。[3] しかしアリストテレスはこの環への言及を、プラトン説が空論であることを証明し、その非現実性を示すために述べたのであって、アリストテレス自身が国制の循環を提唱したわけではない。

　したがって国制循環論についての記述に私たちが出会うのは、ポリュビオス『歴史』が最初になるのだが、これがポリュビオス自身の考え出した理論である可能性は小さい。おそらくポリュビオスの時代には、幾人かの学者がプラトンを源流とする国制変遷論になんらかの改変を加えたような理論を公表していて[4]、そのなかに変遷最終段階での始点への回帰を含むものがあったのであろう。それが誰の学説であったかについては、研究者たちからいくつかの提案が出されているけれども、いずれも確証はない。ただ言えるのは、ポリュビオスにとって循環という枠組みそのものは主要な関心事ではなかっただろうということである。

ポリュビオスが循環について述べるのは第六巻九-八―一〇だけである。それによれば、民主制が腐敗し堕落した結果、むき出しの暴力が支配する状況が現われ、人々は最大の力をもつ人物に従うようになって、五-四―九に描かれたような原初の状態が再び出現するという。ところが国制の変遷をあらかじめ素描した四-七―一一では、衆愚制の出現によって変化が完了したかのような書き方をしていて、そこから独裁制への回帰については言及がない。そのため九-八―一〇で始点への回帰が語られるのはかなり唐突な印象を与えるし、回帰の経過についてのポリュビオスの説明も十分とは言いがたい。ポリュビオスは国制変化の理論のなかの最終段階の部分には、それほど大きな注意を払っていなかったようである。そもそも第六巻の国制論は、ローマが強大な国家を作ることに成功した理由を解き明かすために構想されたのだから、変遷の最終

(1) 第六巻五-一―二。
(2) アリストテレス『政治学』第五巻一(一三〇一b)、七(一三〇七a)、一二(一三一六a)。
(3) アリストテレス『政治学』第五巻一二(一三一六a)。
(4) 第六巻五-一。

段階についての議論は国制論の目的とは無関係である。一般にはポリュビオスというと国制循環論の提唱者と見なされ、その面ばかりが強調されることが多いけれども、この史家が書こうとしたのは最終段階に至るまでの国制の変遷であり、そしてその変遷のなかでローマがどのように位置づけられるかという問題であったことを忘れてはならない。

盛衰の自然法則

国制の推移あるいは循環についての理論とならんで、ポリュビオスが国家の時間的経過を説明するときに用いるもうひとつの理論が、生物体の誕生と死になぞらえた盛衰の自然法則である。ポリュビオスは国家の成立から衰亡に至るまでの一連の経過を表わすのに、誕生（ゲネシス）、成長（アウクセシス）、盛期（アクメ）、変化または変質（メタボレ）、衰弱（プトラ、プティシス）といった言葉をくり返し使用するが、これらはいずれも元来生物の一生を表わすのに使われる言葉である。[1] 生物がいったん生まれた以上、壮年を経ていずれ老年と死のときを迎えねばならないのと同様に、存在するものはすべて変質と衰弱という法則から逃れられない。これは自然の法則であり、自然によって定められた動きであるから、万物がそれに服さざるをえないのであって、国家もまた例外ではない。国制を論じた部分には「自然に」「自然にしたがって」のように自然（ピュシス）という語が頻出し、[2] 国家の衰退も国制の変遷も「自然な」移り変わりの一部として語られる。カルタゴにせよローマにせよ、どんなに強大を誇った国であれ、盛期の持続には限界があり、頂点を過ぎれば下降の局面に入らざるをえない(3)。

そのような見方自体はとりたてて珍しいものではないであろうし、ギリシア思想の伝統のなかにも、人間世界のあらゆるものがいずれ消滅の定めのもとにあるという考えはあった。だからポリュビオスは国家の移ろいを説明するために、この法則を国制循環論と並んで用いた。しかし厳密に考えれば、この二つの原理を両立させようとすれば矛盾が生じるはずであり、理論的な難題を抱えこむことになる。なぜならポリュビオスの循環論は三種の正しい国制が腐敗して、それぞれの堕落形態に落ち込み、そのあと再び上昇して次の正しい国制に移行するという構造をもつ。この三度の上昇と下降のくり返しは、成長と盛期と衰弱というカーブとどのように重なるのか、循環のサイクルのうちのいずれかの部分が盛期に当たるのか、もしそうだとすればそれはどの部分なのか、それらの点についてポリュビオスは明確な説明をしていない。

ポリュビオスが両立しがたい二つの原理をなんのために持ち出したかといえば、ローマの過去と現在を自分で理解し、読者に説明するためだった。すなわちかつてローマがカンナエの合戦に惨敗したあとも不屈の闘志を捨てず、最後にはハンニバルを破って勝利を得られたのはなぜか、そしてローマが全世界を支配するほどの強大な国家になれたのはなぜか、その奇跡の理由を説明するために、ポリュビオスはローマが混合制

(1) 第六巻四-一一-一三、九-一一-一三、四三-一、五七-一〇、一三、一〇-一、四、五七-一。
(2) 第六巻四-九、一一、一三、五-一、六-二、七-一、九-一一-一二。
(3) 第六巻五一-三-五。

国家であると診断し、そのような政体をもっていたからこそ国制循環の必然性から逃れて、強盛を持続できたのだと解説する。だからこの論証のためには国制循環論が必要だった。しかし一方でポリュビオスは、現在のローマに目をこらし、市民たちの行状を観察したとき、衰弱の自然法則を持ち出さざるをえなかった。なぜなら全世界の覇者の地位に昇りつめたあと、市民たちは勝利におごり繁栄に浮かれて、富と顕職への欲望にとりつかれてしまい、ローマ国家は民衆権力の肥大化への道を突き進んでいるように見えたからである。(1) 病変の兆候を見せ始めたローマの国情は、この史家の目に、成長と盛期のあとには必ず衰弱が訪れるという自然法則の実証と映ったであろう。ポリュビオスにとってはなによりも現実のローマが関心事だったのであり、それを説明しようとしてそれぞれの事実に最適の原理を求めたのであって、原理間相互の整合性の問題はその探求のための障害にはならなかったのである。

混合制

混合政体の理念もポリュビオスの創見ではなく、それ以前に長い思想史的伝統をもっていた。王にせよ少数指導者にせよ、また民衆にせよ、ひとつの機関や階層だけが国家の全権力を握るような単純政体ではなく、それらを適度に混ぜ合わせた混合制こそが最善の国制だという思想は、ポリス内抗争に悩まされつづけたギリシア人の歴史を背景に、安定した国家を模索する人々が提出した答えのひとつだった。早い例としては前四一一年にアテナイに現われた五千人会議体制を、トゥキュディデスは「少数有力者と多数民衆とのほどよい混合が実現した」ものと見なして称賛した。[2] その後も混合制は、国制の問題を論じるにあたって重要なテーマのひとつだったが、そのさい混合制の実例として常に引き合いに出されるのは、長期にわたって変革とも内乱とも無縁だったスパルタだった。[3] プラトンが『法律』のなかで述べるところによれば、当時のペルシアは独裁制（モナルキア）を、そして当時のアテナイは民主制をそれぞれ極端にまですすめた政治制度をもっていて、その結果ペルシアは隷属に、アテナイは過度の自由に陥ってしまった。しかし国家がうまく統治されるためには独裁制的要素と民主制的要素の両方が適度に備わっていなければならないのであり、それをどこよりも見事に達成したのがスパルタとクレタである。なかでもスパルタの国制は二人の王と長老会と監督官（エポロス）という三つの権力からなっていて、「混合されるべきものが混合され、適度を保っている」がゆえに安定した国家を作ることができた。それゆえスパルタの国制というのは、監督官に着目すれば僭主制に似ているけれども、他の見方をすれば民主制にも優秀者支配制にも見えるし、また王制であることも間違いないという。[4]

またアリストテレスはプラトン『法律』を批判するなかで次のように述べる。すなわち、ある人々の主張によれば、最善の国制とはあらゆる種類の国制の混合したものである。その実例がスパルタであり、そこで

（1）第六巻五七‐五一九。
（2）トゥキュディデス『歴史』第八巻九七。
（3）例えばイソクラテス『パンアテナイア祭演説』一五三。
（4）プラトン『法律』第三巻一一（六九一e‐六九二a）、一二（六九三d‐e）、第四巻五（七一二d‐e）。

は王が独裁制、長老会が寡頭制、そして民衆から選出される監督官が民主制の側面を表わす。また監督官が僭主制、共同会食制などの生活習慣が民主制を表わすという見方もあった(1)。このように混合制の理想はスパルタと結びついて語られることが多かったが、アテナイが持ち出されることもあった。アリストテレスが伝える一部の人々の見方によれば、ソロンはそれまでの純粋な寡頭制を廃止し、代わって国制をじょうずに混合した。その結果生まれた国制のうち、アレイオス・パゴスの評議会が寡頭制、官職の選出が優秀者支配制、民衆法廷が民主制の要素を表わすのだという(2)。一方アリストテレス自身が理想とする国制も、「かんたんに言えば寡頭制と民主制の混合」であり、そのような国制がめざすのは富者と貧者の混合であり、富と自由の混合であるという。ただしアリストテレスが言う「混合された国制」とは、複数の種類の国制が複合してできた国制ではなく、富者と貧者の中間に位置する階層が国家内で多数を占めて国政の任にあたるような国制であり、それを彼は「中間的国制」と呼ぶ。そのような体制のもとでは極端な寡頭制にも極端な民主制にも走ることなく、それゆえ市民間の抗争もおこらないので、もっとも安定した国家を作れるのである(3)。

もっともポリュビオスは第六巻四五-一にアリストテレスの名をあげていないところを見ると、アリストテレスの『政治学』を読んでいなかったらしい。ポリュビオスが混合制についての知見をどこから得たかは確定できないけれども、多くの研究者はメッサナ出身のディカイアルコスが典拠となった可能性を示唆する。アリストテレスの弟子で前四世紀末頃に活動したディカイアルコスには、現在は散逸したが『トリポリティコス』という著作があったことが知られており(4)、これが王制、優秀者支配制、民主制の三種からなる混合制についての説明だったと推定されるからである。といってもポリュビオスがそれから影響を受けたという確かな証拠はなく、この学者の地理学書を読んだことが確かめられるにすぎない。(5) それ以外にも、ストア派学者の著作としてこれら三種の国制の混合したものを最善の国制と規定する著作があったと伝えられ、その著者はおそらくクリュシッポス（前二八〇頃―二〇七年頃）と推定される。(6) 前二世紀中頃に書かれた大カトーの『起源』もカルタゴの国制を同じ三種の国制の混合と説明していた。これらのことから考えて、おそらくポリュビオスの時代には、混合制の思想は特定の学派や学者の枠を越えて流布していたのであろう。ポリュビオス自身も混合制が自分の創案だと主張しているわけではない。(7) しかしローマ国制を混合制と見なしたのは、現存文献から知られるかぎりではポリュビオスを嚆矢とし、実際にポリュビオスの創見だったと考えて間違いないであろう。

ポリュビオスの考えによれば、混合制が他の国制に比べてすぐれている理由は、そこでは複数の権力のあいだに相互の抑制がはたらいて、いずれかひとつが過度に大きくなるのを防ぐ、そして権力間の均衡が実現するからである。ローマでは王制と優秀者支配制と民主制の要素を体現する執政官と元老院と民会が、それぞれ固有の機能を保ちながら互いに牽制しあい協力しあって、その結果、国内には安定した調和を生み出し、

（1）アリストテレス『政治学』第二巻六（一二六五b）。
（2）アリストテレス『政治学』第二巻一二（一二七三b）。
（3）アリストテレス『政治学』第四巻八（一二九三b―一二九四a）、一一（一二九五b―一二九六a）。
（4）キケロ『アッティクス宛書簡集』一三-三二、アテナイオス『食卓の賢人たち』第四巻一四一a。
（5）第三十四巻五―六。
（6）ディオゲネス・ラエルティオス『哲学者列伝』第七巻一三一。
（7）第六巻三-七。

国外に対しては強い団結力を発揮する。しかしそれほどの安定性をもつ混合制国家でも、永続することはありえない。リュクルゴスの創始した混合制が長期にわたって存続したものの、けっして永遠ではなかったように、またやはりかつては混合制をもっていたカルタゴが民衆の力の拡大とともに国力の衰えをまぬかれなかったように、ローマにもいずれ自然の法則にしたがって衰弱の時がやってくる。(1) ローマは混合制を完成させたことによって国制変革の動きを止めることに成功し、国制循環の外にいったん逃れたけれども、やがて再び循環のなかに引きずりこまれる。安定性を特質とする混合制の理論と変化の必然性を説く国制循環の理論は本来相容れないはずだが、そこにあらゆるものを支配する盛衰の自然法則を持ち出し、その法則を混合制国家にも適用することによって、ポリュビオスは二つの理論を継ぎ合わせたのである。

キケロはローマの共和政体を理想的な混合制と見なす思想をポリュビオスから受け継ぎ、『国家について』(前五一年)を著わした。前一二九年に行なわれた対話という形式をとるこの作品のなかで、スキピオ・アエミリアヌス(小アフリカヌス)は「国政にだれよりも通じていた」二人のギリシア人、ポリュビオスとストア派哲学者パナイティオスを相手に国家についてたびたび議論していたと紹介されたあと、国制の循環と最善の政体としての混合制について語る。(2) そして第二巻で建国以来のローマの歴史を混合制完成に至る歴史として描き出す。しかしポリュビオスと違って、キケロではローマ国家が盛衰の法則のもとにあるという考えは抜け落ちていて、それゆえ祖国の永遠性への信頼が作品の基調になっている。

権力の分立と抑制・均衡の理念が近代の政治思想に与えた影響の大きさについては、あらためて述べるまでもないであろう。執政官・元老院・民会という三機関の抑制と均衡に想を得て、モンテスキューが三権の分立の必要を説き(3)、それがジェイムズ・マディソンらアメリカ合衆国憲法案の起草者たちの糧となったことは、ポリュビオスにとって、この史家自身が好んで使う表現を借りれば「思いもよらない(パラドクソス)」出来事だったに違いない。

ローマの将来

ローマはカルタゴよりも遅れて盛期を迎え、カルタゴがすでに下降局面に入っていた第二次ポエニ戦争の時期(前二一八―二〇一年)にローマは盛期の頂点にあった。だから盛衰の自然法則に従えば、ローマもいずれこのあとカルタゴの後を追って国力低下の時期を迎えることになる(4)。第六巻五七―五―九で覇権国家の内部に進行する道徳的劣化のありさまを語るとき、ポリュビオスはここにあえてローマの名を出さないけれども、これがローマを念頭においたうえでの記述であることは明白である。「国家が次々に現われる重大な危機を切り抜けて、無敵の覇者になり絶頂に達すると、長く続く繁栄に浮かされて生活はしだいに贅沢に傾き……」という記述は、マケドニア王権打倒後のローマ国民の行状を観察したポリュビオスの率直な感想でも

(1) 第六巻一〇―一一、九―一三、五一、五七―二。
(2) キケロ『国家について』第一巻三四、四五、五四、六九、第二巻四一、六五。
(3) モンテスキュー『法の精神』第二部第十一編六。
(4) 第六巻九―一三、五一―五。

あった。

ポリュビオスの史観では、前一六八年にローマがピュドナの戦いに勝利しマケドニア王国を倒した時点で、ローマの覇権拡大は完結し、全世界の征服は完了する。(1) しかしその結果、ローマ人とくに青年たちのあいだに放逸と奢侈の風潮が蔓延し、少年愛と美食への耽溺は、大カトー(前二三四―一四九年)を始め父祖の遺風を重んじる人々の憤激を呼んでいた。そうなった理由は第一に、ポリュビオスによれば、マケドニア王国の崩壊によってローマの世界支配を脅かす敵がもはやひとりもいなくなったことであり、第二にマケドニアの富がローマに流れ込んできたことだった。(2) また前一九八年の第二次マケドニア戦争の記述では、そのときローマ軍を率いた執政官ティトゥス・フラミニウスが賄賂に潔白であったことに触れながらも、すべてのローマ人がそのように高潔な慣行を維持していたのは、ローマが海を越えて戦争に出かけるようになる以前のことであり、今ではそのようなローマ人ばかりではないと付け加えている。(3) 不当な手段で金銭を得るのをなによりも恥ずべきことと考えるのが父祖から受け継いだローマ人の気風だったはずだが、(4) 現在のローマ人はすべてがそのような高い倫理を持ちあわせているわけではないとポリュビオスは診断するのである。官職獲得のための金品贈与についても、厳刑をもって禁止していたにもかかわらず、現実には悪弊が広まっていたことは、ポリュビオスのローマ滞在期間中に再度の禁令を出さねばならなかったという事実からうかがい知れる。そして官職候補者から民衆が金品を受け取るようになるのは、衆愚制への堕落が始まったことを示す最初の兆候なのである。(5)

第二次ポエニ戦争以後の海外進出にともなって、ローマ古来の質朴な生活が変化していったというのは、ポリュビオスだけの感想ではない。前一八八年に終わったアンティオコス三世との戦争のさい、小アジアに侵攻した軍隊が贅沢な家具や宴会の風習をローマに持ち帰ったのをきっかけに、奢侈の風潮がローマに広がり始めたという認識はローマ人自身のなかにもあった。(6) 自ら質素な生活を送りながら、市民たちに安逸への戒めを説き続けた大カトーのような人が注目されたのはこの時代である。

第六巻はローマの成功の理由を解き明かすために書かれたのであり、したがってローマの将来について予測するのはこの巻の主題ではない。しかしポリュビオスがマケドニア王権崩壊までという当初の計画を変更して、前一四六年のカルタゴ陥落とアカイア連邦解体まで『歴史』の叙述を延長したのは、世界制覇に成功したローマが、その後はたして称賛にあたいするような統治をしたかどうかを読者に判断してもらうためだった。(7) そしてローマ人の道徳的劣化の兆候は世界制覇完了後に現われ始めたというのがポリュビオスの認識なのだから、ローマの覇権の将来についてポリュビオスがどのように考えていたかということは、本書を読み解くための重要な鍵だと言わねばならない。

---

(1) 第三巻三-八–四-二。
(2) 第三十一巻二五-三–八。
(3) 第十八巻三五-一–二。
(4) 第六巻五六-一–三。
(5) 第六巻五六-四、五七-六–七。
(6) リウィウス『ローマ建国以来の歴史』第三十九巻六-七–九。
(7) 第三巻四-七。

文献案内

(1) 原典と翻訳

W. R. Paton, *Polybius, The Histories*, 6 vols, Loeb Classical Library, Cambridge, Mass., 1922-1927.

P. Pédech, J. de Foucault, R. Weil, E. Foulon, M. Molin, *Polybe, Histoires*, Les Belles Lettres, Paris, 1969-. ―― 現在原典第十六巻までを一〇冊に分けて刊行し、なお刊行継続中。

(2) 注解書

F. W. Walbank, *A Historical Commentary on Polybius*, 3 vols., Oxford, 1957-1979. ―― 本訳書の訳註はこの注解書に負うところが大きい。

(3) 研究書

C. B. Champion, *Cultural Politics in Polybius's Histories*, Berkeley and Los Angels, 2004.

A. M. Eckstein, *Moral Vision in the Histories of Polybius*, Berkeley and Los Angels, 1995.

K. von Fritz, *The Theory of the Mixed Constitution in Antiquity*, New York, 1954.

P. Pédech, *La méthode historique de Polybe*, Paris, 1964.

K. S. Sacks, *Polybius on the Writing of History*, Berkeley and Los Angels, 1980.

K. Stiewe, N. Holzberg hrsg., *Polybios*, Wege der Forschung, Darmstadt, 1982.

F. W. Walbank, *Polybius*, Berkeley and Los Angels, 1972.
F. W. Walbank, *Selected Papers, Studies in Greek and Roman History and Historiography*, Cambridge, 1985.
F. W. Walbank, *Polybius, Rome and the Hellenistic World*, Cambridge, 2002.

訳者略歴

城江良和（しろえ　よしかず）

四天王寺国際仏教大学教授
一九五七年　兵庫県生まれ
一九八五年　京都大学大学院文学研究科博士課程単位取得
二〇〇七年より現職

主な著訳書
『ギリシア文学を学ぶ人のために』（共著、世界思想社）
アルテミドロス『夢判断の書』（国文社）
『ローマ喜劇集5』（共訳、京都大学学術出版会）
トゥキュディデス『歴史2』（京都大学学術出版会）
ポリュビオス『歴史1』（京都大学学術出版会）

ポリュビオス　歴史《れきし》2　西洋古典叢書　第Ⅳ期第3回配本

二〇〇七年九月十五日　初版第一刷発行

訳　者　城《しろ》江《え》良《よし》和《かず》

発行者　加藤重樹

発行所　京都大学学術出版会
606-8305 京都市左京区吉田河原町一五-九 京大会館内
電　話　〇七五-七六一-六一八二
ＦＡＸ　〇七五-七六一-六一九〇
http://www.kyoto-up.or.jp/

印刷・土山印刷／製本・兼文堂

ISBN978-4-87698-169-4

定価はカバーに表示してあります

西洋古典叢書 ［第Ⅰ・Ⅱ・Ⅲ期］既刊全63冊

【ギリシア古典篇】

アテナイオス　食卓の賢人たち　1　柳沼重剛訳　3990円
アテナイオス　食卓の賢人たち　2　柳沼重剛訳　3990円
アテナイオス　食卓の賢人たち　3　柳沼重剛訳　4200円
アテナイオス　食卓の賢人たち　4　柳沼重剛訳　3990円
アテナイオス　食卓の賢人たち　5　柳沼重剛訳　4200円
アリストテレス　天について　池田康男訳　3150円
アリストテレス　魂について　中畑正志訳　3360円
アリストテレス　動物部分論他　坂下浩司訳　4725円
アリストテレス　ニコマコス倫理学　朴　一功訳　4935円
アリストテレス　政治学　牛田徳子訳　4410円
アルクマン他　ギリシア合唱抒情詩集　丹下和彦訳　4725円
アンティポン／アンドキデス　弁論集　高畠純夫訳　3885円

イソクラテス　弁論集 1　小池澄夫訳　3360円
イソクラテス　弁論集 2　小池澄夫訳　3780円
エウセビオス　コンスタンティヌスの生涯　秦 剛平訳　3885円
ガレノス　ヒッポクラテスとプラトンの学説 1　内山勝利・木原志乃訳　3360円
ガレノス　自然の機能について　種山恭子訳　3150円
クセノポン　ギリシア史 1　根本英世訳　2940円
クセノポン　ギリシア史 2　根本英世訳　3150円
クセノポン　小品集　松本仁助訳　3360円
クセノポン　キュロスの教育　松本仁助訳　3780円
セクストス・エンペイリコス　ピュロン主義哲学の概要　金山弥平・金山万里子訳　3990円
セクストス・エンペイリコス　学者たちへの論駁 1　金山弥平・金山万里子訳　3780円
セクストス・エンペイリコス　学者たちへの論駁 2　金山弥平・金山万里子訳　4620円
ゼノン他　初期ストア派断片集 1　中川純男訳　3780円
クリュシッポス　初期ストア派断片集 2　水落健治・山口義久訳　5040円
クリュシッポス　初期ストア派断片集 3　山口義久訳　4410円

クリュシッポス　初期ストア派断片集　4　中川純男・山口義久訳　3675円
クリュシッポス他　初期ストア派断片集　5　中川純男・山口義久訳　3675円
テオクリトス　牧歌　古澤ゆう子訳　3150円
ディオニュシオス／デメトリオス　修辞学論集　木曽明子・戸高和弘・渡辺浩司訳　4830円
デモステネス　弁論集　1　加来彰俊・北嶋美雪・杉山晃太郎・田中美知太郎・北野雅弘訳　5250円
デモステネス　弁論集　3　北嶋美雪・木曽明子・杉山晃太郎訳　3780円
デモステネス　弁論集　4　木曽明子・杉山晃太郎訳　3780円
トゥキュディデス　歴史　1　藤縄謙三訳　4410円
トゥキュディデス　歴史　2　城江良和訳　4620円
ピロストラトス／エウナピオス　哲学者・ソフィスト列伝　戸塚七郎・金子佳司訳　3885円
ピンダロス　祝勝歌集／断片選　内田次信訳　4620円
フィロン　フラックスへの反論／ガイウスへの使節　秦　剛平訳　3360円
プラトン　ピレボス　山田道夫訳　3360円
プルタルコス　モラリア　2　瀬口昌久訳　3465円
プルタルコス　モラリア　6　戸塚七郎訳　3570円

プルタルコス　モラリア 11　三浦　要訳　2940円
プルタルコス　モラリア 13　戸塚七郎訳　3570円
プルタルコス　モラリア 14　戸塚七郎訳　3150円
ポリュビオス　歴史 1　城江良和訳　3885円
マルクス・アウレリウス　自省録　水地宗明訳　3360円
リュシアス　弁論集　細井敦子・桜井万里子・安部素子訳　4410円

【ローマ古典篇】

ウェルギリウス　アエネーイス　岡　道男・高橋宏幸訳　5145円
ウェルギリウス　牧歌／農耕詩　小川正廣訳　2940円
オウィディウス　悲しみの歌／黒海からの手紙　木村健治訳　3990円
クインティリアヌス　弁論家の教育 1　森谷宇一・戸高和弘・渡辺浩司・伊達立晶訳　2940円
クルティウス・ルフス　アレクサンドロス大王伝　谷栄一郎・上村健二訳　4410円
スパルティアヌス他　ローマ皇帝群像 1　南川高志訳　3150円
スパルティアヌス他　ローマ皇帝群像 2　桑山由文・井上文則・南川高志訳　3570円
セネカ　悲劇集 1　小川正廣・高橋宏幸・大西英文・小林　標訳　3990円

セネカ　悲劇集2　岩崎　務・大西英文・宮城徳也・竹中康雄・木村健治訳　4200円

トログス／ユスティヌス抄録　地中海世界史　合阪　學訳　4200円

プラウトゥス　ローマ喜劇集1　木村健治・宮城徳也・五之治昌比呂・小川正廣・竹中康雄訳　4725円

プラウトゥス　ローマ喜劇集2　山下太郎・岩谷　智・小川正廣・五之治昌比呂・岩崎　務訳　4410円

プラウトゥス　ローマ喜劇集3　木村健治・岩谷　智・竹中康雄・山澤孝至訳　4935円

プラウトゥス　ローマ喜劇集4　高橋宏幸・小林　標・上村健二・宮城徳也・藤谷道夫訳　4935円

テレンティウス　ローマ喜劇集5　木村健治・城江良和・谷栄一郎・高橋宏幸・上村健二・山下太郎訳　5145円